위대한 항해자 마젤란 2

Der Navigator: Historischer Roman
by Bernhard Kay

"나는 미지의 세계, 불가능의 세계를 항해한다."

위대한 항해자 마젤란 2

한길 | **HISTORIA**

"나는 미지의 세계, 불가능의 세계를 항해한다."

위대한 항해자 마젤란 2

지은이 • 베른하르트 카이
옮긴이 • 박계수
펴낸이 • 김언호
펴낸곳 • (주)도서출판 한길사

등록 • 1976년 12월 24일 제74호
주소 • 413-830 경기도 파주시 교하읍 산남리 파주출판문화정보산업단지 17-7
　　　www.hangilsa.co.kr
　　　E-mail : hangilsa@hangilsa.co.kr
전화 • 031-955-2000~3 팩스 • 031-955-2005

상무이사 · 박관순 | 영업이사 · 곽명호 | 편집주간 · 강옥순
편집 · 이현화 박희진 정희경 | 전산 · 이옥선 | 마케팅 및 제작 · 이경호
관리 · 이중환 문주상 양미숙 장비연

출력 · 써니테크 21 | 인쇄 · 타라 TPS | 제본 · 타라 TPS

제1판 제1쇄 2003년 8월 5일

값 12,000원
ISBN 89-356-5472-8 (세트) 04900
ISBN 89-356-5474-4 (2권) 04900

향료의 섬 몰루카(말루쿠). 마젤란의 항해 이야기에 관해 피가페타가 쓴 책에 수록된 삽화.
마젤란이 참가한 함대가 1511년 동방의 말라카를 함락함으로써 동방의 부가 말라카를 거쳐 서방의 항구로
전달되었는데, 그때까지 이들의 탐험대상으로 남아 있던 곳은 향료의 섬 몰루카였다.
1512년 이 섬에 도착해 그곳의 향신료를 가지고 돌아왔다.

1539년 스웨덴의 성직자 마그메스의 『북방사람들에 관한 논고』에 삽입된 이 지도는
당시의 북유럽과 인근 바다에 관한 유럽인들의 인식 수준을 잘 나타내고 있다. 육지와 바다를
연결시킨 이 지도에는 바다에 대한 유럽인들의 애정과 공포가 동시에 드러나 있다.

15세기 초 세비야 항구. 콜럼버스의 무덤이 있는 세비야는 대서양을 향한 콜럼버스의 꿈을 영글게 해준 곳이었다.
콜럼버스 박물관이 있는 곳이며 1992년 '신대륙 발견 500주년'을 기념하는 세계박람회가 열렸다.
오늘날 미국 캔자스시티의 중심가는 세비야의 풍경을 재현하고 있다.

리수아르테 데 아브레우가 그린 바스코 다 가마(1460~1514). 그는 서유럽에서 희망봉을 거쳐 아시아로 가는 해로를 개척함으로써 세계사의 새로운 시대를 열었으며, 지중해 문명을 대신하는 대서양 문명의 서막에서 주요한 역할을 담당했다.

1596년 프랑크푸르트에서 출판된 H. 벤조니의 『아메리카 대륙의 발견』에 수록된 테오도르 드 브리의 동판화.
뒤쪽으로 콜럼버스 일행을 태웠던 세 척의 배와 도망치고 있는 원주민들이 보인다. 십자가를 세우고 있는
사람들을 배경으로 콜럼버스는 위압적인 모습으로 원주민들의 공물을 접수하고 있다.

1789년 남태평양에서 일어난 전함 바란티오의 반란을 소재로 당시의 항해 상황을 묘사한 그림이다. 항해에서
가장 극복하기 어려운 것은 파도와 바람이었다. 그러나 선원들의 반란 또한 실패의 주요 원인이었다.

위 | 1459년의 지도. 당시 서유럽인들의 세계인식을 보여준다.

아래 | 1490년의 지도. 서유럽과 북아프리카의 대서양 연안이 상세히 묘사되어 있다.

아라비아해에서 인도양까지 묘사된 지도. 1519년에 제작된 것으로 인도양의 생활상이
구체적으로 표시된 것에 비해 동남아시아의 지형은 정확하게 나타나 있지 않다.

에스파냐의 헤게모니에 맞서 연대했던 영국과 네덜란드는 에스파냐의 쇠퇴와 더불어 치열한 경쟁을 벌였다.
영국과 네덜란드의 전쟁은 17세기에서 18세기까지 네 차례의 해전으로 진행되었다.
위의 그림은 당시의 화가 스토르크(Storck)가 1666년의 14일 전쟁을 묘사한 작품이다. 네덜란드의 제독 로이테르와
트롬프의 공격으로 영국 함대는 심한 손상을 입었다.

"명예를 위해 사는 자는 어떤 위험도 두려워하지 않는다!"

· 페르난도 데 마가야네스

'최초의 세계일주'라는 원대한 꿈

• 옮긴이의 말

베른하르트 카이는 1930년 출생하여 항해학과 역사적인 주제에 관해 많은 기사를 쓴 바 있으며, 1994년 이후 작가로, 자유 시사평론가로 활동하고 있다. 이 작품은 카이가 쓴 첫 번째 장편역사소설이다.

이 책에는 500년 전 아주 어려운 여건 속에서, 반대를 무릅쓰고 서쪽으로 세계일주를 시도했던 마젤란의 영웅적 면모가 그려져 있다. 그의 동기는 무엇이었으며 그의 계획은 어떤 의미를 갖고 있는지, 그리고 항해를 둘러싸고 일어난 이념과 사건들, 사람들 사이의 갈등과 그것을 어떻게 극복해 나갔는지, 어떤 사회적 · 정치적 상황에서 그런 계획이 전개될 수 있었으며, 결국 그로 인해 이익을 본 사람이 누구인가에 관해 역사적 자료를 바탕으로 하여 매우 사실적으로 묘사되 있다.

저자는 구텐베르크의 금속활자 발견과 지구가 평평하다는 중세의 지구관이 깨어지면서 근대가 시작될 수 있었다고 본다. 그래서 마젤란의 가장 큰 업적은 바로 세계일주 여행을 통하여 지구가 둥글다는 것을 증명해주었다는 것이다. 여기서 마젤란은 항해자로서의 풍부한 경험, 항해에 필요한 모든 것을 직접 꼼꼼하게 챙기며 준비하는 치밀한 성격,

명예욕과 책임감, 집념, 당시 절대적인 의미를 지니고 있었던 중세의 세계관에 맞서 도전하여, 결국에는 자신의 생각과 계획을 이룬 영웅으로서 부각되고 있다.

이 책의 가장 큰 장점으로는 천문학과 해양학, 지구에 관련된 당시의 이론을 아주 간결하고 명확한 문체로 설명함으로써 일반인도 쉽게 접근할 수 있다는 것이며, 당시의 실제 자료를 수집하여 이를 근거로 매우 사실적으로 당시의 시대상 및 정치상황, 해상생활 등을 역사적으로 재구성하였다는 점이다.

이 책을 번역하기 전 옮긴이가 마젤란에 관해 알고 있는 것은 학창시절 배웠던, 범선을 타고 최초로 세계일주를 한 사람이라는 것 정도였다. 원서로 700쪽이 넘는 분량을 보면서 콜럼버스도 아니고 마젤란에 관해 이렇게 방대한 분량의 역사소설이 가능한지, 그리고 이 두꺼운 책을 재미있게 읽어나갈 수 있을지 솔직히 의문스러웠다. 그러나 내용을 검토하기 위해 책을 읽기 시작하면서 정말 놀라울 정도로 마젤란이라는 인물에 빠져들지 않을 수 없었다.

이 책에는 마젤란이 지구의 형태가 구상인가, 원반인가라는 질문에서 출발하여 미지의 세계로 항해하고자 하는 열망을 품게 된 과정, 여러 가지 어려움을 극복하고 초인적인 의지와 노력으로 마침내 세계일주 여행이라는 원대한 꿈을 이루는 과정이 15, 16세기의 역사적 상황을 배경으로 아주 설득력 있게 묘사되고 있다. 가장 특징적인 것은 저자 카이의 마젤란에 대한 애정과 열정이 작품 속에 강하게 묻어나고 있다는 점이다. 화려한 수식어 없이 간결하고 건조한 문체로도 작품 끝까지 긴장감을 늦추지 않고 읽는 이를 사로잡으며, 몇몇 장면에서는 코끝을 찡하게 하는 감동을 자아내는 것은 바로 이 점 때문일 것이다. 옮긴이로서는 참으로 오랜만에 책을 통해 느껴보는 가슴 뭉클한 감정이었다.

아마도 항해나 배에 관해 조금이라도 관심이 있는 독자라면 이 책을 읽으면서 당시 마젤란의 항해가 얼마나 어려운 것이었는지 미루어 짐작할 수 있을 것이다. 무동력으로, 오로지 바람의 힘에만 의지하여 항해를 한다는 것은 동력을 이용하여, 목적지까지 최단거리를 갈 수 있는 최근의 항해와는 비교가 되지 않는다. 바람을 잘못 이용할 경우에는 목적지를 눈앞에 두고도 몇 달씩 그냥 허비할 수도 있다. 당시 항해의 성공 여부는 아마도 선장의 개인적인 역량에 달려 있었을 것이다. 망망대해에서 거의 원시적인 수준의 항해기구들을 가지고, 배의 위치와 속도를 측정하면서 여러 개의 돛과 돛대, 보조돛을 바람의 세기와 방향, 조류 등을 고려하여 조정하는 것은 오랜 경험과 빠른 판단력을 갖추고 있어야만 가능할 것이다. 게다가 오랜 시간의 항해이다 보니 선원들을 이끄는 지도력도 필수적이었을 것이다.

이 책을 번역하고 나니 옮긴이 또한 저자 카이처럼 마젤란이라는 영웅에 열광하고 있음을 느끼게 된다. 독자들도 이 책을 통해 마젤란의 여행에 동참하여 당시 미지의 망망대해 앞에서 느꼈던 공포와 어려움, 고난과 더불어 마침내 마젤란 해협을 발견하고 세계일주에 성공했을 때의 기쁨과 감동을 함께 느껴보기를 바란다.

옮긴이 박계수

"나는 미지의 세계, 불가능의 세계를 항해한다."

위대한 항해자 마젤란 2

10 세계일주의 꿈을 실은 함대

'명예를 위해 사는 자는 어떤 위험도 두려워하지 않는다!'
성 마태의 날인 1519년 9월 20일 저녁이었다.
강력한 북서풍이 선대를 대서양의 어두운 물결로 이동시켰다.
맨 앞에 트리니다드, 그리고 산안토니오, 콘셉시온,
빅토리아, 산티아고 순으로 진행했다.
검게 그을린 건장한 총사령관이 선미루 위에서 절름거리며 걸어갔다.
이제 그의 앞에는 그의 희망의 목표가 펼쳐져 있다.

베아트리스와의 결혼식

세비야의 하늘은 구름 한 점 없이 푸르렀다. 히랄다, 즉 무어족 시대에 종탑으로 사용되던 미나레트에서 종들이 울렸다. 대성당 앞의 광장과 합류하는 골목길은 사람들로 가득 차 있었다. 호기심 어린 사람들, 경탄하는 사람들, 시기하는 사람들과 하품하는 사람들과 비평가들. 모두들 이 포르투갈 사람의 결혼식 축제를 구경하기 위해 몰려들었다. 마가야네스는 유명했다. 장군들은 그를 초대하려고 서로 경쟁을 벌였다. 국왕에게 아첨하는 것이라면 이해할 수 있지만 외국인에게 이렇게까지 하다니 그것만 봐도 놀랄 만한 사건이 아닌가!

하인들은 화려하게 장식한 마차가 들어올 수 있도록 공간을 만들기 위해 구경꾼들을 뒤로 밀쳐냈다. 마차들이 줄지어 앞으로 달렸다. 사람들은 귀족과 그들의 부인을 보고 경탄했다. 비싼 연회복, 잘 손질한 머리와 보석을 주렁주렁 단 백작부인들이 마차에서 내렸다. 그들은 기사들의 팔에 매달려 야외계단을 올라가서는 커다란 성당으로 사라졌다. 사람들은 귀족들의 우아함과 귀족적인 모습에 감탄했으며 그들의 이름과 계급에 대해 말했다. 그리고 이 사건에 주석을 달고 많은 풍문을 만들어냈다.

마침내 세비야의 모든 여자들의 꽁무니를 쫓아다니는 아들 두아르테를 대동하고 늙은 바르보사가 나타났다. 네 마리의 말을 맨 의장마차가 궁전 앞으로 굴러갔다. 파랗고 노란 제복을 입은 건장한 마부가 안달루시아 산 잡종 말의 고삐를 잡고 있었다. 하인들이 뒤의 의자에서 튀어나와 몸을 깊이 숙이면서 문을 열었다. 두 사람이 내리고 넓은 야외계단의 받침대 위에서 기다렸다. 여섯 마리의 백마가 끄는 또 한 대의 화려한 마차가 도착했다. 하인들이 튀어나와서 마차의 문을 열었다. 마차 안에는 야곱 기사의 예복을 입은 불구자가 있었다. 그는 마치 농노처럼 보였다. 인도에서 데려왔다는 그의 말레이 하인이 그 옆에 있었다——
그것이 그와 결탁했던 악마가 아니라면.

그의 마차에 이어 가장 화려한 마차가 굴러왔다. 그것은 입을 벌리고
쳐다보는 사람들의 얼굴에서 알 수 있었다. 카스티야 양식의 금박을 입
힌 오두막 마차였다. 앞에는 바르보사의 문장이 뒤에는 마가야네스의
문장이 휘황찬란하게 빛났다. 이제 모두가 기다리고 있는 베아트리스
바르보사 양이 모습을 드러낸다. 오늘부터 그녀는 베아트리스 데 마가
야네스가 된다. 이번에는 하인들이 작은 계단을 설치해야 한다. 경탄의
소리가 군중들 사이에서 흘러나왔다. 얼마나 정선된 아름다움인가. 훌
륭한 신부의 옷, 반짝이는 다이아몬드, 고귀한 보석들. 거기서 사람들
은 두 사람의 차이를 볼 수 있었다. 그녀는 고귀한 에스파냐의 피를 물
려받았다. 그러나 그는 포르투갈의 농부였다. 그녀가 절름거리는 사내
에게서 무엇을 발견했단 말인가? 또 한 사람이 내렸다. 깡마른 체구의
점성술가, 팔레이루였다. 그는 어디든지 함께 있을 것이다.

선장은 얼굴에 웃음을 띠고 사방으로 고개를 끄덕이면서 옆으로 물
러섰다. 그의 장인이 앞서갈 수 있도록. 디에고 바르보사는 딸에게 팔
을 내밀었다. 그리고 두 사람은 대성당까지 몇 계단을 걸어 올라갔다.
마가야네스는 적당한 걸음걸이로 그들을 따라갔다. 이 세상이 지금보
다 더 완전했던 적이 있는가? 어제까지만 해도 초라하기 그지없던 사람
이 이상에 대한 믿음으로 갑자기 출세한 것이다. 포르투갈의 소브레살
리엔테가 하룻밤 사이에 아델란타도로 상승했다. 보잘것없는 군인에서
성 야곱의 기사가 되었고, 앞으로 발견하게 될 섬과 나라의 존경받는
총독이 되었다. 그의 계획에는 본받을 만한 어떤 본보기도 존재하지 않
았다. 콜론은 몽상가였으며, 다 가마는 정복자였고, 알부케르케는 탐욕
스러운 약탈자였다.

마가야네스는 탐험하는 자가 되고자 했다. 그는 아메리카를 관통하

는 파소, 그 길을 찾으려 했으며 행운을 보너스로 받았다. 프란스시쿠 세하웅이 결혼식에 참석하지 못하는 것이 유감이었다. 그래서 엔리크가 지금 이 순간 그로 하여금 과거를 기억나게 하는 유일한 사람이었다. 그러나 마가야네스는 이 광장에 있는 많은 사람들이 그의 행운을 빼앗아가려 한다는 것을 잘 알고 있었다. 추종자를 가진 사람은 적도 생겨나게 마련이다. 그는 평생 많은 적을 가지게 되겠지만 베아트리스의 옆에서 그것을 신뢰로 참아낼 것이다.

지구는 둥근가? 그는 조사해볼 것이다. 그러나 지구가 공이든 원반이든 지구는 기적으로 가득 차 있다!

그들이 가장 높은 계단에 올라섰을 때 합창단이 찬가를 불렀다. 바르보사와 베아트리스는 정문을 통해 들어섰다. 이제 몇 걸음만 더 가면 된다. 그리고 마가야네스 역시 약간 절룩거리면서 높은 교회당의 회중석으로 들어섰다. 햇빛을 담뿍 받은 초여름날의 햇빛이 대성당의 둥근 창문을 통해 약하게 들어왔다. 그는 장엄한 빛을 쳐다보았다. 잠시 성직자와 방문객들을 쳐다보고는 손을 합장하고 천천히 향내로 가득 찬 중앙 통로를 지나 무릎을 꿇을 수 있는 나지막한 의자로 다가갔다. 바르보사는 그에게 신부를 넘겨주었다. 그에게는 모든 것이 꿈만 같았다. 그레고리우스 성가가 커다란 성전을 가득 채웠다. 모든 제단에는 촛불이 켜져 있었다. 성체 앞에 주교의 카랑카랑한 목소리와 함께 그 뒤로 신부, 부사제들이 서 있었다. 성직자 석은 그 도시의 귀족들과 명망 높은 시민들이 자리 잡고 있었다.

마지막으로 팔레이루와 엔리크도 대성당의 어두움 속으로 사라졌다. 열린 문을 통해 합창단의 오라토리움이 광장으로 퍼져 나갔다. 광장에는 대중들이 결혼식 후 그들이 출발하는 것을 보기 위해 조용히 지켜보고 있었다.

항해를 방해하려는 첩자들의 모략

포르투갈 사절인 알바루 다 코스타는 편지와 자신의 견해를 파발꾼을 통해 리스본으로 보냈다. 그가 가만히 손을 놓고 있었던 것은 아니다. 에스파냐에 있는 그의 첩자들은 그들이 할 수 있는 모든 것을 다 했지만 소용 없었다. 마가야네스가 정말 동쪽에서부터 몰루카 군도에 도달한다면 그 결과는 생각할 수조차 없는 것이다. 향료 군도의 재물을 둘러싼 전쟁의 발발 가능성을 배제할 수 없다. 그리고 포르투갈은 그 섬을 거의 이용할 수 없을 것이다. 포르투갈의 넓게 펼쳐진 식민지와 아프리카, 인도, 말라카에 있는 대리점과 재외상관은 엄청난 액수의 자금과 훌륭한 젊은이들을 대가로 치르고 얻은 것이다.

주민들은 재정적으로 고갈된 상태였다. 마을에서는 민심이 들끓고 있었다. 대부분 노인들만 집에 남아 밭을 경작했기 때문이다. 사브로사 출신의 보잘것없는 농부 한 사람이 갑자기 포르투갈에게 위협이 되어버렸다. 리스본의 금고는 그 사건을 해결하기 위해 무엇인가를 대가로 치러야 한다. 사절은 어떤 일이 있어도 마가야네스 선장을 포르투갈을 위해 다시 데려가야 한다고 왕에게 조언했다. 그것이 그가 이 사건을 판단해서 내릴 수 있는 가장 이성적인 충고였다. 그러기 위해서는 뇌물로 써야 하는 많은 돈이 필요했지만 마가야네스가 정말 그의 목표를 달성했을 때에 비하면 가장 비용이 덜 드는 방법이다. 그에 비해 점성술사는 기꺼이 포기할 수 있다. 다 코스타는 팔레이루에 대해 '반쯤 미쳤다'고 적고 있다.

세비야의 선박 정박장에서 멀지 않은 곳에 카디스에서 구입하여 강의 상류로 끌고 온 다섯 척의 선박이 매어져 있었다. 후안 아란다는 선박들을 131만 6천250마라베디를 주고 샀다. 낡은 배들은 상당히 많이 파손되었으며 수리가 필요했다. 그 선박들의 크기와 적재 톤수는 왕실이 한 약속과 꼭 일치하지는 않았지만 그래도 마가야네스는 만족했다. 그는 작은 배들이 큰 배보다 조종하기 쉽다는 것을 알고 있었기 때문이다. 그것은 암초와 심연이 있는 낯선 해안에서 중요하다.

그것들은 잠자는 개구리처럼 굼뜨게 물위에서 흔들렸다. 갑판이 높이 튀어나왔다. 선수루는 비스듬하게 하늘로 솟아올랐다. 뒤에는 선미루와 사령교가 있다. 선체는 팽팽하게 둥근 모양이었으며, 갑판으로 갈수록 좁아졌다. 선적실은 위 갑판보다 배나 넓었다. 사람들의 주장에 따르면 그것이 돛대에 충분한 돛을 달 수 있는, 아주 쓸모 있는 배라고 했다. 마가야네스는 그 배들을 정확하게 살펴보았다. 돛대에서부터 선창까지 검사했다. 배에 대해서 그는 통달해 있었다.

그곳에는 네 개의 돛대가 있는 커다란 갈레온선, 즉 세 개의 갑판과 바우스프릿돛, 전면에 사각가로돛대 두 개와 큰 삼각돛을 단 두 개의 뒷돛대가 있는 산안토니오 호가 있으며 그것의 배수량은 120톤이다. 마가야네스는 그 배를 선대의 비축식량선과 저장선으로 정했다. 두 번째 배인 트리니다드 호는 나웅선이다. 세 개의 돛대가 달린 비교적 큰 카라벨이다. 돛대가 세 개이긴 하지만 산안토니오 호처럼 주돛대에——'마르스'라 불리는 장루(檣樓) 위로——두 번째 사각돛을 매달 수 있다. 트리니다드 호의 배수량은 110톤이며, 돌출되어 있는 앞 갑판과 뱃머리의 제2사장 밑에 달린 바우스프릿돛이 아주 멋있어 보이지는 않지만, 이 나웅선은 항해에 아주 적합하며 볼록한 선복 뒤로 선원들과 많은 짐을 선적할 수 있는 공간이 있다. 이 배가 마가야네스의 카피투나, 즉 기함이 될 것이다.

카라벨선인 빅토리아 호의 배수량은 95톤, 콘셉시온 호의 배수량은 90톤이다. 빅토리아 호와 콘셉시온 호는 카라벨라 레콘다로서 삭구를 장착했으며 각자 앞돛대와 주돛대에 커다란 사각가로돛, 그리고 고물에 큰 삼각돛을 달고 있으며 바람같이 정확하게 뒤에서 불 때 순풍을 받고 항해하는 데 이상적이다. 앞돛과 주돛은 거의 바람을 마주 안고 달릴 때는 삼각돛으로 바꿀 수 있었다. 이 네 척의 배는 무역풍 지역에서 바람이 배의 항로와 90도 이상의 각도로 불 때도 바람을 더 잘 가두기 위해 추가로 거대한 보조돛을 활대에 달 수 있다. 그리고 마지막으로 다섯 번째 배 카라벨라 라티네가 있다. 75톤의 마조르카 건조양식의 카라벨선으로 세 개의 돛대에 모두 큰 삼각돛을 달았다. 그 배는 산티아고 호로 항해중 정찰선으로 이용되었다.

그는 두꺼운 선판을 두들겨보았으며, 조선 장인에게 필요한 수선 작업이 무엇인지를 받아 적게 했다. 의장 목록을 작성하고 디아스, 콜론, 다 가마와 베스푸치가 기술했던 경험들을 생각해보았다. 그들은 몇 달 동안, 심지어 수년 동안 고향과 아무런 연락을 취할 수 없었다. 긴긴 항해 기간 동안 배의 파손, 병과 죽음이 호시탐탐 그들을 노리고 있었다. 그가 자신의 선대를 데리고 출항하게 되면, 그들은 스스로를 의지할 수밖에 없다. 낯선 바다와 미지의 대륙에서 그들은 스스로를 도와야 하며, 자신들의 배를 수리하고 가능하다면 다시 삭구를 갖추어야 할 것이다. 심지어 배 한 척을 포기해야 할 상황이 올지도 모른다. 그렇다면 모든 필요한 물건들과 기구들을 갑판에서 옮겨와야 하고, 주워온 나무조각으로 보트를 만들거나 아니면——성모 마리아가 그들을 보호하기를——난파자들을 위해 오두막을 지어야 할 것이다.

세계의 항구에는 많은 무위도식자들이 돌아다닌다. 과달키비르 강변에도 선원들과 무위도식자들이 시간을 낭비하고 있었다. 아무도 그 사업이 어떻게 진행될지 정확하게 알지 못했지만 바로 그렇기 때문에 그것이 사람들의 호기심을 불러일으켰다. 서쪽으로 항해하는 것인가? 그렇다. 모든 소문들이 그것을 암시하고 있다. 어쨌든 그들은 서쪽으로 가서 결국은 동쪽을 탐색하려는 것이다.

"서쪽을 거쳐 동쪽으로 간다고? 어떻게 그것이 가능하지? 지구의 가장자리에 도달하면 지옥에 떨어지게 될 텐데."

한 사람이 말했다.

"지구의 가장자리라고! 쓸데없는 소리 그만둬요!"

검은 법복을 입은 젊은 남자가——머리에 챙이 없는 자색의 편편한 모자를 쓴 것으로 보아 학생으로 보였다——점잔을 빼면서 참견했다.

"지구가 둥글다고 하는군요. 서쪽으로 돌아 동쪽에 이를 수 있답니다."

"둥글다고? 말도 안 되는 소리! 그렇다면 아래로만 항해할 수가 있지, 절대 위로는 못 올라가는데! 그건 어린아이도 아는 사실이야!"

"맞아! 지구가 공이라니, 우습군!"

다른 사람이 외쳤다.

"아닙니다. 지구는 엄청나게 큰 공입니다! 상상할 수 없을 정도로 크지요. 그래서 사람들은 그것이 둥글다는 것을 거의 지각할 수 없답니다."

그 학생이 열심히 말했다.

복장을 보아 선원인 듯 보이는 한 노인이 주저하면서 확인했다.

"지구가 공이란 것이 맞을지도 몰라."

"왜 그런데요?"

"바다에서 배가 가까이 다가오면 처음에 돛대부터 보이지. 그리고 육지 근처로 가면 처음에는 산이, 그 다음에는 교회의 종탑이 나타나거든."

"그렇다면 지구의 측면에 도달하면 사람들은 왜 아래로 떨어지지 않는 겁니까?"

회의주의자가 다시 물었다.

"왜 지구의 아랫면에서는 거꾸로 서 있지 않나요? 내 아들이 지구의 아랫면에 있다는 아메리카에 가보았지만 사람들이 거꾸로 서 있었다고 말하지 않던데요."

주위에 둘러서 있는 사람들이 웃었다.

"머리가 나쁘군요."

그 학생이 흥분하여 외쳤다.

"지구에는 자력이 있어요! 자력이 모든 것을 지구 바닥에 붙어 있게 하는 것이지요. 사람이 어디에 있든 상관없이 말입니다."

"그렇다면 좋아, 이 잘난 체하는 녀석아!"

다른 사람이 승리를 확신한 듯 비웃었다.

"왜 사람들이 지구의 아랫부분에서는 머리를 밑으로 하고 걸어가지 않는지 설명해봐!"

그 학생은 절망했다.

"그것은 어쨌든 당신도 설명할 수 없잖아요."

그가 흥분했다.

"원이 너무 커서 위도 아래도 존재하지 않아요. 그리고……."

나머지 이야기는 청중들의 조롱 섞인 웃음 속에 파묻혔다. 학생은 화를 내고 욕을 하면서 그 자리를 급히 떠났다. 남아 있는 사람들은 계속 골똘히 생각해보았다. 세상에! 무슨 장난을 하겠다고 이런 다 썩어빠진 조각배들을 준비한 것인가. 배를 타본 사람은 이 배들이 별로 쓸모가 없다는 것을 알게 될 것이다.

포르투갈의 첩자들은 민중들 사이로 파고들어가 불신을 퍼뜨렸다. 어떤 말, 어떤 의심도 군중 속에서는 무성하게 자라나기 때문이다.

"마가야네스라는 사람이 마누엘 왕을 속이려다가 쫓겨났다는 사실을 알아?"

"그는 너무 뻔뻔스러워서 포르투갈에서 쫓겨난 거야."

"아냐, 그렇지 않아! 리스본에서 마가야네스를 보냈다는 것을 확실한 소식통을 통해 들었어. 그는 에스파냐의 돈으로 항해를 떠나려는

거야. 그 다음에 그가 발견하여 얻은 것을 모두 포르투갈 왕에게 넘겨
주겠지."

"마가야네스는 다른 어느 곳으로도 가지 않을 거야, 기껏해야 리스
본이지! 그는 포르투갈을 위해 에스파냐의 계획을 알리는 교활한 스파
이야."

첩자는 주점에 쪼그리고 앉아 기꺼이 사람들에게 포도주를 부어주었
다. 조선소의 널빤지 더미 뒤에서는 일꾼들에게 배를 수리하는 데 질
좋은 나무를 쓰지 않는 게 좋을 거라고 속삭였다. 그들은 물품 창고와
헛간에서 의장을 갖추는데 되도록 질이 좋지 않은 것을 쓰라고 속삭였
다. 불신과 시기는 강한 추진력을 가진다. 그 이야기를 믿는 사람들이
많았다. 아마 추측하는 모든 것이 사실이 아닐지라도 그 이야기를 떠들
어대는 사람들에게 한 가지는 확실했다. 포르투갈 사람은 절대 에스파
냐 사람이 될 수 없다는 것!

마가야네스는 그것에 관해 아무것도 몰랐으며 전혀 눈치채지 못했
다. 그에게는 다른 걱정거리가 있었다. 배들이 너무 낡아서 모든 늑재
를 수리하고, 선판에 뱃밥을 메워야 했다. 소수의 선원만이 지원했다.
사람들은 아침 일찍부터 밤늦게까지 삽질을 했다. 아침부터 저녁까지
마가야네스는 그 작업을 감시했으며 모든 필요한 것을 조달했다. 왕이
말한 것과 관청이 해주려고 생각했던 것은 서로 짝이 맞지 않는 신발과
같았다. 마가야네스는 관리들과 싸웠으며, 상인들과 흥정을 하고, 공급
자들과 거래를 하면서 수공업자들을 감시해야 했다. 그러나 그것만으
로도 충분치 않았다. 팔레이루는 점점 더 큰 부담이 되어갔다. 그는 불
평을 했다. 이것은 너무 오래 걸리며, 저것은 너무 빠르다고. 그 천문학
자는 마치 그 사업의 명령권자처럼 행동했다. 마가야네스는 그를 꾸짖
었다. 그는 별점을 보는 것으로 족하다. 선대의 명령권자는 한 사람으
로 족하다고.

마가야네스가 집에서 자신의 평화를 누릴 때는 얼마나 행복한지! 그는 두 세계에서 살고 있었다. 이 세계에는 그가 책임질 매력적인 과제가 있으며, 저 세계에는 그가 휴식을 취하고 즐기는 쾌적한 가정의 편안함이 있었다. 그것으로 그는 매우 만족했다. 그는 그의 적대자들이 그를 모함하고 있다는 것을 전혀 눈치채지 못했다. 에스파냐의 선주들은 대부분 그들의 선원들에게 임금을 지불한 형편이 못되었다. 그러나 이 외국인은 녹이 슨 거룻배를 위해 금화를 지불했다. 그렇다면 그 비용을 누가 감당하는가? 물론 시민이다. 공과금과 세금을 지불해야 하는 소박한 사람들이다. 사람들은 포르투갈에서 온 이 범죄자의 배에 불을 지르고 싶을 정도였다. 저기 앞으로 '제독'의 기함이 될 배인 트리니다드 호가 있다. 그 거대한 배를 수리하고 새로 칠하기 위해 육지로 끌어 올렸다.

"저기를 봐! 저게 뭐지?"

"어디?"

"저기, 트리니다드 호 위에! 저 깃발을 봐!"

기함의 주돛에는 깃발 하나가 높이 걸려 바람에 펄럭였다.

"포르투갈 군기야!"

얼마나 뻔뻔스러운가! 그 절름발이가 이제 배반을 하다니!

"저 깃발을 내려!"

"무뢰한 그 녀석을 쫓아내!"

"그를 물에 빠뜨려!"

"목매달아 죽여야 해!"

폭도들이 무리를 지어 난동을 부렸다. 처음에는 투덜대더니 나중에는 소리를 지르면서 해안을 따라 배로 다가갔다. 그곳에 선장이 서 있었다. 이제서야 그들이 외치는 소리에 주목했다. 테니엔테 델 아미란테, 즉 항만소장이 달려왔다.

"우리는 이 기를 떼어내기 위해 당신을 찾고 있었습니다. 이것은 포르투갈 기입니다!"

마가야네스는 폭도들에게 다가갔다. 팔을 높이 들고 외쳤다.

"이 문장은 포르투갈의 문장이 아니다! 이것은 나의 제독 기이다. 나는 에스파냐왕의 신하이다! 그것은 너희들 역시 잘 알고 있다!"

항만소장은 그의 변명에 주목하지 않았다. 그는 군중에게 외쳤다.

"그것을 내려서 찢어라! 그것은 국가모반이다!"

"멈추시오!"

누군가가 마가야네스 뒤에서 소리쳤다. 그 폭도들이 꾀어서 데리고 온 카사 데 콘트라타시온의 고위관리 야네스 가르시아 박사였다. 가르시아는 선장에게 몸을 돌렸다.

"이 기를 내려줄 것을 당신에게 간청합니다. 당신도 이 깃발이 사람들의 분노를 불러일으킨다는 것을 아시지 않습니까?"

"가르시아 박사, 당신도 알다시피 이 배는 폐하의 원정대에 속한 것이오. 그리고 원정대는 내 명령에 따라야 합니다. 그리고 왕의 제독으로서 기함을 나의 문장이 그려진 기로 표시하는 것은 내 권리입니다."

"왜 당신은 카스티야의 기를 걸지 않습니까?"

그 관리는 화해하려고 애를 썼다.

"왕기를 추가로 걸어보십시오. 그러면 사람들을 진정시킬 수 있을 겁니다."

"폐하의 기가 아직 도착하지 않았소. 다른 많은 것들과 함께 아직 폐하의 기를 받지 못했소."

"그렇다면 당신의 기를 다시 내리시오."

마가야네스는 화가 났다.

"말도 안 되는 소리! 이 폭도들을 보내시오."

그는 준비하기 위해 할 일이 많았다.

"당신에게 다시 부탁합니다……."

"나는 거절합니다! 나는 누가 감히 이 기에 손을 대는지 보고 싶소. 나와 내 선원들이 그것을 막을 것이오."

"당신을 설득시킬 수가 없군요. 당신은 그 결과를 감당해야 할 겁니다."

"나는 정당하오."

다시 항만소장이 큰소리로 외쳤다.

"저 기를 바로 내리시오!"

"안 돼."

항만소장은 군중들에게 손짓을 했다.

"이 선장은 포르투갈의 깃발을 달았다. 그를 체포하라!"

그는 재빨리 마가야네스 옆으로 갔다.

"당신은 도대체 이 기를 어디서 구했소? 당신의 첩자가 당신에게 가져다주었소?"

마가야네스는 분노로 얼굴이 파래져서 그를 쳐다보았다.

"나는 당신에게 설명할 필요성을 느끼지 않소."

소란이 일어났다. 사람들이 배를 에워쌌다. 마가야네스의 선원들은 무기를 준비하고 저항했다. 그 사이 경찰들이 끼어들었다. 주먹들이 오고갔다. 사람들은 비명을 지르고 서로 때렸다. 가르시아는 항만소장에게 외쳤다.

"왕의 의지를 거역하는 어떤 짓도 하지 마시오!"

가르시아는 항만소장의 외투를 잡았다.

"당신이 실수한 것이오! 폐하는 개인적으로 제독에게 명령을 내렸고 함대에 대한 전권을 부여했소!"

항만소장은 그를 잡아 흔들면서 가르시아도 체포하라고 명령했다. 경찰들이 돌진해왔다. 마침내 마가야네스는 항복했다.

"멈추어라! 내가 이 깃발을 내리겠다. 피 흘리는 것을 원치 않는다. 그리고 내 선원들과 함께 배로 돌아가겠다. 그러나 나는 왕의 소유물에 대해 당신에게 책임을 묻겠다. 항만소장, 당신이 그 벌을 받을 것이오."

마가야네스의 머리 속에서 이 사건이 떠나지 않았다. 포르투갈에서 일어났던 일이 여기서도 다시 반복되는가? 모든 것이 매우 빠르게 진행되었다. 다행히도 그는 적절한 때에 그의 고집이 모든 상황을 더욱 악화시킬 수 있다는 것을 깨달았다. 그가 항복한 것 때문에 그는 이제 약자로, 바보 같은 사람으로 그곳에 서 있게 될 것이다. 그러나 그는 자신의 새 군주인 에스파냐왕의 신하들이 서로 싸우는 것을 그냥 보고 있을 수만은 없었다.

마가야네스는 카를로스 1세에게 보내는 항의 편지에서 그 굴욕적인 상황을 묘사했다. 쓰라린 경험과 권력가의 종잡을 수 없는 행동에 대한 불만이 서투른 필체로 기술한 그 편지 안에 들어 있었다.

성 마태의 날인 1518년 9월 21일 저는 배를 육지로 끌어왔습니다. 작업을 시작하면서 선원이 주돛대에 저의 문장이 그려진 기를 걸었습니다. 선장과 함장의 배에는 일반적으로 그렇게 하지요. 그리고 고물 돛에 폐하의 기와 이 배를 보호해줄 성삼위일체의 기를 선미에 고정시키려 했습니다. 폐하의 기와 성삼위일체의 기는 돛을 꿰매는 사람에게서 가져와야 했지만, 이 기가 아직 완성되지 않았기 때문에 걸 수가 없었습니다. 배에서 일하느라 저는 그 사실을 알지 못했습니다. 그런데 우리의 작업을 구경하기 위해 이곳으로 점점 많은 군중들이 모여들었습니다. 그리고 이 세상에는 시기심 많은 사람들이 많기 때문에 그들이 중얼거리기 시작했습니다. 내 기를 배에 게양하는 것이 옳지 않다고 말입니다. (중략) 나는 그 저항을 페르난도 데 마가야네스에게 대항하는 봉기라고는 생각지 않습니다. 그것은 폐하의 선장에 대항하는 봉기입니다. 그 싸움을 유발한 사람들이 폐하를 위해 말로만 봉사하는 동안 저는 약속을 지키기 위해 저의 인격과 재산 그리고 저의 인생을 걸었습니다. 포르투갈왕이 저에게 속삭였던 많은 약속에도 불구하고 말입니다.

그는 며칠 동안 그에 대한 답변을 기다렸지만 아무 소용 없었다. 카를로스는 침묵을 지켰다. 그가 마가야네스의 편지를 전혀 보지 못했는가? 그 싸움 이후로 모든 것이 어긋나고 있다. 목수들은 의욕을 잃었으며, 칠장이는 일을 거절했고, 건조기술자는 작업하러 나오지 않았다. 임금 역시 지불되지 않았다. 카사 데 콘트라타시온 사람들은 어깨를 으쓱할 뿐이었다. 당국의 지시가 없었다며. 사람들은 작업을 중지하고 마가야네스를 귀찮은 망명자로 체포하거나 추방하고 싶어했다.
그가 에스파냐 사람이 되었기 때문에 그의 이름은 포르투갈에서 저주받았다. 에스파냐에서는 그가 포르투갈 사람이기 때문에 위협을 받았다. 왕만이 그를 도와줄 수 있다. 선장은 그의 방에서 서류에 창백한 얼굴을 파묻고, 서투른 필체로 거의 그리다시피 글을 썼다. 촛불이 그을음을 내며 타고 있었으며 펜을 끄적이는 소리가 났다.

저는 예상대로 구입한 대포와 무기, 탄약 값을 카사 데 콘트라타시온 직원들이 지불해주기를 폐하에게 청원합니다.

베아트리스는 임신했다. 그녀는 상태가 그다지 좋지 않았다. 그녀는 창백하게 정원의 그늘에 앉아 있었다. 그녀는 항상 조심해야 했다. 그는 자신의 근심으로 그녀에게 부담을 줄 수가 없었다. 그에게는 오로지 충실한 엔리크밖에 없었다. 팔레이루는 도움보다는 짐만 될 뿐이다. 궁전 사령관인 바르보사는 많은 근심에 얽매여 있고, 두아르테는 구애하

느라 정신을 차리지 못하고 있으며, 아란다는 서인도로 감사 여행중이었다. 그는 아무도 믿을 수가 없었다. 카를로스 왕이 마침내 입장 표명을 할 것인가?

저는 폐하에게 이미 편지를 썼습니다. 제가 항만소장과 그의 부하들, 그리고 다른 직원들로부터 호의적인 도움을 받지 못하고 있다는 것을 말입니다. 제가 저의 의무를 충족시키기 위해서는 그들의 도움이 필요합니다.

마가야네스는 왕이 그 사건을 조사하라는 명령을 내렸다는 것을 알지 못했다. 이런 조사를 위해서는 많은 시간이 소요된다. 심문, 보고서, 많은 심문들——그것은 수주일이나 걸렸다. 그러다 마침내 소식이 왔다. 카를로스는 개인적으로 파악했다. 관리들의 설명은 복잡했으며 시간이 너무 오래 걸렸다. 그는 왕이다! 그의 말은 거역할 수 없다! 항만소장은 그의 직위에서 해고되었다. 카사 데 콘스트타시온은 그들의 의무를 이행해야 하고 작업은 계속되어야 한다.

그것은 마가야네스에게는 명예회복이었다. 그렇다고 그의 작업이 빨리 진행되는 것은 아니었다. 오히려 어려움이 더욱 커졌다. 다 코스타는 계속 간계를 부렸고 왕과의 거리는 멀었다. 카를로스 왕에게는 또 다른 일이 있었다. 그는 지속적으로 마가야네스에게 보호의 손길을 뻗칠 수가 없었다. 그의 고문관들은 흔들렸다. 막시밀리안 황제는 중병에 걸렸다. 누가 로마 황제의 후계자가 될 것인가? 포르투갈의 마누엘 왕은 에스파냐 궁정의 분위기에 관해 특히 정확한 정보를 얻을 수 있었으며, 다음과 같은 공식 문서를 퍼뜨렸다.

에스파냐왕은 그의 투자비를 잃게 될 것이다. 페르나웅 드 마갈량이스는 허풍쟁이이며 배신자로 신뢰받을 자격이 없으며, 그가 약속한 것을 지킬 수 없다.

고독한 것이 마가야네스의 운명이었다. 그는 자신이 이 길을 가야 한다는 것을 알고 있었기 때문에 희망을 버리지 않았다. 그를 믿고 있는 베아트리스가 없었다면? 아란다와 디에고 바르보사는 그를 강력하게 지지했다. 그러면 카를로스 왕은? 왕실의 국고가 비었다는 소문이 돌았다. 교황과의 거래와 왕좌를 얻기 위한 노력은 자금과도 관련이 있는 것이기 때문에 더욱 많은 비용이 들었다. 그의 원정, 그 원대한 계획이 위험에 처할 것인가?

아메리카 대륙 뒤에는 무엇이 숨어 있는가

마가야네스에게 희망을 가져다준 것은 이번에도 네덜란드 상인인 데 하로였다. 그것은 크리스토발 데 하로가 기다렸던 시간이었다. 그는 그 계획의 대담함에 열광한 것이 아니다. 계산이 빠른 사람은 환상 뒤에서 거대한 사업에 대한 전망을 예감한다. 그는 관리들의 수동적인 저항을 막을 수 있는 돌파구를 찾았다. 안트웨르펜 출신의 그 상인은 사려 깊게 작업을 계속 진행할 수 있는 돈을 마가야네스에게 주었다.

"이것은 빌려주는 것이오. 카사 데 콘트라타시온이 당신에게 돈을 지불할 때 나중에 나에게 돌려주면 됩니다."

그는 거절하려는 마가야네스를 진정시켰다. 그는 아주 조용히 자신의 위원회를 조직해서 거기에 푸거 가의 에스파냐 대표자를 끌어들일 수 있었다. 게다가 왕실 재무 담당자인 페드로 데 기테레스를 자신의 편으로 만들 수 있었다.

오랫동안 꿈꾸어왔던 것이 실현되려면 이제는 돈이 문제다. 포동포동한 뺨에 민첩한 데 하로는 잘 손질한 붉은색 턱수염을 쓰다듬었다. 그는 선의로 빈정댔다. 그 선장은 항상 상인을 경멸하지 않았던가? 이제 그는 상인들이 이익을 내는 사업과 채무자에게 뻔뻔스러운 지분을 빼앗는 것 외에 다른 일에도 유용하게 사용될 수 있음을 알게 될 것이다. 이윤 앞에는 위험이 도사리고 있다. 크리스토발 데 하로는 '서쪽 항로'라는 이름의 위험을 감당할 준비가 되어 있다. 마가야네스는 흥분할 필요가 없다. 왕과 군주들이 대단한 계산가라는 것은 전혀 새로운 사실이 아니다. 그는 오로지 콜론, 바스코 다 가마, 베스푸치, 카브랄, 발보아만 생각하고 있었다. 상인들이 아니었다면 누구도 탕헤르(모로코 북서 지방에 있는 도시)까지도 도착하지 못했을 것이다.

그 선주의 도움으로 모든 어려움이 해결되었다. 마가야네스는 놀랄 뿐이었다. 데 하로가 계속 말했다.

"앞으로 배에만 신경 쓰시오. 그것이 당신 소관이오. 선장! 저기 배들이 떠 있소! 살찐 오리들처럼 강 위에서 흔들거리고 있소. 갈레온선 한 척, 나웅선 한 척, 카라벨선 세 척. 출항 준비를 갖추시오!"

돈이 생겼으므로 이제 다시 망치 소리, 두드리는 소리가 들렸고, 배에 칠을 하고 타르를 칠했다. 조선소에는 다시 활기가 넘쳤다. 명령 소리, 사방에서 활발하게 대화를 나누는 소리, 웃음 소리, 노랫소리가 들려왔다. 소금과 타르 냄새, 저장한 나무, 신선한 아마와 물감 냄새가 났다. 거기에 항구의 냄새와 바다 냄새가 뒤섞였다. 사람들은 짐 꾸러미와 밧줄, 판자들 사이로 기어다녔고 횡삭을 결합하는 짧은 밧줄을 타고 돛대로 기어올라 지삭과 마룻줄을 잘랐으며 돛을 잡아맸다. 타르 냄새가 코와 목, 눈으로 스며들었다. 부두 위에 의장들이 전부 모였다. 돛 만드는 사람과 밧줄 꼬는 사람, 통장이, 뱃밥 메우는 사람, 선박 건조업자, 그리고 모든 수공업자들. 선박을 건조하고 의장을 갖추려 할 때 필요한 모든 사람들이 열심히 작업에 몰두하고 있었다.

"선장, 무기가 배달되었소!"

데 하로는 부두의 하적장 안으로 사라졌다. 기구들을 받을 준비가 되어 있는가? 식기는 상자째 쌓여 있으며, 그 옆에는 커다란 구리 냄비 다섯 개와 사슬이 달린, 역청을 끓이기 위한 커다란 냄비, 오븐 두 개, 등 89개, 100파운드씩 묶은 초, 냅킨, 접시, 컵, 쇠로 만든 숟가락과 포크가 있다. 그 다음에는 작업도구들이 있다. 망치 스무 개와 각각 열 개씩의 드릴, 톱, 쇠 곡괭이가 선적을 기다리고 있었다. 수선하는 데 필요한 물품들, 송풍기, 못, 막대기 모양의 강재, 대포의 납 탄환을 만들기 위한 주물, 야전 수리반, 돛 만드는 사람이 쓸 실을 위한 밀랍, 뱃밥 메우는 사람들이 사용할 역청(피치), 배 만드는 목수를 위한 여러 바리의 나무 짐. 그리고 작살, 어망, 낚시, 추운 지역을 대비한 의복들이다. 처음부터 갑판에는 34척의 대포가 있었다. 산안토니오 호에 열 대, 트리니다드 호에 여덟 대, 빅토리아 호와 콘셉시온 호에 각각 여섯 대, 산티아고 호에 네 대. 알바루 다 코스타는 열심히 그의 왕에게 보고했다.

"배들은 낡았고 장비는 매우 빈약합니다."

데 하로가 모든 것을 조달했으며 그는 그의 능력이 닿는 한 마가야네스를 지지했다. 그는 동시에 여러 가지 생각을 했다. 바야돌리드를 잊어서는 안 된다! 권력가들과 세력 있는 사람들은 그들이 베푼 은총에 대해 지속적으로 감사를 받으려 한다. 데 하로는 왕에게 마가야네스의 이름으로, 화려하게 채색된 세계지도와 금 도금을 한 컴퍼스를 보냈다. 카를로스 왕이 그의 신하들이 그를 위해 가게 될 구간을 파악할 수 있도록.

마가야네스는 그 동안 항해학적으로 필요한 세목들을 준비했다. 앞으로 발견하게 될 나라들의 새 포르톨라노를 그릴 양피지, 항해일지를 쓰기 위한 공책, 펜대, 잉크, 모래시계 등이 필요했다. 트리니다드 호의 선미루 밑에 있는 제독의 방에는 해양학적 도구들이 쌓여 있었다. 나무와 동으로 만든 4분의, 금속으로 된 여섯 개의 경위의, 제독이 사용할 금박을 입힌 나침반 및 열여섯 개의 보통 나침반, 여분으로 사용할 자석 바늘 스무 개. 모래시계 열두 개, 별을 측정하기 위한 도구 다섯 개, 아라비아의 아스트롤라베 여섯 대, 태양의 고도를 측정하고 원양에서 배의 위치를 측정할 수 있는 발레스틸라 열 대, 거기에 1년의 각 시점마다 성좌의 위치를 나타내주는 천문력표.

데 하로는 앞으로 물물교환하게 될 물건으로 채워지고 있는 선적공간을 점검했다. 수은과 진사(적색 황화수은)가 선적되었다. 명반과 동, 염색한 천, 직물, 의복, 동전, 옷깃의 주름장식, 팔찌 300개, 독일 산 칼 400타스, 가위 250개, 빗과 거울. 그 밖에 작은 종 2만 개와 500파운드의 탄환과 유리로 만든 진주 목걸이.

질병의 치료에 필요한 약제도 염두에 두어야 했다. 게다가 군의관은 한 명도 고용되지 않았다. 그러나 외과의의 방에 있는 장롱 서랍 속에는 가지각색의 마른 약초가 담겨 있는 유리병이 마련되어 있었다. 변비에는 대황 줄기, 만나밀, 센나의 잎이 효험이 있다. 마전나무, 생강, 장뇌, 육두구 열매는 혈액순환을 돕는다. 지아비꽃과 코코넛, 삼(대마)은 신경을 안정시킨다. 쐐기풀과 콜로신드는 이뇨제 역할을 한다. 결정으로 된 대나무 심은 이질을 막는 데 필요하다. 근육이 부은 데는 아르니카팅크가 효과가 있다. 마지막으로 상처에 바르는(벌로 채찍질을 받아서 생긴 상처 역시) 금송화 발삼이 들은 깡통 역시 주변에 널려 있다. 살릭스 껍질 말린 것이 들어 있는 병도 잘 보관해야 한다. 틀림없이 그것이 필요할 때가 있을 것이다. 그 껍질로 만든 탕은 고통을 완화시킨다. 그 다음에는 여러 가지 도구들이 있다. 예를 들면 나쁜 암을 제거하기 위한 인두——이것은 뱀이나 개에게 물렸을 때 피를 막는 데도 사용된다. 그 밖에 넓은 상처를 소독하는 데 사용하는 숟가락도 있고, 여러 가지 외과용 메스, 핀셋, 가위와 존데도 있다.

새로운 포르투갈 대리공사가 안달루시아에 도착했다. 니코데모 알바레스. 새로 온 사절은 마누엘과 레오노라 양과의 결혼에 대한 답변을 받아야 했다. 포르투갈의 마누엘 왕과 에스파냐의 카를로스 왕 사이에 친척관계가 형성되면 서로 다른 관심사를 우호적으로 분리하고, 자주 일어나는 어려움을 풀어가는 데 도움이 될 수도 있을 것이다. 성실한 다 코스타보다 상황판단이 빠른 알바레스는 또 다른 과제를 받았다. 아마도 다 코스타가 성공하지 못한 것을 그는 이룰 수 있을 것이다. 몇 명의 수로 안내인들이 규정대로 발령을 받았음에도 불구하고 원정에 참여하기를 거부했다. 그들이 더 나은 제안을 받았는가? 마가야네스는 그들과 이야기를 나누어보고 그들이 무엇인가를 두려워한다는 것을 알아차렸다.

베아트리스는 아들을 낳았다. 마가야네스는 이제 아버지가 되었다. 그녀의 출산은 힘들었다. 베아트리스의 출산을 도와준 의사는 심각하게 고개를 흔들면서 그녀가 두 번째 아이를 가질 수 없다고 말했다. 그러나 아이는 건강했다. 그리고 그들은 아이에게 로드리고라는 이름으로 세례를 주었다. 새로운 품위를 즐길 시간이 얼마 남지 않았지만 마가야네스는 기쁘고 자랑스러웠다. 그는 선장실에서 배의 목록에 파묻혀 지냈다. 다섯 척의 배에 탈 선원들은 마침내 265명으로 확정되었다. 새로운 것, 먼 것, 미지의 것에 매력을 느끼는 아주 소수의 사람만이 자의로 참여했다.

대부분의 선원들이 감옥, 노예선에서 왔는데 그 중 의심스럽게 쳐다보는 녀석이 한 명 있었다. 후안 세바스찬 엘카노라는 이름의 바스크 사람이다. 수감자에게는 무죄 석방을 해준다는 약속이 되어 있었다. 그러나 이 모험에서 살아남을 수 있는 사람은 거의 없을 것이라는 생각을 했다. 그 외에 유럽이 너무 좁다고 느끼는 모험가들과 몇몇 용감한 사람들이 있다. 30퍼센트가 외국인이고 전부 합해서 총 9개국의 사람들이 포함되어 있다. 포르투갈 사람 37명, 이탈리아 사람 23명, 프랑스 사람 10명, 플랑드르 사람 4명, 그리스 사람 1명과 독일 사람 2명, 영국인 1명과 말레이 사람 1명. 거기에 에스파냐 사람 155명! 몇몇은 전혀 바다에 나가본 경험이 없다! 그리고 30명의 장교를 더 뽑아야 한다. 선장 임명권은 왕이 가지고 있었다.

모든 것이 심사숙고해서 결정된 것인가? 그렇다. 예측 가능한 것만 정리해본다면. 그들은 하나의 목표를 가지고 있다! 그러나 그곳까지는 얼마나 먼가? 테르나테 섬이 정말 아메리카 대륙을 지나 가까운 대양에서 솟아오를 것인가? 지구의 원이 발보아가 보았다는 남해 뒤에서 닫힐 것인가? 그 위험은 실제로 얼마나 큰가? 확실한 것은 베일에 가려져 있다. 그 베일을 마가야네스가 열게 될 것이다. 선원들이 탄 다섯 척의 배와 용기를 가지는 것만으로 충분한가? 그의 계획을 위해서 그것으로 충분할 것이다.

그는 베아트리스 옆에 앉았다. 그리고 작은 로드리고의 정수리를 쓰다듬었다. 마가야네스의 운명의 별은 그에게 호의적이었다. 이렇게 많은 행운이 오다니! 그의 혈통은 사라지지 않을 것이다. 원하는 것이 이루어진다면 어디에서도 그의 자손들을 통해 그에 대한 기억이 유지될 것이다. 그가 모든 것을 심각하게 생각하지 않는 세하웅 같았다면 좋았을 걸. 마가야네스가 내일 행복하게 그의 목표에 도달한다 해도 오늘은 고통스런 작별을 그 대가로 지불해야 한다. 말라카에 이어 코친에 갔으며, 사라고사 다음에는 세비야의 항구에서 폭동이 일어났다. 그럼에도 그는 주저하지 않았으며 그는 지치지 않았다. 그는 지금보다 정신이 더 맑은 적이 없었으며, 더 힘이 났던 적이 없었다.

그는 곧 출범하라는 명령을 받아 서쪽 항로로 항해할 것이다. 그는 준비가 불충분하다는 것은 알았지만 그의 선대의 용골과 함께할 바다의 변덕스러움에 관해서는 전혀 생각지 못했다. 그는 어떤 해안과 만이 있는지 알지 못했다. 올바른 항로와 여행 기간도 알지 못했다. 2년 동안의 양식으로 충분한가? 그들이 항해 도중에 먹을 것을 발견할 수 있을까? 믿을 만한 지도도 가지고 있지 않았으며 심연의 위치도 몰랐다. 소용돌이가 일어나는 지역이 어딘지, 여름에는 가물고 겨울에는 몹시 추운 기후를 알지 못했다.

그는 자신 이외의 어떤 사람에게도 책임을 부과할 수 없다. 그가 성공할 수 있을까? 그가 여기서 성취하고 사랑했던 모든 것을 남기고 간다면, 그 대가가 너무 큰 것이 아닌가? 불확실한 명성과 왕의 인장이 찍힌 종이 계약서가 손짓하는 부를 늦게 발견한 행운과 바꾸는 것이 그에게 매력적인 일인가? 그의 반대자들은 절대 이해하지 못할 것이다. 그에게는 향료와 금화가 가장 중요한 것이 아니라는 것을. 이 세계가 공 모양인가? 그것이 문제였다! 그리고 크리스토발 콜론이 발견한 대륙이 인도가 아니라면, 아메리카 대륙 뒤에 무엇이 숨어 있는가? 질문에 질문이 이어졌다.

원정대의 선장들을 임명하다

1518년 10월, 레오노라 공주는 리스본으로 여행을 떠났다. 마누엘 왕에게 긍정적인 답변을 주기 위해서였다. 그러나 카를로스는 결혼 승낙으로 인해 미래의 처남에게 더 많은 신뢰를 얻지는 못할 것이다. 그가 명예욕이 강한 이웃의 정치적인 권력과 음모에 관해 보고받지 못했다면 그는 훌륭한 통치자가 못 된다. 마가야네스의 극동 원정을 통해 마누엘에게 야기될 수 있는 문제들이 카를로스에게 자유를 줄 수 있다는 것을 그는 이미 오래 전에 간파했다. 그는 마가야네스를 다시 유혹하여 데려가려는 포르투갈의 노력 또한 알고 있었다. 그리고 물론 페르난도의 차가운 거절에 대해서도 보고받았을 것이다.

왕은 그 사업을 계속 주시했다. 그것은 그에게 대단히 중요했다. 페르난도 데 마가야네스는 이 게임에서 점점 에스파냐의 으뜸패가 되었다. 그래서 그는 다시 또 하나의 신호를 보냈다. 바야돌리드에서 왕의 명령을 받은 마차들이 카사 데 콘트라타시온으로 향했다. 카사 데 콘트라타시온은 마가야네스가 제출한 계산서를 지불하고, 어떤 일이 있더라고 약속을 지키도록 신경 쓰라는 명령을 받았다.

그러나 관료들은 그들 방식대로 버텼다. 그들의 조직은 불투명했다. 카사의 관료들은 비서, 행정직, 서기들로 이루어진 혼란스러운 파벌 집단이었다. 그들은 아침부터 저녁까지 복도와 홀에서 이야기를 나누며, 서류를 이리저리 밀다가, 그들의 이익을 따져보고 가능한지 가능하지 않은지를 결정했다. 카사의 중요한 결정권자들이 그 사건을 더욱 악화시켰다. 그들은 징집에도 관여하고, 그들의 이익에 따라 결정했으며, 장교부대를 재능에 따라 나누는 것이 아니라 봉사 연수에 따라 나누었다. 마가야네스는 의심스러웠다. 가장 아첨을 잘하는 사람이 가장 빨리 승진하다니!

불투명한 관료주의에 맞서는 데는 데 하로조차 아무 힘을 발휘하지 못했다. 마가야네스는 그가 요청하지도 않았는데 그에게 제동을 거는 많은 지시들을 어떻게 충족시켜야 할지 알 수가 없었다. 그는 그것을 거부하려 했다. 카사 데 콘트라타시온은 그에 대한 답변으로 마가야네스에게 이스테바웅 고메스를 산안토니오 호의 장교로 임명하는 임명장을 보냈다. 그는 향료 군도로 가는 서쪽 항로를 찾으려 했던 바로 그 고메스였다. 마가야네스는 항의하려 했지만 카사 데 콘트라타시온은 그의 청원서를 이러저리 미루었다. 바야돌리드에 불평해보았지만 아무런 효과가 없었다.

카를로스는 좋은 의도로 국가기구(개인의 감정에 관계없이 기계적으로 움직이는)를 활성화시켰다. 그들이 갈아놓았지만 아직 고르지 않은 경작지 위를 국가기구가 동상처럼 터벅터벅 걸어가며 망쳐놓은 것을 믿지 않았다. 장관들은 그날 해야 할 업무들에 파묻혀 있었다. 늙은 황제 막시밀리안은 죽었다. 그의 손자인 에스파냐의 카를로스 1세 외에도 프랑스의 프랑수아 1세와 영국의 헨리 8세가 독일의 황제 자리를 놓고 싸우고 있었다.

황제가 다른 긴박한 사건들 앞에서도 그의 피보호자를 완전히 잊지 않았다는 사실에 틀림없이 마가야네스는 기뻐했을 것이다. 그는 마가야네스의 사례금을 그가 원정을 떠난 후에는 베아트리스 부인에게 지불하라고 명령했다. 원정대의 조타수와 선장에게는 비교적 적은 특권이 부여되었다. 모든 원정 참여자의 재산은 그들이 없는 동안 채권자들과 경매로부터 보호되어야 한다는 규정이 내려졌다. 결국 왕은 직접 작성한 지침들을 선포했다. 75개 항으로 이루어진 이 지침에는 낭만적인 시간에 바다에 관해 꿈꾸는 한 젊은이의 배에 대한 규정이 요약되어 있다. 또한 그것은 바다가 제2의 고향이 되어버린 한 남자를 겨냥한 것이었다.

장교와 선원들의 의무와 자격은 제한되었다. 각 선박마다 적어도 성직자 한 명이 승선해야 한다. 예배는 정기적으로 드려야 하며, 신호기가 규정되어야 한다. 원주민들은 친근하지만 조심스럽게 다루어야 한다 그들을 절대 믿어서는 안 된다. 전쟁이 일어날 경우 제독인 마가야네스는 그의 배를 떠나서는 안 된다. 육지를 정찰할 때 보트에 탈 선원들과 그들의 상륙 방법이 정해졌다. 선장들은 항상 펌프가 깨끗하게 유지되도록 주의 깊게 신경 써야 한다. 선장들은 선원들의 양식을 시식해보고 환자들을 방문해야 한다. 선원들은 욕을 해서는 안 되며 카드놀이를 해서도 안 되고, 여자를 건드리거나 불평해서도 안 된다. 특히 선원

각자에게는 사방에 기독교를 전파해야 할 의무가 있다. 카를로스는 자신의 작품에 대해 아주 어린아이처럼 자랑스러워했다. 그는 그 규정의 사본을 세비야의 문서보관실에 보관하게 했다.

마가야네스는 젊은 왕의 규정을 읽었다. 그는 당황하여 그 지침서를 옆으로 치워놓았다. 그는 더 중요한 일을 처리해야 했다. 팔레이루는 그에게 방해가 된다. 그 천문학자는 수로 안내인, 장교, 선장, 카사 데 콘트라타시온에 소속된 사람들과 전부 갈등을 일으켰다. 그를 진정시키려고 하면 할수록 더욱 나빠졌다.

그 동안 카를로스 왕은 배의 선장들을 임명했다. 마가야네스는 그들 중 아무도 알지 못했다. 그리고 그들이 어떤 일을 수행했으며, 배의 지휘에 관해 얼마나 많이 알고 있는지도 알 수가 없었다. 산안토니오 호에는 폰세카의 사촌인 후안 데 카르타헤나가 임명되었다. 에스파냐 귀족이며 들리는 바에 따르면 믿을 만한 선장으로 왕의 궁정 수호대의 일원으로서 궁정과 매우 밀접한 관계를 맺고 있었다. 콘셉시온 호에는 세비야의 주교가 추천한 가스파르 데 케세다가 임명되었다. 루이스 데 멘도사는 결국 빅토리아 호의 선장이 되었다. 그는 크로이의 총애를 받는 궁신이다. 산티아고 호만 아직 선장이 정해지지 않았다.

제독은 위험한 미지의 지역으로 떠나는 원정에서 제독의 동지들이 되라고 왕이 선출한 부지휘관들 앞에 서 있었다. 뻣뻣한 무릎 때문에 약간 옆으로 구부정하게 서 있는, 키 작은 마가야네스는 마르고 창백한 얼굴로 고귀한 귀족들을 조용히 올려다보았다. 이 귀족들은 친절한 웃음 뒤로 그를 침입자이며, 벼락 출세한 사람으로 여기고 있다는 것을 숨기려 하지 않았다. 그는 그들이 무슨 생각을 하는지 알 수 있었다. 이런 귀족들의 매끄러운 얼굴을 그는 어린 시절부터 잘 알고 있었다. 그는 협동정신과 동료의식을 요구했다. 그들과 함께 지내게 될, 알 수 없는 긴 시간이 그것을 요구하기 때문이다. 그들은 장황한 단어로 그들이 마가야네스를 지지한다는 것을 확인해주었다. 마가야네스는 제독의 선실에서 '우정의 만찬'을 준비하여 그들을 초대했다. 그러나 그의 손님들은 이미 모두 선약이 있었다. 그들은 말이 없었으며 교만했다. 그는 곧 냉정하고 짧은 감사의 말로 그들을 보내주었다.

포르투갈의 방해 공작

겨울이 가까웠다. 마가야네스는 그해가 지나기 전에 출항하기 힘들 것이라는 사실을 예감했다. 그러나 그가 어떻게 알겠는가? 그의 원대한 계획이 시작되려면 또 한 번의 여름이 지나가야 한다는 것을. 카를로스 왕은 자신을 독일 황제로 선출하게 될 선제후들과 거래를 했다. 로마제국의 상황은 혼란스러웠다. 2년 전 비텐베르크에 있는 신학 교수인 마르틴 루터 박사가 면죄부 판매에 반대하는 반박문을 발표했으며 교황이 그 수익금으로 화려한 건물을 짓는 것을 비난했다. 초기에 아우구스티누스회 수도사였던 루터는 성직자 복종의 정신으로 그 비판을 무효 선언하라는 요구를 받았다. 그러나 그는 교단을 떠나 결혼했다. 그는 교회를 개혁하기를 원했다. 그의 생각은 마치 초원에 붙은 불처럼 번져나갔다. 그는 점점 많은 추종자를 가지게 되었다. 벌써 몇몇 영주들이 그의 편을 들었다. 작센 출신의 루터는 어떤 태도를 취할 것인가? 브란덴부르크 사람은 황제 선출에서 누구에게 표를 던지게 될 것인가?

왕은 그의 궁전을 바르셀로나로 옮겼다. 그곳이 대륙에 더 가까워서 황제 선출에 많은 영향력을 미칠 수 있기 때문이다. 그러나 돈이 부족했다. 에스파냐는 보상받을 만한 가치가 있는 몇 가지에 투자를 제한하지 않고 서로 다른 수백 가지의 사업에 투자를 했다. 5년 전부터 에스파냐는 쿠바에서 전쟁을 했으며 지금은 코르테스가 멕시코에 진출해 있다. 식민지를 유지하는 데는 엄청난 자금이 들었다. 콜론의 발견 이후 기대했던 이익은 아직 나오지 않고 있다. 게다가 황제의 직위를 노리고 있는 프랑스 경쟁자가 에스파냐를 힘들게 했다.

5년 전 프랑수아 1세는 마리냐노(현재의 멜레냐노)에서 밀라노 영주의 스위스 용병들과 싸워 이겼다. 이제 그는 카를로스 왕의 부르고뉴 상속권을 요구하고 있다. 그리고 그것은 전쟁에까지 이를 수도 있었다. 게다가 몬시뇨르(로마 가톨릭 교회에서 성직자들에게 사용하는 칭호) 키에리카토 밑에 있는 로마 사절단이 바르셀로나에 도착했다. 레오 10세 교황은 터키와 싸우기 위해 십자군 원정을 선언했다. 그것으로 그는 자신이 유럽에서 처한 곤경에서 벗어나기를 원했다. 몬시뇨르의 수행원들 중에는 젊은 롬바르디아 사람이 있었다. 비첸차 출신의 세습귀족의 아들인 안토니오 피가페타는 당시 아직 스무 살이 채 안 되었다. 피가페타는 마가야네스의 원정에 관해 들었다. 왕이 환영파티에서 그에게 몇 마디 친근한 말을 던지자 피가페타는 조리 있는 말로 마가야네스의 원정에 참여하게 해달라고 왕에게 부탁했다. 왕은 그의 희망을 들어주었다. 카를로스 왕은 그럼으로써 자신이 마가야네스 원정의 유명한 연대기 기록자를 고용하게 된 것임을 전혀 알지 못했다.

마누엘의 대변인인 알바레스는 그의 선행자처럼 이 원정을 방해하려고 했다. 그는 에스파냐 사람들의 이방인에 대한 반감을 이용했다. 에스파냐 사람들은 도대체 마가야네스가 그들을 속인다는 것을 눈치채지 못하는가? 왜 그는 그토록 많은 외국인을 고용했는가? 그 선장은 절대 카스티야의 확실한 추종자가 되지 못한다. 바르셀로나 사람들은 의심하기 시작했다. 그러나 마가야네스에게 반대하는 어떤 일도 일어나지 않았기 때문에 알바레스는 그를 방문하기로 결정했다. 그가 마가야네스를 방문했을 때 마가야네스는 집에서 깡통과 식품 및 여러 가지 해양학적 도구들이 들어 있는 바구니를 정리하고 있었다.

알바레스는 놀라서 이렇게 말했다.

"당신의 불확실한 동경으로 시작된 사업이 점차 진척되고 있나보군요."

마가야네스는 무시하듯 아무 말도 하지 않았다. 이 포르투갈 사절은 그의 마음에 들지 않았다.

알바레스는 잠시 후 계속 이야기했다.

"이것이 내가 당신과 갖는 마지막 면담이 될 테니 나를 선한 포르투갈 사람이며 당신의 친구로 여기고 지난일을 회상할 수 있도록 허락해주시오."

선장은 손님에게 등을 돌린 채 바구니를 정리했다.

알바레스는 목소리를 높여 말했다.

"당신이 내 말을 들으려 하지 않지만 그래도 난 당신이 엄청난 실수를 저지르고 있다는 것을 말하지 않을 수 없군요."

여전히 아무 말 없이 마가야네스는 천천히 몸을 돌렸다. 알바레스는 이렇게 마주 바라보는 기회를 이용했다.

"당신에게 너무 솔직하게 말하는 거라면 미안합니다. 그러나 확신하건대 당신은 파멸의 길을 걷고 있소! 나는 당신에게 진심으로 말하고 있으니 다시 한 번 생각해주시오."

마가야네스는 계속 아무 말도 하지 않았다. 이 어리석은 남자의 말에 반응을 보이는 것은 그의 건방진 목소리를 더욱 높여줄 뿐이다. 알바레스는 친근함을 강조하며 계속 말했다.

"당신의 항로는 위험으로 가득 차 있습니다. 당신은 그것을 그만두어야 합니다. 사람들은 항상 올바른 길을 선택하고 상상의 길을 가지 않도록 노력해야 합니다. 당신의 조국으로 돌아가시오. 포르투갈왕의 총애가 당신을 기다릴 것이오!"

마가야네스가 아무 말 없이 그를 쳐다보자 알바레스는 미리 준비해

둔 독백을 장황하게 말하기 시작했다. 항로와 그것의 부정확성에 대해, 그리고 바다의 위험요소와 인간의 연약함에 관해 이야기했다. 그는 자신의 주장을 정당화했다. 그가 하는 말들이 마가야네스의 귀에는 철썩거리는 소리로밖에 들리지 않았다. 그는 그의 말을 듣는 것도 아니었고, 듣지 않는 것도 아니었다. 그들 모두는 마가야네스로부터 무엇을 원하는 것인가, 이 기생오라비 같은 사람은 무엇을 원하며, 카사 데 콘트라타시온은 그 많은 서류 더미로 무엇을 원하며, 바르셀로나의 궁정 귀족들은 말도 안 되는 질문으로 도대체 무엇을 원한단 말인가? 그들이 그로 하여금 이제 막 시작한 사업을 그만두게 할 수 있는가?

"당신에게 감사의 말을 해야겠군요."

알바레스가 마침내 말을 끝냈을 때 마가야네스는 경멸조로 이야기했다.

"당신이 쓸데없이 많은 노력을 한 것에 대해서요. 당신이 아무리 나를 설득하려 한다 해도 나의 명예를 걸고, 나는 나의 길을 갈 것이오."

알바레스는 실망했다. 그는 열정적으로 대답했다.

"부적당한 방식으로 명예를 얻거나, 불충도 불사하면서 창피한 줄도 모르고 명예를 추구하는 사람은 현명한 것도 명예로운 것도 아닙니다. 그런 사람은 모든 명예와 지혜를 우습게 만드는 트란스푸가입니다. 그러나 당신은 지금이라도 모든 것을 바꿀 수 있습니다!"

그는 한 걸음 선장에게 가까이 다가가서는 친근하게 말을 계속했다.

"당신은 카스티야의 귀족들이 시내에서 당신에 관해 어떻게 이야기하는지 아십니까? 당신이 지조가 없으며, 당신을 보면 낮은 계급 출신임을 알 수 있다고 말합니다. 맞아요, 그들은 그렇게 이야기합니다! 당신이 조국의 군주에게 해를 입히는 것을 부끄러워하지 않는 데서 당신의 출생이 천하다는 것을 알 수 있다고 합니다. 자신의 주인을 한 번 배반한 사람은 두 번 그런 일을 할 수 있으니까요."

마가야네스가 다시 아무 말도 하지 않자 알바레스는 더욱 큰소리로 말했다.

"당신은——그 이유와 결과에 있어서도——절대 정당하게 행동하는 것이 아닙니다. 당신은 그 사업을 개인적으로 추구하고 약속하고 준비한 것이 아닙니다. 당신을 사람들이 조국을 배반한 배신자로 여기지 않을까요?"

이런 비난에 대해 이미 선장은 잘 알고 있었다. 불신의 독이 그의 영혼을 갉아먹었다. 그러나 그는 그것을 나타내지 않았고 더 이상 흥분하지도 않았다. 그는 사무적으로 말했다.

"말도 안 되는 소리 그만하시오. 나는 내 조국을 위해 봉사하겠다고 제안한 바 있지만 내 조국은 그것을 원치 않았소. 포르투갈왕은 내가 떠난다면 내가 그에게 기분 좋은 호의를 베푸는 것이라고까지 말했소. 그 모든 일을 당신도 잘 알고 있을 텐데."

"그러나 그것은 오해였소."

알바레스가 외쳤다.

"후회막급한 실수였소! 마누엘 왕에게 아주 책임이 없다고 할 수는 없지요. 나를 믿어요, 선장. 당신이 그를 오해한 것이오."

"아니요, 왕은 이렇게 말했소. '당신이 어디로 가든지 누구 밑에서 일을 하든지 그것은 나와 아무 상관없다'라고."

"그렇다면 당신은 포르투갈의 식민지를 건드리지 않고 어떻게 탐험을 하겠다는 것이오."

알바레스가 실망하여 외쳤다.

"당신은 엄청난 갈등을 불러일으키고 있소. 적어도 이것만은 대답해주시오. 우리의 왕이 당신에게 돌아오라고 명령한다면 당신은 이에 복종하겠소?"

역시 아무런 대답도 없다. 사절은 더욱 급박하게 말했다. 이 완강한 바위 같은 사람의 마음을 움직여야 한다! 마침내 선장은 포르투갈 사절의 장광설을 중단시켰다.

"나를 찾아온 게 당신 자신의 생각인지, 아니면 마누엘 왕이 당신을 보낸 것인지를 나에게 전달하려는 것이오? 그리고 마누엘 왕이 그렇게 말했다면 나에게 어떤 호의를 베풀겠다는 것이오?"

알바레스는 마가야네스가 덫을 놓았음을 눈치챘다. 마가야네스가 마누엘의 조건을 들으려 하는 것이 아닌가? 그것을 카를로스 왕에게 보고하고, 그럼으로써 마침내 포르투갈의 간계를 배제하기 위해? 그는 곧바로 물러섰다.

그는 거짓을 말했다.

"마누엘 왕이 나에게 이 일을 위임했다는 그런 뜻은 아니었소. 어쨌든 나는 폐하께 벌써 여러 번 조언할 수 있었으며, 왕은 여러 번 나의 조언에 따랐소."

마가야네스는 허점을 보이지 않았다.

"당신은 너무 겸손하군요. 나는 당신의 판단이 마누엘 왕에게 많은 영향을 미친다고 알고 있소. 나는 다른 어떤 사람이 아니라 바로 당신과 타협하기를 항상 원해왔소. 당신은 전혀 모르고 있군요. 여기서 일어나는 모든 일이 나에게 전달되고 있으며, 내가 많은 것을 약속받았고, 리스본에서 총애와 직위를 약속했지만 소용 없다는 것을요."

그 사절은 마가야네스의 마음이 바뀌고 있다고 믿었다.

"당신의 양심이 당신을 몰아가는 대로 행하시오, 선장. 그리고 당신의 명예와 당신이 마누엘 왕에게서 기대할 수 있는 이점도 생각해보시오. 그의 총애는 에스파냐의 말보다 더 확실한 것이오. 한 번 생각해보십시오. 당신에게 100에스쿠도나 혹은 그 이상을 준다고 해도 그것은 마누엘 왕에게 별 부담이 되지 않소. 그러나 여기서는 모든 금이 합스부르크 가의 과대망상증 때문에 소비되고 있소. 당신이 카를로스 왕에 대해 무엇을 바랄 수 있겠소?"

알바레스는 만족스럽게 자신이 알고 있는 지식을 이용했다. 그는 아주 비밀스런 계약의 내용을 알고 있었다. 그는 에스파냐 궁정이나 카사가 만들어낸 어려움을 전부 알고 있었다.

그럼에도 그는 마가야네스의 마음을 사로잡지 못했다. 선장이 설명했다.

"당신은 당신의 왕에 대해 잘 알지 못하는군요, 알바레스. 마누엘에게는 100에스쿠도가 매우 큰 돈이오. 그는 심지어 훨씬 적은 액수의 돈을 지불한다 해도 후회할 겁니다. 나는 내 빈약한 연금을 반 크루자도 더 올려달라고 부탁했지만 소용이 없었소. 그는 거절했으며 나를 피달고 모조에서 해고했소. 당신이 증명하는 것은 정말 이 사업을 포기하게할 아무 근거도 없는 것이오. 마누엘 왕이 오늘날 나에게 무엇을 보증할 수 있겠소?"

알바레스는 다시 뒤로 물러섰다.

"나는 공식적인 위임을 받고 온 것이 아닙니다."

"그렇다면 왜 왔소?"

마가야네스가 물었다.

"나는 당신의 친구로서 온 것이오, 선장. 그리고 고백하건대 리스본에서 당신과 당신의 능력을 잘못 평가했다는 것을 인정하오. 그러나 당신이 포르투갈로 돌아온다면 상황은 바뀔 겁니다."

마가야네스는 쓸쓸하게 웃었다.

"포르투갈은 나를 해치려 할 겁니다."

"무슨 이야기를 하는 것이오?"

알바레스가 애원하듯 외쳤다.

"포르투갈에서가 아니라 이곳 사람들이 당신에게 나쁜 짓을 하게 될 것이오!"

그는 새로운 으뜸패를 내보였다.

"팔레이루는 어떻소? 당신은 어떤 사람도 그를 참아낼 수 없다는 것을 잘 알지 않소? 항해중에 그런 일이 일어난다면 어떻게 되겠소?"

선장은 어깨를 으쓱했다. 그 역시 기꺼이 알고 싶었던 문제이다.

사절은 점잔을 빼면서 이야기를 계속했다.

"당신은 자신이 총사령관이 될 거라고 상상하고 있소. 이제 당신에게 정보를 주지요. 당신의 배에 탄 어떤 사람들이 당신에게 반란을 일으킬 것이오. 그러나 당신이 그것을 눈치챌 때는 아마 이미 너무 늦었을 것이오."

마가야네스는 귀기울여 들었다. 그리고 자신의 두려움을 숨겼다. 그런 일이 일어날 수 있다는 것을 그는 벌써 예감하고 있었다. 그의 항로는 미지의 무한한 곳을 향해 간다. 그리고 사람들은 항구를 떠나기도 전에 그를 반대하는 계략을 꾸밀 것이다. 그들은 자신들이 어디로 가며, 어떤 일이 그들 앞에 놓여 있는지 모르지 않은가? 동료가 동료들을 믿을 때에만 그 위험들은 극복될 수 있을 것이다.

"나는 그렇게 생각지 않소."

그는 힘들게 말했다. 그러면서 그는 거의 확실한 예감을 느꼈다.

"아니오, 나는 당신 말을 믿지 않소!"

알바레스는 더욱 급박해졌다.

"당신은 부르고스 주교의 입술에서 흘러나오는 달콤한 말에 속고 있군요. 에스파냐 사람들이 당신을 이용하고 있다는 것을 알아야 합니다."

마가야네스는 탐색하는 듯 포르투갈 사람의 교활한 얼굴을 쳐다보았다. 마가야네스는 자신의 약속을 지킬 것이다. 그의 계획은 웅변술 따위에 중단되지 않는다.

"나를 오해하지 마시오."

외교관은 아첨하며 말했다.

"나는 단지 내가 생각했던 것과 당신의 입장에서 할 수 있는 것을 말했을 뿐이오. 그리고 나는 당신에게 조언을 한 것이오. 마누엘 왕에게 보내는 편지를 적어준다면 내가 그것을 왕에게 전달하겠소. 우리 세 명만이 그 편지의 존재에 관해 알게 될 것이오!"

마가야네스에게는 다음과 같은 논리가 확실했다. 마누엘이 그를 사로잡는다면 포르투갈 감옥에서 그를 처형할 것이다. 카를로스의 꼭두각시들이 항의한다 해도 그는 관철시킬 것이다.

마가야네스는 포르투갈 사절을 친절하게 배웅했으며 그에게 방문해준 것에 대해 감사의 뜻을 전했다. 그리고 말했다. 그는 좀더 생각해봐야 한다. 그것은 중요한 결정이니까. 결정하려면 시간이 좀 걸리겠으니 그는 더 기다려야 할 것이라고.

알바레스는 그 담화 내용을 상세하게 리스본에 보고하면서 이렇게 덧붙였다.

"저는 제 힘이 닿는 데까지 열심히 폐하를 위해 그를 감시하겠습니다."

포르투갈 사절과 이런 대화를 하면서 마가야네스가 영원히 버렸던 고향이 다시 한 번 마가야네스의 마음을 아프게 했다. 그러나 그는 단한 순간도 포르투갈로 돌아가는 것을 고려하지 않았다. 그를 위해 테주 강을 금으로 채워준다 해도! 그는 사람들로부터 그들이 원래 말하려 하지 않았던 것을 끌어내는 법을 배웠다.

그럼에도 알바레스는 포기하지 않았다. 그는 왕이 도성생활을 하고 있는 바르셀로나로 갔다. 왕의 주변에서 그의 의심에 귀기울이는 사람들을 발견했다. 포르투갈 사람들 스스로도 마가야네스가 그들에게 매수되었다는 것을 의심하지 않았기 때문에 그 소문에는 무엇인가 타당한 것이 있을 것이라고. 카를로스 왕 역시 고문관들의 헛소리와 그들의 노골적인 경고에 귀를 기울였다. 그는 왕위를 통해 정치에서는 꿈이나 약속 따위는 중요하지 않으며, 계략과 이기주의가 중요하다는 사실을 재빨리 간파했다.

카를로스는 마가야네스의 선원 중 포르투갈 사람들이 너무 많은 것 같다고 생각했다. 그는 카사 데 콘트라타시온에 서면으로 지시했다. 외국인의 수를 다섯, 많아야 여섯 명으로 제한하라고. 그리고 그들을 고립시키기 위해 다섯 척의 배에 나누어 승선시키라고. 모든 것이 '눈에 띄지 않게, 실수 없이' 일어나야 한다고.

그것은 총사령관의 권한에 대한 민감한 침해였다. 산안토니오, 콘셉시온, 빅토리아의 선장들을 상관으로 앉힌 것으로 충분치 않다는 말인가? 이제 그는 왕의 이런 명령에 복종해야 한다. 관리들이 배정하는 선원으로부터 그가 도대체 무엇을 기대할 수 있단 말인가? 심지어 군주들마저 그에게 적대적이라면, 선입견에 사로잡힌 이런 장교들로부터 무엇을 기대할 수 있단 말인가? 신뢰할 수 없으며 무능력한 많은 사람들 중에서 항해에 적합하며 폭풍을 견디어내고 바다에 대한 경험이 많은 사람들을 그에게서 빼앗아간다면, 그는 성실과 인내력이 요구되는 그런 계획을 어떻게 실현시킬 수 있겠는가?

카사 데 콘트라타시온의 모집자가 갑판으로 데려온 선원들 중에는 이미 많은 도망자들과 수감자들이 포함되어 있다. 그러나 특별한 과제를 맡은 사람들은 그가 직접 뽑았다. 개개인에게 그들의 능력을 상세히 물어보았으며, 갑판에서 엄격하게 능력을 시험해보았다. 마가야네스는 모든 숙련된 선원들, 수공업자 그리고 전문가들을 검사했다. 에스파냐 사람이든 외국 사람이든 상관없이. 그리고 필요한 자리에 최선의 사람을 임명했다. 갑판장이든 목수든 뱃밥 메우는 사람이든, 항해장, 통장이, 키잡이, 조타수, 수로 안내인이든 상관없이.

그럼에도 불구하고 그의 가장 능력 있는 선원들 중 몇 명이 포르투갈 사람이라는 것에는 미처 생각이 닿지 못했다. 예를 들면 페드로 멘데스, 그는 아주 탁월한 항해장이다. 그는 12년 후 인도 항해에서 그 사실을 증명해 보였다. 마가야네스는 산안토니오 호를 위해 그를 선발했다. 이 무거운 배는 경험이 풍부한 갑판장교가 필요했기 때문이다. 또 가르시아 몬테로사, 목수이며 조선공인 그도 마찬가지로 포르투갈 사람이었다. 몬테로사는 배를 검사 수리하는 데 있어 확고한 지식과 풍부한 아이디어를 보여주어 마가야네스의 눈에 띄었다. 항해중에 심각한 상황에서 그의 수공업적 능력을 임기응변 기술과 결합시키기에 아주 적합한 사람이었다. 그는 콘셉시온 호에 배정될 것이다.

약간 몸집이 좋은 안드레스 데 산 마르틴, 마가야네스는 그의 탄탄한 항해 지식과 천문학 지식에 경탄했다. 산 마르틴은 포르투갈 출신이다. 마가야네스는 그를 기함의 수로 안내인이며 조타수로 선발했다. 카밀루 고메스 역시 포르투갈 사람이었으며 탁월한 수로 안내인이었다. 마가야네스는 그를 산티아고 호에 배정했다. 카밀루는 아메리카를 통과하는 파소를 찾으려 했다는, 그의 의지와는 반대로 산안토니오 호에 배정되었던 에스파냐 사람 이스테바웅 고메스와 친척간이 아니었다.

마지막으로 그는 또 주앙 로페스 카르바유를 채용했다. 이 사람은 1504년에 베스푸치와 함께 브라질에 가본 적이 있으며, 언어능력과 그 지역에 관한 지식을 가지고 있어 파소를 찾는 데 많은 기여를 할 수 있었다. 카르바유가 데리고 온 아들 살바도레를 마가야네스는 견습선원으로 채용했다. 마가야네스와 카르바유는 이 원정에 참여한 가장 나이 많은 사람이었다. 운명이 그들을 함께하게 했다. 이 두 사람은 그 항해에서 끝까지 살아남지 못할 것이다. 그러나 한 사람은 바로 그 선대를 모으고 왕을 위해 신대륙을 정복하지만, 다른 한 사람은 많은 것을 파괴시키게 될 것이다.

그리고 선원들의 무리에서 제독은 아주 경험이 많은 사람 열두 명을 선발해서 그들을 유자격 선원으로 임명했다. 그들은 신참선원들에게 갑판 작업과 바다에 관해 가르쳐주어야 한다. 이 그룹에도 우연히 에스파냐 사람은 두 명밖에 없었고, 포르투갈 사람은 일곱 명, 프랑스 사람 한 명과 이탈리아 사람 두 명으로 이루어졌다.

이탈리아 사람? 그렇다. 그는 그 사람을 거의 잊어버릴 뻔했다. 왕이 그에게 보냈던 이 젊은 귀족을. 마가야네스는 그를 자신의 선실로 불렀다. 짧은 고수머리에 턱수염을 기른 젊은 남자가 나타났다. 피가페타는 세심하게 상(上)이탈리아 방식대로 약간 멋을 부렸다. 그는 커다란 갈색 눈으로 존경심에 가득 차서 제독을 쳐다보았다.

"이름이 무엇이며 고향이 어딘가?"

"안토니오 피가페타라고 하며 비첸차 출신입니다."

"비첸차가 롬바르디아 주에 있지?"

"그렇습니다, 각하."

"그것이 밀라노에 속하는 건가?"

"아닙니다. 비첸차는 베니스에 예속되어 있습니다."

"그런데 어떻게 에스파냐에 오게 되었지?"

"저는 교황의 사절인 몬시뇨르 키에리카토의 수행원이었습니다. 몬시뇨르는 교황이 비밀 임무를 완수하라고 바르셀로나의 왕궁에 파견하신 사절입니다."

"그런데 왜, 자네는 무조건 우리의 원정에 참여하려는 거지?"

"저는 각하께서 향료 군도로 가는 서쪽 항로를 찾으려 한다는 소식을 들었습니다. 그리고 저는 이 사업의 위대함과 그 유일성을 평가합니다. 그렇기 때문에 거기에 함께하고 싶습니다."

"자네는 선원인가?"

"아닙니다, 각하. 저는 알렉산드리아, 콘스탄티노플, 베니스와 라구사, 말타와 로도스, 시라쿠스, 마살리아, 말라야, 그리고 제누아에 가본 적이 있습니다. 저는 베니스 상원 의회의 위임을 받아 배를 타고 이런 여러 지방들을 방문했습니다. 항해에 관한 저의 지식은 제 체험과 관찰에만 국한되어 있습니다."

"솔직하군."

마가야네스가 칭찬했다.

"그러나 어떤 한 가지 과제를 충족시킬 수 없는 사람은 누구도 이 여행에 참여할 수 없다는 것을 알아야 해. 무슨 일을 할 수 있나?"

"각하, 그것은 저도 모릅니다. 저는 로도스 교단의 기사입니다. 이런 직함을 아버지에게서 물려받았지요. 그리고 이 직함은 제가 베니스 사절이라는 직위를 얻도록 해주었습니다. 외교적 업무에서 저는——제가 아직 어리긴 하지만 감히 말씀드립니다——경험이 좀 있습니다. 그러나 궁정생활에는 만족을 느끼지 못합니다. 차라리 각하의 배가 처음으로 미지의 바다를 극복하고 새로운 해안을 발견한다면, 거기에 함께 참여하고 싶습니다. 저는 커다란 해양을 지나는 여행에서 기이하고 경이로운 많은 사물들을 보고 묘사할 줄 압니다."

마가야네스는 생각에 잠겨 피가페타를 쳐다보았다. 왕이 아주 특이한 녀석을 그의 갑판으로 보내주었다.

"그렇다면 자네는 무엇을 기대하고 있나? 재물, 보물, 아니면 금인가?"

마가야네스는 많은 사람들이 숨기려 하지만 그들을 지배하고 있는 그 충동들을 알고 있었다.

피가페타는 놀란 듯이 쳐다보았다.

"저는 1507년 베니스에서 출판된 아메리고 베스푸치의 『신세계』를 읽었습니다. 당시 저는 아직 어렸지만 지금까지 그 책에 사로잡혀 있습니다. 그 이후로 저는 그와 비슷한 원정에 참여하겠다는 오로지 한 가지 소망만을 가지고 있습니다! 저는 항해중에 일어나는 모든 일을 기술하겠습니다."

마가야네스는 놀랐다. 모험가, 직업적인 뱃사람들과 명예욕에 불탄 사람들 중에 이상주의자라니! 독수리들 사이에 낙원의 새 한 마리가 끼어 있는 것이다. 그는 부를(그는 그것을 이미 가문에서 물려받았다) 원하지 않았다. 그는 단지 눈으로 보고 체험하고 묘사하고 싶어한다.

기술한다?

"자네는 새로운 나라들과 미지의 사물들을 기술하려는 건가? 그 이유가 뭐지?"

"용서하십시오, 각하. 그러나 각하께서는 알렉산더 대왕과 광대의 이야기를 아십니까?"

피가페타는 얼굴이 붉어졌다. 그 유명한 제독과 이런 이야기를 나누는 것이 그에게는 주제넘은 것처럼 생각되었다. 그렇지만 무심결에 그 질문이 나왔다.

"모르는데."

마가야네스가 흥미롭게 대답했다.

"설명해보게."

"연대기 기록자로서 왕의 주위에서 일어나는 모든 것을 기술하는 알렉산더의 궁정 익살 광대가 알렉산더로부터 왜 그런 일을 하느냐는 질문을 받았답니다."

피가페타는 잠시 주저하더니 마가야네스의 호의적인 눈길을 알아차리고는 더욱 능숙하게 이야기했다.

"궁정의 광대는 왕의 살아 있는 양심으로서 모든 것을 말할 수 있기 때문에 그는 이렇게 대답했답니다. '당신은 영웅이며 위대한 승리자입니다. 그러나 이 세상은 당신의 행위에 관해 내가 기술할 때만 그것에 관해 알 수 있습니다.' 그러자 알렉산더는 웃으면서 자신은 이 세계를 놀라게 한 사람인데 누가 그를 모르겠느냐고 말했습니다. 그러자 광대는 이렇게 대답했지요. '그렇습니다, 지금은 모든 사람들이 당신을 알고 있지요. 그러나 천년 후에도 그럴까요? 하고 말입니다."

마가야네스는 놀란 얼굴로 그를 쳐다보았다. 그렇다, 맞다! 보고되지 않은 것은 일어나지 않은 것과 같다! 서쪽과 동쪽, 북쪽과 남쪽, 위와 아래, 어제와 오늘을 확인해야 한다. 관찰은 편견 없는 호기심에 의해 이루어져야 한다. 가장 용감한 사업일지라도 그것이 전해지지 않는다면 무슨 가치가 있겠는가? 마가야네스는 세계가 공의 형태라는 것을 증명하려고 작정했다. 이 젊은 이탈리아 사람이 그의 궁중 광대가 될 것이며, 그의 증인, 그의 자료 목록이 될 것이다. 처음에는 별로 쓸모 없어 보이며, 필요 없어 보이던 피가페타가 이런 것을 인식한 바로 그 순간에 마가야네스의 가장 중요한 동반자가 되었다.

그는 젊은 로도스 기사를 내보내고 다시 하루의 일과로 돌아갔다. 두 사람은 역사에서 중요한 자리를 차지하게 될 것이다. 한 사람은 그의 행위를 통하여, 다른 사람은 그것을 영원화시킴으로써.

마가야네스 제독의 원정대 출항 준비

"페르난도, 페르난도!"

팔레이루는 흥분하여 마가야네스에게 달려왔다. 제독은 마침 조선 목수인 몬테로사와 함께 그의 선실에서 수리 보고서를 꼼꼼하게 읽던 중이었다. 그는 마지못해 올려다보았다. 이 삐뚤어진 점성가는 또 무엇을 원하는가?

"무슨 일이오, 팔레이루. 왜 그렇게 흥분했소?"

"우리 항로에 관해 별점을 쳐보았네. 여기 보게!"

그는 구겨진 종이를 마가야네스의 코앞에서 흔들었다.

"우리는 항로를 아직 결정하지 못했어요, 팔레이루. 아직 출발 날짜와 시간도 모릅니다. 당신은 어떤 날짜로 별의 궤도와 별점을 계산했습니까?"

"아니야, 마가야네스. 나는 우리가 출발하기에 제일 좋은 날짜를 알아냈어. 8월 10일 오후 4시에 금성이 북쪽 지평선 위 15도 57분에 자리하지. 동시에 달은 31도 18분, 목성은 50도 54분에 위치하게 되지. 그럼으로써 이 세 별이 알데바란(황소자리 중 일등성), 베텔게우스(오리온 자리의 일등성), 카노푸스(용골자리의 일등성)가 형성하는 마적인 삼각형 속에 있게 되는 거야. 첨부하자면 금성이……."

"그만, 그만해요."

마가야네스가 중단시켰다.

"출발 날짜는 폐하께서 정하실 겁니다. 게다가 우리는 준비가 아직 덜 끝났소."

팔레이루는 신경질적으로 마가야네스 앞에서 날뛰어 돌아다녔다.

"그렇다면 자네는 모든 작업과 안전대책이 그때까지 끝나도록 신경 써야 할 거야. 8월 10일 출발할 수 있도록 카를로스 왕의 승낙을 얻어내는 것이 자네에게는 그다지 어려운 일이 아닐 텐데."

그는 심술 사납게 다음과 같이 덧붙였다.

"궁전에 서면으로 제출 할 수 있을 거야."

제독은 이마를 문질렀다. 팔레이루가 여전히 그의 환상으로 그를 귀찮게 할 것이다! 그 말을 들은 몬테로사는 불편한 듯 바닥을 쳐다보았다. 고개를 끄덕임으로써 마가야네스는 나가도 좋다는 신호를 보냈다. 그는 팔레이루에게 몸을 돌린 채 말했다.

"그렇다면 좋소. 보여주시오."

마가야네스는 그의 계산을 검토해보았다. 지도를 꺼내서 팔레이루의 계산을 비교해보았다.

"우리는 무조건 이 루트를 따라가야 해."

팔레이루의 가느다란 검지손가락이 마치 도마뱀처럼 지도 위를 지나갔다.

"우선 사하라 해안을 따라가다가, 베르데 곶을 서쪽으로 지나서 넓은 만곡을 그리며——처음에는 남쪽으로, 다음에는 서쪽으로——브라질의 해안을 지나간다."

"안 돼요, 팔레이루. 그곳을 지나게 되면 우리는 포르투갈의 대포 앞을 지나는 것과 마찬가지입니다."

"안 돼, 안 돼! 이것만이 올바른 항로야. 내가 그것을 계산해냈고 모든 것을 시험해보았어. 방위각, 합과 충(衝), 지평선상에서 천체가 떠오르는 점과 지는 점⋯⋯."

마가야네스는 화가 났다.

"당신의 항로는 위험하고 아무 의미도 없소."

팔레이루는 얼굴이 빨갛게 부풀어올랐다.

"누가 점성가야. 자네인가 아니면 나인가? 자네는 별과 그것의 힘에 관해 아무것도 몰라. 이 항로와 출발 일자를 지켜야 해!"

제독은 몸을 돌리고 발을 세게 디디면서 선실에서 나왔다. 팔레이루는 급히 그를 뒤따랐다.

"자네는 내가 없으면 아무것도 아니야."

그가 날카롭게 외쳤다.

"내 비밀공식 없이는 절대 목적지에 도달하지 못해."

"나는 당신의 환상을 쫓아갈 생각은 없소."

"배반자! 내 항로를 택하지 않는다면 이 계획은 실패한 거야! 그렇다면 나는 물러나겠어. 그리고 자네는 나 없이 출발해도 좋네."

"마음대로 하시오."

마가야네스는 냉정하게 말했다.

"배은망덕한 사람 같으니! 자네의 상황이 좋지 않았던 그때 리스본에서 자네에게 내 지식을 가르쳐주었던 것은 후이 팔레이루로서는 잘한 일이었지. 그러나 여기 에스파냐에서 그는 '제독 각하'의 명성이 최고조까지 솟아올랐다고 믿고 있어. 이제 그는 후이 팔레이루가 더 이상 필요 없다고 생각하는 거야. 그러나 '제독 각하'는 앞으로 실망하게 될 걸!"

마가야네스는 그를 그냥 내버려두었다. 전혀 도움이 되지 않고 오로지 부담만 된다면 그 약속이 무슨 소용인가? 마가야네스의 적수는 이미 승리를 한 것이나 마찬가지다. 알바레스는 리스본에 정보를 주었다. 첩자와 궁신들은 매수되었으며 그의 첩자들은 일을 잘하고 있다고. 그는 모든 사건에 관해 보고받았으며, 제독에 관해 이야기되고 결정되어지는 모든 것을 알고 있었다. 그는 또한 마가야네스가 어떻게 대응하는지도 알고 있었다. 그와 팔레이루 사이에 벌어지는 장면까지도 그는 알고 있을 것이다.

선장은 절름거리며 집안을 돌아다니다 작은 로드리고의 요람 앞에서 멈추었다. 그가 서투르지만 부드럽게 잡은 베아트리스의 손은 차가웠다. 그의 아내는 다시 임신중이었다. 의사는 반대했지만 누가 자연을 거스를 수 있겠는가? 베아트리스는 창백하게 안락의자에 앉아 있었다. 의사는 빈혈이라며 꿀을 넣은 마편초와 라일락 차를 처방해주었다. 베아트리스는 담대하게 몸 상태가 좋지 않은 것을 극복하려 했다. 그녀는 자신의 몸 상태가 곧 나아지기를 바랐다. 마가야네스는 자신의 가정에 대해 자부심을 느꼈다. 그는 오랫동안 고독했다. 이제 그는 그가 왜 이 모든 것을 감행해야 하는지 그 이유를 알게 되었다. 그녀, 그의 아내와 자녀들을 위해서였다! 그의 가족이 그에 대해 한 번이라도 자부심을 가진다면 그의 적들이 아무리 비방해도 상관없다!

그러나 남몰래, 그의 마음속에 깊이 숨겨진 채, 진실은 빛나고 있었다. 하나님은 시민적 삶을 위해 그를 창조한 것이 아니다. 신은 함대를 위해 그를 창조하셨다. 위대한 과제, 유일한 것, 지구가 원반인가 공인가 하는 문제의 해답——그것은 마가야네스가 풀어야 할 수수께끼이다. 그는 이런 운명에 사로잡혀 있다. 가정적인 평화로운 시간은 단지 간주극일 뿐이다. 그렇지 않다면 그가 매번 그의 주위를 점점 높이 가로막는 성가신 일들을 극복할 수 있는 힘을 어디서 얻겠는가.

팔레이루는 가장 작은 방해물에 불과했다. 이미 그 점성술사가 미쳤다는 소문이 퍼졌다. 알바레스는 마누엘에게 편지를 썼다.

제가 보기에 그의 정신은 불안정하며 그가 과거에 가졌던 모든 지식은 사라진 것 같습니다.

그러나 사절은 그 이상을 알고 있었다. 그는 후안 데 카르타헤나가 궁성의 연락장교로서 특별한 지령을 받았다는 사실을 전해들었다. 그의 전권은 아주 포괄적인 것이어서 그가 제독을 감시하고 있다는 것을 추론해낼 수 있었다. 마가야네스는 첩자들에 둘러싸였다. 그들은 모든 대화를 엿들었으며 모든 과정을 통제하고 있었다. 빅토리아 호의 선장인 루이스 데 멘도사는 다음 번 소란을 선동했다. 선대의 경리책임자로서 그는 외국인 선원에게 임금지불을 거절했다. 에스파냐 선원만이 임금을 받았다. 마가야네스는 그에게 해명을 요구했다. 멘도사는 외국인을 고용해서는 안 된다고 단호하게 대응했다. 믿음직한 데 하로가 개입하여 임금을 대신 지불했다. 제독은 카사의 관리들이 그 뒤에서 조종하고 있음을 확신했다. 마가야네스는 제독으로서의 자신의 권한을 주장하는 짧은 편지를 통해 왕에게 멘도사의 해고를 요구했다.

왕의 답변은 놀라울 정도로 빠르게 돌아왔다. 그러나 카를로스 왕의 처리 방식은 열광할 수 있는 젊은이가 계산적인 군주로 변신했음을 보여준다. 그는 멘도사에게 선원들에게 체불된 임금을 지불하고, 총사령관에게 그에 합당한 존경심을 표하라고 지시했다. 알바레스는 그 긴장이 더욱 고양되기를 기대하면서 마누엘에게 이렇게 편지를 썼다.

그 선대는 대략 110톤, 100톤, 90톤, 85톤, 70톤의 선박 다섯 척으로 구성되어 있습니다. 그것들은 매우 낡았으며 여기저기 많이 수리를 한 것입니다. 그들은 열한 달 전부터 수리를 했으며 이제 해상에서 뱃밥을 메우고 있습니다. 제가 여러 번 갑판에 가본 결과 이 배를 타고 카나리아 군도로 항해하고 싶은 마음이 전혀 없을 정도로 낡았다는 것을 폐하에게 보증합니다. 배의 늑재로 사용된 나무가 썩고 있기 때문입니다. 포병대 전체는 30대 혹은 40대의 소구경 대포로 구성되어 있습니다. 마가야네스가 지휘하는 배에만 아주 좋은, 쇠로 된 대포 네 대가 있을 뿐입니다.

그 사절이 알지 못한 사실이 있다. 원래 무기는 선대가 출항하기 직전에야 갑판으로 옮겨진다. 어느 날 밤, 빌바오에서 큰 상자들이 비밀스럽게 배로 운반되었다. 포신의 받침틀 위에 놓인 야전용 대포 28대, 선회포(회전포) 받침대 위의 경포(산탄의 탄약을 사용하는 작은 대포) 일곱 대, 거대한 사석포 세 대 및 화승총 100대. 게다가 석궁 60개, 대략 5천200파운드의 화약, 많은 양의 대포용 석포환과 철포환, 팔과 어깨에 조각을 댄 갑옷 100개, 투석기 60개와 화살 1만 개, 수많은 검, 단도, 군도, 칼과 창, 화승과 원판, 창과 방패, 쇠사슬을 넣어서 만든 갑옷, 갑옷과 투구! 마가야네스는 가장 귀한 무기들을 트리니다드 호로 운반하게 했다. 카를로스 왕은 '세르펜티넬'이라 불리는 대포 네 대를 인스부르크의 유명한 대포 주물공장인 뢰플러의 대장간에서 주문하여 티롤로 운반하게 했다. 포신이 긴 홀쭉한 이 대포는 그때까지 최고의 사격 정확성을 갖춘 것이다. 그리고 그것들은 가벼워서 다양한 설치가 가능했다. 마가야네스의 선대는 선박의 수는 적지만 평균을 넘는 화력을 소유하게 되었다.

그 대신 사절은 비밀에 붙여진 항로에 관해 들었다. 그는 리스본으로 이렇게 보고한다.

그 원정은 어린아이 장난처럼 보입니다. 그들의 예견된 항로를 알아내고 나니 우리가 지금까지 그들을 과대평가했다는 생각이 듭니다. 그 선대는 우선 아프리카의 해안을 따라 프리오 곶까지 항해할 것입니다. 그리고 나서 경계선에 이를 때까지 브라질을 우현으로 두고 계속 진행합니다. 거기서 그들은 아메리카를 통과하는 에스트레쇼를 지나서 서쪽과 북서북 항로를 통해 직접 말라카로 방향을 잡았습니다. 폐하의 쾌속선들은 틀림없이 그들을 발견할 수 있을 겁니다!

바다는 넓고 깊었다. 행방불명된 사람들이 난파선의 잔해를 신고할 수는 없다. 알바레스는 만족하여 이렇게 결론을 맺었다.

저는 말라카라는 나라를 지구의와 세비야 출신의 지도 제작자가 그린 지도에서 보았습니다. 이 본보기에 따라 그의 모든 지도가 만들어졌습니다. 이 원정대가 가지고 가는 지도에는 프리오 곶에서 말라카 군도 사이에 어떤 다른 신대륙도 그려져 있지 않습니다. 그들이 코르테레알(수십 년 전에 그 항로를 선택했지만 그 이후로 실종되었던) 형제처럼 이 여행에 실패하기를 바라며, 그래서 폐하가 평안해지고, 영원히 다른 왕들의 질투를 받게 되기를 바랍니다.

중립적인 관찰자라면 알바레스가 이 상황을 제대로 판단했다는 것을 인정하지 않을 수 없을 것이다. 이미 에스파냐 선원들이 도망갔지만 선원 중개 사무소는 그 인원을 보충해주지 않았다. 아무도 그 여행을 함께하겠다고 자원하지 않았다. 왕의 동의하에 선원들에게는 낮은 임금이 지급되고 있었기 때문이다. 그래서 선원들을 끌어모을 수가 없었다. 결국 외국인들만 남았다. 카사 데 콘트라타시온이 반대했음에도 불구하고 총사령관은 외국인들을 고용했다. 그는 여러 가지 조항들과 현실과 먼 규정들 때문에 더 이상 그의 계획을 방해받고 싶지 않았다. 카사에서 이에 대한 항의를 전달하기 위해 파견된 사절에게 그는 말했다. 아무래도 상관없다고.

팔레이루는 선원들을 임명할 때 자신에게 자문을 구하기를 원했다며 항의했다. 그는 자신이 이 원정대의 수석 점성술사라며 화를 내면서 날카롭게 소리쳤다. 그리고 자신에게 왕실의 군기와 신호등을 들고 갈 수 있는 권리를 달라고 요구했다. 아마도 그렇게 하라고 동생이 그의 귀에 속삭였을 것이다. 그러나 마가야네스는 그를 무시했다. 힘든 여행 준비에는 전혀 관심이 없는 팔레이루는 카르타헤나와 멘도사, 그리고 케세다에게 자신을 지지해줄 것을 요청했다. 다시 마가야네스는 청원서로 그 상황을 설명해야 했다.

카를로스 왕은 후이 팔레이루에게 정중한 편지를 보냈다. 즉 학자인 팔레이루는 세비야에서 기다리는 게 나을 것이다. 유감스럽게도 그 결과가 불확실한 첫 번째 여행을 포기해야 할 것이다. 점성술사인 팔레이루는 전문가로서 몰루카 군도로 가는 다음번 선대의 지휘권을 맡게 될 것이다. 첫 번째 항해의 수석 점성술사로 에스파냐의 수로 안내인인 안드레스 데 산 마르틴이 임명될 것이며, 지리학 학위 소지자인 팔레이루가 그의 지도와 자오선의 계산을 위한 천문력표를 그에게 넘겨주기를 바란다는 내용이었다. 그래서 마가야네스는 능력 있는 수로 안내인을 얻게 되었다. 다른 모든 장교들처럼 산 마르틴 역시 왕으로부터 귀족 칭호를 받았다. 팔레이루는 자신이 본 점성술의 내용을 알려왔다. 그가 마가야네스의 여행에서 큰 위험에 빠지게 될 것이므로 왕의 희망에 따르겠다는 내용이다.

8월 말 선대의 의장은 거의 끝났지만, 통과 꾸러미, 바구니를 실은 마차는 계속 부두로, 배 앞으로 이어졌다. 일꾼들이 저장식품을 배로 운반했다. 그 물건들은 식량 조달관의 감시의 눈초리를 받으며 조심스럽게 선적되었다. 건빵 2만 1천380파운드, 소금에 절인 돼지고기 6천 파운드, 말린 콩과 완두콩이 든 자루들, 헤레츠와 말라가 산 포도주가 든 작은 통 253개와 가죽부대 500개, 치즈 112첸트너, 이집트 콩 900첸트너, 마른 콩 500첸트너, 완전 보관이 가능한 청어가 들어 있는 통, 말린 생선, 설탕 220파운드, 마늘 250단과 양파 100단, 절인 무화과가 들은 작은 통 하나, 꿀 76아로바——12파운드, 식용유 12통, 식초, 쌀, 겨자, 카퍼(참양각초의 꽃봉오리, 식초에 절여서 조미료로 사용함), 마르멜로 잼 50상자, 말린 배와 자두, 소금에 절인 고기가 든 큰 통, 살아 있는 암소 7마리, 돼지 9마리, 양 12마리, 암탉 25마리과 수탉 3마리. 2년 동안의 양식을 어떻게 계산할 수 있겠는가? 크리스토발 데 하로는 인색하지 않았지만 카사 데 콘트라타시온은 일인당 매일 1.5파운드의 빵과 0.5리터의 포도주를 지급했다.

카를로스 왕은 다시 한 번 마가야네스를 접견했다. 그 사이에 독일 영주들은 카를로스 왕을 신성로마제국의 황제로 선택했다. 그는 카를 5세로 교황에 의해 왕위를 받게 되는데 그때까지는 몇 년을 더 기다려야 한다. 그래서 그가 총 82명의 외국인이 들어 있는, 제독이 작성한 선원 목록에 아무 이의를 달지 않고 서명을 한 것은 그가 안심했다는 징후로 평가할 수 있을 것이다. 이 목록에는 산 마르틴 외에 여러 명의 포르투갈 사람들이 있었으며, 그 중에는 주앙 로페스 카르바유와 프란시스쿠 알부도 있었다. 카를 5세 황제가 그에게 말했다. 이제 그는 조만간 그 사업을 위해 출발할 수 있을 것이다. 마가야네스는 빨리 배의 출범 준비를 끝내고 출항하라. 왕실 금고에서 총 6,500만 마라베디가 그의 원정을 위해 지불될 것이다라고. 얼마나 엄청난 액수인가!

마가야네스는 숨이 막혔다. 650만이라고?

"투자한 만큼 이익이 나올 겁니다, 폐하!"

그는 자신있게 말했다.

나중에 그는 데 하로에게 물어보았다. 그 선주는 그의 두꺼운 책에 세로줄로 숫자를 깨끗하게 기입했다. 모든 계산서, 주문서와 이미 지불한 액수 등. 즉 견적과 주문들, 그리고 재고들. 그는 계산하고 추정했다. 그리고 나서 그는 고개를 끄덕였다.

"세상에! 선장, 총액은 그 이상이 될 것이오. 원정경비는 875만 1천 마라베디에 달할 겁니다. 그 중 왕실에서 645만 3천 마라베디를 지불할 것이며 일부는 배의 값으로 치르게 되지요. 123만 마라베디는 푸거가가 지불할 것이고, 88만 2천 마라베디는 선주인 데 하로가 담당할 것이고, 18만 6천 마라베디는 기테레스 재무담당관이 맡기로 했습니다."

왕실의 결정이 관료주의의 물레방아를 거쳐 모든 해당 부처에 알려질 때까지는 보통 얼마간의 시간이 소요된다. 그러나 왕을 접견한 후 제독은 카사 데 콘트라타시온의 소환을 받았다.

후안 아란다는 왕의 궁정 외교 고문관으로 임명되었다. 그리고 유세비오 마리아 데 카사그란데가 얼마 전에 카사 데 콘트라타시온의 새로운 의장으로 발령받았다. 그는 마가야네스에게 선장 후안 데 카르타헤나가 부제독으로 임명되었다고 알려주었다. 마가야네스는 기분이 언짢았지만 이렇게 말했다. 새로운 수석 점성술사인 안드레스 데 산 마르틴에게——그것을 고안해낸 사람이 사방에 뽐내고 다니는——경도 공식을 가르쳐주도록 팔레이루를 설득하는 게 좋을 것이라고. 서류상으로는 그렇게 약속했지만 실제로 그렇게 할지는 아직 불명확했다. 카사 데 콘트라타시온의 의장은 제독의 희망사항이 곧 반영될 것이라고 약삭빠르게 확인해주었다.

마가야네스는 트리니다드 호로 돌아가자마자 왕궁의 동의 없이 산티아고 호의 선장으로 후안 세라노를 임명했다. 후안 세라노는 그의 친구인 프란시스코 세하웅의 사촌이었다. 그리고 페드로 아리아스와 함께 지금은 멕시코라 불리는 카스티야 도로에 가본 적이 있다. 후안 세라노는 국적 목록에서 에스파냐 사람으로 분류되었다. 그 외에도 그는 처남인 두아르테 바르보사를 기함의 부관으로 임명했다. 그것은 카사그란데에 대한 그의 답변이었다.

카사 데 콘트라타시온은 분노했다. 카사그란데는 마가야네스를 소환했다. 마가야네스는 교활한 업무 담당자와 민첩한 서기, 구변 좋은 귀족에게 둘러싸였다. 그 중에는 부제독 카르타헤나도 있었다. 격렬한 논쟁이 벌어졌다. 카사그란데는 흥분하여 목록을 들고 공중에서 휘둘렀다.

"선장, 당신에게 묻지 않을 수 없군요."

그는 흥분하여 말했다.

"왜 당신은 폐하가 확실히 규정해놓은 것에 어긋나는 행동을 하는 것이오?"

"어떤 행동을 말하는 겁니까?"

마가야네스가 말했다.

"당신이 직접 선원을 고용했거나 아니면 고용 목록을 인정했습니까?"

"그렇소."

"당신이 출항하려면 배에 얼마나 많은 선원이 필요합니까?"

"선장과 장교를 포함해서 256명입니다."

"맞아요!"

카사그란데가 외쳤다.

"그 중에 포르투갈 사람 37명과 다른 외국인들 45명이 있소. 외국인이 30퍼센트나 된다는 것은 있을 수 없는 일이오!"

"그 선원들은 완벽합니다."

마가야네스가 냉정하게 말했다.

"그들은 함께 가야 합니다!"

주위에 있던 관리들은 흥분하여 말했다.

"말도 안 되는군!"

"그는 왕의 말을 거역하고 있어!"

"이것은 불복이야!"

"배반이야!"

카사그란데가 말했다.

"나는 책임질 수 없소. 당신은 그 비율을 대폭 줄여야 합니다!"

"아닙니다. 그대로 놔두십시오!"

"나는 외국인을 여섯 명으로 줄이라는 왕의 명령을 받았소. 당신이 거부한다면 그 결과에 대한 책임을 져야 할 것이오!"

"각하!"

마가야네스는 힘들게 마음을 진정하고 말했다.

"나는 계약을 했소. 그 계약서에 왕이 손수 서명하고 그의 시종들이 인장을 찍었소. 그 안에는 여러 다른 약속 중 선원의 선택에 관한 것도 들어 있소. 국적을 제한하는 조항은 거기에 들어 있지 않소. 이제 그만 하시오!"

다시 주위에 서 있는 사람들이 분노했다. 카사그란데는 목소리를 높였다. 다른 사람들의 목소리에 파묻히지 않도록 하기 위해서였다.

"그렇다면 폐하가 카사에 실행하라고 했던 지시들을 무시한다는 것이오? 여기, 이 편지를 보시오! 포르투갈 사람은 다섯 명, 많아야 여섯 명, 그 이상은 안 됩니다!"

마가야네스는 그 편지에 전혀 신경 쓰지 않고 뒤로 밀쳤다. 그리고 흥분한 주위사람들을 쳐다보았다.

"나는 나의 권한을 주장했을 뿐이오. 아니면 당신이 폐하가 변덕스럽다고 주장하는 것과 같소. 폐하는 나에게 그에 대한 책임을 물은 적이 없소."

"폐하께서 미리 정해준 대로 하지 않는다면 나는 당신을 체포하겠소, 선장."

"나는 선장이 아니라 제독입니다, 각하."

마가야네스가 그의 말을 고쳐주었다.

"나는 이 선대의 총사령관이오. 내가 이미 말했듯이 폐하께서 직접 장엄한 의식을 통해 나를 사령관에 임명했으며, 내 권리와 의무, 권한을 계약서에 서면으로 보증해주셨소. 특히 당신들도 알겠지만 모든 당국과 신하들에게 명령했소. 그 안에 정해놓은 약속에 위배되는 어떤 짓도 하지 말라고. 좋소, 나를 체포하시오! 당신은 왕의 징벌을 자초하는 것이오!"

"당신의 거부와 고집이 이런 결과를 가져온 것이오!"

카사그란데가 억제할 수 없는 분노를 느끼며 소리쳤다.

마가야네스는 태연하게 대답했다.

"내가 당신의 협박을 두려워할 것 같소? 2년 전부터 나는 나를 의심하고, 나의 명예를 손상시키며, 나와 폐하 사이를 갈라놓으려고 이간질하는 사람들을 겪어왔소. 이곳에서의 토론은 아무 소용 없는 일이오. 원정은 준비되었고 선원들은 마침내 완벽하게 구성되었소. 선장들과 조타수들은 명령을 받았소. 그러니 아무것도 바꿀 수 없소."

"카를로스 왕이 원한다면 변화는 언제든 가능한 것이오."

카사그란데는 간청하는 어조로 주장했다. 그는 자신이 마가야네스의 의지를 꺾지 못하리라는 것을 감지했다. 그의 아첨꾼들 앞에서 웃음거리가 된 그는 어떻게 해서든 이 곤경에서 우아하게 퇴장할 것인지 그 방도를 찾아야만 했다.

"의장 각하, 한 남자에게 행동할 수 있는 기회가 제공된다면, 그는 길게 설명하고 싶은 욕구를 잃게 됩니다. 의장님의 이해를 구합니다. 이제는 더 이상 시간이 없군요!"

카사그란데는 숨을 들이마셨다.

"더 이상 시간이 없다고?"

마가야네스가 완전히 승리했다.

"가톨릭왕, 하나님의 은총에 의해 에스파냐와 두 시실리아의 왕인 카를로스 왕, 오스트리아의 대공이며 부르고뉴와 브라반트의 공작, 플랑드르와 티롤의 백작이 나에게 선원 목록을 확증해주었소. 폐하는 그것을 넘어서 은혜롭게도 선대의 출항을 허용했소."

총사령관은 주머니에서 서류를 꺼냈다.

"우리는 서쪽을 향해 몰루카 군도로 가는 길을 찾게 될 것이며 하나님의 도움으로 그 길을 발견하게 될 것이오! 자 여기, 사본이 있소!"

그는 그 서류를 탁자 위에 던지고 문을 향해 걸어갔다.

1519년 9월 20일, 배가 떠나다

카사 데 콘트라타시온은 환송 파티를 더 이상 방해할 수가 없었다. 오전에 산타 마리아 데 라 트리아나 교회에서 대미사가 열렸다. 부르고스의 주교인 폰세카가 장엄한 미사를 담당했다. 성스러운 노랫소리가 유향향이 풍기는 교회당의 내부를 가득 채웠다. 기도대에는 선원들과 그들의 가족들이 무릎을 꿇고 있었으며, 교회의 회중석은 세비야의 주민들로 가득 채워졌다.

금박을 입힌 제단의 가장자리에는 성모 마리아가 기적을 행하는 그림이 촛불을 받아 환하게 빛나고 있었다. 총사령관은 제단 앞에 머리를 주먹으로 괴고 무릎을 꿇었다. 얼마나 자주 그는 이런 환송 예배에 참석했던가! 그는 세하웅과 함께 처음으로 아프리카와 인도로 떠났을 때를 기억했다. 그들은 비좁은 리스본을 벗어나 모험을 체험하고픈 희망에 들떠 있었다. 그것이 벌써 얼마나 오래 전의 일인가? 14년이 지났다. 아니, 영원처럼 오래 지난 것 같았다. 오늘에서야 그의 인생의 모험이 시작되는 것이다. 모든 다른 것들은 단지 견습기간, 준비기간이며 불완전한 작품일 뿐이다. 지금은 완전한 것을 수행하는 것, 즉 지구를 일주하는 것이 중요하다. 지구는 둥글다! 그는 그 사실을 믿었다. 그는 카를로스 왕이 사라고사에서 그를 지지했던 것처럼 그가 이 의식에 당연히 함께할 것이라고 남몰래 기대했다. 그러나 왕은 오래 전부터 다른 현안에 몰두해 있었다.

에스파냐의 특별 사절인 토마스 마누엘 미란다는 왕실의 군기를 잡고 있었다. 마가야네스는 힘들게 일어섰다. 일어서면서 왼손으로 뻣뻣한 무릎을 억지로 폈다. 그는 비단 천 위에 손을 놓고 서약을 말했다. 그의 목소리는 확실하게 교회 회중석에 울려 퍼졌다.

"나는 하나님께, 예수의 상처에, 성모 마리아의 모성적인 고통에 그리고 성 야곱에 걸고 맹세합니다. 나의 여행을 아주 성실하게, 고귀한 카를로스 왕의 훌륭한 신하로서 완수할 것임을!"

마가야네스는 사절의 손에서 기를 넘겨받았으며 그 위에 몸을 굽히고 입을 맞추었다. 이제 선대의 선장과 장교들이 그에게 다가갔다. 그들은 총사령관에게 복종하고, 그의 항로를 따르며 그의 명령에 언제라도 복종하겠다고 군기를 잡고 맹세했다.

장교와 선원, 군인과 건조 수공업자들은 종소리가 울리는 가운데 항구로 행진을 하면서 갑판으로 향했다. 주돛대에는 에스파냐왕의 군기가 휘날리고 있었다. 선원들은 대열을 지어 갑판에 서 있었다. 항구 요새의 방위대가 축포를 터뜨렸다. 항만은 사람들로 가득 찼으며, 그 중에는 선원들의 가족들이 많았다. 몇몇 여자들은 눈물을 흘렸으며, 아이들은 손짓을 했다. 많은 구경꾼들이 전문가처럼 해설을 달았다. 그때 트리니다드의 뒷돛대에 총사령관의 기가 올라갔다. 그것은 몇 달 전 선박 정박장에서 소요를 일으켰던 바로 그 기였다. 이제는 자랑스럽게 기함 위에서 휘날렸다. 그에 이어 우현의 마룻줄에 이 배를 보호해줄 성삼위일체기가 게양되었다. 그리고 선미에는 카스티야와 아라곤 연합왕국의 국기가 휘날렸다. 다른 함선들 역시 에스파냐와 그들의 배를 수호할 수호신의 기를 달고 있었다.

산안토니오 호에는 파두아 성자의 기가, 콘셉시온 호에는 동정녀 성모마리아의 기가, 산티아고 호에는 성 야곱의 기가 걸렸으며 빅토리아 호에는 어두움의 권세에 맞서 승리하는 수호천사 성 미카엘의 문장이 걸려 있었다.

곧이어 짧은 명령 소리가 들렸다. 선원들은 재빨리 그들의 자리로 뛰어갔다. 횡삭을 결합하는 짧은 밧줄을 타고 활대로 기어 올라가는 사람들도 있었고, 막대기를 가지고 배를 부두에서 밀어내는 사람도 있었다. 가교용 널빤지가 치워졌다. 다시 가벼운 북동풍을 받으며 짧게 외치는 소리가 여기저기서 들려왔다. 밧줄이 계선주(繫船柱)에서 찰싹 소리를 내며 물 속에 빠졌다. 그리고 동시에 돛을 펼쳤다. 돛은 펄럭거리다가 바람을 가득 받아 팽팽해졌다. 천천히 배가 움직이면서 미끄러지듯 편안하게 수로로 들어갔다.

여러 가지 어려움을 겪었던 세비야의 무엘라 항구가 강물의 파도 뒤로 사라지는 동안 마가야네스는 그의 두 번째 유언을 작성했다. 사람들은 지나간 14년 동안 변했지만 유언의 규정은 바뀌지 않았다. 시선은 이미 전면을 향한 채—처음에는 꿈이었다. 그 다음에는 계획이 된 원대한 여행, 그것을 위해 간청하고, 갈망했으며, 투쟁했던, 그리고 그 때문에 굴욕당했으며 변화되었던 그런 여행을 시작하면서—그는 종이를 앞에 놓고 그가 아니라 그의 가족이 보관하게 될 단어들을 써나 갔다.

그렇기 때문에 그는 베아트리스가 아니라 그의 주상속자인 어린 로드리고에게 유언한다. 그는 항상 에스파냐 지역에 살면서 마가야네스라는 성을 사용해야 한다. 로드리고가 사망하면 베아트리스가 낳게 될 둘째아이가 사내아이일 경우 그 아이가 상속자가 된다. 그 아이가 여자아이라면 그녀는 에스파냐 사람과 결혼해야 한다. 그리고 그녀의 아들이 선조의 성과 문장을 지니고 항상 에스파냐에 거주해야 한다. 그의 자손이 사라지더라도 문장은 유지되어야 한다. 그래서 이 경우 결혼하지 않은 여동생 이사벨라가 그의 자리와 의무를 대신한다. 그녀 역시 에스파냐에서 살아야 하며 에스파냐에서 결혼해야 한다. 이사벨라가 이것을 거절한다면 모든 것이 베아트리스의 가문인 바르보사 가문에 귀속된다.

이런 규정들은 나중에 마누엘 왕의 방해 공작에 대한 그의 마지막 확고한 답변이었다. 마누엘이 그를 도중에 감시하고 포기하게 하더라도 그는 죽어서라도 마누엘 왕에게서 달아났을 것이다. 그가 겪은 고통의 정도와 포르투갈과의 확고한 절연 의지는 이런 사무적인 문장에서 가장 정확하게 읽혀진다! 그러나 마가야네스가 어떻게 알겠는가? 아무것도, 그의 마지막 의지의 아주 조그마한 부분조차도 충족될 수 없다는 것을.

충성스런 동반자인 엔리크는 유산으로 고려되었다. 그는 주인이 죽으면 '노예와 예속에 대한 의무에서 풀려나 자유의 몸이 된다. 그가 원하는 대로 해주어야 한다'. 마가야네스는 그에게 1만 마라베디를 주고 자신을 기억하고, 죽을 수밖에 없지만 영원히 살아 있는 영혼을 위해 기도해달라고 진심으로 요청했다. 그는 증인들, 즉 트리니다드 호의 장교, 선원들에게 그 양피지에 서명하게 했다. 그리고 나서 그는 왕에게 편지 한 장을 더 썼다. 2년 전 국경을 넘으면서 했던 그의 첫 번째 생각은 젊은 왕에게 영향을 미쳤다. 이제 그가 일정하지 않은 기간 동안 에스파냐를 떠나 있기 때문에 마가야네스는 다시 한 번 그에게 간청하려는 것이다. 마가야네스가 왕에게 자신의 계획에 대해 설명하고, 카를로스 왕이 그에게 총애를 퍼부은 것이 얼마나 오래 전의 일인가? 지금 그는 성 야곱 교단의 명령자로서 자신이 받게 될 임금의 일부를 데 누에스트라 세뇨라 데 라 빅토리아 데 트리아나 수도원의 수도사들에게 지불해줄 것을 요청했다. 신부와 수도사들이 그의 순탄한 여행을 위해 기도해주기를 바랐기 때문이다. 그 편지에 그는 몰루카 군도의 위치에 관한 자료를 첨부했다.

과달키비르 강의 어귀에 있는 산루카 데 바라메다에서 함대는 하루 동안 정박했다. 선원들의 다른 가족들처럼 베아트리스 역시 로드리고와 늙은 바르보사와 함께 미리 여기로 와 있었다. 베아트리스는 창백했다. 그녀는 임신한 배를 넓은 외투 아래 숨기고 있었다. 그녀는 용감하게 남편에게 웃어주었다. 얼마나 오랫동안을 그녀는 그 없이 혼자 견디어내야 하는가? 2년 아니면 3년? 그의 장인은 진지하게 쳐다보았다. 마가야네스는 공증인을 데려와 자신의 유서를 그들의 눈앞에서 인장을 찍고 봉함했다.

바다는 해안을 따라 끝없이 이어졌으며 공기는 매우 차가웠다. 소금과 썩은 해초 냄새가 났다. 마가야네스는 그의 가족, 그리고 에스파냐와 작별을 고했다. 바람을 받으며 그들은 키스와 포옹을 나누었다. 돛이 바람을 받아 불룩해지면서 마가야네스의 구호를 보여주었다.

'명예를 위해 사는 자는 어떤 위험도 두려워하지 않는다!'

그것이 성 마태의 날인 1519년 9월 20일 저녁이었다. 강력한 북서풍이 선대를 대서양의 어두운 물결로 이동시켰다. 맨 앞에 트리니다드, 그리고 나서 산안토니오, 콘셉시온, 빅토리아, 산티아고 순으로 진행했

다. 선박들이 천천히 망망대해의 물결 속으로 미끄러져갔다. 검게 그을
린 건장한 총사령관이 선미루 위에서 절름거리며 걸어갔다. 그 뒤로 해
안이 가느다란 녹회색 선이 되어 어두운 수평선에서 사라졌다. 그러나
그의 앞에는 그의 희망의 목표가 펼쳐져 있다. 테르나테 섬이 완만하게
물결치는 파도 속에서 솟아올랐다.

　베아트리스와 그녀의 아버지는 배의 돛대가 늦여름의 여명 속으로
사라질 때까지 오래도록 쳐다보았다.

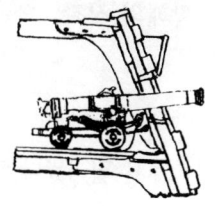

11 반란의 진압

"너는 반란을 주도했으니 사형을 당해야 한다."
케세다의 머리가 모래위로 굴러 떨어졌다.
마가야네스는 냉정해야 했다. 두 번의 반란으로 충분하다.
세 번째 반란이 일어난다면 그는 이 원정을 끝내지 못할 것이다.
"다음번 반란은 절대 용서치 않겠다!"
제독은 혼자, 고독하게, 어깨가 처지고 움츠린 채 해변으로 내려갔다.

항해의 시작

바다는 거의 파도가 없었다. 이따금씩 파도의 굴곡이 규칙적으로 북서쪽에서 밀려왔다. 파도 거품들이 비로드같이 매끄럽고 부드러운 어스름 빛에 반짝였다. 트리니다드 호에서 신호를 보내왔다. 항로 220도, 함대는 단종진으로 따라오라! 가볍게 아딧줄로 올린 돛으로 약한 바람을 받으며 선대는 남서 항로로 나아갔다. 유럽 대륙의 가느다란 선이 밤이 시작되면서 천천히 사라졌다. 카나리아 군도가 그들의 첫 번째 목적지였다.

산루카 항에서는 선원들에게 그들의 특별한 항해를 대비하게 하는 어떤 특별한 명령도 내려지지 않았다. 마가야네스는 극적인 제스처도, 강력한 언변도 좋아하지 않았다. 이런 태도는 최근 몇 달 사이에 그에게 당연한 것이 되어버렸다. 제독은 이렇게 지시했을 뿐이다. 모든 장교와 선원들은 바라메다의 교회에서 다시 한 번 미사를 드리고, 고해하고 성찬식을 행하면서 그들의 영혼을 신에게 맡기라고. 그러나 그것은 모든 바다 원정에 앞서 아주 일상적인 것으로 그다지 특별한 것은 아니었다.

참모부 보급 장교들은 선박을 돌아다니면서 다시 한 번 모든 것을 정확하게 검사했으며 비축식량과 화물들이 제대로 선적되어 있는지를 확인했다. 그들은 배의 구석구석을 비추어보면서 혹시 맹목적으로 몰래 잠입한 사람들이——혹시 여자들이——있는지를 살펴보았다.

뱃머리가 해안에 가까운 대서양의 짧은 파도를 갈랐다. 튀어오르는 물거품들이 철썩 소리를 내고 거품을 일으키면서 흩어졌다. 아무도 그들 여행의 목적지를 정확하게 알지 못했다. 기함에서 안토니오 피가페타는 일지의 첫 줄을 쓰고 있었다. 그것이 유일한 역사적 자료가 된다. 권세가들의 편에 서서 그들에게 아첨하는 것이 통례였던 시절 피가페타는 결정적이며 객관적인 보고의 선구자로서 평가받을 수 있을 것이다. 게다가 그는 원정의 민간 참여자일 뿐이다. 그러나 당시 사람들이 그러했던 것처럼 젊은 이탈리아 사람 피가페타는 보다 확실한 판단을 할 수 있는 충분한 항해의 기본지식을 소유하고 있었다.

총사령관 페르난도 데 마가야네스는 미친 듯이 몰아치는 바람과 무서운 폭풍이 지배하는 대양으로의 긴 항해를 감행하기로 결정했다. 그에게는 그 이전에 어떤 항해자도 가보지 못했던 항로를 찾으려는 목적이 있었다. 그러나 그는 이런 대담한 계획에 관해 잘 표현하려 하지 않는다. 그의 원대하고 놀랄 만한 계획이 방해받지 않고 선원들의 사기를 저하시키지 않기 위해서이다.

갑판의 분위기는 나빴다. 공간이 너무 비좁았기 때문이다. 트리니다드 호에 60명, 산안토니오 호에 65명, 콘셉시온 호에 40명, 빅토리아 호에 51명, 산티아고 호에 40명. 숙소는 비좁고 낮았다. 좁은 공간에서의 불쾌감과 말다툼, 아는 체하기, 소문들이 끊이지 않았다. 선대는 엄격한 규율이 지배했다. 장교들의 특권과 선원들의 의무 사이에는 벽이 가로놓여 있었다.

피가페타는 장교들을 관찰했다. 계급도 없고 특별한 역할도 맡지 않은 롬바르디아 출신의 피가페타는 첫날부터 예측할 수 없는 것에 대한 확실한 직감을 가지고 있음을 보여준다.

그 계획 자체가 내포하고 있는 위험 외에 총사령관에게는 또 다른 불리한 점이 있었다. 그의 명령에 복종해야 하는 다른 배의 선장들이 모두 그의 적이었기 때문이다. 그들이 에스파냐 사람인 것에 비해 그가 포르투갈 사람이라는 그 한 가지 이유만으로.

마가야네스는 그것을 연대기 기록자만큼이나 잘 알고 있었다. 그는 저항에 익숙해 있었다. 이미 알바레스가 에스파냐 선장들에 관해 그에게 경고한 바 있었다. 같은 사람들인데 왜 육지에서보다 그의 어려움이 줄어들지 않는 것인가? 사방에서 감시당하고 위협받는다고 느끼는 사람은 어느 누구도 신뢰할 수 없게 된다. 그는 오로지 자기 자신과만 의논할 수 있을 뿐이다. 마가야네스는 바다의 광활함을 잘 알고 있다. 여기에서 그는 총사령관이다. 필요하다면 그는 폭력으로라도 자신의 의지를 관철시킬 것이다.

그는 규정집을 뒤적거렸다. 그것은 충분히 상세하게 규정해놓았는가? 반란의 소지를 포함하고 있지나 않을까? 피가페타는 그 규정들을 이렇게 기록하고 있다.

그의 배는 항상 다른 배들에 앞서간다. 다른 배들이 밤새 그의 배를 놓치지 않게 하기 위해 그는 기함의 선미에 '파롤(farol)', 즉 항해등을 단다. 그가 이 항해등 외에 다른 현등이나 갈대 밧줄에 불을 붙였다면 다른 배들도 똑같이 해야만 한다. 그래야만 그들이 그를 따라오고 있다는 것을 확인할 수 있기 때문이다. 그가 항해등 외에 다른 등에 불을 붙인다면, 배들이 더 천천히 항해하거나 아니면 바람이 좋지 않아 배의 방향을 바꾸어야 한다는 것을 의미한다. 세 번째 불은 '보네', 즉 앞돛 밑 바우스프릿에 달려 있는 돛을 떼어내야 한다는 것을 의미한다. 그 돛은 좋은 날씨에는 바람을 더 잘 받기 위해 달지만, 바람이 강해지면 바로 접어야 한다. 네 개의 불이 켜지지만 이것은 모든 돛을 접으라는 신호이다. 그러나 그때 모든 돛이 접혀 있다면 그것은 돛을 다시 완전히 펼치라는 신호가 된다. 대여섯 개의 불이 켜지거나 대포를 몇 번 발사하면 육지나 얕은 곳이 가까이 있으니 조심해서 항해해야 한다는 신호이다. 어떤 신호는 닻을 던져야 한다는 것을 의미한다. 그리고 모든 항로 변경마다 여러 가지 다른 신호들이 있다. 이 신호들에 대해서 다른 배들도 동일한 방식으로 답변을 주어야 한다. 총사령관이 그들이 신호를 이해하고 신호대로 수행하고 있다는 것을 알 수 있도록 하기 위함이다. 배들이 운항과 항해를 위해 중요한 것을 알리도록 서로 신호를 정한 것이다.

에스파냐 해군에서는 제독에게 매일 저녁 인사를 전하는 것이 관습이었다. 그렇기 때문에 어느 규정에는 선대의 선장들은 날씨가 허용한다면 어두워지기 전에 기함으로 와서 총사령관에게 그들의 신원을 신고하라고 규정되어 있다. 그러면서 그들은 선기와 함께 군대식 경례를 하고, 특별한 명령이 있는지에 관해 질문해야 한다.

마가야네스는 이런 모든 규정들로 선대의 규율을 유지할 수 있다고 생각했다. 그는 특히 저녁 인사가 폭넓은 갈등의 원인이 될 줄은 전혀 예상하지 못했다. 분위기를 순화시키고 화목함과 동료의식을 통해 다른 선장들과의 관계를 개선하는 대신 마가야네스는 규정을 더욱 강화시켰다. 권위를 잃어버리지나 않을까 하는 데 대한 두려움 때문이었다.

낮은 계급을 가진 사람들과 선원들을 위한 규정 역시 엄격했다. 선원들은 모두 세 그룹으로 나뉘었다. 소위 말하는 당직을 서기 위해서였다. 그들은 선원으로서 해야 할 작업에 배정되어 교대로 근무했다. 돛을 바꾸는 것, 돛을 조정하는 것(돛은 바람을 받기 좋은 각도를 유지해야 한다), 키를 조정하는 것과 바다를 관찰하는 것(배 위의 망대)이 이에 속한다. 당직 근무자들의 하루 일과는 정오에 시작된다. 왜냐하면 한낮에만——발레스틸라로 그날의 태양의 최고 고도를 측정하면서——수로 안내인이 시간을 확인할 수 있기 때문이다. 당직 선원의 근무 시간은 12시부터 16시까지 8글라젠, 16시에서 18시까지 4글라젠, 18시에서 20시까지 4글라젠, 그리고 다시 자정까지 8글라젠, 자정에서 4시에서 8글라젠, 4시에서 8시까지 8글라젠, 그리고 8시에서 정오까지 8

글라젠이 걸린다. 4글라젠을 중간에 집어넣음으로써 매일 같은 시간에 보초를 서지 않도록 배려했다. 당직이 아닌 시간을 비번이라 불렀다. 그 시간은 휴식, 식사, 수면 등에 사용되었다. 그러나 수리를 해야 할 때는 비번팀이 담당해야 한다. 그리고 바람이 강하거나 날씨가 나쁠 때면 당직 선원들은 비번의 도움을 받았다. 마가야네스는 사전에 규정할 수 있는 모든 것을 고려했다.

엿새 후 그들은 테네리파 섬에 도착했다. 선대는 그곳에 정박했으며, 마가야네스는 신선한 고기와 물, 나무를 인계받으라고 지시했다. 보조만에 그물을 쳤다. 그들이 어느 정도까지——필요한 경우——고기를 잡아 영양보충을 할 수 있는지를 시험해야 한다. 총사령관은 그 외에도 에스파냐 선대에 비축식량을 보충하기 위해 파견되는 비축식량선을 기다리라고 했다. 265명을 먹여 살리기 위해서는 얼마나 많은 비축식량이 필요한가? 그 여행이 얼마나 오래 걸릴지 그는 알 수 없었다. 그가 어떻게 필요한 양을 알 수 있겠는가? 카사는 여행 기간을 2년으로 계산했다.

그는 정말 모든 것을 고려했는가? 어떻게 배의 대규모 수리를 감당할 것인가? 보충 자재는 충분히 소지하고 있는가? 그들이 항해중에 모든 문명으로부터 멀리 떨어져, 스스로를 도울 수 있단 말인가? 잘 잊어버리는 물건들, 아주 보잘것없는 물건, 그들이 출항한 후 배에 가지고 있지 않은 모든 기구나 작업도구들 역시 그들에게 필요할 것이다. 그들은 아무것도 만들어낼 수 없으며 어떤 실수도 용납될 수 없다.

그는 매번 목록을 다시 들쳐보았다. 모든 보충 부품들이 충분히 존재하는가? 수리하는 데 사용될 나무, 뱃밥, 삼, 타르, 역청은 충분한가? 돛을 보충할 천은 충분한가? 등을 키기 위한 기름과 양초는 충분한가? 낚싯바늘, 작살, 그물은 넉넉하게 있는가? 그리고 해양학적 기구들, 나침반, 지도, 지구의와 발레스틸라가 있는가? 그 밖에 치료제와 군의관이 사용할 기구들이 있는가? 총사령관은 모든 것을 검사했다. 배를 방문해서 선장과 장교들에게 그들의 구역을 다시 한 번 철저히 살펴보라고 요구했다. 그는 선적장으로 기어 올라가서 모든 것이 건조하게 잘 저장되어 있는지를 살펴보았으며, 함재정들을 검사했다. 욜 열 척, 피니스 다섯 척, 샐럽 다섯 척, 그리고 커터 네 척. 카르타헤나, 케세다, 멘도사는 그에게 완전히 복종했다. 어떻게 저항할 수 있겠는가? 그들은 여섯 달 후에 다시 이곳에 올 수 있다고 확신했다. 그러나 마가야네스는 착각하지 않았다. 그는 총사령관이었으며 마지막 책임은 그에게 있었다.

닷새 후 비축식량선이 도착했다. 그 배는 베아트리스와 바르보사의 편지를 전달해주었다. 그것이 총사령관이 여행중 받을 수 있는 유일한 연락 수단이었다. 그리고 그가 아내로부터 받은 마지막 생명의 징후였다. 베아트리스는 임신 상태라 더욱 예민해져서 그에게 조심하라고 부탁했다. 그녀는 매일 그를 생각하면서 그를 위해 성모 마리아에게 기도한다고 적었다.

장인이 보낸 소식은 좋지 않았다. 바르보사는 함대가 출발한 후 이리저리 돌아다니며 많은 사람의 의견을 들어보니 대부분이 이 원정이 한 푼의 값어치도 없다고 생각한다고 했다. 그러나 그런 소식은 마가야네스를 냉정하게 만들었다. 너무 영리한 사람들의 의견에 그는 관심이 없었다. 그럼에도 바르보사는 계속 보고했다. 그의 정보자들이 제공한 정보에 따르면 작별 만찬시에 선장들이 술에 취해서 다음과 같이 발설했다고 한다. 총사령관이 그들을 모욕하려 한다면 그들이 총사령관의 버릇을 고쳐줄 것이라고.

아, 그렇군! 마가야네스는 완전히 평온을 되찾았다. 낌새를 알아차릴 수 있는 무엇인가가 마침내 일어날 것이다. 그는 다리를 질질 끌면서 절름거리며 선실을 돌아다녔다. 밖에서는 우편 보트의 짐을 인수하고 있었다. 작업의 소음들이 삐걱거리는 도르래 소리와 갈매기의 울음 소리와 뒤섞여 그의 선실로 밀려들었다. 바람 소리가 들렸다. 트리니다드호는 강한 바닷바람을 맞아 닻줄이 팽팽하게 당겨졌다. 갑판이 가볍게 떨렸다. 나웅선이 조금 흔들렸다. 바다는 쩝쩝 소리를 내며 갑판벽을 핥았다. 불리한 상황에 빠지지 않으려면 그는 아주 조심해야 한다. 그러나 절대 서둘러서는 안 된다. 그들이 결국 출범한다면——그들이 카나리아 군도와 그럼으로써 에스파냐를 떠나게 된다면——선장들은 더 이상 그에게 해를 끼칠 수 없을 것이다. 선대에서는 그의 의지만이 유효하다!

그는 즉시 행동에 옮겼다.

"엔리크, 잉크와 종이를 가져와. 빨리!"

그는 바르보사에게 답장을 썼다. 고심하여 단어를 골랐다. 그는 선장들을 잘 다루어서 이 사업의 중요성을 그들이 파악하도록 할 것이며 이 여행으로 에스파냐왕과 에스파냐에 대한 의무를 충족시킬 것이라고. 그렇게 하겠다고 선장들 역시 확실하게 왕 앞에서 맹세했다고.

그 편지는 현재가 아니라 후세를 위해 작성한 것이다. 그는 편지를 쓰면서 자신이 얼마나 냉정한지를 전보다 더 정확하게 감지했다. 장교들은 그를 증오했다. 선원들은 그를 신뢰하지 않았다. 얼마 동안이나 그가 견딜 수 있을지 누가 알겠는가? 밤에 살해당해 발에 돌을 매단 채 바다 속에 수장되는 첫 번째 선장이 될지도 모른다.

그렇다면 그가 오늘 기술한 이 편지가 말해줄 것이다. 그의 문장은 부담이며 동시에 해방이다. 그들은 그의 살인자를 밝혀내고 그의 고귀함을 선포해야 한다.

이것이 그가 집으로 보내는 마지막 편지였다. 감성적인 것이 곁들여지지 않은 이성적인 편지였다. 그는 하나님의 가호를 믿는다고 썼다. 재회를 기다리며 안부를 전했다. 그가 지금 반란의 징후를 감지하며,

아주 큰 어려움에 봉착해 있다 하더라도, 그리고 자신의 갑작스런 죽음을 예상한다 하더라도, 그의 손가락은 떨리지 않았으며 그는 어떤 위험도 암시하지 않았다. 이것이 마지막 편지일 수 있을 것이며 그럼으로써 사랑, 애정, 걱정을 표현하는 마지막 가능성일 수 있다는 것을 그는 전혀 고려하지 않았다. 그는 작별했으나 다시 돌아갈 것이다. 그는 물론 돌아가지 못할 경우에 대해서도 대비했다.

제독은 그의 수로 안내인과 회의를 했다. 이미 지금까지의 항해를 통해 안드레스 데 산 마르틴은 자신의 업무를 잘 파악하고 있으며, 총사령관에게 좋은 제안을 하는 항해자임을 증명해 보였다. 그는 조류에 대해 잘 알고 있었으며 구름을 보고 날씨의 변화를 예측할 줄 알았다. 배의 속도를 잘 판단했으며 나침반, 발레스틸라와 수학 도표를 잘 이용했다. 마가야네스는 자신의 평가가 옳았음을 확인했으며 이런 전문가가 옆에 있다는 사실이 기뻤다. 산 마르틴은 일반적인 무역 항로를 피하고 아프리카 해안 앞에 있는 적도까지 내려가자고 제안했다. 그러면 그들은 북회귀선의 위도에서 무역풍을 따라잡을 수 있을 것이고, 그 무역풍을 타고 그들을 대서양으로 빨리 진행할 수 있다. 제독은 그의 제안이 이성적이라고 생각했다. 왜냐하면 그는 포르투갈의 협박을 잊어서는 안 되기 때문이다. 바스코 다 가마가 22년 전 그 유명한 인도 여행에서 희망봉으로 가면서 대륙 가까이에서 불어오는 맞바람과 반대 조류를 피하기 위해 대서양을 넓게 돌아 지나갔기 때문에, 포르투갈 사람들은 희망봉을 돌아 인도로 갈 때 더 이상 아프리카 해안을 따라 항해하지 않는다.

1519년 10월 2일 오후, 마가야네스는 선장들에게 트리니다드 호의 갑판에서 열리는 회의에 참석하라고 명령을 내렸다. 그는 선장들을 자리에 앉게 했다. 그는 탁자 주위에 둘러앉은 선장들에게 사무적으로 지시했으며, 카르타헤나, 케세다, 멘도사의 거만한 태도를 무시했다. 세라노만이 마음을 열고 그를 쳐다보았다. 마가야네스는 그들에게 포도주를 부어주었다. 선장들은 일어나서 왕을 위하여 건배했다. 제독은 출항할 준비를 하라는 지시를 내리고는 그들을 보냈다. 그들은 자정 한 시간 전에 만조와 함께 닻을 올릴 것이다.

반란의 조짐

대서양은 조용했다. 무겁게 짐을 실은 배들은 달빛을 받아 무지갯빛을 띠는 바다로 천천히 미끄러져갔다. 며칠 후——그들은 시에라 레오네 해안을 좌현으로 지나쳤다——총사령관은 우현으로 방향을 돌려서 남서쪽으로 진로를 잡았다. 바로 산안토니오 호 위로 작은 기가 높이 올랐다. 부제독이 왜 선대가 항로를 변경했는지를 물었다. 트리니다드 호에서 즉각 답변이 왔다. 총사령관은 신호로 답변을 보냈다.

'기함을 따라오고 어떤 질문도 하지 마라!'

마가야네스는 처음부터 자신의 의지를 관철해야 한다는 사실을 잘 알고 있었다.

카르타헤나는 욜을 타고 제독의 배로 왔다. 총사령관은 그 선장의 말을 듣지 않았다. 마가야네스는 트리니다드 호 갑판 벽에 줄사다리를 내리라고 명령했지만 배의 속도를 늦추지는 않았다. 카르타헤나는 난간 위로 기어 올라가야 했다. 그렇게 하다 보니 귀족의 단정한 제복 위에 얼룩이 몇 개 생겼다. 그는 화를 내며 사령교로 달려왔다.

"방향을 바꾸는 것이 무엇을 의미하는지 알고 싶습니다!"

"나를 '각하'라고 부르시오, 선장!"

"저는 당신의 부제독입니다."

카르타헤나가 외쳤다.

"왕의 규정에 따르면 당신은 항로를 정할 때 저에게 말해주셔야 합니다!"

카르타헤냐가 아주 틀린 말을 한 것은 아니다. 왜냐하면 모든 민간 함대에서 제독은 부제독에게뿐만 아니라 다른 선장에게도 중요한 결정에 대해서는 알려야 하기 때문이다.

그러나 마가야네스가 여기서 양보하기에는 에스파냐에서 너무 오랫동안 자존심이 상해 있었다.

"그래서?"

그는 이렇게 말하면서 카르타헤냐의 분노로 붉어진 얼굴을 무표정하게 쳐다보았다.

"그건 처음 듣는 이야기인데. 그에 대해 나는 전혀 아는 바가 없군. 당신은 왜 우리 배들이 그렇게 무장을 잘했다고 생각하시오? 우리가 마누엘 왕의 쾌속정에 대해 방어해야 하는 경우도 있지 않겠소? 나는 전쟁선대를 지휘하고 있는 것이오! 게다가 당신은 나의 의지와는 상관없이 부제독이 되었소. 나는 당신에게 해명할 의무가 없소."

"왕의 규정에 명시되어 있으며……."

제독은 그의 말을 중단시켰다.

"당신은 현실을 왜곡하고 있군! 여기는 더 이상 세비야가 아니오. 우리는 공해에 나와 있소. 그것이 차이점이오!"

"그럼에도 불구하고 저는 부제독입니다! 당신에게 어떤 일이 일어난다면 저는 선대에 대한 명령권을 넘겨받을 겁니다. 그렇기 때문에 나는 당신으로부터 정보를 받아야만 합니다!"

카르타헤냐는 주먹으로 선미루의 난간을 내리쳤다.

마가야네스는 그를 진정시켰다.

"나를 '각하'라고 부르시오. 불경죄로 당신을 체포해야겠소?"

부제독은 그를 쳐다보았다. 세력의 구도를 마가야네스에게 유리하게 변화시킬 수 있는 어떤 빌미도 제공해서는 안 된다. 그는 침을 삼키고

양보했다.

"각하, 아시다시피 일반 항로를 변경할 때에는 우선 선장, 수로 안내인들과 먼저 회의를 열어야 합니다. 왕께서 개인적으로 작성한 규정에는……."

마가야네스가 그의 말을 다시 중단시켰다.

"이성적인 겸손함과 겸손한 이성이 비판적인 사고의 특징이오. 당신에게도 그런 것들이 있다면 도움이 될 텐데! 우리는 왕의 명령을 받아 출항했소. 왕을 위해 새로운 대륙과 향료 군도로 가는 길을 찾기 위해서요. 나는 다시 한 번 말하겠소. 우리는 전쟁 선처럼 장비를 갖춘 선대이며 나는 그 선대의 총사령관이오. 여기에서는 내 명령이 유효하오. 내 지시는 왕의 명령처럼 그렇게 포괄적이지는 않지만 간단하고 누구나 쉽게 이해할 수 있소. 누구나! 그것은 다음과 같소. 선대는 기함을 따른다! 다른 규정은 필요 없소."

"그렇다면 기함은 어디로 선대를 이끌고 가는 겁니까?"

카르타헤나가 우아한 궁정식의 어조를 버리고 물었다.

"항로의 변경은 잘못되었으며 위험합니다. 우리는 포르투갈의 항로로 들어가게 되어 그들에게 발각될 위험이 높습니다."

마가야네스는 사령교의 저편에서 엿듣고 있는 위병 장교에게 신호를 보냈다.

"갑판원과 선원 네 명을 불러와라."

장교는 그 명령을 이어서 전달했다. 카르타헤나는 얼굴이 창백해졌다.

"나를 체포하려는 겁니까?"

그의 손이 움찔하더니 검을 붙잡았다.

"다시 한 번 나의 호칭을 부르지 않고 말을 한다면 그렇게 할 것이오. 당신의 의심은 말도 안 되는 소리이고, 카를로스 왕과 에스파냐에 대한 나의 충성심에 관해 거론하는 것을 허용하지 않겠소. 내 말을 알아들었소, 부제독?"

카르타헤나는 침을 삼켰다.

"알겠습니다, 각하."

그가 작은 소리로 말했다.

"당신의 배로 돌아가시오. 폭풍우가 몰려오고 있소."

마가야네스는 그 담화를 끝냈다.

"그리고 잘 기억하시오. 나의 명령은 간단하오. 낮에는 나의 깃발이 밤에는 나의 화톳불이 당신을 인도할 것이오. 이제 당신과의 이야기는 끝났소!"

갑판원에게 고개를 끄덕였다. 호위대가 카르타헤나를 보트가 기다리고 있는 현제로 데리고 갔다. 마가야네스는 그 뒤를 쳐다보았다. 왜 그는 선장들을 장악하지 못하는가? 카르타헤나의 태도는 복종의무 위반이었다. 그가 자신의 입지를 강화하기 위해 바야돌리드의 규정을 주장한다면, 지금이 에스파냐 궁정에 진 빚을 깨끗이 정산할 수 있는 좋은 기회일 것이다.

알부케르케가 인도에 반항적인 언행은 오로지 힘과 공포를 통해서만 길들일 수 있다는 것을 보여주지 않았던가? 그는 경고하면서 그의 단호함을 보여주는 것으로 충분하다고 생각했다. 그들이 계략을 짜내는 세비야의 분위기에 여전히 감염되어 있지만 아마도 바닷바람이 그들의 머리를 깨끗하게 씻어줄 수 있을 것이라고 생각했다. 어쨌든 그는 그가 여기에서는 왕이라는 것을 그들로 하여금 깨닫게 했다. 카르타헤나, 케세다, 멘도사가 저항을 감행하려 한다 해도 오늘은 적당한 시점이 아닐 것이다. 그리고 나면 그는 한 사람이 아니라 모두를 가지게 될 것이다!

카사 델 오세아노와의 어려움, 그리고 그가 포르투갈에서처럼 에스파냐에서도 배반당하지 않을까 하는 의심 때문에 그는 자신의 원대한 사업을 위험하게 하거나 문제시할 수 있는 모든 것에 대해 더욱 신중하게 생각했다. 포르투갈 사절의 거침없는 간계와 왕실 간신배와의 지속적인 충돌은 이런 사실을 더욱 확인시켜주는 것처럼 보인다. 그렇기 때문에 그는 솔직하게 행동했다. 그는 현실주의자이며 있는 그대로의 사물을 본다. 그리고 아름다운 단어에 열광하지도 않는다. 그는 인내심을 발휘할 수 있다. 이 점에 있어서 그는 강하다!

마가야네스는 여전히 외교적이지 않았다. 유창한 언변과 아첨은 그의 방식이 아니었다. 그런 것을 시동학교의 어린아이들에게 가르칠 수 없었다. 그의 능력은 위기 상황에서 드러난다. 그는 말라카에서 냉정하게 행동했으며, 라카디벤에서 배가 난파되었을 때 평정을 유지할 수 있었다. 그의 피 속을 흐르는 우울한 성격은 문제들을 직접적인 방식으로 해결하라고 몰아갔다. 그는 점점 단호하고 호전적인 성향을 지니게 되었다. 그러나 그는 기다릴 줄도 알았다. 농부는 인내심을 가져야 한다. 씨를 뿌리는 것과 수확하는 것은 별개의 문제이다.

에스파냐 사람들이 그에게 저항한다는 것은 전혀 이상한 일이 아니었다. 알바레스는 이미 그것을 예견한 바 있다. 마가야네스는 정확하게 기억하고 있다. 그의 기억력은 좋았다. 사절은 이렇게 말했다. 마가야네스는 이미 눈치챘을 것이라고.

"당신의 배에 탄 어떤 사람들이 당신을 반대하고 있다는 것을 말이오. 당신이 그것을 알았을 때는 이미 너무 늦었을 것이오."

바르보사가 그에게 귀족들에 대해 경고한 것은 쓸데없는 일이 아니었다. 마가야네스는 결정을 해야만 한다! 앞으로 모든 것이 그에게 유리하게 진행될 수 있도록 그는 이 게임에서 더 좋은 패를 가지려고 노력했다.

천천히 대양이 그 색을 바꾸었다. 짙푸른색이 회색 거품으로 바뀌었다. 하늘에는 천둥과 번개를 동반한 비구름이 몰려왔다. 바람은 차가워지면서 급변했다. 폭풍이 검은 구름에서 터져 나오기 전 짧은 돌풍이 삭구를 통과하며 채찍 소리를 냈다.

"돛을 접어라."

제독이 명령했다.

"고물돛을 떼어내고 이물의 사각가로돛을 줄여라. 그리고 중간돛을 내려라!"

당직 선원들의 호르라기 소리가 날카롭게 울렸다. 명령을 외치며 선원들은 기어올랐다.

곧바로 어두워지기 시작했다. 더욱 거칠어지는 바다의 물마루가 부서지면서 뱃전을 높이 쳤다. 파도의 굴곡이 점점 심해지자 배들이 흔들리기 시작했다. 하역선들이 얼마나 무거운지가 드러났다. 배들은 좌우로 흔들리면서, 제대로 짜 맞추어지지 않은 통처럼 굴러갔다. 키의 손잡이는 두 명의 선원이 붙잡고 있어야 했다. 선수재가 파도의 골 속으로 깊이 잠겼다. 그리고 부서지는 파도가 배의 전면을 치면서 배를 높이 들어올렸다. 선수는 자유롭게 파도를 헤쳐나와 높이 하늘로 솟아오르더니 잠시 멈추었다. 배는 옆으로 기울더니 다시 아래로 떨어졌다. 그러면서 천천히 다시 일어섰다. 연결 부위에서 신음 소리가 났으며 바람 부는 쪽 돛 줄이——팽팽하게 당겨져서——태풍의 바람을 맞으며 맑은 하프 소리를 냈다.

한편, 바람이 불어가는 쪽의 마룻줄은 느슨하게 바람에 흔들렸다. 어두워진 하늘에서 번개가 쳤다. 갑판 위에서 비명과 저주 소리가 들렸다. 충분히 고정시키지 않은 짐들이 미끄러져 난간에 부딪쳤다. 명령 소리가 날카롭게 들렸다. 짐을 다시 제자리로 가져와 갑판의 중간에 고정시켜야 한다. 그렇지 않으면 배가 불안정해질 것이다! 사람들은 달렸으며, 서로 부딪쳤다. 비틀거렸으며, 거의 내던져지는 것 같았다. 붙잡을 것을 찾았다. 몇몇 사람들은 기도를 했다.

난생처음 배에 탄 사람들이 제법 많았다. 이것이 그들의 맞는 첫 번째 태풍이었다. 마가야네스는 선원들이 아직 제대로 교육을 받지 못한 상태라는 것을 인식해야 했다. 그는 이 사실에 더욱 신경 써야 했다. 그는 피가페타와 함께 기름 먹인 외투를 입고 사령교 위에 서 있었다. 피가페타는 번쩍거리는 번개 빛에 드러나는 제독의 얼굴을 쳐다보았다. 그는 뒷돛대에 팔을 두르고, 왼손을 확성기처럼 수염이 난 입에 가져다 댔다. 피가페타가 착각한 것인가? 제독은 행복해 보였던 것이다!

그는 지금 행복했다. 이것이 그가 7년 동안 동경했지만 와보지 못했던 바다이다. 7년 동안 그는 파도의 속삭임을 들었지만 그의 발은 육지에 묶여 있었다. 오라, 바다의 신 넵툰이여! 네가 나와 같다면 나 역시 너와 마찬가지다. 너는 내 의지를 꺾으려 하는가? 바야돌리드의 사람들도 그렇게 하기를 원했다. 세비야의 카사 역시 마찬가지였다! 우리 둘, 대양, 그 형제 태풍, 적이면서 친구, 원수이면서 동지, 우리는 서로 긴밀한 관계에 있다!

선원들이 소리를 치면서 돛대를 가리켰다. 활대와 돛대 끝에 가느다란 불꽃이 보였다. 성 엘모의 불이다! 하나님이 우리 함대와 함께하신다. 하나님은 뇌우와 함께 그의 성자들을 보내셨다. 성 안젤름, 성 니콜라우스 그리고 성 클라라! 불꽃이 뛰어오르면서 사방으로 튀겼다. 그리고 앞돛대 위에서 불붙은 공이 흔들렸다. 1분 동안 선수에서 선미까지 낮처럼 환하게 밝아졌다. 피가페타는 그 현상을 아주 낭만적으로 묘사했다.

얼마나 아름다운 횃불인가. 그것은 태풍의 한가운데서 우리에게 커다란 위로가 되었다. 그리고 우리가 기쁨으로 맞아들였던 사건이다. 그것이 사라진 순간 그 자체로 눈이 부실 정도의 아주 강한 빛을 발산했다. 우리가 절망이라고 생각했던 그 순간에 태풍은 잦아들었다.

태풍이 잠잠해졌을 뿐 아니라 완전한 무풍 상태가 되었다. 그와 함께 다음 시련이 시작되었다. 하늘에 낡은 자루처럼 매달려 있는 구름처럼 바다도 회색빛이었다. 그리고 단조로운 비 소리가 배의 갑판 위를 때렸다. 빗방울들은 태풍에 의해 여전히 파도 치는 바다로 굴러갔다. 아마 포돛이 젖은 헝겊처럼 활대에서 철썩 소리를 냈다. 선판은 젖었으며 비는 둥근 갑판의 한쪽으로 모였다가 배수구를 통해 바다로 흘러갔다. 그러나 배수구를 통해 내려가기 전에 빗물은 웅덩이를 이루면서 배의 움직임에 따라 이러저리 찰랑거리는 소리를 내면서 선실로 흘러갔다. 양모이불, 작은 붙박이 침대, 모든 물건들이 젖었으며 저장식품에는 곰팡이가 슬기 시작했다. 4주 동안 양동이에서 쏟아지듯 쉬지 않고 비가 쏟아졌다.

그것은 태풍보다 더 나빴다. 태풍이 올 때는 적어도 무엇인가를 해야 했다. 움직였으며, 만지고 붙잡았다. 그러나 이제는 기운이 소진하여 기다리는 수밖에 없었다. 카라벨선 주위로 '끔찍한 이빨을 가진' 상어들이 '수많은 대열을 이루며' 몰려들었다. 사람들은 쇠 낚시로 몇 마리를 잡았지만 그것은 별 도움이 되지 않았다. 피가페타는 실망하여 이렇게 적었다. '큰 것은 먹기에 적합치 않았다. 그리고 작은 것은 거의 먹을 가치가 없었다.' 새를 잡는 것 역시 아무 소득이 없었다. 새들은 끈끈이 막대 위에 앉지 않았다. 새를 향해 총을 쏘면 그것은 바다로 떨어져서 상어의 먹이가 되었다.

비스듬하게 끊임없이 내리는 단조로운 비 소리는 사람들의 신경을 건드렸다. 파도에서 증기가 올라왔다. 바다는 며칠 동안 마치 죽은 것처럼 조용히 놓여 있었다. 파도도 전혀 없고 바다 표면은 유리알 같았다. 배는 키를 돌리지 않아도 저절로 돌아갔다. 당직 시간이 느리게 지나갔다. 배에서 체류하는 것이 지루해졌다. 선실에는 냄새가 코를 찔렀으며 옷들은 축축하게 젖어 있었다. 사람들은 욕을 하고 신경질을 냈다. 비좁은 공간은 화와 싸움을 불러왔다. 여러 국적의 선원들이 서로 갈등을 일으켰다. 에스파냐 사람들은 포르투갈 사람을 괴롭혔으며, 포르투갈 사람들은 그들을 조롱했다. 어떤 말이든 화약통에 불을 지르는 격이었다. 의견 충돌이 일어났고 격렬한 싸움이 벌어졌다.

총사령관은 뱃머리 쪽 갑판의 올라온 부분을 조사해보았다. 선원들도 검사해서 아픈 사람은 앞으로 나오게 했다. 그들을 선의에게 진단받게 하고 아프지 않은 사람들은 선적실로 보냈다. 화물을 옮겨 싣고, 확인해야 하며, 곰팡이 핀 것을 바다에 던져야 하고, 새로 선적해야 한다. 할 일은 많았다. 마가야네스는 사람들이 마지못해 복종하는 것을 눈치챘다. 그는 모든 배 위에서 노를 젓게 했다. 그리고 구석진 곳, 선창, 무기, 보트를 살펴보았다. 그는 선원들에게 계속 일을 시키라고 장교들에게 지시했다. 피곤한 사람은 싸우지 않는다. 장교들 역시 마지못해 그의 지시에 따른다는 것을 알고는 제독은 걱정이 앞섰다.

그는 갑판 위를 절름거리며 돌아다녔다. 아무도 그가 걱정에 사로잡혀 있다는 것을 눈치채지 못했다. 그는 모든 사람과 이야기를 나누었다. 평상시처럼 짧고 사무적으로. 그는 불평을 들었으며 싸움을 조정했고, 물어보았으며, 문제를 제시했다. 그리고 누군가 불친절하게 대답하면 그는 재치 있게 응대했으며, 큰소리를 내며 진심으로 웃었다. 교육받은 사람들과 위선자들은 그에게 불쾌감을 주었다. 가끔 그는 아이러니컬하게 반응했다. 그는 직선적으로 비꼬기도 했다.

빅토리아 호에서는 수간을 저지른 죄로 갑판장 한 명을 감금시켰다. 그것은 중죄였다. 해군 규정에 의하면 50대의 채찍질을 받아야 했으며, 이 죄를 반복할 경우에는 선수의 활대에 매달아 교수형에 처할 수 있었다. 마가야네스는 원래 선원들의 성적 어려움에 대해서는 이해를 했다. 그러나 규율과 질서, 자제심이 없다면 그들은 지구의 다른 쪽에 도달할 수 없을 것이다. 육체적·도덕적 저항력은 이제 원대한 계획을 충족시키기 위한 전제조건이다. 그는 이 범죄자를 트리니다드 호로 데려왔으며 우선 사슬에 묶어 뱃바닥에 가두어두었다.

그는 혼자 있을 때만 태연함의 가면을 벗었다. 신경을 자극하면서 계속 내리는 비를 그는 예상하지 못했다. 그는 카르타헤나와 그의 동료들의 적대적인 계략과 마누엘의 순양함 함대에도 대비해야 했다. 대서양이 태풍과 파도 대신 무풍지대, 홍수와 함께 나타나는 것은 걱정스러운 일이다. 아니다, 걱정스러운 것 이상이다. 그는 한숨을 쉬면서 고백하지 않을 수 없었다. 상황이 점차 나빠진다는 것을. 그는 이마를 찌푸리면서 심각한 규율의 해이, 반박, 명령 거부와 하급부대 지휘관의 간섭 등을 알리는 보고를 흘려들었다.

총사령관은 비축식량 목록을 조사했다. 저장식품은 점차 줄어들었다. 265명의 굶주린 입을 채워야 하기 때문에 그것은 당연한 것이다. 단지 그들이 거의 몇 마일 앞으로 나아가지 못했다는 것이 문제일 뿐이다. 보통 때면 그들은 벌써 브라질의 해안에 도착했어야 한다.

다른 선박에서 보내는 저녁 인사가 바다 위에 울려 퍼졌다. 마가야네스는 갑판에 모습을 드러냈다. 고개를 끄덕이며 웃으면서 신호를 보냈다. 그것은 세라노였다. 다음은 빅토리아 호의 멘도사, 그 다음은 케세다가 인사를 전했다. 그리고 나서 산안토니오 호에서 누군가의 목소리가 들려왔다.

"문안 인사를 보냅니다, 제독님!"

마가야네스는 움칠했다. 그것은 카르타헤나의 목소리가 아니었다! 그는 손으로 눈을 감싸고 눈썹을 모았다. 그가 잘못 본 것인가? 아니다, 앞돛대 받침줄 밑에 선원 한 명이 서 있었다. 카르타헤나가 사람들 앞에서 그를 조롱하려는 것인가? 트리니다드 호의 갑판에서는 모두, 장교와 선원들이 톨딜라 위의 제독을 쳐다보았다. 그는 어떻게 반응해야 하는가?

마가야네스는 몸이 굳었다. 카르타헤나가 그에게 도전장을 던지는 것인가? 그는 보이지 않는 반란의 조짐을 감지했다. 그러나 그 시점이 그에게는 너무 이르다고 생각되었다.

부제독이 그에게 반항하고 있다는 것은 확실하다. 하지만 마가야네스는 카르타헤나 역시 이 불확실한 항해에 대해 점차 두려워하고 있음을 알지 못했다. 팔레이루가 좋은 조건으로 에스파냐에 남게 된 후, 그는 왕으로부터 부사령관인 콘훈타 페르소나로 임명받았다. 그러나 그는 결정을 함께하는 대신 산안토니오 호와 함께 얌전히 사령관의 명령에 따라야 했다. 멘도사와 케세다는 빈정거리며 물었다. '절름거리는 포르투갈의 개'가 그들을 어디로 그렇게 정신없이 끌고 가는지를. 그들은 무역풍을 발견하지 못했다. 그리고 비정상적인 항로에서 그들은 이미 14일간을 소비했다.

그렇다고 마가야네스는 물러날 사람이 아니었다. 그는 이런 뻔뻔스러운 행동을 받아들일 수 없었다. 자신의 권위를 유지하려면 그렇게 해서는 안 된다.

"전령병! 피니스를 내려!"

당직 근무자의 호각 소리가 날카롭게 울려 퍼졌다. 선원들이 활차로 뛰어갔다. 그리고 작은 보트가 내려졌다. 젊은 부관이 사령관 앞에서 거수경례를 했다.

"중위, 산안토니오 호의 선장에게 가서 전하라. 제독은 이런 방식의 인사를 거절한다고. 그는 '제독'의 직함을 지니고 있으며 모든 카라벨의 선장이 직접 인사해야 한다고 전달하라."

"알겠습니다, 각하!"

그 장교는 거수경례를 하고 달려갔다.

전령은 곧 다시 돌아왔다. 마가야네스는 그를 마주보았다. 카르타헤나가 책임을 질 것인가? 그 부관은 주저했으며, 귀가 빨개졌다.

"말을 해라. 무슨 소식을 들었나?"

"각하, 부제독께서 전하시랍니다. 그가 선원 중 가장 훌륭한 선원으로 하여금 각하께 문안 인사를 드리게 했다구요."

전령은 당황하여 더듬거렸다.

"계속해!"

"부제독은 또 이렇게 말하셨습니다. 내일은 견습선원에게 시킬까 생각중이라고."

마가야네스는 그를 멍하니 쳐다보았다.

"고맙다."

잠시 후 그는 짧게 대답했다. 마가야네스는 머리를 숙이고 선루의 계단을 내려가서 그의 선실로 사라졌다.

그 이후로 산안토니오 호는 더 이상 저녁 안부 인사에 신경 쓰지 않았다. 그 갈레온선은 기함으로 다가오지 않았다. 기를 게양하는 의식도 치르지 않았으며 제독에게 어떤 인사도 보내지 않았고, 그날의 명령을 받았다는 답변도 보내지 않았다. 카르타헤나가 결판을 원한다는 것이 명확해졌다. 적어도 그는 자신의 의도를 숨기지 않았으며 위선적으로 행동하지 않았다. 마가야네스는 위험한 인내심의 소유자였다. 그는 나흘 간 기다렸다. 그리고 나서 그는 신중하게 반응했다. 그는 다음날 아침 빅토리아 호의 갑판원을 재판하는 회의를 열라고 지시했다. 그리고 선장들과 조타수들은 트리니다드 호에서 열리는 장교회의에 참석하라고 명령했다.

아침이 밝아오면서 북소리가 울렸다. 알구아실, 즉 법무관인 곤살로 고메스 데 스피노자는 대열의 앞으로 나와서 큰소리로 왕의 지시를 낭독했다. 그의 명료한 목소리가 조용한 물위로 울려 퍼졌다. 모든 배 위에서 그 소리를 들을 수 있었다. 그는 손을 높이 들고 흰색 막대기를 부러뜨렸다. 빅토리아 호의 갑판원은 그의 범죄에 대해 채찍질 20대를 선고받았다. 죄수를 앞돛대에 묶고 나서 가죽 한 조각으로 그의 입을 틀어막았다. 그가 고통을 참아낼 수 있도록. 그리고 나서 법무관 형리가 긴 가죽 채찍을 휘둘렀다.

제독은 관대한 판결을 내렸다. 그 갑판원은 자신이 그토록 관대한 판결을 받았다는 데 대해 기뻐할 것이다. 그러나 마가야네스에게는 다른 것이 더 중요했다. 판결을 집행한 후에 그 장교들을 그의 선실로 안내했다. 아무 말 없이 기분 좋게 탁자 뒤의 붉은 비로드 안락의자에 앉아서 그는 선장들에게 포도주를 부어주었다.

그는 친절하게 인사를 했다.

"여러분 모두들 이렇게 건강한 모습으로 내 배에서 보게 되어 무척 기쁩니다. 우선 술잔을 들어 우리의 은혜로운 카를로스 왕의 건강을 위해 건배합시다."

선장들은 각자 그들의 잔을 잡았다.

"왕에게 건배!"

"건배!"

"자, 앉으시오!"

마가야네스는 다시 의자에 기대어 앉았다. 그리고 손님들도 앉았다.

"나쁜 날씨와 무풍지대 때문에 걱정이군요. 그것들 때문에 내가 에스파냐에서 생각했던 것만큼 선대가 빠르게 진행을 하지 못하고 있소."

"그렇습니다, 각하."

세라노가 대답했다.

"그러나 비가 영원히 지속될 수는 없습니다. 틀림없이 곧 많은 바람이 불어올 겁니다."

"그래요, 내가 원하는 것이 바로 그겁니다. 그 동안 모든 배에서 선원의 규율과 배에 관련된 모든 규정을 감시하고 지키기를 바랍니다."

케세다가 차갑게 제독을 쳐다보았다.

"우리 모두는 배의 규정을 잘 지키고 있습니다. 그것을 바꾸어야 할 이유가 없다고 생각하는데요."

"케세다, 오늘 재판은 당신이 말한 것처럼 모든 것이 그렇게 잘 지켜지고 있지 않다는 것을 우리에게 보여주었소."

"그것은 빅토리아 호에서 일어난 사건이지 제 배에서 일어난 것이 아닙니다."

멘도사는 그것이 자신에 대한 공격이라고 느꼈다.

"제가 그 녀석을 우리 배로 데리고 온 것이 아닙니다. 염소, 돼지와 그 짓을 하는데 내가 어떻게 하겠습니까? 어쨌든 제독께서는 너무 관대한 판결을 내리셨습니다!"

"그렇다면 내가 어떻게 판결해야 한다고 생각하오?"

"밧줄에 묶어 뱃바닥 밑을 헤엄쳐 지나가게 하거나 교수형에 처했어야지요! 그래야 다른 사람들이 겁을 먹습니다."

다른 사람들도 동감한다는 듯 고개를 끄덕였다.

"우리는 에스파냐를 떠난 후 아직 멀리 오지 못했소."

마가야네스는 주위를 돌아보았다.

"다음달에 우리에게 어떤 일이 어떻게 일어날지 누가 알겠소. 그렇기 때문에 한 사람의 갑판원이라도 죽이느니 차라리 살려두는 게 더 낫다고 생각했던 것이오."

모두들 이야기를 하고, 토론하고 입장 표명을 했다. 단지 카르타헤나만이 눈에 띄게 조용했다. 마가야네스는 그를 훔쳐보았다. 그리고 그 에스파냐 사람을 점점 더 자극하기 시작했다. 그는 주제를 바꾸었다.

"우리 항로와 관련하여 나의 결정이 모든 선장에게 동의를 얻고 있는지를 확인해야겠소."

그는 조용히 선장들의 눈을 쳐다보았다. 케세다, 멘도사, 세라노, 카르타헤나. 그들은 아무 말 없이 앉아 있었다. 부제독 역시 조용히 기다렸다. 뺨 근육만 움찔거렸다.

마가야네스는 계속해서 이야기했다.

"모든 선장들이 항로의 결정을 이 선대의 제독에게 맡기는 데 동의한다니 기쁘군요. 그런데 참을 수 없는 무엇인가가 있소."

갑자기 그의 목소리가 날카로워졌다.

"나는 소위 나의 대리인이라는 사람의 독특한 저녁 인사 방법을 말하는 것이오!"

장교들은 움찔했다. 그들은 몸이 굳은 채 앉아서 멍하니 쳐다보았다.

"여러분, 선원들의 규율과 질서를 유지시키기가 힘든 것이 어떻게 보면 당연한 것이오."

마가야네스가 신랄하게 말했다.

"장교들이 스스로를 통제하지 못하며, 선원들에게 모범이 되지 못하고 있소. 자부심 강한 귀족으로 잘난 체하는 것도 그 중 한 가지인데 그것은 자제력과는 아주 거리가 먼 것이오."

카르타헤나는 애써 유지하던 냉정함을 잃어버렸다. 그는 흥분하여 소리쳤다.

"그것이 저에 대한 공격은 아니겠지요."

"당신 마음대로 생각하시오. 당신은 나에게 경의 표하기를 거부했으며, 모든 장교와 선원들 앞에서 나쁜 본보기가 되고 있소."

마가야네스가 대답했다.

"나는 선원을 시켜 보통 행해지는 저녁 문안 인사를 당신에게 드리게 했소. 어느 규정에도 선장이 직접 저녁 인사를 해야 한다고는 적혀 있지 않소!"

"그렇다면 내가 지금 정하겠소."

마가야네스가 말했다.

"그것은 지켜야 할 예절이며 권위에 도움이 되는 것이오. 당신이 이 두 가지를 잘 모른다면 내가 당신에게 그것을 가르쳐주겠소.”

카르타헤나는 일어났다.

“나는 나의 명예에 관한 어떤 공격도 참을 수 없소!”

증오에 가득 차서 그는 칼에 손을 갖다대고 사령관을 쳐다보았다.

마가야네스는 그에게 소리를 질렀다.

“이 선대 제독의 명예와 권위는 에스파냐의 어떤 귀족보다 더 높은 것이다.”

“당신은 후회하게 될 걸!”

카르타헤나는 무기를 빼어들었다.

“그를 잡아서 죽여라.”

그는 다른 사람들에게 외치면서 마가야네스에게 달려들려고 했다.

그때 문이 열렸다. 곤살로 고메스 데 스피노자가 무장한 선원들과 함께 서 있었다. 그들은 부제독을 잡았다.

“당신은 체포되었소!”

마가야네스가 냉정하게 말했다.

“그를 찔러!”

카르타헤나가 외쳤다.

“그를 찌르라고!”

그러나 다른 사람들은 꼼짝도 하지 않았다.

“데리고 가!”

마가야네스가 명령했다.

“총사령관에 대한 공격과 반란 선동죄이오!”

그는 장교들을 둘러보았다. 그들은 적대적인 눈길로 그를 쳐다보았지만 아무 말도 하지 않았다. 세라노만이 놀란 듯 그에게서 눈길을 돌렸다. 그들 모두를 내 앞에 무릎 꿇게 할 것이라고 마가야네스는 생각했다. 그는 자신에게 저항하는 사람은 어떻게 된다는 사례를 그들에게 보여주었다. 카르타헤나는 쪼그린 채 나무 감옥에 갇혔다. 불복종죄로 일반 선원에게 적용되는 굴욕적인 벌이었다.

마가야네스는 장교들의 저항의 싹을 없앴다. 그가 다시 선장들을 그의 배로 불렀을 때 멘도사는 부제독은 귀족이니 악취가 나는 뱃바닥의 좁은 감옥에 넣지 말아달라고 부탁했다. 마가야네스는 양보했다. 그는 그들이 마침내 그가 선대의 최고 권위자임을 인식했다고 생각했다. 산안토니오 호의 새로운 선장으로 그는 지금까지 출납계에 있던 실비오 데 코카를 임명했다. 멘도사는 빅토리아 호에 갇혀 있던 후안 데 카르타헤나를 기사 감옥으로 넘기라고 지시했다. 부제독으로서는 직위 해제되었다.

그가 확고한 위치를 차지한 것인가? 장교들 사이에서 그것은 겉모습에 불과할 뿐이다. 선원들의 속은 알 수가 없었다. 단지 기함인 트리니다드 호의 선원들은 제독 편이었다. 그러나 일반적인 분위기는 별로 좋아지지 않았다. 무풍지대와 신경을 건드리던 비는 멈추었다. 그것들로 인해 마가야네스는 배급량을 줄일 수밖에 없었다. 하루 1.5파운드의 빵만 배급되었다. 피가페타는 우울하게 이렇게 기록했다.

'이런 지독한 고생을 선원들은 원정의 성공 여부에 대한 나쁜 징조로 간주했다.'

어쨌든 그들은 식수 창고를 신선한 빗물로 보충할 수 있었다.

원주민과 보낸 남반구의 여름

원정은 시작이 좋지 않아 애를 먹었다. 배들은 흐린 하늘 아래 회색의 대양 위를 비를 맞으며 천천히 움직였다. 거의 미풍조차도 느껴지지 않았다. 그래도 7일간 더 끝없이 내리던 비가 그쳤다. 바람이 일기 시작하면서 곧 북동풍이 돛을 팽팽하게 채우기 시작했다. 구름들이 사방으로 흩어졌다. 마침내 다시 태양이 나타났다. 마가야네스와 산 마르틴은 위도를 정하고 그들의 위치를 측정할 수 있었다. 한동안 그들은 서쪽으로 잘 진행했다.

그러나 또다시 어려움이 찾아왔다. 사르가소 바다의 무풍지대에 빠져든 것이다. 11월 중반 바람이 점점 약해지더니 천천히 잠들었다. 이제 습기차고 찌는 듯한 더위가 찾아왔으며 바람이 그들의 돛을 전혀 채워주지 못했음에도 불구하고 파도는 계속 일렁였다. 다섯 척의 배들은 절대 조용히 있지 않았다. 그 배들은 저절로 돌고, 흔들렸으며 선판과 돛대와 활대 등은 삐걱거렸다. 적도 근처에서 태양은 매일 참을 수 없을 정도로 뜨겁게 그들 머리 위로 내리쬐었다. 연결 부위에서 역청이 녹아내렸으며 나무는 갈라지기 시작했다. 물창고는 바닥을 드러내기 시작했다. 펌프를 계속 사용해야 했다. 너무 더워서 10분만 펌프질을 하면 선원들이 기진맥진했다. 저장식품의 일부는 부패했다. 고기는 썩었고, 물통과 포도주통의 테가 비틀리면서 갈라졌다. 선원들은 무감각해졌다. 아무 일도 하지 않고 약간의 그늘이라도 생기는 곳이면 그곳에 누웠다.

그렇게 3주간이 지나갔다. 그리고 나서 바람이 다시 일어나기 시작했다. 갑자기 미풍에 돛이 움직였다. 배들은 처음에는 천천히 움직이더니 그 다음에는 빠르게 항해하기 시작했다. 적도의 조류가 그 배들을 무풍지대로 이동시켰던 것이다. 이제 그들은 브라질로 항로를 잡을 수 있었다. 롬바르디아 출신의 피가페티는 '우리는 적도를 넘었으며, 남서쪽을 향해 가면서 북극성을 시야에서 잃어버렸다'고 기록하고 있다.

그가 추정한 선박의 해상 위치로 보아 그들이 대륙에 가까워지고 있음을 알 수 있었다. 마가야네스는 계속 망을 보라고 명령했으며 자주 측연을 하게 했다. 왜냐하면 그는 브라질 해안 앞에서 이미 많은 배들이 암초에 걸렸다는 사실을 잘 알고 있었기 때문이다. 1519년 12월 6일, 항해자의 수호신인 성 니콜라우스의 날에 알록달록한 새들이 보였으며, 서쪽 원시림의 땅 냄새를 맡을 수 있었다. 12월 7일, 후덥지근한 비가 내렸다. 시야가 좋지 않아서 선박을 잘 조정하면서 해안에 도달하기 위해서는 속도를 늦춰야 했다. 12월 8일 밤, 날씨는 다시 맑아졌다.

아침 여명에 그들은 마침내 육지를 보았다. 수평선에서 평평한 선이 나타났다. 가까이 다가가 보니 그것은 파도의 거품에 씻겨나가는, 숲이 우거진 긴 해안의 띠였다. 그것은 브라질의 가장 동쪽에 있는 페르남부코 해안이다. 그들이 거의 1천200리그 혹은 4천500카탈로니아 마일의 힘든 여정을 마친 후에 보는 아름다운 경관이었다. 그러나 그들이 항해하고 있는 바다는 포르투갈의 수역이었다. 그곳에 상륙하는 것은 현명하지 못한 일이다. 그래서 그들은 암초에서 벗어나 다시 남서쪽 항로로 접어들었다.

12월 13일, 300리그를 더 간 후 그들은 만을 발견했다. 좁은 강이 그리로 흘러들었으며, 높고 가파르며 인상적인 산이 튀어나와 있었다. 여기에서 그들은 마침내 안전하다고 느꼈다. 기함은 천천히 대륙으로 다가갔다. 열 길 깊이에서 바닥을 발견하고는 축포를 통해 닻을 내리라는 명령을 내렸다. 그것은 리우데자네이루 만이었다. 대략 서경 42도, 남위 23도. 그들은 아직 완전히 포르투갈의 세력권에서 벗어나지 못했다. 그러나 여기까지는 포르투갈 사람들이 아직 침투하지 않았다. 그리고 적대적인 영업소도 없었다. 총사령관은 그 날짜의 성자 이름을 따서 그곳을 산타 루시아 만이라 불렀다.

마가야네스는 콘셉시온 호로 신호를 보냈다. 조타수인 카르바유가 그 배의 사령관으로 임명되었다. 그는 이 대륙을 이미 알고 있었다. 1504년에 이 해안에 온 적이 있다. 마가야네스는 자신의 선대에 그 포르투갈 사람을 데려올 수 있게 된 것이 기뻤다. 제독은 그에게 잘 살펴보라고 지시했다. 원주민들이 어떻게 행동할 것인가? 신경 써야 할 것이 무엇인가? 선원들이 기쁨에 겨워 소리 지르는 동안 마가야네스는 해안 저편을 쳐다보았다. 바다에서는 주행풍으로 인해 무척 시원했지만 만은 매우 더웠다.

카르바유는 자랑스럽게 정보를 주었다. 그는 자신이 매우 중요하다고 생각했다. 그 지역은 처음에는 테라 데 산타 쿠르스라 불리다가 나중에는 테라 데 브라질로 이름이 바뀌었다. 여기서 대량으로 자라며, 천을 적갈색으로 염색하는 데 사용하는 천연염료가 풍부하게 포함된 브라질나무라는 이름을 따서 지은 것이다. 마가야네스에게 그것은 부차적인 문제였다. 여기서 그는 그의 통로를 발견할 수 있을 것인가? 그에게는 그것만이 중요했다. 그는 펼쳐져 있는 해안을 바라보았다. 이것을 통과해 지나갈 수 있을까? 틀림없이 그럴 수 있을 것이다!

그때 원주민 몇 명이 나타났다. 갑자기 그들은 흰색 해안 뒤의 그늘진 숲속에서 튀어나와 호기심에 가득 찬 눈으로 선대를 살펴보았다. 갑판장에게 신호를 보냈다.

"소형보트로 상륙하라!"

제독은 노를 저어 육지로 갔다. 피가페타와 장교 두 명, 그리고 무장한 선원 몇 명이 동행했다. 원주민들은 그들을 기다리며 도망가지 않았다. 그들은 벌거벗었으며 과야니 인디언들이었다. 피부색은 갈색이었으며 온몸에 그림을 그려놓았다. 원주민들이 그들을 환영한다는 것은 확실했다. 이 대륙에는 아직 백인이 발을 들여놓지 않았다.

다시 두 세계가 처음으로 만났다. 다른 별에서 온 사람들의 만남이라고 할 수도 있을 것이다. 피가페타는 '이 민족들은 아주 쉽게 믿으며 선했다. 그들은 우리가 배의 자손이며 카라벨이 우리 어머니라고 상상했다'고 경탄했다. 그는 또 낙관적으로 덧붙였다. '약간의 노력만으로도 이 사람들을 감동시켜 기독교를 받아들이게 할 수 있을 것이다.'

선한 피가페타는 그 순간 많은 수요가 있는 염료 나무에 대해서는 생각지 않았다. 그것은 그리스도가 매달려 죽은 나무 이상의 이익을 가져다줄 수 있는 것인데.

원주민들이 어떻게 알겠는가. 거대한 배의 상륙이 그들에게 끔찍한 결과를 가져다줄 것임을. 이런 이방인들의 도착이 그들의 문화적 고유성을 말살시키는 것을 의미함을! 유럽인들은 원주민들의 사고방식에 관해서는 전혀 알지 못했다. 그들 자신의 가치대로 그들을 평가했다. 이 에스파냐 사람들은 정말 운이 좋았다. 원주민들에게 환영받았다는 것을 인디언 문화와 우연에 감사해야 한다. 몇 달 전부터 그 대륙은 말할 수 없는 가뭄으로 고통받고 있었다. 원주민들은 비의 신에게 제사를 지냈다. 이제 낯선 배들이 가벼운 비를 불러왔다. 그것을 인디언들은 이 이방인들의 덕이라고 생각했던 것이다. 강한 뇌우가 가라앉자, 그들은 감사의 표시로 과일과 닭, 생선, 야채를 가져다주었다.

원주민들이 해를 끼치지 않으며, 평화적이라는 것이 증명되었기 때문에, 선원들은 육지로 상륙할 수 있었다. 선원들은 급격하게 변했다. 오랜 항해 후 다시 땅을 밟아본다는 것이 얼마나 멋진 일인가! 그 동안에 겪었던 모든 고생은 잊혀졌다. 곧 사령관이 해안에 감사 예배를 드리기 위한 작은 제단을 만들라고 명령했다. 성직자가 미사를 주관했다. 남자들은 고향에서보다 더 경건하게 귀를 기울였다. 원주민들은 아무 말 없이 놀라움을 표시했다. 제독에서부터 아주 어린 견습선원에 이르기까지 모든 사람에게 잊을 수 없는 순간이었다. 파도가 종소리를 대신했으며, 하늘이 돔 천장을 대신했다. 신부의 감사 기도가 기쁘게 울려퍼졌다. 그리고 선원들은 쉰 목소리로 아베 마리아를 감사히 불렀다. 포르투갈의 전쟁선도 이들을 발견하지 못했다! 총사령관이 그들을 훌륭하게 인도하지 않았는가?

그들은 며칠간을 즐겁게 보냈다. 피가페타는 인디언들을 이렇게 묘사했다. '그들의 머리는 짧았고 곱슬곱슬했다. 그리고 머리 이외의 어떤 다른 부분에도 털이 나 있지 않았다. 그들이 털을 뽑아냈기 때문이다.' 그는 처음에는 몸짓, 손짓을 통해, 그 다음에는 그가 빠르게 익혔던 몇 마디 말을 통해 서로 의사소통을 했다. '그들은 기독교인이 아니다. 어떤 신이나 영들을 섬겼지만 우상에게 경배하지는 않는다.'

피가페타는 생활습관에 관심이 많았다.

그들은 긴 오두막에서 살았으며 그 안에서 잠을 잤다. 집에 그들은 면으로 된 커다란 망을 놓고 그것의 양쪽 끝을 두 개의 강한 들보에 매달아놓았다. 오두막 안에는 대략 100명의 남자들이 그들의 아내와 자녀들과 함께 살고 있었으며 그 안은 매우 소란스러웠다. 그들의 배는 '카누'라 불렸다. 이것은 나무 줄기의 일부로 만들어졌으며, 돌칼로 가운데에 구멍을 파놓았다. 그들에게는 돌이 철의 역할을 대신했으며 아직 철을 알지 못했다. 카누 한 대에는 보통 30 내지 40명의 남자들이 탔으며 빵집의 거품 주걱과 비슷한 노를 저어야 계속 앞으로 나아갔다. 벌거벗은 맨머리의 갈색 사람들이 노 젓는 것을 보면 마치 지하세계의 선원처럼 보였다.

리우데자네이루는 어떤 연관 속에서 생각해도 목가적이다. 달콤한 막대사탕, 푸른 지중해 바다, 꽃이 화려하게 만발한 원시림으로 이루어진 에메랄드 초록빛 광경. 그것은 낙원이었다! 남자들은 새로 힘을 얻었다. 12주 동안 바다에서 헤맨 후 그들은 이제 이런 멋진 해안에 도착했다. 부패한 저장고에서 나오는 것만으로 양식을 삼았던 그들은 이제 다시 신선한 야채, 과일, 고기를 충분히 먹을 수 있었다. 선원은 원주민들과 더욱 친숙해졌다. '그리고 거기에는 처녀들이 매우 많았다'고 피가페타는 보고하고 있다. 백인들이 칼과 유리구슬과 같은 장신구들을 여자와 교환할 준비가 되어 있다는 소문이 나돌았을 때 많은 무리의 미인들이 갑판으로 올라왔다. 안토니오 피가페타는 이렇게 기술하고 있다.

그들이 몸에 걸친 유일한 옷은 그들의 머리였다. 그리고 도끼나 커다란 칼을 얻기 위해 우리에게 여자 한두 명을 노예로 제공했다. 그러나 제독은 이런 물물교환을 금지시켰다. 원주민들은 한번도 그들의 아내를 물건으로 내놓지는 않았다. 아내들 역시 그들의 남편에게 정절을 지켰다. 그들은 아주 도덕적이어서 낮에 껴안는 것조차 허락하지 않았다.

선대에는 어떤 위험한 일도 일어날 것 같지 않았다. 배라는 새장을 일시적으로 뛰쳐나온 선원들은 미쳐 날뛰었다. 먹고 마시고 사랑을 나누었다. 신부조차 육체적인 유혹을 억제하지 못했다. 마가야네스는 그 모든 것을 불안하게 관찰했다. 그는 겨울이 시작되기 전에 대륙을 통과하는 통로를 지나 남태평양으로 가기를 원했다. 그곳까지는 얼마나 먼가? 팔레이루가 리스본에서. 그와 데 하로 앞에서 펼쳐 보였던 레오나르도 다빈치의 지도에는 남해가 남위 40도에 위치해 있었다. 그곳까지 가려면 그들은 대략 340리그를 더 가야 한다. 그것은 1천275카탈로니아 마일이었다.

남반구의 여름은 지났다. 누구도 남쪽의 날씨 상황을 알 수 없었다. 가을의 태풍, 겨울의 허리케인. 그들은 그 모든 것을 체험하는 최초의 유럽인이 될 것이다. 그들이 단지 계속 여행할 수만 있다면! 그러나 출항은커녕 식량의 선적은 자꾸만 지체되었다.

마가야네스는 출발을 재촉했다. 배에 닭, 거위, 맛좋은 감자, 바나나, 사탕수수 등을 실었다. 그들은 거래를 하고 흥정을 해야만 했다. 그것은 물물교환이 유리할 경우에만 이루어졌다. 단순한 칼 한 자루에 닭 여섯 마리, 빗 하나에 거위 두 마리, 작은 거울 하나에 커다란 통으로 가득 찬 생선. 낱개로 교환할 수 있는 카드가 인기가 좋았다. 피가페타는 킹 카드를 닭 여섯 마리와 바꾸었다. 그는 기분 좋게 '인디언들은 그들이 좋은 거래를 했다고 믿었다'고 기록했다.

제독은 분주하게 왔다갔다하는 그들을 더 이상 닦달할 수가 없었다. 그들이 휴식을 취해야 한다는 것은 알고 있었지만 그들은 전혀 서두르지 않았다. 마가야네스의 말은 장교들에게서도 전혀 호응을 얻지 못했다. 그들도 선원들처럼 마냥 즐겼다. 가장 심한 사람은 두아르테 바르보사였다. 원주민 여자들은 갑판 위에 넘쳐났다. '젊은 여자들이 갑판에 와서 선물을 받기 위해 자신의 몸을 제공했다.' 그들에게는 유럽 사람들이 가진 부끄러움의 개념이 없었다. 그래서 질서를 유지하기가 힘들었다. 그리고 규율을 지키는 것이 불가능했다. 마가야네스는 두아르테의 행동을 꾸짖었다. 그러나 처남은 웃으면서 말했다. 언제 다시 그리고 어디에 상륙하게 될지 누가 알겠는가!

총사령관은 산 마르틴과 함께 팔레이루의 천문학적 경도 계산을 시험해보았다. 성실한 수로 안내인은 열심히 계산을 했다. 그는 태양과 달의 위치를 아스트롤라베와 발레스틸라로 측정하고 나서 팔레이루가 제시한 도표 양피지를 펼쳐보았다. 그것은 지우고 고쳐 쓴, 세로줄로 적힌 숫자들이었다. 그것은 판독할 수 없는 도표였다. 모든 것이 수수께끼 같았다. 빈약한 성과였다. 수로 안내인은 양피지 두루말이를 총사령관에게 펼쳐 보이면서 고개를 흔들었다. 그토록 많은 칭찬을 받았던 팔레이루의 공식은 실제로 허풍에 불과했다.

마가야네스는 생각에 잠겨 수염을 물어뜯었다. 그래 일반적인 방법으로 돌아가자. 산 마르틴은 그가 작성한 도표를 가지고 있었다. 그는 세비야의 콘트라타시온에서 유명한 레기오몬타누스의 천문력표를 공

책에 깨끗하게 옮겨 적었다. 그들은 적어도 위도를 확인할 수 있었다. 하지만 경도는? 산 마르틴은 해결책을 알아냈다. 팔레이루는 점성술을 계산하기 위해 이베리아 반도에서의 일식과 월식 시간을 기록했다. 적어도 이 도표들이 그것을 확인해준다. 그래서 그들은 1519년 12월 20일에 부분적인 일식과 이틀 후 달과 화성의 합이 있었음을 알아냈다. 그들은 유럽에서의 월식 시간을 알고 있었기 때문에 시간의 차이를 통해 지금의 위치를 확인할 수 있었다. 두 가지 계산으로 평가해보니 그들이 여전히 포르투갈의 영역에 있음이 확인되었다. 토르데시야스 경계선에서 동쪽으로 약 60리그, 그리고 적도의 남쪽으로 460리그.

"그런데 항해중에는 어떻게 하지? 항해중에 우리가 어디 있는지 어떻게 알 수 있을까?"

마가야네스는 산 마르틴의 얼굴을 쳐다보았다.

"우리는 지금부터 배의 위치를 추정할 수 있어야 합니다. 제독 각하, 항로와 속도를 기록하면 적어도 근사치는 얻을 수 있을 겁니다."

"그렇게 불확실한 방법을 믿어야 하다니."

마가야네스가 말했다.

"적어도 위도의 확인에는 아무 문제가 없겠지."

"어쨌든 우리 스스로 해결할 수 있을 겁니다."

산 마르틴이 위로했다. 그는 물러가겠다고 말하고 그의 선실로 돌아갔다.

마가야네스는 그의 뒤를 쳐다보았다. 포르투갈의 쾌속 범선이 어디에 숨어 있을까? 그들이 그를 쫓고 있거나 찾아다니고 있는 것은 아닐까? 이곳이 아무리 황량한 지역이라 해도 포르투갈의 대포가 여기서 그를 찾는 것을 포기하지 않을 것이다. 무풍지대가 그의 계획을 도와준 것인가? 포르투갈 사람들도 그처럼 오도 가도 못하고 있는 것인가? 어쨌든 그들은 출발해야 했다. 여기서 떠나야만 한다. 발각될 위험은 나

날이 커져만 갔다. 선원들 역시 점점 방탕해졌다.

산안토니오 호의 새 선장인 데 코카는 멍청이나 다름없었다. 그는 항해에 대해서, 혹은 지도에 대해서 아무것도 몰랐다. 그는 카르타헤나의 추종자들에 대해 자신의 생각을 관철시키지 못했다. 그를 임명한 것은 제독이 바로 수정해야 할 실수였다. 엔리크는 빅토리아 호의 멘도사가 죄수인 카르타헤나와 잘 지내고 있다는 것을 알아차렸다. 카르타헤나는 배에서 자유로이 활동했다. 그리고 과거의 부제독이 그 배의 선장보다 더 신분이 높은 것처럼 보였다. 카르타헤나와 멘도사, 그들은 한 마리 새의 두 날개와 같았다.

마가야네스는 무엇인가 시작해야 했다. 그렇지 않으면 모든 것이 그에게서 사라져버릴 것이다! 선대를 조화롭게 융화시키지 않는다면 그들은 절대 몰루카 섬에 도달할 수 없다. 불완전한 수단으로는 그 상황을 장악할 수 없다. 관대한 느긋함이 그의 선대를 실패로 몰아갈 수도 있다.

그는 물통을 곧바로 신선한 물로 채우라고 명령했다. 그리고 나서 선종이 울렸다. 함재정을 전부 갑판으로 끌어올렸다. 장교가 제독의 지시를 큰소리로 알렸다. 그는 우선 다음과 같이 지시했다. 데 코카를 선장에서 해임한다. 기함에서 지금까지 예비병이었던 알바로 데 메스키타가 산안토니오 호의 선장이 된다. 두 번째 명령은 다음과 같다. 선대는 바로 출발한다. 여자나 노예를 데리고 가면 채찍질을 당하게 될 것이다. 제독은 원주민들이 갑판에서 내려갈 수 있도록 30분의 시간을 주었다. 그는 분열을 일으키거나 하는 일 없이 놀고 먹는 사람은 용서하지 않겠다고 했다. 평화적이며 친절한 과야니 인디언들은 당황하여 배를 떠났다. 그들은 왜 백인들이 그렇게 갑자기 출발하려 하는지 이해할 수 없었다.

그때 트리니다드 호로부터 신호가 왔다. 출항하라. 선대는 출발했으며 남서쪽으로 항로를 잡았다. 카라벨선들이 천천히 산타 루시아 만에서 미끄러져 나가자 '많은 선원들과 원주민들은 슬퍼했다'고 피가페타는 보고했다. 그때가 1519년 크리스마스였다.

해협을 찾아 앞으로 전진

순풍이 불었다. 남쪽으로 흐르는 조류의 도움을 받아 선대는 빠르게 앞으로 전진했다. 그들은 하루에 100마일을 항해했다. 창고는 신선한 물건으로 가득 찼다. 선원은 다시 힘을 얻었고 마가야네스는 낙관적인 생각으로 가득 차 있었다. 며칠 후 그들은 토르데시야스 경계선을 지났다. 피가페타는 기록했다.

우리는 오늘 밤 교황의 판결에 따라 포르투갈의 탐험지와 에스파냐의 탐험지 사이의 경계선으로 보이는 자오선을 지나갔다. 우리는 하나님의 도움으로 극점 맞은편에 있는 경계선과 향료의 황금 군도에 무사히 도착할 수 있기를 기도한다.

마가야네스는 곧 해협에 도달할 것이라고 믿었다. 12일 후 해안은 서쪽으로 완만한 곡선을 그렸다. 여기에 테르나테 섬의 지름길로 들어가는 입구가 있을까? 그들은 천천히 지나면서 해변을 관찰했다. 오른쪽으로 펼쳐져 있는 만이 내륙으로 들어가면서 점점 좁아지는 운하의 입구가 될 것인가? 위도는 팔레이루가 보여주었던 레오나르도 다빈치 지도에 나와 있는 수치와 일치했다. 리스본의 주앙의 자료에도 통로는 여기 어딘가에 존재했다. 저기 높은 산, 해변 쪽으로 나 있는 깊은 협곡, 저곳에 두 대양을 연결시켜주는 통로가 있는가? 산타 루시아 만에서는 항해하기가 편했다. 그러나 이곳에서는 성모 마리아가 그들의 배가 파손되지 않도록 보호해주기를 바랄 뿐이다!

빽빽한 원시림이 해변까지 이어졌다. 새소리가 들렸으며 후덥지근하고 퀴퀴한 냄새가 났다. 제독 역시 주의 깊게 해안을 쳐다보았다. 비밀스런 자료를 통해 그가 기대했던 바로 그 지점에서 협곡을 발견하고 그는 아주 만족해했다. 모든 육표──방향 탐지는 리스본의 주앙의 기록과 일치하지 않는다. 수심 측량과 조류의 수치도 마찬가지로 일치하지 않지만 사람의 손이 닿지 않는 이런 황야에서 그런 것들은 상황에 따라 변할 수도 있을 것이다. 여기서 그가 발견해야 하는 것은 카를로스 왕에게 약속한 파소, 즉 에스트레쇼여야 한다. 그리고 마가야네스가 해협을 발견하고 그것을 통과해야 선대에서 그의 권위는 확실해지며, 모든 사람들의 인정을 받게 될 것이다.

피가페타 역시 그것을 믿었다. 그는 '우리 모두는 그 동안 찾았던, 대륙을 통과해 마르 델 수르로 갈 수 있는 통로를 발견했다고 생각했다'라고 적었다.

10일 동안 배는 서쪽으로 항해했다. 그러나 바람은 점차 약해졌다. 그리고 느린 반대 조류 때문에 선대의 속도는 느려졌다. 항해가 거의 불가능해졌을 때 마가야네스는 배를 멈추게 했다. 피니스 두 척을 내려 무장한 사람들을 태워 장교의 지휘 아래 정탐을 하러 보냈다. 수심 측량을 한 결과 점차 수심이 낮아지고 있음을 알 수 있었다. 그리고 마침내 척후병은 배경으로 보이던 산이 만으로 좁아지는 것을 보았다.

"물을 떠봐라."

장교가 명령했다. 군인이 컵을 건네주었다. 물을 떴다. 그런데 그 다음에는?

"먹어봐라!"

선원은 물을 마시고 인상을 찡그렸다.

"담수입니다. 중위님."

그렇지만 그것은 해협이 아니었다! 그것은 강의 발원지이지 통로가 아니었다. 그들은 그 강을 리오 데 라플라타라 명명했고, 그들이 그곳에서 산을 보았기 때문에 그 장소를 몬테비데오라고 불렀다. 척후정의 장교는 거대한 만의 내륙에 부에노스아이레스라는 이름을 붙였다. 대륙에서부터 불어오는 신선한 공기가 그에게 쾌적하게 느껴졌기 때문이다.

트리니다드 호의 갑판 뒤에서 마가야네스는 당직 근무자인 프란시스쿠 알부에게 항해일지에 이렇게 받아쓰게 했다.

우리는 모자 모양의 산인 몬테비데오에서 튀어나와 있는 황폐한 해안을 따라 항해했다. 우리가 항해한 곳은 바다가 아니라 담수였다. 여기는 우리가 찾던 파소가 아니었다.

"각하!"

위병 장교가 오른쪽 앞을 가리켰다.

"원주민 배입니다!"

"저 남자를 잡아와!"

카누는 곧바로 나포되었다. 그들은 염소 가죽을 두르고 있는 원주민을 급하게 끌고 왔다. 해변에서 인디언들이 위협하는 몸짓을 하면서 달렸다. 이 사람들은 여기에 해협이 있는지를 알고 있을 것이다.

"저들을 잡아라!"

갑판장의 호각 소리가 날카롭게 울렸다. 명령 소리가 들려왔다. 무장한 사람들이 현측 난간으로 몰려가 보트에 탔다. 상륙 파견대가 총 58명으로 구성되어 출항했다. 그들이 해변에 도착했을 때는 이미 인디언들은 사라지고 없었다. 포로로 잡힌 원주민 역시 도망갔다. 그는 염소

가죽을 배에 남겨놓고 갑판에서 뛰어내려 헤엄쳐갔다.

팔레이루는 거짓말쟁이이며 데 하로는 사기꾼이다! 레오나르도 다빈치의 지도는 종이 쪽지에 불과하다. 그리고 리스본의 주앙의 자료는 선박의 주방에서 불쏘시개로 사용하는 것 외에는 전혀 쓸모가 없다. 마가야네스는 그것을 믿었다. 그는 에스파냐 왕에게 이 장소에 통로가 있다고 장담했다. 그는 파소를 믿었다. 아니, 그는 그것을 믿고 싶었다. 보름 동안 그들은 여기서 수로를 찾아헤맸지만 소용 없었다. 보름을 낭비하다 보니 벌써 지독하게 추운 남극의 겨울이 가까이 다가왔다. 그것은 마가야네스의 인생에서 아주 쓰디쓴 순간이었다. 그러나 그는 이런 우울한 순간에도 그의 위대함을 증명해 보였다.

"우리는 계속 갈 것이다."

그는 다음날 아침, 선원들을 모아놓고 설명했다.

"해협은 여기 없지만 우리가 계속 간다면 남쪽에서 그것을 발견할 수 있을 것이다."

선장들은 회의적이었다. 그러나 마가야네스는 선원들에게 자신의 탐험 충동을 전염시킬 수 있었다. 그리고 그들의 지지를 얻을 수 있었다. 2월 초 그들은 라플라타 강 하구를 떠나 남쪽으로 항로를 잡았다.

그들은 다시 모든 협곡과 만을 검사했다. 그때까지는 순탄하게 진행되었다. 그러다 바람이 점점 차가워지기 시작하면서 파도가 높아졌다. 파도는 점점 더 높아졌으며 날씨는 더욱 차가워졌다. 북쪽으로 흘러가는 포클랜드 조류를 거슬러 태풍이 몰아치는 깊은 남쪽 바다로 항해해 나갔다. 멘도사가 빅토리아 호에서 겨울을 보낼 안전한 만을 찾아야 할 때라는 신호를 보내왔다. 제독은 지금은 그럴 시간이 없다고 답변 신호를 보냈다. 해협을 발견하면 그때 가서야 편안하게 쉬는 것을 생각할 수 있을 것이라고. 옆으로 크게 한 걸음을 걷느니 보다 작게라도 목적지에 한 걸음 더 가까이 다가가야 한다.

항해는 점점 더 어려워졌다. 그들은 마치 장님처럼 탐험되지 않은 대륙을 따라 더듬어갔으며 황폐한 대륙이 그들의 오른쪽으로 나누어지는 기적을 바랐다. 마가야네스는 이 원정 전체가 오로지 담력, 환상, 가설에 의지하고 있다는 것을 인정하지 않을 수 없었다. 그럼에도 그는 이제 돌아갈 수 없다. 그는 자신이 그 통로의 위치를 안다고 주장했다. 그러나 그 통로는 그가 기대했던 그곳에 없었다. 그는 믿었을 뿐이지 알고 있었던 것이 아니었다! 그는 그것을 인정할 수는 있었지만, 한편으로는 인정해서는 안 되었다. 에스파냐 선장들의 불신임이 너무 컸기 때문이다. 그리고 왕이 임명한 선대의 부사령관 카르타헤나로부터 그가 받은 굴욕감은 너무 큰 것이었다.

그가 가진 지식이 보잘것없는 것이었음을 인정한다면 곧 그의 명령권, 그의 명성과 권위는 사라질 것이다. 왜 그는 적은 것에 만족하지 못하는가? 그는 그것을 알지 못했다. 그는 단지 자신이 그 이유를 설명할 수 없다는 것만 알고 있었다. 그 이유는 바로 그의 마음속 깊은 곳에 자리 잡고 있다. 통로가 있다면 다른 어떤 사람이 아닌 바로 그가 발견해야 한다! 그는 그 거리를 과소평가했으며 빠른 성공을 과대평가했다. 그는 틀림없이 성공할 것이다. 그는 전처럼 통로가 있다는 것을 믿었다. 자신의 본능을 믿었다.

8주간 배들은 계속 남쪽으로 나아갔다. 그것은 끔찍한 위험으로 가득 찬 여행이었다. 마가야네스는 계속 바다의 공간을 얻기 위해 노력해야 했다. 그는 해안에 바싹 붙어서 가기를 원했기 때문이다. 어떤 만도 그냥 지나치지 않고, 모든 만을 상세히 살펴볼 수 있기 위해서이다. 대륙에서 불어오는 강한 바람 때문에 그들은 매번 바람이 불어가는 쪽의 해안으로 밀려갔다. 그들은 암초와 얕은 곳에 위험을 무릅쓰고 가까이 다가갔으며, 지그재그로 방향을 바꾸며 해안에서 벗어나야 했다. 이 여행에는 어떤 본보기도 없었다. 그렇기 때문에 그들의 상황 역시 어떤 선례를 찾을 수 없었다.

선원들은 다시 불안해졌다. 사람들은 무엇인가 제대로 들어맞지 않는다는 것을 감지했다. 그들이 찾았던 따뜻한 낙원, 그들을 모집할 때 약속했던 그 낙원이 어디 있는가? 낙원 대신 점점 추운 지역으로 들어갔다. 야자수 위의 앵무새 대신 그들은 오로지 돌 해안에 앉아 있는 해마와 바다사자만을 보았을 뿐이다. 그리고 태양 아래서 몸을 태우는 대신 얼음 같이 차가운 태풍이 다 헤진 옷을 파고들었다.

사람들은 총사령관으로부터 멀어졌다. 또다시 불신이 생겨났다. 마가야네스는 그의 배에서 마치 섬처럼 고립되어 살았다. 에스파냐 사람들에게 그는 이중 게임을 하는 부담스런 트란스푸가일 뿐이었다. 그는 그것을 더 견디어내야 한다. 그러나 그는 포르투갈 사람에게도 적지 않은 의심을 받게 되었다. 지금까지 그들은 그의 의도를 알지 못했다 할지라도 그를 변호할 준비가 되어 있었다. 포르투갈 사람이 강력한 에스파냐로 하여금 이 원정을 떠날 수 있도록 유도했다는 사실이 그들의 자부심을 부추겨주었다. 그의 생명을 보호하는 것이 그들의 의무였다. 그에게 충성을 지키는 것이 숫자상의 열세를 보충해준다고 생각했다.

그러나 이제는 생각이 달라졌다. 지금 우리는 어디로 가는 것인가? 매일 서리가 내려앉았다. 그리고 밤에는 지삭과 마룻줄에 거친 서리가 덮였다. 남극의 겨울이 시작되었다. 그런데도 항구, 피난처, 도피처는 어디에도 없었다.

마가야네스는 변화를 감지했다. 곧 사람들은 자신의 생명을 유지하는 것이 더 중요하다고 믿게 될 것이다. 총사령관은 메스키타와 두아르테, 세라노와 의논했다. 그들조차 조심스럽게 답변했다. 몸을 사렸으며 걱정을 했다. 그들은 이런 생각을 하고 있을 것이다. 그는 다른 경쟁자에게 알려지기를 원치 않기 때문에 통로의 정확한 위치를 혼자만 알고 있다고 우리에게 말해왔다. 그러나 이제 그가 통로의 위치를 모르고 있다는 것이 밝혀졌다. 그는 우리를 속이고 우롱했다. 말을 통해 간접적으로 속인 것이 아니라 전혀 없는 지식을 가지고 있는 것처럼 행동했다. 그래서 우리는 그를 멀리하는 것이다.

총사령관은 확실한 것이 문제가 될 때면 예감은 무의미해진다는 것을 잘 알고 있었다. 그는 스스로를 질책했다. 겨울 남대서양의 회색빛 바다를 바라보며 그는 혼자 사령교 위에 서 있었다. 선의의 사람들에게는 기피의 대상이 되고 악의를 가진 사람들에게는 증오의 대상이 되다니. 밤낮으로 그는 해안 쪽을 정찰했다. 해안은 산과 황야, 암초와 산맥들과 함께 희미하게, 접근을 거절하면서, 통로도 없이 지나갔다. 6주 동안 그는 항상 옷이 젖어 있었으며 두세 시간 이상 자지 않았다. 3주 동안 따뜻한 음식이 제공되지 않았다. 폭풍 때문에 조리실에서 불을 사용할 수 없었기 때문이다. 선장들은 그에 대해 좋게 이야기할 수가 없었다.

'제독은 미쳤다. 그는 우리 모두를 파멸로 이끌 것이다.'

피가페타는 콘셉시온 호의 선장인 케세다가 이렇게 말했다고 적고 있다.

후대에 가서야 인식하게 될 것이다. 완고한 일관성과 자기 의견을 주장하는 데 있어서 흔들리지 않는 의지가 마가야네스의 위대함이라는 것을. 아직 그에게는 열정이 남아 있었다. 그러나 그가 지금 필요한 것은 행운일 것이다. 그래서 제독의 인내심은 모든 사람의 불신과 괴로운 고독 속에서 점점 커졌다.

그는 운도 없었으며 천재도 아니었다. 그러나 그는 질겼다. 다른 사람들을 의심하게 만드는 바로 그것이 그를 앞으로 몰아갔다. 그는 좋은 연설가는 못 되었지만 포기하지 않는 전사였다. 소명의식이 점점 커지는 사람이 있다면 그것은 바로 마가야네스였다.

그는 선대를 남쪽으로 이끌었다. 용골에는 오래 전부터 해초가 자랐다. 버팀줄의 무른 나무를 통해 점차 물이 스며들었다. 열대의 열기 속에서 건조된 나무판들은 추위에 갈라졌다. 선장들은 긴급 수리를 해야 한다고 알려왔다. 마가야네스는 그 전갈을 듣고도 계속 항해할 것을 명령했다. 그들은 모든 만을 살펴보았고, 얕은 곳은 수심을 쟀다. 그러나 그들은 실망만 했을 뿐이다. 그 저주받은 통로는 어디에 있단 말인가?

배 위의 분위기는 살벌했다. 매일 싸움이 일어났다. 가끔은 아무것도 아닌 일로 서로 주먹을 휘두르며 싸움을 벌였다. 산안토니오 호에서는 한 선원이 싸우다 칼에 찔려 죽었다. 그가 선대의 첫 번째 사망자였다. 그 다음에는 빅토리아 호에서 긴급 신호를 보내왔다. 암초에 걸린 것이다. 사람들은 모두 바람이 불어가는 쪽으로 몰렸다. 바르카의 균형을 잡아라! 키를 좌현으로! 용골에서 삐거덕 소리가 들렸다. 나무가 갈라지는 소리가 났다. 카라벨선은 겨우 그곳에서 벗어나 다시 바다로 돌아갔다.

그들은 암초에서 벗어나자 다시 측연으로 수심을 쟀다. 바다에서는 운하를 발견할 수가 없었다. 밤이 되었고 다시 아침이 되었다. 그 해변은 광활한 만으로 펼쳐졌다. 이것이 통로인가? 그들은 만 안으로 들어갔다. 계속 선수에서 수심을 재는 사람이 자신이 잰 수심을 큰소리로 외쳤다. 저녁에서야 그 만이 막혀 있다는 것을 알게 되었다. 이번에도 지난번처럼 불필요한 항해였다. 산 마르틴은 그들이 그 만에 붙인 이름을 항해일지에 기록했다. 바히아 데 로스 파토스, 즉 펭귄의 만이다!

그들은 계속 앞으로 나아갔다. 만을 벗어나자 그 선대는 대서양의 엄청난 폭풍 속으로 빨려 들어갔다. 다행히도 바람은 육지에서 바다로 불었다. 그럼에도 팜페로 때문에 배는 해안 가까이 파도에서 흔들렸다. 어디에도 수평선은 보이지 않았다. 하늘과 바다가 서로 녹아 붙었다. 그리고 집채만한 파도가 그들을 내리눌렀다. 그들은 돛을 접고 표류했다. 배는 흔들렸고 비틀거렸다. 사람들은 서로 꼭 붙잡고 있었다. 그들은 부서지는 파도 밑에서 거의 숨이 막힐 지경이었다.

호두 껍데기처럼 배들은 수초 동안 파도의 최고점에 올라갔다. 그리고 나서 배들은 빠르게 깊은 심연으로 떨어졌다. 물이 산처럼 높이 솟아올랐다가 그들 위로 떨어졌다. 선수는 고골거리는 물살을 뚫고 다시 밖으로 나왔다. 마룻줄이 신음 소리를 냈으며 활대가 굽었다. 트리니다드 호는 물에 무겁게 떠 있었다. 태풍이 그 배의 뒷돛대를 쓸어가버렸다. 뒷돛대는 배에서 바다로 떨어졌으며, 여전히 삭구에 매달려 있었다. 그리고 선벽에 부딪쳤다. 사람들은 살기 위해 움직였다. 그들은 마룻줄과 지삭을 끊었다. 빨리 해, 빨리!

기함은 방향을 잡지 못하고 해안 앞의 암초 꼭대기에 걸렸다. 마가야네스는 키잡이 옆에 서 있었다. 그들은 키의 손잡이를 꼭 붙잡았다. 그러나 그 배는 점점 암초의 높이 만큼 솟았다 부서지는 물거품에 가까워졌다. 그리고 암초 위로 올라갔다. 부딪치는 소리가 나더니 카라벨이 부서졌다. 파도가 큰소리를 내며 몰려왔다. 어떤 소리도 들리지 않았다. 키를 돌려라. 세상에, 키를 돌려! 덜커덩 소리가 났다. 선체가 돌에 부딪친 것인가? 마지막 순간에 그 배는 밀려오는 물결에 의해 높이 들어올려졌다. 배는 바람이 불어가는 쪽으로, 파도가 다소 약한 바다로 미끄러졌다.

제독은 다른 배를 쳐다보았다. 다른 배들은 모두 엉망으로 망가져 있긴 해도 부서지지는 않았다. 트리니다드 호가 태풍을 빠져 나오면서 가장 피해가 심했다. 선대가 온전히 남아 있다는 것이 기적이었다. 성 야곱이 그들을 도와주었던 것이다! 만 바깥에서는 태풍으로 인해 바다가 미친 듯이 날뛰었다. 그들은 태풍에서 빠져나와 조용한 만에서 기다렸다. 제독은 배들을 정박하게 했다.

다음날 아침, 여전히 밖에는 폭풍우가 몰아쳤다. 그는 선장들에게 모이라고 명령했다. 예상했던 것처럼 선장들은 그에게 비난을 퍼부었다.

그래서 그는 겨울 항구를 찾으라는 명령을 내렸다. 그러나 불행은 늦은 깨달음을 통해서도 화해하려 하지 않았다. 바람의 방향이 돌면서 점차 강하게 만으로 불어왔다. 그리고 밀물이 만의 좁은 입구로 꽉 들어찼다. 그들은 배를 거의 조정할 수가 없었다. 배들은 서로 너무 가까이 붙어 있었다. 닻을 내리자마자 정박중인 배의 방향이 바뀌면서 서로 접근했다. 그것은 끔찍한 밤이었다. 햇불과 등불이 그 광경을 환하게 비춰주었다. 배들이 서로 마주보며 돌았다. 사람들은 배들을 서로 떼어놓으려고 막대기로 밀었다. 서로 부딪치면 배는 산산조각이 날 것이며, 배에 탄 선원들은 고양이처럼 익사할 것이다. 마침내 날이 밝았다. 그리고 운명이 선견지명이 있는 것처럼 그렇게 바람도 죽었다.

적당히 남동쪽으로 그들은 하마터면 운명을 달리할 뻔했던 그 장소를 떠났다. 피가페타는 그것을 바히아 데 로스 트라바조, 즉 노고의 만이라고 불렀다. 그리고 저 바깥에서 그들은 기적처럼 잃어버린 트리니다드 호의 뒷돛대를 발견했다. 그것은 항로의 가장자리에서 삼각돛대와 함께 떠다니고 있었다. 그들은 그것을 건져서 배에 단단히 묶었다.

마가야네스는 그의 선대가 결함 있는 다섯 척의 노후선으로 구성되어 있음을 스스로 인정하지 않을 수 없었다. 사람들은 지쳤으며 병이 들었고 말랐다. 얼굴은 부었으며 영양결핍 상태임을 보여주었다. 축축한 옷이 몸에 얼어붙었다. 피부는 바람과 짠물에 떨어져나갈 것 같았다. 몇몇 선원들은 이미 선원실에 무감각하게 누워 있었다. 이 여행 전체가 망상이었던가? 통로가 있다면 그렇다면 그는 그것을 발견했을 것이다. 그들은 어떤 만도, 어떤 강의 하구도 놓치지 않았다. 그러나 통로는 없었다. 단지 물, 폭풍, 암석, 파도와 절망뿐이었다. 게다가 이제 겨울이 시작되었다.

1520년 3월 31일, 그들은 계속 이어지는 산맥을 따라가다 그 뒤에 깊은 만이 있는 것을 보았다. 마가야네스는 들어가라고 명령했다. 그의 선대는 오후에 높은 산이 둘러쳐진, 수심이 네 길이나 되는 곳에서 닻을 내렸다. 계속 항해하는 것은 미친 짓이었다. 이곳의 물은 너무 조용했으며 바람은 약했다. 사람들은 펭귄 두 마리와 작은 물개 몇 마리를 잡았다. 비축식량을 늘려야 했다. 그러나 그 동물에서는 고래기름 냄새가 났다. 그래서 제독은 따뜻한 음식을 만들게 했다. 사람들은 게걸스럽게 그 빈약한 식사에 달려들었다. 그리고 나서 그들에게 잠을 자도록 허락했다. 단지 몇 명의 지원자들만 첫 번째 보초를 섰다.

반란자들을 진압하다

남쪽 지방의 특징은 사라졌다. 날씨는 차가워졌으며, 모래는 햇빛을 받아 몹시 반짝였다. 관목들은 황량했으며 대서양에서 얼음같이 차가운 바람이 만 깊숙이까지 불어왔다. 지삭과 마룻줄, 밧줄에는 얼음이 두껍게 얼어붙었다. 배들은 육지에서 4분의 1리그 떨어진 곳에 정박해 있다. 사방이 흐리고, 회색이며, 절망적으로 보였다. 높은 암벽이 보호막을 제공했다. 암벽 앞으로 돌로 된 짧은 해안이 펼쳐져 있었다.

그들은 여행을 떠나면서 열대의 모험을 생각했었다. '이 대륙의 이름을 남극 대륙이라 불러야 마땅할 것이다.' 피가페타는 그의 일기에 이렇게 적었다. 다시 사람들은 중얼거리기 시작했다. 그들이 어디에 상륙할 것이며 제독 혼자 열광한 가운데 그들을 어디로 인도할 것인가? 그 만이 바람을 막아주는 것은 사실이지만, 사방에는 눈 덮인 언덕뿐이었다. 숲과 동물은 찾아볼 수가 없었다. 제독은 이곳에서 휴식을 취하고 있다고 믿고 있는가? 그리고 제독은 이런 황량한 곳에 그럴듯한 이름을 붙이다니! 푸에르토 산훌리안. 이것이 항구란 말인가? 훌리안 성자는 그에 대해 유감스러워 할 것이다. 원주민도 없고, 펭귄이나 해마도 거의 볼 수가 없다. 틀림없이 여기 이 주변에는 어떤 생물체도 살고 있지 않을 것이다.

그러나 마가야네스는 산훌리안 만이 지금까지의 어떤 다른 만보다 많은 이점을 제공하고 있다는 것을 인식했다. 주위의 높은 산들은 겨울의 태풍에 보호막을 쳐주었다. 거의 평평한 투묘지는 가는 모래로 이루어져 있어서 닻이 잘 박힐 수 있다. 해안에는 구부러진 나무와 덤불들이 자라고 있다. 그래서 땔감을 쉽게 구할 수 있다. 가장 중요한 것은 샘에서 신선한 물을 얻을 수 있다는 것이다! 그것이 얼면 얼음과 눈을 녹이면 된다.

선원 대표단이 마가야네스를 방문했다. 그는 그들을 들어오게 했다. 그들은 제독 앞에서 긴장된 표정으로 앉아 있었다.

"누가 대표인가?"

하사관 한 명이 앞으로 나와서는 마가야네스를 반은 걱정스러운 얼굴로, 반은 불손한 태도로 쳐다보았다. 그리고 자신이 대표라고 말했다.

"누가 너희들을 보냈는가?"

대표단을 형성하는 것은 특별한 일이 아니다. 그러나 마가야네스는 누가 이 사람들은 이렇게 행동하도록 유도했는지 알아야만 했다.

"저는 각하의 선원 자격으로 온 것입니다."

그 남자는 건조하게 말했다.

마가야네스는 그를 쳐다보았다. 그리고 다른 사람들에게도 눈길을 돌렸다.

"그런데? 너희들은 무엇을 원하는가?"

"각하는 여기서 겨울을 보내기로 결정하셨습니까?"

그 질문이라면 이 대표단을 나쁘다고 여길 수는 없다. 누가 이런 질문을 했다 해도 그는 기꺼이 대답했을 것이다. 그러나 대표단이 형성되었다면 누가 그리고 그 뒤에 무엇이 숨어 있는지를 생각해야 한다. 그는 조심해야 했다.

"그렇다."

그는 대답했다.

"죄송합니다만, 이곳은 살기 좋은 장소가 아닙니다. 우리는 협의했습니다. 그리고 우리가 여기서 이 겨울을 견디어내지 못할까 봐 두렵습니다."

"이곳은 아직 모든 것이 너희들에게 익숙지 않다. 조선소 없이 배를 수리해야 하는 일, 해변에 오두막을 세우는 일도 역시 너희들에게는 낯선 일일 것이다."

"선원들은 제독 각하께서 돌아가셔야 한다고 생각합니다. 우리가 다시 북쪽으로 항해한다면 날씨는 틀림없이 더 나아질 것입니다!"

그 남자는 두려움을 극복했다. 총사령관이 아주 친절하게 그에게 답변했기 때문이다.

"겨울은 이미 상당히 많이 지나갔다. 우리는 지금 돌아갈 수 없다. 지금까지 어떤 원정대도 이번 원정대처럼 그렇게 오래 항해한 적이 없었다. 우리 같은 원정대가 겨울을 넘기는 것은 처음 있는 일이다."

마가야네스는 그 남자를 쳐다보았다.

"그리고 또 다른 문제가 있는가?"

"각하, 죄송합니다만……."

그 하사관은 당황하여 더듬거렸다. 그가 지금 말해야 하는 것은 그의 용기를 넘어서는 것이다.

마가야네스는 다시 조심스러워졌다.

"그만 가보라!"

"이 항구는 누구에게도 적합하지 않습니다."

총사령관은 인상을 찌푸렸다.

"그것은 상급자가 결정할 사항이다."

웅성거리는 소리가 들렸다. 하사관이 물었다.

"배급량이 줄어들 것이라는데 그게 사실입니까?"

"유감스럽지만 그렇다."

마가야네스가 대답했다.

"창고에 있는 소금에 절인 고기는 썩은 데다 태풍으로 인해 저장고가 망가지고 구멍이 났다."

그 대표는 당황하여 더듬거렸다.

"각……하, 그것은 저……사람들이…….."

그의 뒤에 있던 한 선원이 그의 말을 잘랐다.

"배급량이 줄어드는 것에 우리는 동의할 수 없습니다!"

그는 그 하사관을 옆으로 밀치고 불손한 눈길로 앞으로 나섰다.

마가야네스는 자제했다. 내가 어디서 이 남자를 보았던가?

"우리 모두는 서로를 의지하고 있다."

그는 조용히 말했다. 그는 여전히 좋은 어조로 이야기하려고 노력했다. 그러나 그는 자신의 경험으로 보아 이 사건이 나쁘게 진행되리라는 것을 예감했다.

"함께 어려움을 나누면 나중에 함께 즐거워할 수 있다. 어쨌든 우리는 다 써서 없애버리는 것보다는 적게 분배하는 것이 낫다."

이제서야 기억이 떠올랐다. 그 선원은 산안토니오 호에서 온 선원이며 카르타헤나 편이다. 거기서부터 바람이 불어온 것이다!

그 선원은 고집이 셌다. 그는 냉정하게 외쳤다.

"선원들의 위임을 받고 우리는 여행을 중단하고 돌아갈 것을 총사령관님께 요구합니다. 그것은 모든 선원들의 마음입니다!"

그는 주위를 돌아보았다. 다른 사람들은 진지하고 강력하게 그의 말에 고개를 끄덕였다. 그 대표는 계속 이야기했다.

"어쨌든 우리는 어떤 에스파냐 사람들보다 남쪽으로 멀리 왔습니다."

제독은 눈썹을 찌푸렸다. 그의 시선은 냉정해졌다. 그는 강조하지 않고 말했다.

"아니다. 돌아가는 것은 생각하는 것만으로도 치욕이다. 그것은 이 계획과 우리의 자부심이 허락지 않는다. 나는 아무 말도 듣지 않은 것으로 하겠다. 포르투갈 사람들은 희망봉을 돌아가려면 매년 남쪽으로 지금 우리가 온 것만큼 항해를 한다. 너희들은 포르투갈 사람보다 열정이 덜한 것인가, 아니면 두려움이 많은 것이냐?"

그 선원의 얼굴이 굳어졌다. 그는 선원들과 대부분의 장교가 자기를 지지하고 있음을 알고 있었다.

"우리는 돌아가야 합니다!"

마가야네스의 목소리는 냉정했다.

"선대에서는 내 의지가 곧 법이다! 그리고 우리는 여기 머무른다. 우리는 에스파냐 왕실이 해협이나 대륙의 끝을 발견하라고 우리에게 맡긴 과제를 충족시키게 될 것이다!"

"그런데 만약 그것들 중 하나를 발견한다면요?"

마가야네스가 대답했다.

"그래도 여행은 계속된다."

"절대 안 됩니다!"

그 선원이 외쳤다. 다른 사람들은 흥분하여 정신없이 소리치기 시작했다.

"우리들 중 누구도 각하와 함께하지 않을 겁니다. 우리는 배고프고, 춥고, 많은 사람들이 병들었습니다. 그것을 아십니까?"

"그래, 알고 있다. 진정해라. 우리는 사냥과 고기잡이를 통해 배고픔을 해결할 수 있을 것이다. 우리는 난방을 할 수 있는 오두막을 짓게 될 것이다. 그리고 건강한 사람들이 환자를 돌보면 된다."

"각하께서는 우리를 절대 목적지에 데리고 가지 못할 겁니다! 우리를 죽음으로 이끌 겁니다!"

총사령관은 인내심을 잃었다.

"뻔뻔스러운 녀석들!"

그는 외쳤다. 그는 한 걸음 앞으로 나가 그 선원의 팔을 잡았다.

"꺼져버려, 너희 모두! 너희들이 용기와 선원의 예절을 배우기 전에는 절대 내 눈앞에 다시 나타나지 마라! 그리고 여기 이 녀석은 12일간 감옥에 가두어라. 총사령관에게 불손하게 행동한 죄이다!"

한 번의 손짓으로 그 사람은 체포되었다. 마가야네스는 머리를 숙이고 다른 사람들을 쳐다보았다. 그들은 불안한 듯 그 자리에서 물러났다. 대부분의 선원들이 산안토니오 호와 빅토리아 호에서 왔으며 일부는 콘셉시온 호에서, 아주 소수의 인원만 산티아고 호에서 왔다. 그는 배가 파손된 후 몇 주간 인도에 머물렀을 때 함께 있었던 어부와 수공업자 그리고 농부의 아들을 생각했다. 그는 그들의 영혼을 마치 책처럼 잘 읽을 수 있었다. 그의 선대에는 오로지 불량배들만 있는가? 그리고 저 불량배들 뒤에 누가 숨어 있는가? 마가야네스는 그들을 이런 나쁜 상황으로 끌어넣은 것에 자신의 책임이 가장 크다는 것을 잘 알고 있었다. 자신의 생각에 관해 선장들의 의견을 물어보는 것이 옳았을지도 모른다.

제독은 그들을 자신의 계획에 끌어들이지 않았다. 해협의 위치를 알려주고 싶지 않았기 때문이다. 그러나 이렇게 남쪽 깊숙한 곳까지 들어옴으로써 총사령관은 선원뿐만 아니라 왕이 주었던 다섯 척의 배까지도 위험한 상황으로 몰아넣었다. 카르타헤나, 케세다, 멘도사는 직접 항의하는 대신 선원 대표단을 보냈다. 그들은 그의 계획에 대한 정보를 알고 싶어했다. 그러나 파소가 발견되기 전에는 절대 그 정보를 줄 수가 없다.

마가야네스는 절름거리며 그의 선실로 들어갔다. 그는 조언이 필요했고 이제 어떤 실수도 해서는 안 된다. 그는 법무관을 오라고 불렀다.

"사람들이 명령을 거부하면 그것은 반란에 해당되는가?"

곤살로 고메스 데 스피노자가 답변했다.

"각하, 반란은 반대세력에 속한 자들이 명령을 거부했을 때 성립됩니다. 각하는 폐하의 위임을 받았습니다. 그 규정은 콘트라타시온이 만든 것이지 사령관이 만든 것이 아닙니다."

"그런데 우리의 무기는? 우리 배는 전쟁선이 아니지?"

"엄격하게 말하면 저의 답변은 '아니다'입니다. 우리는 정찰선대입니다. 무기는 단지 보호하기 위한 것일 뿐입니다."

"그렇다면 저 사람들의 저항은 무엇을 의미하는가?"

"해상법에는 이렇게 되어 있습니다. 민간 선원은 그들의 생명이 위험할 경우에만 항해를 거부할 수 있다."

"그렇다면 생명이 위험한가?"

"엄격하게 말하면 그렇습니다, 각하."

"빌어먹을! 배들이 파손되었기 때문에 수리해서 사용할 수 있게 해야 돼! 겨울은 이미 시작되어서 우리는 여기를 떠날 수가 없다!"

"총사령관님께서는 저의 솔직한 대답을 원하셨습니다. 제가 말씀드린 것은 법적 상황일 뿐입니다. 그러나 저는 각하가 극도로 곤란한 상황에 처해 있다는 것을 압니다."

"지금 그것이 무슨 뜻인가?"

마가야네스는 귀가 번쩍 뜨이는 것 같았다.

법무관은 온화하게 웃었다.

"각하께서 선원의 희망에 따라 돌아가기로 결정했다면 우리는 아마도 혹독한 겨울의 태풍 속에서 죽었을 겁니다. 우리의 선대는 이런 태풍을 더 이상 견디어낼 수 없기 때문이지요. 그러므로 돌아가라는 명령은 모든 원정 참여자의 생명을 위험하게 했을 겁니다. 각하는 위험을 고려해서 결정했습니다. 우리가 돌아간다면 여기에 적응하려고 시도하는 것보다 살아남을 가능성이 더 적지요."

마가야네스는 곤살로 고메스 데 스피노자를 고마운 듯 쳐다보았다. 그는 그의 어깨를 두드렸다.

"좋아."

그는 웃으면서 말했다.

"이제 가도 좋소. 우리는 여기서 겨울을 나게 될 것이오."

그는 생각했다. 선원들은 여러 국가와 에스파냐의 여러 지방에서 왔다. 모든 사람들이 범죄자이며 비겁한 사람은 아니다. 그 중에는 성실하고 올바른 사람들도 있다. 그들은 두려웠던 것이다. 그리고 그 점은 이해할 수 있다. 그들은 쉽게 용기를 잃는다. 그것 역시 제독은 잘 알고 있었다. 그러나 바다의 태풍 속에서 그들은 임무를 훌륭히 수행했다. 그들은 병든 동료를 걱정하며 어떤 큰 어려움 속에서도 이겨냈다. 그리고 그것은 틀림없이 쉬운 일이 아니었다. 누가 이들을 비난할 것인가? 어떤 신뢰감도 형성되지 못하도록 조장하는 사람이 누군가? 누가 신뢰의 싹이 트는 것을 방해하는가? 제독은 아랫입술을 깨물었다. 그렇다. 그것은 항상 동일한 사람이었다. 그는 자신의 반대자를 알고 있다!

그는 사람들의 마음에 다시 평안을 줄 수 있게 시도해야 한다. 그러기 위해서는 빅토리아 호의 카르타헤나를 제거해야 한다. 그 녀석은 멘도사를 마음대로 조종하고 있다. 멘도사에 대한 그의 영향력은 너무 컸다. 그런데 그를 어떻게 해야 하는가? 산티아고 호는 적당한 장소가 아니며, 산안토니오 호와 콘셉시온 호에는 그의 추종자들이 너무 많다. 트리니다드 호에서는 몇몇 사람을 자신의 편으로 만들 수 있을 것이다.

제독은 선택의 여지가 없었다. 카르타헤나를 콘셉시온 호의 케세다에게로 보내야 한다. 그를 사슬에 묶어 골방에 가두어야 하며 장교와 선원들과의 접촉을 금지시켜야 한다. 마가야네스는 쉰 목소리로 필요한 명령을 내렸다. 그리고 나서 그는 장교들의 마음을 얻으려고 노력했다. 그가 책임감 있게 행동한다는 것을 그들이 알아야 한다. 그렇게 하지 못한다면 그는 숨어서 조종하고 있는 그들을 끌어내고 그들의 저항을 중단시켜야 한다. 갈등의 원인과 해결점을 찾아야 한다. 그러나 그것이 전환되기에는 너무나 절망적인 상황이었다.

그래서 마가야네스는 부활절 직전의 일요일에 해변에서 장엄한 미사를 드리기로 했다. 당직 외에 모든 장교와 선원이 참가해야 했다. 카르타헤나 역시. 그것은 일종의 화해의 제스처였다. 미사에 앞서 점호하기 위해 집합했다. 총사령관은 열병식을 참관하고 선원들에게 설교를 하게 될 것이다. 그는 조용한 가운데 치러지는 경건한 의식이 네 달 전 브라질의 태양 아래서 치러진 미사보다 사람들의 마음을 더욱 감동시키기를 바랐다. 사람들은 그들이 함께 마음을 합해서 명령권자의 지도를 따를 때에만 살아남을 수 있다는 것을 깨달아야 한다. 그는 그들에게 설교해야 한다. 그들을 단순한 논리로 설득해야 한다. 제독이 아니라 올바른 것을 행할 줄 아는 친근한 친구로서.

그는 그들의 마음과 그들의 통찰력을 얻으려 하고 있다. 그날이 공동체 생활의 새로운 시작이 될 것이다. 그는 트리니다드 호에서 저녁에 함께 식사하자고 초대할 것이다. 선한 마음과 한잔의 포도주로 마음을 합할 수 있을 것이다. 귀족들은 교육받은 사람들이다. 그들은 그의 주장의 근거를 받아들이지 않을 수 없을 것이며 각자가 고집을 부리면 전체가 위험해진다는 것을 인정해야 할 것이다. 왜냐하면 위험한 상황에서 자신의 명예심을 애국적인 핑계로 위장하는 사람은 조국에 해가 되기 때문이다.

그러나 그의 계산은 틀렸다. 케세다와 멘도사, 데 코카, 카르타헤나는 더 이상 부탁을 들으려 하지 않았으며 명령을 들으려 하지도 않았다. 마가야네스는 미사를 드리러 갔다. 선원들은 대열을 맞추어 서 있었다. 그들은 가장 좋은 옷을 입고 있었다. 오른쪽 측면에서 장교들이 거수경례를 했다. 마가야네스 역시 성 야곱의 교단 리본이 붙은 화려한 제복을 입었다. 그는 절름거리며 열병식을 했다. 그의 부관, 스피노자와 두아르테 바르보사가 한 걸음 뒤에서 그를 따라갔다. 그는 선원들을 살펴보았다. 얼굴에는 아무 표정이 없었다. 그는 장교들의 무리를 훑어보았다. 경례하던 그의 손이 갑자기 내려갔다. 멘도사, 케세다, 데 코카가 없었다. 게다가 물론 죄수인 카르타헤나도.

인사말은 생략되었다. 신부들의 노랫소리가 들렸지만 제독에게는 한마디도 들리지 않았다. 그는 그의 마음속에서 어떤 일이 일어나는지 전혀 예측하지 못하고 있는 사람들 앞에서 제단에 무릎을 꿇었다. 그는 골치가 아팠다. 귀족들은 그에게 거절의 뜻을 보고하지도 않았다. 그들이 다시 그에게 굴욕을 주기 위해서인가, 아니면 반란의 시작인가? 그렇다. 그들은 그에게 도전장을 던진 것이다. 어떻게 반란이 진행될 것인가? 누가 주모자인가? 아마도 카르타헤나일 것이다. 선원들 중 누가 반란에 가담할 것인가? 얼마나 많이?

그럼에도 불구하고 제독은 다시 한 번 기대했다. 저녁 식사가 시작되었고, 그는 스피노자에게 식사를 준비하게 했다. 그러나 그가 친근한 대단원으로 생각했던 것이 비극의 발단이 되었다. 어두워지기 시작했다. 산훌리안 항구는 역청처럼 어두웠다. 배의 등불과 정박등이 어두운 밤에 작은 점처럼 희미하게 빛났다. 트리니다드 호 제독실의 촛불이 흔들렸다. 은식기와 크리스탈 잔으로 식탁이 차려졌다. 유리병 안의 포도주가 빛을 발했다. 포도주의 붉은 빛이 접시 위에서 장난스럽게 반짝였다. 그런데 손님들은 없었다. 세라노는 꼭 참석해야 했다. 마가야네스는 산티아고 호를 보초선으로 다른 함대에서 약간 떨어져 정박하게 했다. 산안토니오 호의 메스키타만 왔다.

그들은 아무 말 없이 식사를 하고 갑판에 귀를 기울였다. 혹시 발걸음 소리가 들리지 않을까 해서. 어떤 카라벨에서 반란이 시작될 것인가? 어떤 방법을 사용할 것인가? 그들은 어떤 신호로 시작할 것인가? 마가야네스는 창백한 얼굴로 흔들리는 촛불을 쳐다보았다. 메스키타는 신경질적으로 허리띠를 만졌다. 마가야네스가 무기를 준비하라고 명령했는데 그게 무슨 소용인가. 그들이 여기서 죽는다면 그것은 원정의 종말을 의미하게 된다. 가끔 엔리크의 갈색 얼굴이 어두운 선실 속에서 나타났다. 말레이 사람은 특별한 일은 아무것도 감지되고 있지 않다고 보고했다. 자정이 지나고 나서 알바로 메스키타가 떠났다. 마가야네스는 현재까지 그를 배웅하고 그에게 경고했다. 감시를 늦추지 말라고. 메스키타의 샐럽은 노를 저어 밤의 어둠 속으로 사라졌다.

배들은 조용하고 쾌적하게 흔들렸다. 단조로운 노랫소리와 함께 당직자들은 시간을 외쳤다. 제독은 꼼짝도 하지 않았다. 그의 옆에는 엔리크가 서 있었다. 안개 같은 연기가 어두운 수면에서 올라왔다. 카라벨의 위치등을 통해 그것이 보였다. 그 등은 점점 희미해졌다. 마치 그 위에 종이를 덮은 것처럼. 작은 파도가 트리니다드 호의 선벽을 핥고는 입맛을 다시며 낮게 혀를 차는 소리를 냈다.

그것은 금속이 내는 소음이 아니었던가? 마가야네스는 일어났다. 다시 어둠 속에서 소리가 들려왔다. 대략 산안토니오 호가 정박해 있어야 하는 지점에서 나는 소리였다. 콘셉시온 호는 어디 있는가? 그 배의 정박등이 보이지 않았다. 약한 바람에 돌기 위하여 방향을 바꾸었는가? 그 배가 왜 정박장을 떠났는가? 왜 그 배의 등이 보이지 않는가? 총사령관과 말레이 사람은 몸을 굽혀 어두운 밤에 귀를 기울였다.

메스키타는 그 사이에 자신의 배로 올라갔다. 그는 당직 근무자들을 조사해보았지만 의심스러운 점을 발견하지 못했으며, 피곤하여 자기 숙소로 갔다. 누군가 콘셉시온 호의 닻을 잘라내서 그 배가 느린 조류를 타고 산안토니오 쪽으로 밀려가고 있음을 아무도 눈치채지 못했다.

콘셉시온 호에서 저녁부터 카르타헤나가 그 상황을 주관했다.

콘셉시온 호의 성직자인 가브리엘 산체스 데 라 레이나는 시에라 모레나에 있는 수도원 출신이었다. 카르타헤나 가(家)는 수도원이 있는 에스트레마두라 지방에 많은 토지를 소유하고 있었다. 그 가문은 수도원에 많은 희사를 했다. 이제 가브리엘이 부제독에게 무엇인가 봉사할 순서가 되었다. 그 신부는 포르투갈과의 경계지역에 사는 주민들이 그러하듯 포르투갈 사람들과 이야기하는 것을 별로 좋아하지 않았다. 그는 케세다를 설득했다. 제독은 그들 모두를 파멸시키게 될 스파이이며 트리아도르이며 에스파냐의 배반자라고. 이런 유다 같은 배반자에게 대항하여 무슨 일인가를 감행해야 한다고. 그것은 겨울이 되기 전에 그들의 마지막 기회가 될 것이라고.

케세다는 카르타헤나를 방면하고 부제독에게 복종했다. 카르타헤나는 그 카라벨선의 갑판장인 후안 세바스찬 엘카노를 자기 편으로 만들 수 있었다. 엘카노는 서른세 살의 바스크 사람으로 경험 많은 선원이었지만 의심스런 과거가 있기도 했다. 그는 비스카야 만에 있는 어촌인 게타리아 출신이었다. 그는 5년 전 그에게 맡겨놓은 전쟁 노예선을 사보엔 공작 지지자에게 팔아버렸으며 그로 인해 평생 노예선에서 강제 노역을 하라는 판결을 받았다. 그러나 엘카노는 노예선으로 가는 대신 세비야의 감옥에서 직접 원정대에 참여했다. 카르타헤나는 갑판장이 필요했다. 그는 귀족들을 기피하는 선원들에게 영향력을 가졌기 때문이다. 그는 자신을 위해 불 속이라도 뛰어들 용의가 있는 부하들을 데리고 왔다. 소박한 민중 출신의 선원들은 귀족을 믿지 않았다. 그러나 갑판장은 자기들과 같은 출신 사람이었다.

어두워지자마자 전령 보트들이 빅토리아 호의 멘도사와 산안토니오 호의 선장에서 해임당한 데 코카에게 노를 저어갔다. 그들은 카르타헤나가 풀려났다는 소식을 전해주었으며, 그들이 반란에 성공하면 고향으로 다시 돌아갈 것이라는 전갈을 보냈다.

이른 새벽——4글라젠이 지났다. 아직은 깊은 밤이었다——콘셉시온 호는 안개 속에서 커다란 갈레온선으로 다가갔다. 배가 서로 닿으려는 순간 엘카노와 그의 부하들이 산안토니오 호로 넘어갔다. 코카는 그를 기다리고 있었다. 그들은 선미루로 뛰어가서 문을 열었으며 놀라서 잠에서 막 깨어난 메스키타를 덮쳤다. 그가 정신을 차리기도 전에 그를 묶었다.

이상한 소리에 놀라 일어난 갑판원 푸에르테 야네스와 선원 후안 엘로리아가가 달려와서 무기를 빼어들었다. 그들은 싸우면서 계단 아래로 갑판 밑까지 밀려갔다. 무기가 서로 부딪치는 소리가 났으며 장화소리가 둔탁하게 울렸다. 소음이 나면 모든 상황이 밝혀진다! 트리니다드 호에서 이 소음을 듣는다면 이 공격은 실패할 것이다! 케세다는 혼잡한 사람들 속을 뚫고 배의 계단에서 엘로리아가를 공격했다. 그를 두세 번 급하게 단도로 찔러 쓰러뜨렸다. 푸에르테는 넘어져서 그들에게 붙잡혔다. 그리고 메스키타와 함께 감옥에 갇혔다.

엘카노는 그 사이에 데 코카가 불안하다고 지명한 모든 사람의 무기를 빼앗았다. 그 중에는 산안토니오 호에 탄 포르투갈 사람들이 모두 포함되어 있었다. 그리고 나서 엘카노는 포문을 조심스럽게 풀어서 방향을 트리니다드 호로 향하게 했다. 엘카노가 명령권을 가지고 있었다면 그는 주저하지 않고 기함을 향해 예포를 쏘았을 것이며, 그 사건을 그것으로 종결시켰을 것이다. 그리고 케세다가 자신의 운명을 예감했다면 엘카노의 주장에 동의했을 것이다.

그 사이에 카르타헤나 역시 산안토니오 호로 건너갔다. 그는 이제 세 척의 배를 장악했다. 갈레온선인 산안토니오 호, 카라벨선인 빅토리아 호와 콘셉시온 호. 그는 우선 사람들의 마음을 얻고 싶었다. 그래서 모든 배에서 포도주와 음식을 내주라고 했다. 엘카노은 주저하지 말고 계속 몰아붙어야 한다고 닦달했다. 그러나 부사령관은 승리를 확신했다. 그는 세 척의 함선을 장악했으니 전권을 가진 것과 마찬가지였다. 그는 죽은 마가야네스를 원하는 것이 아니라 생포하기를 원했다. 제독은 카스티야의 가장 고귀한 가문 출신의 귀족인 그를 뱃바닥의 감옥에 가두었다. 그는 이 사실을 절대 잊을 수 없다!

아침 노을이 희미하게 나타나기 시작했다. 동쪽에는 가는 바람띠가 수면에 주름을 만들었다. 점차 약해지는 여명의 그림자 속에서 사물들이 모습을 드러냈다. 처음에는 돛대, 투박한 선루와 갑판의 구조물, 그다음에 선체가 보였다. 마가야네스는 몇 시간 동안 꼼짝도 하지 않고 현제에 서 있었다. 콘셉시온 호는 산안토니오 호 옆에 정박했다. 두 배 사이에 아주 좁은 간격을 두고 빅토리아 호가 정박해 있다. 산티아고 호는 어제와 같은 장소에 배경처럼 서 있었다.

동이 틀 무렵 마가야네스는 오늘도 작은 보트를 육지로 보냈다. 조리실에서 사용할 나무를 구하기 위해서였다. 그리고 매일 아침 그랬던 것처럼 그 보트는 선원 몇 명을 태우기 위해 우선 산안토니오 호로 노를 저어갔다. 그런데 다른 때와는 다르게 그 배에서 사다리가 내려오지 않았다. 보트의 키잡이가 산안토니오 호에 대고 소리쳤다. 그곳에서는 다음과 같은 답변이 들려왔다. 갈레온선인 산안토니오 호에서는 가스파르 데 케세다의 명령에만 복종한다고. 키잡이는 제독에게 보고하기 위해 급하게 트리니다드 호로 돌아갔다. 제독은 이내 그 상황을 알아차렸다. 1 대 3의 대결이었다.

상황은 그에게 불리하게 전개되었다! 그는 흥분하여 어떤 기회가 있을지 생각하고, 가능성을 추정해보고, 계획을 세웠다. 그리고 그들을 비난했다. 이제 어떻게 하지? 포기해야 하는가 아니면 싸워야 하는가? 무슨 일이든 해야 한다. 3 대 1이라니! 아니면 3 대 2인가. 산티아고에서는 무슨 일이 일어났는가? 작은 카라벨라 라티나는 거기서 무슨 역할을 했는가? 제독은 어깨를 구부린 채 사령교로 갔다. 쓰디쓴 얼굴로 그는 반란에 참여한 배들을 건너다보았다. 그곳에서 무슨 일이 일어났는가? 메스키타가 아직 살아있을까? 어떻게 그들이 산안토니오 호를 장악할 수 있었을까? 힘의 역학관계가 어떤가? 그들의 의도는 무엇인가? 질문에 질문이 이어졌다! 그는 전혀 예측하지 못했음을 인정했다. 그는 신호 담당 선원에게 지시했다. 산안토니오 호에 신호를 보내라. 물을 가져와야 하니 선장은 모든 선원을 육지로 보내라.

이제 케세다가 답변을 보내야 했다. 그들은 답변을 기다렸지만 아무 일도 일어나지 않았다. 신호용 삼각기를 올리고 다시 한 번 신호를 보냈다. 이번에도 아무 응답이 없었다. 그것이 무엇을 의미하는가? 갑자기 대답 대신 포문이 열렸다. 포문이 위협적으로 트리니다드 호로 향하면서 포병대의 관이 포문 밖으로 나왔다. 신호 담당 선원은 몸이 굳었고 위병장교의 얼굴이 창백해졌다. 그리고 갑판 위의 선원들은 비명을 질렀다. 마가야네스 역시 자신이 졌다는 것을 깨달았다. 그가 시간을 벌지 못한다면 그는 진 것이다. 그러나 어떻게 시간을 벌 수 있단 말인가?

"확성기를 가져와!"

그는 위병장교의 입에서 확성기를 빼앗았다. 번개같이 빠르게 바깥 난간으로 뛰어가서 난간 위로 몸을 숙이고 산안토니오 호에 대고 큰소리로 외쳤다.

"케세다, 그것이 무슨 의미인가?"

아무 소리도 들리지 않았다. 그들은 대포를 장전하지 않았다. 그랬다면 포신의 받침틀이 삐걱거리는 소리가 들렸을 것이다.

마침내 반응이 왔다.

"정당방위다!"

마가야네스는 웃었다. 그는 마치 요괴처럼 난간 위에 매달려 있었다.

"정당방위라고? 무엇에 대한?"

"당신 때문에 내가 당했던 치욕에 대하여."

그것은 카르타헤나의 목소리였다.

"당신의 경멸과 당신의 고집에 대한!"

마가야네스는 정신을 똑바로 차렸다. 그는 거의 그렇게 예상했었다.

"메스키타는 어디에 있나? 그를 어떻게 한 거지?"

"당신의 하수인은 안전하게 보호되어 있다!"

카르타헤나는 날카로운 목소리로 말했다.

"그를 풀어줘, 카르타헤나!"

마가야네스는 열심히 생각했다. 카르타헤나는 실제로 얼마나 강한가? 그는 얼마나 많은 선원들을 장악하고 있는가? 그는 다른 선장들의 지지를 받고 있는가? 세라노는 아마 아닐 것이다. 그 배는 어제와 같은 위치에 정박해 있다. 아마도 그는 앞에서 벌어지는 사건을 알지 못할 것이다.

산안토니오 호에서 비웃는 소리가 들려왔다.

"각하, 당신은 상황을 잘못 판단하셨군요!"

카르타헤나는 교활했다. 마가야네스는 그보다 더욱 교활해야만 했다. 그는 당황하지 않고 이렇게 외쳤다.

"그를 풀어줘라. 너는 정의에 위배되는 짓을 하고 있어. 요구하는 게 뭐냐?"

다시 카르타헤나가 말했다.

"당신의 해임."

마가야네스가 소리쳤다.

"항복하라고?"

그의 옆에 있던 장교가 그의 팔을 잡아당겼다. 그리고 산티아고 쪽을 향해 고개를 끄덕였다. 모두들 이제 카르타헤나와 제독 사이의 대결에 주목하고 있었다. 아무도 뒤에 있는 작은 카라벨선에서 어떤 일이 일어나는지 알아차리지 못했다. 세라노는 닻줄을 풀었다. 선원들은 활대의 디딤줄 위에 서 있었다. 돛을 펴자 배는 아침의 미풍을 받아 항해를 시작했다.

카르타헤나가 대답했다.

"그렇다. 당신의 직위를 내놔라. 우리는 당신에게 빚진, 그리고 왕이 우리에게 기대하고 있는 명예를 증명해 보이겠다!"

잠시 휴식이 있었다. 마가야네스는 열심히 생각했다. 그는 계속 카르타헤나의 신경을 자신에게 집중시켜야 했다. 산안토니오 호, 콘셉시온 호, 빅토리아 호에서 누구도 지금 산티아고 호를 넘겨다보아서는 안 된다. 마침내 그는 외쳤다.

"동의한다. 그것에 관해 타협해보자! 트리니다드 호로 와라. 네 말을 듣고 네가 가진 불만을 고려해보겠다. 정당한 법에 따라 행동하겠다."

저편에서 포병대들은 움직이지 않고 대포 옆에 서 있었다.

"누구도 당신을 믿을 수 없다!"

카르타헤나가 다시 외쳤다.

"당신이 우리에게 와야 한다! 우리는 산안토니오 호에서 당신을 기다리겠다. 사직하라! 우리와 타협하자!"

제독이 난간에서 떨어져 위병장교와 이야기를 나누었다. 작은 소리로 명령이 전해졌다. 트리니다드 호 위에서도 이제 포문이 절그럭거리는 소리를 냈다. 동시에 산티아고가 원을 그리며 트리니다드 호로 가까이 다가왔다. 돛에 바람을 거꾸로 받게 하고서는 닻을 던졌다. 그리고 돛을 접었다. 2 대 3! 마가야네스는 조심스럽게 생각했다. 이제 전선이 명확해졌다. 그러나 대포를 발사해서는 안 된다.

그러나 상황은 위험했다. 그들의 피난항이 되어야 하는 만 한가운데에서 적대적인 요새 다섯 개가 서로를 감시하고 있다. 누구라도 상대방에게 대포를 쏜다면 이 사업은 실패할 것이다. 시간은 자꾸만 흘러간다. 마치 시간의 신발 바닥에 풀을 붙인 것처럼 시간은 느리게 흘러갔다. 그럼에도 불구하고 마가야네스는 보초들로 하여금 모래시계를 돌리고 시간을 외치게 했다. 시간을 알리는 소리는 유령처럼 조용한 물위로 울려 퍼졌다. 판에 박힌 일이 팽팽하게 긴장해 있는 군인들의 신경 위로 조용히 영향을 미쳤다. 포병대는 교대를 할 수가 없었다. 대포는 조준을 하고 있으며 대량학살은 어느 때라도 시작될 수 있었다.

"산안토니오 호에서 욜이 오고 있습니다!"

보초가 외쳤다. 작은 보트가 가까이 다가왔다. 선원들이 트리니다드 호의 난간으로 노를 저어왔다. 하사관이 편지를 위로 던졌다.

"카르타헤나 각하의 전갈입니다!"

그가 외쳤다.

"타십시오. 선장들이 회의하기 위해 각하를 기다리고 있습니다."

마가야네스는 우선 옷을 갈아입어야 한다고 전했다. 하사관과 선원들에게 배로 올라와서 포도주를 마시면서 기다리라고 했다. 그들은 아무 의심 없이 사다리를 타고 올라왔으며 곧바로 체포되어 심문을 받았다. 마가야네스는 산안토니오 호 위에서 어떤 일이 벌어졌는지, 그리고 적들의 역할이 어떻게 나누어졌는지에 관해 들었다. 메스키타와 갑판장 푸에르테 야네스는 사슬에 묶여 있고 선원 후안 엘로리아가는 케세다의 칼에 찔려 죽었다고 했다. 카르타헤나는 총사령관이 되려고 하며 케세다는 부사령관이 되려고 한다. 카르타헤나는 콘셉시온 호를, 케세다는 산안토니오 호를, 멘도사는 빅토리아 호를 지휘하게 될 것이다. 그리고 데 코카에 관해서는 아직 아무 언급이 없었다고 한다.

마가야네스는 선실에서 스피노자, 두아르테와 의논을 했다. 그 동안 엔리크에게 문을 지키라고 했다. 제독이 거의 절망적인 상황에서도 얼마나 현명하게 대처할 수 있는지 그 능력이 다시 한 번 증명되었다.

"카르타헤나는 처음에 우리가 산안토니오 호를 공격할 것이라고 예상할 것이오. 그 배의 감옥에 메스키타가 갇혀 있기 때문이지요. 그러나 산안토니오 호는 무장이 가장 잘되어 있는 배이오. 그 배가 가장 크며 가장 강한 선원들이 타고 있소. 카르타헤나를 잡는 것이 아무리 중요하다 할지라도 콘셉시온 호는 지금 산안토니오 호에 너무 가깝게 정박해 있소. 그러니 빅토리아 호의 멘도사 선장을 공격합시다. 그들은 앞에서 우리가 오기를 기다릴 것이오."

그는 말했다.

"그러나 우리는 뒤에서 그 배에 접근하는 겁니다!"

그는 자신의 계획을 설명했다. 그리고 나서 그는 자신의 말을 듣는 사람들을 쳐다보았다.

"그것은 위험합니다."

두아르테는 회의적으로 말했다.

"멘도사가 우리가 가는 것을 일찍 알아차린다면 우리 모두는 이 싸움에서 지게 됩니다!"

그러나 스피노자가 결정적으로 동의했다.

"악마와 함께 수프를 먹으려면 긴 숟가락을 가져야 합니다. 우리가 여기서 패하지 않으려면 우리는 무엇인가를 걸어야 합니다!"

"그렇다면 좋소."

마가야네스가 말했다.

"스피노자는 찬성이고 나도 마찬가지요."

그는 편지를 써서 봉인했다. 그리고 그것을 법무관인 스피노자에게 주면서 말했다.

"스피노자, 당신에게 12두카텐, 그리고 도와주는 사람 모든에게 각각 6두카텐이오."

그리고 두아르테에게는 이렇게 말했다.

"자네는 모든 것을 이해했나, 두아르테? 항상 바람이 불어가는 쪽에 머물게. 원을 아주 넓게 그리면서도 빨리 가야 하네!"

정오경에 스피노자는 샐럽을 타고 산안토니오 호와 콘셉시온 호를 지나 다른 선단과 약간 떨어져 정박해 있는 빅토리아 호로 노를 저어갔다. 멘도사가 난간에 기대어 서 있었다. 법무관은 편지를 가지고 흔들었다.

"제독이 당신에게 보내는 것이오."

"편지를 올려보내시오."

멘도사가 말했다.

"나도 올라가야 하는데."

스피노자가 요구했다.

"그럴 필요 없소."

선장은 웃으면서 말했다.

"당신은 차라리 나와 약간의 거리를 두고 있는 게 좋을 텐데."

스피노자가 비웃었다.

"하지만 선장! 왜 무장도 하지 않은 사람을 당신의 배에 안 태우려는 것이오? 제독이 나에게 부탁했소. 당신에게 중요한 편지를 개인적으로 전하라고."

"그래, 좋소."

멘도사가 대답했다.

"올라오시오."

스피노자는 갑판으로 올라갔다. 선장은 그에게 경례하지 않았다. 그들은 배 뒤쪽으로 몇 걸음 걸어갔다. 멘도사가 기분 나쁘게 말했다.

"당신의 방문이 마음에 들지 않아!"

법무관은 주위를 돌아보았다. 그들 둘밖에 없었다. 그는 멘도사에게 편지를 넘겨주었다. 선장을 그 편지를 받으려고 손을 뻗었다. 그러나 그 순간 스피노자는 멘도사의 팔을 잡고 온 힘을 다해 외쳤다.

"왕의 이름으로 너를 체포한다!"

그것은 신호였다! 그의 부하들이 재빠르게 보트에서 갑판으로 기어 올랐다. 멘도사는 도움을 청하고, 저항하려 했지만 소용 없었다. 법무관은 멘도사 선장을 바닥에 쓰러뜨리고 칼을 꺼내 목을 찔렀다. 선장은 골골거리면 몸을 움칠거리다 죽었다. 스피노자는 그의 부하들에게로 빨리 달려갔다. 벌써 빅토리아의 선원들이 달려나와 멘도사의 시체를 발견했다. 뒤쪽에서 비명 소리가 들려왔다. 또 한 척의 피니스가 사람들 눈에 띄지 않은 채 그 함대를 돌고 있었다. 두아르테 바르보사는 무장한 자들과 함께 빅토리아 호에 침투했다. 에스파냐 선원들은 저항하려 했지만 이미 너무 늦었다. 포르투갈 선원들은 공격자의 편에 섰다. 그리고 다른 배들이 공격하기 전에 바르보사와 법무관은 빅토리아를 장악할 수 있었다.

돛대에 신호기가 올라갔다. 트리니다드 호와 산티아고 호에서는 환호성을 지르며 환영했다. 빅토리아 호의 대포가 배반자들의 배에 퍼부어졌다. 3 대 2! 마가야네스는 만족했다. 상황은 다시 반전되었다. 이번에는 그에게 유리하게.

그러나 아직 아무것도 결정되지 않았다. 겨울 남극의 하루는 짧았다. 저녁 여명이 일찍 시작되었다. 어두운 밤에 여러 가지 기습공격이 가해질 수 있다. 마가야네스는 조용히 사령교 위로 걸어갔다. 저녁이 되면서 다시 강에서 올라오는 안개로 인해 그는 정말 바다의 요마 같았다. 그는 만에 진입하기 전에 그의 선대를 지휘하면서 어떤 반란자도 용서하지 않겠다고 생각했다. 이번에 그는 반드시 자신의 입지를 강화할 것이다.

빛들은 모두 사라졌다. 밤이 산훌리안 항구 위로 내려앉았다. 배에는 완전한 평화가 지배했다. 모든 대화는 금지되었다. 전갈과 명령만 속삭이듯 오갔다. 어떤 소리도, 어떤 발걸음 소리도 들리지 않았다. 너무 조용해서 옆 사람의 숨소리조차 들릴 정도였다. 작은 파도가 철썩 소리를 내며 부딪쳤다. 썰물이 시작되면서 그 물은 바다로 삼켜졌다.

마가야네스와 장교, 보초들은 어둠 속을 쳐다보며 귀를 기울였다. 저기 그림자가 가까이 오는 게 아닌가? 아니다, 신경이 너무 긴장하다 보니 환영을 보는 것이다. 밤에는 콩도 진주 같아 보인다는 에스파냐 격언이 있다.

그러나 여기서는 전혀 존재하지 않는 사물들을 보고 그것이 존재한다고 믿는다. 다시 그들은 귀를 기울인다. 작게 사그락거리는 소리가 들리지 않는가? 저기 노 젓는 소리가 들리지 않는가? 아니다, 아무 소리도 들리지 않는다. 아마도 그것은 꼭대기 돛대에 부는 약한 바람 소리일 것이다.

그래도 무슨 소리인가 들린다고 사람들은 생각한다. 작은 파도가 보트에 부딪쳐 거품을 내는 소리다. 아니다, 그것은 해안에서 부는 미풍이다. 시간이 아주 느리게 지나갔다. 날씨는 차가웠다. 사람들의 몸이 얼어붙었다. 대륙에서 미풍이 신선하게 불어왔다. 이런 끔찍한 보초를 얼마나 더 서야 하는가?

갑자기 어둠 속에서 유령 하나가 나타났다. 형태도 없고, 윤곽도 없이, 거대한 것이 가까이 다가왔다. 그리고 조류에 실려 떠밀려와서 기함인 트리니다드 호에 바싹 붙어 있다. 트리니다드 호의 사령교 위에서 명령 소리가 들렸다. 그리고 나서 제독의 목소리가 울려 퍼졌다.

"점화!"

포신에서 꽝하는 소리와 함께 예포가 쏘아졌다. 불이 붙은 포구에서 붉은색 폭발이 일어나면서 그 광경을 밝게 비추었다. 그리고 움찔거리며 반사되어 만 위로 휘몰아쳤다. 천둥 소리가 암벽에 부딪쳤다. 폭발 연기가 올라왔다.

"불을 켜라! 불을!"

트리니다드 호에서 빠르게 뱅골식 횃불이 켜졌다. 너울거리는 빛을 통해 그들은 앞에 있는 산안토니오 호를 볼 수 있었다. 예포가 산안토니오 호의 주돛대를 맞추었다. 그것은 엄청난 소리를 내며 쓰러졌다. 그리고는 삐거덕거리며 부서졌으며 갑판 위는 아수라장이 되었다. 삭구가 갈기갈기 찢어졌으며 선미에 손상을 입었다. 갑판 위에는 엄청난 혼잡이 벌어졌다. 부상당한 자들은 비명을 질렀고, 물을 찾는 소리가 크게 들렸다.

"불이다, 불이야!"

날카롭게 외치는 소리가 났다. 사람들은 절망한 상태에서 불을 껐다. 곧바로 산티아고 호가 가까이 다가갔다. 세라노는 그의 부하들과 함께 배로 몰려갔다. 트리니다드 호는 다른 편에서 다가갔다. 반란자들은 포위되었다. 배들 사이에 선판을 걸쳐놓았다. 총사령관이 산안토니오 호에서 절름거리면서 외쳤다.

"항복하라, 여러분! 너희들은 누구를 지지하는가?"

선원들은 무릎을 꿇었다. 팔을 들었다.

"왕과 각하를 지지합니다!"

마가야네스가 승리할 수 있던 것은 용기와 행운의 덕이었다. 산안토니오 호는 어쩌다 보니 닻을 끌고 기함까지 밀려갔다. 계속 지켜본 덕분에 트리니다드 호에서는 그것의 접근을 제때에 알아차릴 수 있었다. 거기서 대포를 장전하고 발사할 준비를 했다.

아침 여명이 틀 무렵에 선대는 콘셉시온 호를 공격했다. 밤에 일어난 사건 때문에 그 배의 선원들의 모든 저항의지는 이미 사라지고 없었다. 한 시간 후에 모든 것이 끝났다. 카르타헤나는 사로잡혔고 반란은 끝났다.

냉정한 재판이 치러지고

1520년 4월 7일, 사흘 후에 마가야네스는 재판을 열었다. 그 전날 밤에 그는 거의 잠을 자지 못하고 불안하게 돌아다녔으며 법무관인 곤살로 고메스 데 스피노자를 선실로 불러 그와 함께 이 상황에 관해 의논했다. 제독은 단번에 자신의 입지를 강화하려고 했다. 반란이 더 이상 일어나서는 안 된다.

어쩔 수가 없다. 제독은 본보기로 징벌을 해야 했다. 마가야네스는 해상법과 전쟁법을 근거로 들었다. 멘도사의 시체는 네 조각을 내어 경고의 표시로 활대에 매달았다. 콘셉시온 호의 선장인 가스파 데 케세다는 참수형을 선고받았다. 선원 엘로리아가를 칼로 찔렀기 때문이다. 케세다의 하인인 루이스 몰리노가 형리로서 그를 처형해야 했다.

"너는 반란에 참여했으니 사형을 당해야 한다. 선택권을 주겠다."

마가야네스는 그에게 말했다.

"네가 네 주인을 처형하든가 아니면 너도 네 주인처럼 단두대에 목을 올려놔라."

그 하인은 얼굴이 창백해져서 떨기 시작했다.

"은혜를 베풀어주십시오. 나리, 저는 못합니다!"

마가야네스는 위압적인 제스처로 외쳤다.

"네가 선택해라! 네가 그렇게 흥분하지 않고 그 일을 처리한다면 너는 네 주인에게 가장 마음에 드는 일을 하게 되는 것이다. 그렇지 않다면 그 옆에 누워라!"

제독으로부터 사면의 약속을 받고 나서야 몰리노는 마침내 형리의 일을 맡기로 결심했다.

아침에 처형이 이루어졌다. 군인들은 방진 형태로 해변에 모였다. 단두대는 그 중간에 있고 그 옆에 몰리노가 목 베는 칼을 가지고 서 있었다. 창백한 점토색을 하고 항구 앞 모래 언덕 위로 떠오르는 겨울의 태양이 그 무시무시한 광경을 비추었다. 마가야네스는 단두대 옆에 서 있었다. 그는 사람들이 케세다를 끌고 왔을 때도 한 번도 쳐다보지 않았다. 그 대신 그를 지나쳐 사슬에 묶인 채 끔찍한 공연을 위해 앞자리에 앉아 있는 70명의 무리들을 쳐다보았다.

단조롭게 울리던 북소리가 점점 강해지더니 쾅쾅 두드리는 스타카토로 변했다. 케세다가 무릎을 꿇었다. 무엇인가 말하려 했지만 북소리가 더욱 고양되었다. 그러자 케세다는 고개를 숙였다. 장교가 검을 들었다. 북소리가 갑자기 중단되었다. 케세다의 머리가 모래위로 굴러 떨어졌다.

마가야네스는 기다렸다. 시간이 천천히 흘러갔다. 바다에서부터 차가운 공기가 불어왔다. 군인들은 몸이 경직된 채 서 있었다. 죄수들을 묶은 사슬의 절거덕거리는 소리가 낮게 들렸다. 그리고 사슬에 묶인 사람들 중 한 명이 기절하여 쓰러졌다. 마가야네스는 절룩거리며 천천히 걸어갔다. 그의 습관대로 약간 몸을 숙이고 아주 뻣뻣하게 모래 위를 걸어 반란자들의 무리 앞에 도착했다. 그들은 두려움에 몸이 굳어 있었다. 몇 사람은 몸을 떨었고 두세 명만이 냉정하게 그를 올려다보았다.

총사령관은 그들을 조사하면서 지나쳤다. 모래 속에 그의 발이 질질 끌리는 소리만 유일하게 들려왔다. 그는 한 명씩 차례로 모든 사람의 얼굴을 쳐다보았다. 한 사람 한 사람씩. 데 코카, 엘카노, 선원들, 선원 대표단의 대변인, 가브리엘 산체스 데 라 레이나 신부……창백한 얼굴을 한 70명을. 그리고 마지막으로 카르타헤나가 있었다. 그 앞에서 제독은 멈춰 섰다.

"자, 이제 우리는 청산할 때가 됐지, 에스파냐의 귀족나리."

그는 작게 말했지만 너무 조용해서 다 들렸다.

카르타헤나는 그를 쳐다보았다.

"나를 어떻게 징벌할 것이오?"

그는 떨리는 목소리로 물었다.

"너희들은 자부심 강한 에스파냐 귀족의 한 사람으로서 이 세상에 태어났다. 그리고 당신들은 신분이 낮은 사람을 무시하라고 교육받았다. 나는 출세하여 영향력과 권력을 가지게 되었으며, 당신의 상관으로 임명되었다. 아마도 당신은 그것을 극복하지 못했나본데? 당신의 충성심과 복종심은 아무런 영향도 미치지 못했나? 당신 같은 사람은 복종해야 하는 입장이 되면 어느 날 갑자기 충성심을 잃고 적대적이 된다. 당신의 태도는 불충이며 명령 불복에 해당된다. 다른 두 선장과 함께 당신은 에스파냐왕에게 했던 서약을 깬 것이다."

부사령관은 속삭였다.

"나는 왕의 재판권에 예속되어 있소. 폐하만이 나를 판결할 수 있소."

"나에게 그런 항의가 받아들여질 거라고 생각하나?"

목소리를 높이지 않고 마가야네스가 물었다.

"내가 이겼다면 당신을 사형시키지 않았을 것이오!"

카르타헤나는 빠르게 외쳤다.

"그러나 당신은 멘도사를 죽였소!"

제독은 카르타헤나를 쳐다보았다. 다시 아무 말 없이 한참 시간이 흘렀다. 그리고 나서 그는 말했다.

"멘도사는 반란군이다. 그는 자신이 한 서약을 깼으며, 당신처럼 자신의 명예를 남용했다. 빅토리아 호를 정복할 때 그를 죽인 것은 오늘의 판결과 아무 관계가 없으며, 그가 도망병으로 나의 편에서 싸우지 않았기 때문이다."

카르타헤나는 숨쉬기가 힘들었다.

"그렇다면 케세다는? 우리는 단지 당신을 해임하려 했을 뿐 죽이려 하지는 않았소."

"나는 당신에게 아무 짓도 하지 않을 것이다."

그는 단어 한마디 한마디를 강조했다.

"케세다는 내 부하의 피를 흘리게 했기 때문에 그도 피를 흘린 것이다. 당신의 경우에는 총사령관에 대한 반란과 항명에 대한 선동죄를 주장할 수 있을 뿐이다. 그렇기 때문에 내 판결을 들어라. 당신과 신부는 감금될 것이다. 우리가 출항하면 당신들은 이 물가에 내버려질 것이다 ——카르타헤나, 그리고 당신의 신부!"

부사령관은 얼굴이 창백해졌다. 가브리엘 신부는 경악하여 눈을 크게 떴다.

"그래서는 안 돼!"

카르타헤나는 정신없이 외쳤다.

"당신은 그럴 권리가 없어!"

"아니! 그럴 권리가 있다."

마가야네스는 냉정해야 했다. 두 번의 반란으로 충분하다. 세 번째 반란이 일어난다면 그는 이 원정을 끝내지 못할 것이다.

"전시법에 근거해서."

카르타헤나는 한숨을 쉬고 비틀거리다, 절거덕거리는 사슬 소리를 내며 바닥에 쓰러졌다. 얼굴 깊숙이 모자를 내려 쓴 신부는 머리를 가슴에 박고 울었다. 모두들 그들의 운명이 케세다보다 더 불쌍한 것임을 잘 알고 있었다. 왜냐하면 그들의 죽음은 몇 주 이상을 끌 것이기 때문이다. 북극의 여름이라면 견디어낼 수도 있을 것이다. 뿌리와 딸기, 이끼류를 먹을 수 있으니까. 그러나 겨울은 그들에게 고통스런 죽음을 안겨다줄 것이다.

마가야네스는 몸을 돌려 죄수들을 쳐다보았다. 다시 그는 그들의 걱정스러워하는 얼굴을 하나씩 살펴보았다. 카르타헤나에 대한 판결은 그들로 하여금 엄중한 판결을 받지 않을까 두려워하게 만들었다. 제독은 그들 앞으로 나와서 더욱 큰소리로 말했다.

"너희들은 이 법을 알고 있으며 법의 냉혹함이 너희에게도 적용될 수 있다는 것을 알 것이다. 그러나 에스파냐와 에스파냐 원정대는 너희를 필요로 한다. 나는 법에 앞서 은혜를 베풀겠다! 너희들은 여기에서 사슬에 묶인 채 모든 작업을 하게 될 것이다. 그러나 우리가 출발하면 각자 자기 자리로 돌아간다."

사람들은 한숨을 쉬었다. 마가야네스는 계속 말했다.

"다음번 반란은 절대 용서치 않겠다!"

그는 손을 높이 들었다. 북소리가 둔탁하게 울렸다. 제독은 절름거리며 광장을 건너갔다. 혼자, 고독하게, 어깨가 처지고 움츠린 채 해변으로 내려갔다. 그곳에 피니스가 대기하고 있었다. 선원들이 달려왔다. 그들은 노를 저어 제독을 그의 기함으로 데려다주었다.

12 마침내 해협을 만나다

"돛이다! 돛!"
위병장교 알부는 계단을 내려왔다.
마가야네스는 벌써 갑판으로 가고 있는 중이었다.
숙명이 그들을 심연으로 몰고 갈 것인가, 아니면
하늘로 뛰어오르게 할 것인가?
"각하! 우리는 망망대해를 발견했습니다."
제독은 당황하여 난간을 잡았다. 어깨가 떨리고 눈이 촉촉해졌다.

파타고니아 원주민들

산훌리안 만은 그들에게 좋지 못한 기억을 남긴 장소였다. 마가야네스는 다음날 해안을 탐사하게 했다. 케사다를 처형하고 난 후 며칠 지나서 산타 크루스 만으로 야영지를 옮겼을 때 모두들 마음이 한결 가벼워졌다. 아주 적시에 얼음 같은 바람이 몇 주 동안 대륙과 바다 위로 불어왔다. 안드레스 데 산 마르틴은 한낮의 위도를 남위 50도로 추정했다.

건조한 냉기로 인해 땅이 터졌다. 그리고 모래는 작은 먼지, 분말보다 더 미세한 먼지로 분쇄되었다. 곧 산타 크루스 만은 얼음 철책으로 둘러싸였다. 두꺼운 흙덩이들이 겹쳐서 밀렸으며, 밤에는 빙하로 얼고 낮에는 엄청난 소리를 내며 깨졌다. 바람은 칼처럼 몸 속으로 파고들었으며 날카로운 침으로 얼굴을 찔렀다. 가끔 구릿빛 태양이 구름 뒤로 잠시 모습을 드러냈다. 태양은 절망적인 상황 속에서 더욱 힘 **빠지게** 만드는 흐릿한 제등 같았다. 낮은 점점 짧아졌다. 하루종일 아주 잠시 동안만 환했다. 그리고 냉기는 믿을 수 없을 정도로 차가웠다. 산타 크루스는 살기 좋은 곳이 아니었다.

그들은 바람을 피할 수 있는 장소에 그들이 가져온 나무로 오두막을 짓고 그곳에서 지냈다. 그런데도 태풍은 그 틈을 통해 얼음같이 파고들며 휘파람 소리를 냈다. 난로에서 연기가 새어나왔다. 나무는 젖어서 아주 적은 온기만을 내뿜었다. 그들은 돌처럼 딱딱한 **빵**을 먹었다. 거의 갉아먹을 수도 없을 정도였으나 물도 조금씩밖에는 배급받지 못했기 때문에 그 **빵**을 부드럽게 만들 수도 없었다. 그들은 배를 도르레를 이용해 건조한 곳으로 끌고 가서 뱃밥을 모두 제거해냈다. 그들은 트리니다드 호의 뒷돛대를 수리했다. 이음새를 메웠고 새는 구멍에 **쐐기**를 박았다. 그리고 기구와 장대를 끌고 갔다. 그들은 역청을 끓이기 위해 큰 냄비를 힘들게 운반했다. 물이 새는 곳을 메우기 위해서는 그것이 필요했기 때문이다.

사람들은 난로 옆에서 작업하기를 원했다. 그들은 교대로 작업했다. 가장 힘든 작업에는 죄수들이 투입되었다. 그들은 비골에 묶인 무겁고 절거덕거리는 사슬 때문에 움직일 때 조심해야 한다. 몇몇 사람들은 벌써 관절이 삐긋했다. 뼈를 다치는 사람도 생겼다. 열병을 앓는 사람들도 있었다. 점점 많은 사람들이 병에 걸리자 산타 크루스 항에 들어온 지 3주 후, 제독은 반란자들의 사슬을 풀어주라고 지시했다.

그는 작업을 감시했다. 사방을 돌아다니면서 병자에게 말을 걸기도 하고, 야전 수리반의 데 코카와 엘카노 옆에 서 있기도 했다. 그곳에 서 있으면 등은 냉기로 얼어붙을 것 같았지만, 앞은 너무 뜨거워 탈 것 같았다. 그는 간이 숙소에서 사람들 틈에 섞여서 생활했다. 그들처럼 빵 껍질을 갉아먹었다. 농담을 하고 그들처럼 날씨에 대해 욕을 하고, 별로 따뜻하지도 않은 불에 대고 손을 비볐다. 그리고 검은 천으로 만든 외투의 옷깃을 귀까지 높이 올리고 절룩거리며 걸었다. 북쪽 나라 사람들이 겨울을 가장 잘 참아냈다. 불쌍한 엔리크가 가장 심하게 고통을 겪었다.

제독은 잠을 잘 수가 없었다. 그와 함께 같은 공간에서 묵고 있는 엔리크는 몇 시간 동안 그가 왔다갔다하는 것을 쳐다보았다. 이곳 얼음 속에 사로잡혀 있는 지금, 오래된 질문이 다시금 그를 괴롭혔다. 남해에 통로가 존재하는가? 지구는 둥근가? 두 번째 조건이 들어맞지 않는다면 해협이 그들에게 무슨 필요가 있는가? 그들은 지구 원반의 가장자리 가까이 다가가서 곧 끝이 없는 심연, 지옥의 불에 빠지게 되는 것은 아닌가. 냉기와 어둠에 휩싸인 남극의 겨울은 회의를 키워갔다. 지구는 원반인가 아니면 공 모양인가? 그들은 어디로 항해하는가? 새로운 학문은 지구가 공 모양이라는 것을 믿었다. 마가야네스 역시 지금까지 이 확신에 매달렸다. 그러나 다른 학자들은 1천 년 전부터 원반의 이론을 주장하지 않았던가? 그들 역시 어리석은 사람들이 아니었다. 결국 구상에 관한 최근의 생각은 팔레이루의 공식과 별의 계산 도표처럼 아무 가치가 없을지도 모른다.

조바심이 제독을 괴롭혔다. 그는 왔다갔다했다. 로드리고는 이제 뛰어다닐 수 있을 것이다. 둘째아이가 여자아이일까? 그가 집으로 돌아간다면 두 아이는 벌써 많이 자랐을 것이다. 베아트리스는 그들이 여기 얼음 속에 갇혀 있다는 것을 알지 못한다. 그는 며칠인지를 세어보았다. 매일 하나씩 오두막 벽에 선을 그었다. 여전히 아무 희망 없어 보이는 날들이 그들 앞에 놓여 있었다.

때는 5월 초였다. 그들은 거의 한달 가까이 이곳에 머물렀다. 그러나 그들은 겨울을 이겨낼 것이며 계속 여행하게 될 것이다. 그 점에 있어 그는 확신했다. 그의 앞에는 테르나테 섬과 세하웅과의 재회가 기다리고 있다. 그가 여전히 부담 없는 친구인가? 모든 것이 해협에 달려 있다. 아니다, 원형인가 아닌가에 달려 있다.

5월 중순에 그들은 짧게나마 따뜻해지기 시작하는 것을 느낄 수 있었다. 온도는 약간씩 상승했다. 그리고 팜페로로 인해 만 앞에 쳐진 얼음 철책이 약간 녹았을 때 그들은 철을 녹인 것처럼 느리게 흘러가는 망망한 대서양을 쳐다보았다. 제독은 주위를 살펴보라고 세라노를 남쪽으로 보냈다. 작은 산티아고 호는 모든 배 중에서 상태가 가장 안 좋았다. 특히 나무가 많이 썩었다. 더 이상 수리할 가치가 없었다. 그들은 그 배를 뱃밥으로 메우고 일을 끝냈다.

세라노는 항해를 떠나 통로가 있는지 계속 찾아보았다. 며칠 후 그는 날씨가 너무 안 좋아서 어떤 만에서 피신처를 찾아야 했다. 그들은 엿새 동안 고기를 잡았으며 엄청난 크기의 물개도 잡았다. 그리고 나서 그들은 항해를 계속했다. 그러다 5월 22일에 끔찍한 태풍을 만났다. 비상용으로 수리한 카라벨선은 그 폭풍우를 견디어낼 수가 없었다. 선판이 부서졌다. 그들은 돛대를 잃고 방향을 잡지 못하다 암초에 부딪쳤다. 사람들은 얼음같이 차가운 물로 뛰어들었다. 기적과도 같이 모두들 육지로 구조되었다. 해안에 그들은 비상 숙소를 지었다. 세라노는 두 명의 선원을 산타 크루스 항으로 보냈다. 그들은 11일 동안 헤매고 다녔다. 밀림과 우거진 관목을 헤치고 나아갔으며 물이 배까지 차는 눈 덮인 하천 바닥을 지나갔다. 약초와 얼음 조각을 깨어서 입에 물고 녹여 먹었다. 완전히 소진하여——굶주린 유령과도 같은 선원 두 명이——6월 초 산타 크루스의 야영지에 도착했다.

그 카라벨을 잃었다니 유감이었다. 그 배의 상태는 좋지 않았다. 다행히도 배가 난파하면서 인명 손실은 전혀 없었다. 그러나 마가야네스에게 가장 충성스런 사람이 세라노였다는 것, 그리고 마가야네스의 총애를 가장 많이 받았던 세라노가 사고를 당했다는 것이 미신을 믿는 선원에게 나쁜 징후로 해석될 수 있었다. 지원자를 모아서 사고로 부상당한 사람들에게 그들이 필요로 하는 것과 포도주, 치료약까지 가져다주어야 했다. 그리고 그 배가 아직 사용 가능하다면 돌아오는 길에 그 난파선을 끌고 와야 한다.

그러나 끔찍한 추위가 다시 찾아왔다. 그냥 통행하기도 힘든 지형에서 짐까지 운반하는 것은 어려운 시도였다. 초인간적인 노력으로 그들은 짐을 끈으로 묶어 날랐다. 그들은 혹독한 추위에 야외에서 밤을 보내야 했다. 식수도 발견할 수가 없어서 얼음과 눈을 녹여서 먹었고 그로 인해 더욱 목이 말랐다. 옷은 가시에 걸려 찢어지고 신발은 거친 돌에 닳아 너덜너덜해졌다. 두 달간 그들은 그렇게 연락을 유지했다. 세라노는 못, 사용할 수 있는 나무판, 나무조각, 돛, 밧줄, 기구와 무기들, 아무튼 아직 사용할 수 있는 모든 것을 난파선에서 끌어냈으며 그것을 육로를 통해 산타 크루스로 운반했다. 짐꾼들은 특별 배급을 받았다. 그렇게 해야만 운반할 수 있는 힘을 유지할 수 있기 때문이다.

동시에 베이스 캠프에서는 군인들이 그 지역을 탐색하기 위해 내륙으로 들어갔다. 긴급하게 땔감으로 사용할 새로운 나무가 필요했다. 그러나 근처에는 숲이 없었다. 야생동물도 전혀 발견하지 못했다. 단지 마른 눈토끼 몇 마리, 반은 굶주린 새들과 흰여우들뿐이었다. 그것이 전부였다. 그렇다면 원주민들은? 사방에 인간이라곤 눈을 씻고 찾아봐도 볼 수가 없었다. 그들은 언덕 위에 십자가를 설치했다. 황량한 언덕 위에 맨 가지로 만들어진 소박한 상징이었다. 그곳에서 선원들은 각자 혹은 무리를 지어 기도를 했다. 제독 역시 그 십자가 앞으로 다가가 섰다. 그리고 그 십자가를 쳐다보았다. 깊은 절망이 그를 사로잡았다. 항상 낙관적인 입장만 보여주어야 하는 그, 선원들의 모범이며 지도자여야 하는 그가 슬픈 마음으로, 추위에 떨면서 고독하게 십자가 앞에 서 있다. 그는 아무 장식도 없는 나무를 쳐다보며 낮은 소리로 기도했다.

"당신은 나를 이리로 데리고 오셨습니다. 하나님, 그렇게 많은 것을 견디어내게 했습니다. 이런 고생이 쓸데없는 일이 되지 않도록 해주십시오. 저에게 힘을 주십시오. 우리로 하여금 견디어내고 이 고통이 지나가게 해주십시오. 이걸로 충분합니다. 하나님, 그 통로를 발견하게 해주십시오. 그 이상을 저는 원치 않습니다."

산티아고 선원들의 귀향은 하나의 축제가 되었다. 세라노와 그의 선원들은 힘든 행군을 완수했다. 그들은 몇 미터나 되는 깊은 눈 때문에 무척 힘들었다. 생선 기름 맛이 나는 물개 고기를 먹었고 그것을 가져왔다. 그들의 몸에는 작은 종양과 뾰루지가 가득 나 있었으며 손과 발은 물집 투성이였다. 세라노의 흑인 하인은 얼어죽었다. 강을 건너려 했으나 강물의 얼음 두께가 그들이 지나갈 정도로 두껍지 않았기 때문에, 그들은 뗏목을 만들어 사흘 동안 그들의 짐을 강 건너로 옮겼다.

지금은 6월 중순, 겨울의 한가운데서 그들은 다시 산타 크루스 항에 함께 모였다. 마가야네스는 행복했다. 그는 세라노 선장을 포옹하고 모든 선원들과 악수를 했다. 선원들의 뺨을 만졌으며 그들의 어깨를 두드렸다. 그의 얼굴에는 빛이 났으며 선원들은 웃고, 다시 동료들과 함께 할 수 있다는 것을 기뻐했다. 총사령관은 모두를 위해 향연을 베풀어주고 싶었다. 그는 비축식량 창고 담당자를 불러서 남은 식품으로 훌륭한 요리를 만들라고 지시했으며, 지시대로 훌륭한 요리들이 완성되었다. 밀가루 수프, 신선한 빵, 훈제 생선, 구운 토끼고기와 셰리주 한 통.

선원들의 분위기는 눈에 띄게 좋아졌다. 마가야네스가 반란을 진압한 후에는 어떤 저항도 더 이상 감지하지 못했다. 자신에 대해서도 그들의 계획에 대해서도. 선원들은 단지 살아남기 위한 투쟁에 몰두했다. 낮은 더 이상 짧아지지 않았다. 그들은 한겨울을 견디어낸 것이다. 8월 초 그들은 마침내 다시 카라벨선을 물에 띄울 수 있었다. 제독은 수리한 곳을 검사하고 만족해했다. 곧 그들은 다시 출발할 수 있다. 망치질을 했고 널빤지를 짜 맞추었으며, 칠을 하고 리벳을 박아넣었다. 돛과 삭구들을 수리했다. 사람들은 노래를 부르며 웃었다.

갑자기 선원들이 외치는 소리가 들렸다.

"저 위를 좀 봐! 사람이야!"

소음과 웃음 소리가 일시에 사라졌다. 한 선원이 해안을 가리켰다. 세상에! 어떤 원시인 한 사람이 신들린 듯이 파도 위를 뛰어다니고 있었다. 피가페타는 그 체험을 이렇게 적고 있다.

어느 날, 우리가 출항을 준비하기 위해 배의 갑판에서 일에 몰두하고 있을 때, 놀랍게도 해안에서 엄청나게 키가 큰 한 남자를 볼 수 있었다. 그는 벌거벗은 채 춤을 추고 노래했으며, 그러면서 머리 위로 모래를 뿌렸다. 우리의 총사령관은 곧바로 선원 한 명을 육지로 파견했다. 그리고 그에게 우정과 평화의 신호로 원주민의 행동을 따라하

라고 명령했다. 그 거인은 그 뜻을 알아차리고 선원을 따라 제독에게
로 왔다.

그 원주민은 가는 팔다리를 가진 유럽인에게는 거인처럼 보였다. 게
다가 그는 다리와 발까지 덮는 덥수룩한 옷을 걸치고 있었다. 그의 발
은 곰의 앞 발 같은 큰 발자국을 남겼다. 마가야네스는 그를 큰 발을 가
진 사람, 즉 파타고니아라는 재미있는 이름을 붙여주었다. 피가페타는
그와 키를 재보고는 이렇게 기록했다. '내 머리는 그의 허리춤까지밖에
닿지 않았다.'
　그들은 그에게 먹을 것과 마실 것을 주었다. 그는 모든 것을 한꺼번
에 입에 쏟아넣더니 한 양동이의 물을 비웠다. 식사 후에 그에게 거울
을 보여주었다. 파타고니아 사람은 거울에서 자신의 모습을 보더니 놀
라서 뒤로 물러섰다. 뒤에서 호기심에 가득 차 쳐다보고 있던 선원 네
명이 그 원주민에게 부딪쳐서 바닥에 쓰러졌다. 그는 마술에 걸려 거울
속에 사로잡혔다고 생각했다. 피가페타만이 그를 진정시킬 수 있었다.
그 원주민은 거울을 선물로 가져갔으며 거기에 방울 몇 개와 빗 그리고
유리구슬을 받았다. 그리고 나서 그는 다시 육지로 돌아갔다.
　몇 시간 후 그의 종족 사람들이 많이 몰려와 해변에서 춤을 추었다.
그들은 노래를 부르며 조개와 모래를 자기 머리 위로 뿌리며 손을 높이
들었다. 그들은 유럽 사람들이 아직 보지 못한 이상한 동물을 가져왔
다. 언제나처럼 지식욕에 목말라 있던 롬바르디아 출신의 피가페타는
원주민들 사이에 섞여서 그들과 대화를 나누었다.

나는 그들의 가축을 보고 놀랐다. 그 동물은 마치 낙타와 양 사이의
교배 품종 같았다. 그런데도 낙타처럼 같은 쪽의 앞발과 뒷발을 함께
앞으로 움직였다. 이 동물은 노새의 머리와 귀, 낙타의 몸, 영양의 허

벅지와 말의 꼬리를 가졌다. 그것은 말처럼 히힝 소리를 내며 울었다. 그 가죽은 암적색으로 긴 머리에 숯이 많았다. 아래쪽 털은 좀더 밝은 색이었다. 사람들은 그것을 구아나코라 불렀다.

원주민들은 배로 올라와도 좋다는 허락을 받았다. 그들은 선원들과 물물교환을 했으며 선원들은 그것을 환영했다. 그런데도 마가야네스는 그들을 엄격하게 감시하라고 명령했다. 피가페타는 특별히 신뢰감이 가는 파타고니아 사람을 발견했다. 그는 '다른 사람보다 더 크고 체격이 아름다웠다. 그리고 다른 사람들보다 몸가짐이 유연했다.' 신부들이 그를 전도하려고 시도해보았다. 그래서 그 파타고니아 사람은 카라벨에서 묵게 되었으며 '우리는 그에게 예수의 이름과 주기도문을 따라 하도록 가르쳤다. 그는 그것을 아주 강한 목소리로 따라했다'. 발음 면에서도 빠른 진전을 보였다. '우리는 그에게 요한이라는 이름으로 세례를 주었다.' 그 후 그는 그 대가로 바지, 조끼, 모자, 거울, 빗, 방울 등을 선물로 받았다. '요한은 우리에게 아주 만족한 듯이 보였다.' 그는 심지어 예절을 알았다. 그는 웃으면서 보답으로 제독에게 어린 구아나코를 선물로 주었다. 그는 계산할 줄 알았다. 그는 그 대신 다른 답례품을 받았기 때문이다. 알록달록한 색의 면 수건과 유리구슬과 같은 값비싼 물건들을.

그 후로 그들은 요한을 더 이상 볼 수가 없었다. 나중에 피가페타는 이렇게 기록했다.

이날 이후로 그는 사라졌다. 그리고 우리는 그의 종족들이 그를 죽였을 거라고 추측했다. 왜냐하면 그는 우리에게 아주 많은 애정을 보여주었으며 그의 새로운 재물이 그들의 소유욕을 일깨웠기 때문일 것이다.

몇 주 동안 거의 기쁜 일들만 일어났다. 마가야네스는 원정대의 마음이 마침내 하나로 합쳐졌다는 느낌을 받았다. 그들은 산타 크루스 만에 적응했으며 그들의 상황이 겨울의 태풍과 맞서 견디어낼 수 있다는 것을 빨리 깨달았다. 산타 크루스 만은 그들에게 은신처를 제공해주었으며 야영지는 거의 집처럼 편안했다. 반면, 원주민들은 백인들과 별로 좋지 않은 체험을 하게 된다. 유럽 사람들은 원주민 몇 명을 데리고 가기를 원했다. 왜냐하면 카사 데 콘트라타시온이 그들에게 맡긴 과제는 모든 신대륙에서 미지의 식물과 가능하다면 동물, 그리고 사람들도 데리고 오는 것이었기 때문이다. 그리고 이런 '거인' 중 몇 명을 체포하여 데리고 가는 것으로 여기에 왔다는 그들의 존재를 증명할 수 있을 것이다.

파타고니아 사람들을 유괴하는 것을 그들에게는 범죄가 아니었다. 오히려 자선이었다. 그래서 그들은 에스파냐 카를로스 왕을 위한 선물로 세계에서 가장 문명화된 궁전으로 데리고 가기 위해 파타고니아 사람들을 선발했다. 거기에서 그들은 생명 유지를 위해 필요한 모든 것을 받게 될 것이며 아무것도 걱정할 필요가 없을 것이다. 그래서 에스파냐 사람들은 파타고니아 사람들을 사로잡으려고 시도했다.

그렇게 하기 위해 가장 젊고 아름다운 남자 두 명이 초대되었다. 피가페타는 그 기습을 이렇게 묘사했다.

총사령관은 그들에게 칼과 거울, 유리구슬을 선물했다. 그 다음에는 수갑을 채우는 데 사용하는 쇠로 만든 고리를 제공했다. 그들이 철에 대해 강한 욕구를 나타냈지만 수갑에 채인 손으로 아무것도 잡을 수 없게 되자 그는 그들의 발에도 쇠사슬을 채우라고 제안했다. 그들은 동의했다. 그때 우리 선원들이 그들에게 쇠사슬을 채웠다. 그렇게 그들은 붙잡혔다. 이 계략을 알아차리자마자 그들은 분노에 사로잡혔다. 소리를 쳤으며, 화가 나서 씩씩댔으며 그들의 가장 고귀한 신인 세테보스에게 도움을 청했다.

마가야네스는 이제 여자 몇 명을 더 사로잡기를 원했다. 그는 붙잡힌 두 사람에게 그들을 원주민의 야영지로 안내하라고 강요했다. 그러나 그들은 전혀 그럴 생각이 없었으며 절망적으로 저항했다. '남자 아홉 명의 힘으로도 그들을 묶을 수 없었다.' 한 사람은 사슬을 풀고 도망쳤다. 다른 사람은 머리에 상처를 입고 붙잡혀서, 그들의 야영지로 안내할 수밖에 없었다.

후안 로페스 카르바유가 여자들을 훔쳐오라는 임무를 받았다. 몇 사람의 무장한 선원들과 함께 그는 길을 떠났으며 저녁에 파타고니아 마을에 도착했다. 원주민들이 도망친 사람에게서 이미 소식을 들었음에도 불구하고 모든 것이 조용했다. 아주 불쾌한 기분이 들었다. 그는 조심해야 했다. 그는 마을을 포위하라고 명령했다. 밤새도록 공격을 기다리다가 아침 여명이 틀 때서야 공격을 시도하려 했다. 그러나 파타고니아 사람들은 이미 오래 전에 도망쳤다. 아침에 빈 오두막을 발견하자 카르바유는 그들을 추적하려 했다. 그러나 그의 부하들은 지형을 잘 알지 못하는 곳에서 독이 묻은 화살 세례를 받았다. 한 선원이 그 화살에 맞아 몇 분을 못 넘기고 숨졌다. 사람 도둑질은 실패했다. 공격자들은 '야만인들의 오두막을 불태우고 그들의 시체를 묻어주었다'. 사령관은 여자들을 포기해야 했다.

마가야네스는 출발을 독촉했다. 수리는 끝났고 선원들은 충분히 휴식을 취했다. 출발! 이제 계속 가자! 그것이 9월 초였다. 태양은 북쪽 하늘에서 더욱 높이 솟아올랐다. 그리고 날씨는 조금씩 따뜻해졌다. 남미에서 봄이 시작되었다. 제독은 새 선장을 임명했다. 메스키타는 산안토니오 호, 세라노는 콘셉시온 호, 두아르테 바르보사는 빅토리아 호의 선장이 되었다.

그러나 다시 한 번 미친 듯이 불어오는 태풍 때문에 그들은 출항을 미루지 않을 수 없었다. 마침내 1520년 9월 14일, 준비가 끝났다! 유죄 판결을 받은 선원들은 각 배로 나누어졌다. 이전에 산안토니오 호의 갑 판장이었던 엘카노는 트리니다드 호로 왔다. 출발하는 날 아침에 법무 관은 감시원 한 명과 함께 이전에 부제독이었던 후안 데 카르타헤나와 가브리엘 산체스 데 라 레이나 신부를 지하감옥에서 데리고 나왔다. 그 들에게 빵 한 자루, 포도주병 하나, 칼과 화승총, 탄약을 주어 육지로 데려갔다. 그리고 나서 선대는 닻을 올렸다. 트리니다드 호에서 선원들 은 사령교를 훔쳐보았다. 총사령관은 아무 감동 없이 뻣뻣하게 앞을 쳐 다보았다. 항로는 남서, 4분의 1 포인트 서쪽이었다.

커지는 두려움, 새로운 저항의 조짐

선대는 여전히 돛에 바람을 팽팽하게 받아 움직였다. 그러나 그들은 다시 돛을 접어야 했다. 제독은 그의 불안을 제어하는 데 익숙해져 있 다. 산티아고 호가 좌초한 곳에서 그들도 태풍에 휩싸였다. 해안에서 벗어나기가 힘들었지만 그럼에도 총사령관은 선대를 강의 입구로 무사 히 빠져나오게 지휘했다. 다행히도 이곳에는 계속 부는 바람 때문에 굽 어진 작은 나무로 이루어진 성긴 숲이 있었다. 다시 그들은 기다려야 했다. 여러 개의 심한 태풍들이 차례로 이어졌다. 출발은 생각도 할 수 없었다. 마가야네스는 어쩔 수 없이 체류하게 되자 신경이 예민해졌다. 이 계획이 오로지 휴식으로만 이루어져 있는가? 인간의 저항은 제압했 지만 자연은 제어할 수 없었다.

그는 아무 말 없이 카라벨선 위를 돌아다녔다. 그는 선원들에게 물통을 가득 채우게 했으며 나무를 쌓아 쪼개도록 시켰다. 피가페타는 그의 일기에 '우리는 물고기를 잡았다. 물고기들은 길이가 2피트 정도 되어 보였고, 비늘이 많이 덮여 있었으며 아주 먹기 좋았다. 그러나 유감스럽게도 우리는 원하는 만큼 충분히 잡을 수가 없었다'라고 적고 있다.

어쩔 수 없이 체류하게 되자 식량배급 문제는 더욱 민감해졌다. 마가야네스는 비상식량 목록을 작성하게 했다. 산타 크루스에서도 식량을 거의 보충할 수가 없었다. 그리고 여기서도 부족분을 채워넣을 수가 없었다. 재고조사 목록은 상당한 성과가 있었다. 저장식량은 비상 휴대식량으로 아직 석 달분이 남았다.

제독은 병자를 방문했다. 낙관주의를 확산시키기 위해서이다. 겨울과 결핍, 불충분한 음식물 때문에 병원선이 가득 찼다. 치료 약초와 약이 부족했으며 신선한 식품은 더 말할 것도 없었다. 염분에 절인 고기는 딱딱하고 쓴맛이 났으며, 씹을 수가 없었다. 야채도 과일도 없었다. 사람들은 허약해졌으며 거의 저항력을 잃었다. 주름이 생긴 피부 밑으로 궤양이 자랐다. 턱이 부어올랐다. 이빨이 헐거워지고, 흔들리다가 빠졌다. 그리고 입천장에는 썩은 수포가 생겼다. 군의관도 속수무책이었다. 몇몇 환자들은 음식을 먹지 못하고 골골거리면서 토했다. 세 명의 선원이 의식을 잃은 채 선원 침대에 누워 있었다. 그들은 음식 섭취를 거부하고 굶주린 채 끔찍한 고통 속에서 죽어갔다.

동료들의 죽음은 선원들을 우울하게 만들었다. 누구나 그 병에 걸리면 개연성의 법칙에 따라 그렇게 될 수도 있었다. 사람들은 아무 말 하지 않았지만 마가야네스는 그들의 소심한 눈길에서 이렇게 말하는 것을 느꼈다. 왜 우리는 돌아가지 않는가? 왜 우리에게 불행만을 가져다주는가? 세비야에서 사람들은 그의 계획에 반대했다. 마치 그가 이 배의 선원들에게 명성이 아니라 단지 고통과 어려움만을 가져다주리라는 것을 예감이라도 했듯이.

대서양은 끝없는 태풍으로 그들을 거부하고 있다. 제독이 발을 디디는 해안은 어디나 죽은 해안이거나 불모지였다. 그는 아무하고도 항로에 대해 의논하지 않았다. 그리고 얼음같이 추운 황야로 그들을 데리고 갔다. 그는 대륙을 통과하려 한다. 그러나 이 대륙은 벌써 100개의 협곡이 그를 속였으며 만도 모두 탐색해보았지만 번번이 아니어서 그를 무색하게 만들었다. 왜 그는 돌아가지 않는가? 그는 그들의 의심을 의식해야 한다! 그는 그들이 원하는 바의 정당성을 거부해서는 안 된다! 그는 이미 알고 있었다. 그들이 지금은 속으로 생각하는 것을 내일이면 입 밖에 내어 말하게 되고 모래가 되면 반란이 될 수도 있다는 것을.

마가야네스는 이 만 역시 구석구석, 모든 곳을 검사해보았다. 그는 바랐다. 절망 속에서도 이 우연이 그에게 행운이 되기를. 그는 행운이 바로 거기, 거의 기대하지 않는 그곳에서 일어나기를 바랐다. 행운, 그렇다. 행운이! 그는 항상 행운을 자신의 고집을 통해 강요하려 했다. 그러나 그는 예감하지 못했다. 처음으로 스스로에게 회의가 생기기 시작할 때, 그가 자신이 동경하던 목적지 바로 앞에 있다는 것을. 단지 2도만 남쪽으로 더 내려가면 파소를 발견할 수 있다. 그가 2일주야 항정만 가면 그의 믿음은 확신이 될 수 있을 것이다! 그러나 여전히 불확실함이 승리를 가리고 있다.

마가야네스는 회의를 하기 위해 선장과 수로 안내인들을 소집했다. 그들은 트리니다드 호의 갑판 위로 모였다. 총사령관은 아주 큰소리로 말을 해서 선원들도 그의 말을 다 들을 수 있었다.

"우리는 통로를 발견할 것이다. 우리는 낮에는 눈으로, 밤에는 귀로 그것을 찾게 될 것이다. 나는 이 해안을 출발하여 남해로 가는 해로를 찾기 위해 남위 75도까지 항해할 것이다. 어떤 것도 나를 막지 못한다. 내가 직접 배에 두 번 새로 돛을 달고 돛대를 달아야 한다 해도. 75도에 이르러야 비로소 나는 나의 계획에서 출발하는 것이다. 에스파냐로 가기 위해서가 아니라 동쪽으로 직접 아프리카의 남쪽 곶을 돌아 포르투 갈 지역과 간격을 두고 몰루카 군도에 도달하기 위해서다."

그는 사람들의 얼굴들을 쳐다보았다. 그의 선원들이 당하는 고통이 그에게 아무렇지도 않은 것이 아니었다. 그리고 그는 그들이 비싼 대가를 지불하고 있다는 것을 잘 알고 있었다. 그러나 그에게는 다른 선택의 여지가 없었다. 그에게는 왕과의 약속이 더 중요했다. 다른 사람들이 흔들린다고 자신까지 흔들려서는 안 된다. 그가 아무 성과 없이 에스파냐로 돌아간다면 그는 부와 명성, 권력을 위해 궁정에서 비굴하게 기다렸던, 아는 척하던 사람과 다를 바 없을 것이다. 그의 계획은 원대한 꿈에서 나온 것이며 그것은 심지어 에스파냐왕까지 사로잡았다. 이제 그는 그의 꿈을 초인간적으로 성취할 수 있다.

그는 확고했다. 그는 사람들에게 대안을 제시했다. 그러나 그것이 어떤 대안인가! 그들은 이제 남위 51도에 있으며 24도를 더 남쪽으로 가려고 한다. 그는 악마에 홀렸다! 그것이 360리그, 1천350카탈로니아 마일이 된다는 것을 모르는가? 그들은 비축식량을 어디서 요술처럼 채워 넣을 것인가? 이런 날씨라면 그들은 거의 앞으로 나아가지 못한다. 그러다 보면 다시 여름이 지나갈 것이다. 그러나 사람들은 제독의 굽힐 줄 모르는 완고함, 그의 고집스런 철저함을 잘 알고 있었다. 그들은 당황하여 서로를 쳐다보았다. 그러나 아무도 그가 자신의 생각을 관철하리라는 것을 의심하지 않았다.

1520년 10월 18일, 그들이 에스파냐에서 출발한 지 1년 후 그들은 다시 출항할 수 있었다. 그들은 닻을 올리고 좋은 날씨와 바람을 받아 계속 남서항로를 따라갔다. 이틀 후, 남위 53도에서, 그들은 높은 곳을 보았다. 그 곳을 안드레스 데 산 마르틴은 그날의 성자의 이름을 따서 일만일천 처녀의 곶이라 명명했다. 그들이 그 곳을 돌았을 때 그 뒤에 깊은 만이 보였다. 눈 덮인 높은 산에 둘러싸인 만이었다. 그것은 그들이 이미 보아왔던 많은 다른 만들과 다르지 않았다. 피가페타는 '배의 선원들은 모두 이런 생각을 했다. 바위의 돌출부로 경계선이 그어진 그 만에는 서쪽으로 가는 출구가 없다'고 기록했다. 그는 총사령관의 기분이 좋다는 것을 눈치채고 이렇게 덧붙였다. '제독 외에는 아무도 여기에서 운하를 찾을 생각을 하지 않았다.'

마가야네스는 카르바유를 육지의 언덕으로 보냈다. 거기서 주위 경관을 살펴보도록 하기 위해서였다. 선원들은 샐럽를 타고 노를 저어갔다. 그리고 곧 카라벨선에서 그 조타수가 돌 더미를 기어올라 정상에 오르는 모습을 볼 수 있었다. 잠시 휴식한 후 카르바유는 철저하게 검사하고서는 되돌아왔다. 그는 이 만이 다른 만들과 다르다는 결론을 내릴 수 있는 어떤 것도 발견하지 못했다.

그렇다면 계속 가자. 마가야네스는 주저했다. 선원들은 제독을 쳐다보았다. 제독은 만의 입구를 멍하니 쳐다보았다. 흰색 거품을 내며 짧은 파도들이 가파른 강변에 부딪쳐 부서지고 있었다. 뒤쪽의 시야는 높은 산들 때문에 가려져 있었다. 산의 정상은 갓 내린 눈으로 덮혀 있다. 마가야네스는 주저했다. 신호 담당 선원은 이미 손에 기를 들고 있었다. 남쪽으로 갑니까? 피가페타가 나중에 확신해주었다. 제독은 통로에 관해 알고 있기 때문에 주저했던 것이다. 그는 이렇게 기술했다.

우리의 총사령관은 알고 있었다. 아주 잘 숨겨진 해협을 통과하는 길이 있다는 것을. 왜냐하면 그는 이 해협을 탁월한 지도 제작자인 마르틴 베하임이 그렸던, 그리고 포르투갈왕이 그의 문서보관실에 보관해놓았던 지도에서 보았다.

그것은 동화였고, 아름다운 전설이었다! 베하임은 그런 지도를 그리지 않았다. 그리고 팔레이루가 주장했듯이 레오나르도 다빈치가 이 지도를 그렸다는 것 역시 사실이 아니다. 그러므로 제독이 그 지도를 연구했다는 것은 전혀 불가능했다. 모든 것은 기껏해야 이론에 불과했다. 뉘른베르크 출신의 베하임도, 다른 어떤 사람도 그 전에 이곳에 와 본 적이 없었다. 마가야네스는 이제 결정을 내려야 할 상황이었다. 항해를 계속할 것인가, 아니면 이 만을 검사하게 해야 할 것인가? 이번 탐색도 아무런 성과를 얻지 못한다면 그의 권위는 더욱 떨어질 것이며 선원들의 의심이 곧바로 분노로 변하는 데 결정적인 역할을 할 것이다. 카르바유는 말했다. 아무것도 확인된 것은 없다고. 그들이 몬테비데오 이후로 보았던 많은 해안들처럼 그렇게 갈라진 틈이 많았다. 그러나 산맥을 꿈의 상으로 통과해나갈 수는 없다.

그런데도 어떤 무엇인가가 그를 끌어당겼다. 그는 마법에 사로잡힌 듯 얼마나 오랫동안 만 쪽을 건너다보았던가. 마가야네스에게는 올바른 직관이 있었다. 신호수는 기를 바꿔야 했다. 산안토니오 호와 콘셉시온 호를 만으로 파견하였다. 그들은 그 만이 내륙으로 얼마나 깊이 움푹하게 패였는가를 조사해야 한다. 그러나 늦어도 5일 후에는 트리니다드 호로 돌아와야 한다. 기함과 빅토리아 호는 그 동안 해안 앞에서 기다릴 것이다.

자연이 너무 오래 쳐다보았다는 듯 하늘이 어두워지면서 뇌우가 하늘을 뒤덮었다. 태풍이 시작되기 전에 산안토니오 호와 콘셉시온 호는 비단 같은 해안과 가파르게 튀어나온 암석 사이의 협곡으로 들어갔다. 배들이 파도 치는 물결 속으로 들어가면서 돛대가 거의 높은 암벽에 닿을 정도였다. 그러나 저항할 수 없는 힘으로 그들은 협곡의 안쪽으로 끌려 들어갔다. 그리고는 남아 있는 사람들의 시선에서 완전히 사라졌다.

남아 있는 사람들은 해야 할 일이 있었다. 돌풍이 일었다. 뇌우를 동반한 폭풍우가 내리더니 태풍이 되었다. 서른여섯 시간 동안——끝없이 긴 두 번의 밤과 그 사이에 있는 긴 낮——그들은 폭풍을 헤쳐나왔다. 태풍은 만 위로 가득 몰아쳤다. 그들은 바람이 불어가는 쪽의 해안에 있었기 때문에 암초로 밀리지 않기 위하여 바람이 불어가는 쪽으로 1피트 공간을 유지했다. 마가야네스는 안드레스 데 산 마르틴에게 항해일지에 이렇게 받아쓰게 했다. '여기에는 좋은 계절이 전혀 없다'.

트리니다드 호와 빅토리아 호는 기다렸다. 이틀 전부터 태풍은 사라졌다. 바다는 다시 잠잠해지고 회색빛이 되었다. 그리고 흔들리는 파도와 함께 수평선까지 이어졌다. 그러나 그들은 다른 배의 운명에 관해 아무것도 알지 못했다. 마가야네스는 명령했다. 트리니다드 호와 빅토리아 호도 협곡으로 들어가야 한다고. 그날 선대는 수심이 다섯 길 되는 곳에서 정박했다. 아주 느리게 다시 사흘이 지나갔다. 마가야네스는 두아르테 바르보사와 의논을 했다.

"정찰선이 태풍에 길을 잃은 건 아닐까?"

"날씨가 너무 나쁘니 그런 일이 일어나지 않았다고 장담할 수는 없지요."

"좋다, 우리는 내일까지 기다려 보고 안 오면 무슨 일이 있는지 따라가보자."

"저길 봐요, 페르난도!"

마가야네스는 산의 방향으로 고개를 돌렸다. 언덕 뒤에서 약한 연기가 솟아올랐다.

"저것은 배가 난파했다는 신호일 수도 있습니다."

제독은 저 너머를 멍하니 쳐다보았다.

"하루만 더 기다려보지."

그가 말했다.

"그리고 나서는요?"

두아르테가 물었다.

"저 연기가 다른 편에서 올라오는 것이라면 내일 그들을 데리러 간다."

그는 선실에 앉아서 지도를 쳐다보았다. 이 지도는 불쏘시개감으로도 쓸모가 없다는 생각이 들었다. 그때 갑자기 대포 소리가 울렸다. 다시 암벽에서 그 메아리가 부딪쳐왔다. 제독은 서둘러 갑판으로 올라갔다. 곶 뒤의 좁은 항로에서 산안토니오 호와 콘셉시온 호의 바람을 받아 팽팽하게 부풀어오른 돛이 나타났다.

피가페타는 그 배에 어떤 일이 일어났는지를 기록했다.

제독은 만을 검사해보라고 그들을 파견했지만, 태풍이 아주 심하게 몰아쳤고 그들은 암초에 부딪칠까봐 두려웠다. 그들이 이제 틀렸다고 여겼을 때 다행히도 배들이 들어갈 수 있는 통로가 나타났다. 그들은 이 운하가 막힌 것이 아님을 알아차렸다. 그래서 그것을 검사해보기 위해 계속 나아갔다. 그들은 두 번째 만에 도착했다. 계속 항해를 했으며 다시 앞의 것보다 조금 더 큰 만으로 이어지는 해협을 발견했다. 그곳에 도착하자 그들은 총사령관에게 그들의 발견에 대해 보고하기 위하여 돌아가는 것이 낫다고 생각했다. 왜냐하면 그들은 나흘 동안 80리그, 300카탈로니아 마일을 지나왔기 때문이다.

산안토니오 호와 콘셉시온 호는 돛대 꼭대기에 기를 게양했다. 선원들이 외치는 소리가 들렸다. 그들의 목소리는 물위로 넓게 울렸다. 그 배에서 욜 두 척이 출발했다. 메스키타와 세라노는 기함으로 노를 젓게 했다. 마가야네스는 난간으로 달려갔다. 그는 흥분으로 얼굴이 창백해졌으며 그의 심장과 제멋대로 뛰는 근육이 그의 목까지 고동치고 있음을 감지했다. 이것이 목적지의 첫 번째 갑(작은 반도)인가?

선장들은 기쁘게 보고했다.

"제독님, 우리는 내륙으로 80리그를 들어갔습니다만, 계속 더 이어져 있습니다. 해협일 수도 있습니다!"

사령관은 고개를 흔들었다. 그는 아직 믿을 수가 없었다. 다시 한 번 실망하게 된다면 그는 참을 수 없을 것이다. 그는 다른 사람들이 아무 것도 눈치채지 못하게 했다. 그러나 그것은 그의 영혼에 다시 불을 붙였다.

"물을 마셔보았소?"

"예, 제독님. 그것은 짠물입니다."

그는 장교들을 불러모았다. 그들은 짜증나는 얼굴을 했다.

"여러분!"

마가야네스가 말했다.

"이 입구는 4일주야 항정 이상을 내륙 쪽으로 들어갔습니다. 정찰선은 아직 그 끝에까지는 가지 못했습니다. 물은 깊고 그 길은 다시 바다로 이어질 것처럼 보였답니다."

"우리는 수많은 만을 항해해보았습니다."

산안토니오 호의 조타수인 이스테바웅 고메스가 말했다.

"어떤 것도 우리가 찾던 길이 아니었습니다. 그런데 왜 그 통로가 바로 여기 있다고 생각합니까?"

"산안토니오 호와 콘셉시온 호는 300해리를 탐색했지만 그 끝을 발견하지 못했소! 당신은 함께 있지 않았소, 고메스."

"각하, 생각해보십시오. 몬테비데오에서도 우리는 그만큼 서쪽으로 항해를 했습니다. 우리가 거의 모래에 파묻힐 정도까지요. 나는 더 이상 통로가 있다는 것을 믿지 않습니다."

"당신은 그 통로를 에스파냐를 위해서 찾으려 한 것이오, 고메스. 왜 갑자기 이렇게 소심해졌소?"

제독은 활기차게 난간을 가리켰다.

"여러분, 당신들은 모두 경험 많은 뱃사람들이오. 내가 그 동안 파악한 것을 들어보겠소? 여기서 밀물은 썰물보다 더 강합니다. 결론은 간단하오. 바다의 지류가 다른 대양과 만나는 것이오. 운하에서는 밀물과 썰물이 대서양과 남태평양 사이에서 균형을 이루고 있소!"

제독은 고개를 끄덕이며 웃었다. 그들이 적어도 관심은 있는 것인가? 그때 산안토니오 호의 포병대 장교인 가르시아 멘데스가 말을 시작했다.

"좋습니다, 각하. 우리는 그렇다는 것을 믿겠습니다. 우리는 바야돌리드에서도 맹세했습니다. 그러니 그 명성을 챙기십시오. 우리도 거기서 무엇인가를 얻을 수 있겠지요. 에스파냐는 마음이 넓으니 우리에게 금화를 지불할 겁니다!"

주변사람들이 동의했다.

"돌아갑시다!"

"우리가 고향을 떠난 지 벌써 열세 달이 되었소. 그걸로도 충분합니다!"

"각하는 에스파냐에서 새로운 원정을 준비할 수 있습니다!"

마가야네스는 잠시 당황스러웠다. 그는 사람들이 저항하지 않고 자신을 따라줄 것이라고 예상했었다. 사람들은 그에게 야유를 보냈으며 불만을 표시했다. 그러나 곧바로 그의 자긍심이 깨어났다. 그가 사람들과 의논하려 할 때마다 매번 그들은 항의했다. 그는 이제 다시 명령해야 한다. 그리고 말했다.

"구호는 바뀌지 않았다. 그것은 앞으로 전진이다!"

다시 가르시아 멘데스가 말을 했다.

"도대체 저장식량은 얼마나 있습니까?"

"좋지도 않고, 나쁘지도 않다."

제독이 대답했다.

"필요한 것은 조달할 수 있을 것이다."

고메스는 항의했다.

"그것은 절대 불가능합니다. 우리가 식량을 배급할 경우 비축식량은 3개월 분밖에 안 됩니다. 그것은 우리가 지금 집으로 돌아갈 경우에만 가능한 양입니다!"

가르시아 멘데스와 이스테바웅 고메스. 마가야네스는 생각했다. 이들이 산안토니오 호에서 왔다는 것이 우연인가, 아니면 거기서 새로운 반란이 싹트고 있는가? 카사에서 그의 경쟁자였던 고메스는 카르타헤나의 반란에서 중립적으로 행동했다. 그 시도가 성공할 것처럼 보이지 않았기 때문에 그는 조용히 있었던 것이다. 마가야네스는 날카롭게 말했다.

"항로는 내가 결정하는 것이오. 그리고 그것은 변할 수 없소."

고메스는 항의했다.

"여기에 운하가 있다 해도 그 뒤에는 우리가 알지 못하는 바다가 있습니다. 그 바다는 대서양만큼 넓을 수 있습니다. 그리고 그 뒤에는 미지의 나라가 기다리고 있지요. 우리는 거기서 적으로 받아들여질 수도 있습니다. 심지어 포르투갈 사람한테도요!"

마가야네스가 포르투갈에 유리하게 행동한다는 오래된 의심을 고메스가 말하려는 것인가? 제독은 고집했다.

"우리는 그 운하를 끝까지 검사할 것이다. 그리고 그 통로가 여기 존재한다면 우리는 서쪽으로 계속 항해해서 향료 군도로 가게 될 것이오."

"나는 제안합니다."

고메스가 외쳤다.

"에스파냐로 돌아가서 거기서 새로운 선대를 준비합시다. 우리 장비는 낡았고 선원들은 허약해졌소."

마가야네스는 조타수들이 이미 동의했다는 것을 알아차렸다. 이스테바웅 고메스는 친구들이 있었다. 사람들에게 새로운 위험에 대한 두려움을 불어넣어준다면——그들이 경험한 과거의 위험에 그들은 벌써 몸을 떨고 있었다——추종자를 얻는다는 것은 어렵지 않은 일이었다. 그는 고메스가 새로운 사령관으로 나서려고 시도한다는 것을 더 이상 의심하지 않았다. 제독은 입술을 깨물었다. 항상 힘으로만 가능한가? 정당한 이유를 들어 그들을 설득할 수 없는가? 그는 힘들게 일어서면서 말했다.

"우리가 돛의 가죽을 먹게 된다 해도 나는 이 도로를 통과해 가겠소. 왕에게 한 약속을 지키기 위해서요."

언짢은 표정으로 후안 세바스찬 엘카노는 장교들이 트리니다드 호를 떠나서 그들의 배로 노 저어 가는 것을 선미루의 갑판에서 내려다보았다.

해협을 발견하다

1520년 11월 1일 그들은 만의 안쪽으로 방향을 잡았다. 그날은 만성절이었다. 안드레스 데 산 마르틴은 항해일지에 이렇게 기록했다.

만의 왼쪽으로 그 통로는 많은 암초와 함께 커다란 호를 형성하고 있다. 그 통로로 들어갈 때는 북쪽으로 항해를 해야 한다. 그 다음에는 도로에서 정확하게 남서쪽 가운데로 운하를 통과해서 항해해야 한다. 우현으로 암초에 부딪치지 않게 조심해야 한다. 10해리 정도 가면 두 개의 모래 언덕이 시야에 들어온다. 그 후부터 그 운하는 트여 있어서 주저하지 않고 마음대로 항해할 수 있을 정도이다.

그들은 아메리카 대륙의 남위 깊숙한 곳에 위치한 기이한 고산성의 광경을 보게 된 최초의 유럽인들이다. 남극의 짧은 봄은 날씨가 좋았다. 산들은 가파르게 물위로 솟아올랐으며 구름까지 닿을 정도였다. 파랗게 반짝이는 빙하의 고드름들이 황폐한 해안으로 방울져 떨어졌다. 아주 **빽빽한** 원시림은 바람에 흔들렸으며, 구부러진 덤불과 나무들이 돌 언덕을 기어 올라갔다. 그리고 어둡고 황폐한 돌 고원지대가 촉촉한 초록의 비옥한 초지와 번갈아가며 나타났다. 카라벨선들은 거대한 산의 엄청나게 큰 배경 앞에서 마치 작은 벌레처럼 보였다. 끊임없이 돌과 눈덩이가 계곡으로 굴러 떨어졌으며, 꽝 하는 둔탁하게 부딪치는 소리를 내면서 절벽을 거쳐 바다로 들어갔다. 물은 부글부글 끓어올랐으며, 파도가 해변을 쳤다.

그들이 두려운 마음으로 감격하여 그 강력한 자연을 둘러보는 동안 사람들 중 누구도 그 항해의 역사적인 의미를 인식하지 못했다. 아무도 이 순간이 세계 최초의 순간임을 의식하지 못했던 것이다. 어떤 선박도 이 운하를 통과해 가본 적이 없었다. 처음으로 배를 타고 지구의 반대쪽에 도달하기 위하여 테라 누오바, 즉 신대륙을 통과하고 있는 것이다. 마가야네스 역시 그가 이번에는——마침내, 마침내!——그렇게 동경하던 남해에 도달할 수 있다는 생각보다는 그 만이 막혀 있어 다시 대서양으로 돌아가게 되지 않을까 두려웠다. 여러 번 만곡부를 지난 후 그들은 망망대해의 밝은 띠를 기대했다. 그러나 그들이 대양을 보려면 앞으로 100리그, 375카탈로니아 마일 이상을 더 항해해야 한다.

마가야네스는 1연(보통 10분의 1해리, 즉 815미터에 해당하며 원래는 닻줄 하나의 길이—옮긴이)마다 수심을 재면서 그 섬뜩한 지역을 통과해갔다. 고래들이 배를 따라오면서 파도 위로 뛰어올랐다. 해변에는 수천 마리의 물개들이 헉헉거리며 배들을 보면서 눈을 깜박였다. 그 동안 작은 섬들에서는 펭귄들이 우아하게 움직였다. 수많은 만, 협곡, 소용돌이와 지류들이 서로 뒤섞여 혼란스러웠지만 사령관의 지시는 아주 명확했다. 모든 것을 탐색하라! 그들은 거의 보조도구도 가지고 있지 않았다. 나침반과 손 연추 외에 그들이 여기에서 유용하게 사용할 수 있는 어떤 도구도 없었다. 지도도 없고, 수로 안내인도 없으며 이런 위험한 해협에 대한 경험도 없었다. 그들은 암초를 조심하고, 수심을 쟀으며 모래 언덕을 돌아서 조류에서 요령껏 빠져나갔다.

제독은 항상 조심했다. 그는 늘 성실했으며 지금도 그랬다. 그는 피니스와 커터를 앞서가게 했다. 노련한 선원들이 배의 길이마다 수심을 쟀다. 마가야네스는 한 순간도 선수루에서 물러서지 않았다. 그는 철저히 바다를 감시했다. 바닷물의 흐름, 오물이 몰려 있는 장소, 소용돌이가 일어나는 장소 등을. 그는 암초를 검사했으며 켈프, 물밑에 암벽의 위치를 나타내주는 실 같은 해초를 유의해서 보았다. 위대한 항해자 페르난도 데 마가야네스의 업적, 그가 자신의 이름을 붙인 해협을 탐색하면서 수행했던 그 업적은 수십 년 후 다시 배 한 척이 아무 사고 없이 그 해협을 통과하고 난 후에야 확인될 것이다.

날씨는 혹독하게 추웠다. 다행히 바람은 가볍게 지속적으로 불었다. 그러나 부드러운 미풍도 옷 사이로 파고들었다. 사람들의 몸이 얼었다. 가끔씩 흐린 잿빛의 하늘이 드러났다. 얼음같이 찬 보슬비가 그들 위로 내렸다. 그리고 줄무늬 진 안개로 윤곽이 흐려졌다. 계속 시야가 바뀌면서 방향 잡기가 힘들었다. 구름들이 산에 낮게 걸리고, 협곡은 검은 수건처럼 어두워졌다. 갑자기 도로가 좁아졌다. 1리그 이상의 넓이를 유지하다가 4분의 1리그 정도로 좁아졌다. 독수리 한 마리가 유령처럼 돛대 위에서 맴돌다가 어둠 속에서 날카롭게 깍깍거리며 울었다.

누가 믿겠는가. 여기 이것이 해협이라는 것을? 그것은 지금까지의 것보다 더 깊고 더 넓은 만이 될 것이다. 단지 마가야네스가 믿는다고 해서 한 대륙이 갈라지겠는가? 아프리카를 돌아가는 것이 낫지 않을까?

이 대륙은 심지어 남극까지 이어졌을 것이다! 그것을 정복할 수는 없다. 그것은 인간의 호기심을 창조한 하나님이 그어놓은 한계로 남아 있을 것이다.

그렇게 며칠이 지나갔으며 그들은 아주 천천히 앞으로 나아갔다. 낙관론이 흔들렸다. 사람들은 정찰선이 관찰한 것이 잘못되었으며, 이것이 만일 수 있다고 생각했다. 이런 혼돈 속에서 결정적으로 길을 잃지 않으려면 너무 늦기 전에 돌아가야 한다. 산훌리안 이후로 모든 것이 절망적이며 황량했다. 그런데 지금 그들은 지하세계를 향해 항해하는 것이다. 장교들은 어두운 얼굴로 해변을 쳐다보고 산을 올려다보고, 물결을 쳐다보았다. 불행의 새인 신천옹(남반구의 바다에 사는 바다제비의 일종—옮긴이)이 물위에서 원을 그렸다. 대륙은 제독에게도 유령처럼 보였다. 그가 밤에 한 번도 휴식을 취하지 않는다는 것은 거의 광기에 가까웠다. 작은 보트를 탄 선원들이 이동 램프의 희미한 불빛 아래서 수심을 쟀다. 선대에서는 횃불이 흔들거렸다. 마치 죽음의 군무 같았다.

그런데도 제독은 냉정했다. 그들이 항해하고 있는 것은 여전히 바닷물이다. 돌 해안가의 부풀어오른 나무에 명확하게 그려진 선이 규칙적으로 하루에 두 번 반복되는 밀물의 경계선이다. 마가야네스는 라플라타 강의 하구에서 있었던 경험을 잊지 않았다. 그러나 그가 아는 게 아니라 믿는 것, 자신도 확신하지 못하는 믿음을 전달해야 한다는 것 때문에 내적인 마음의 평안을 모두 잃어버렸으며, 그는 그것을 또한 외적으로 표현해서도 안 되었다. 그들은 어디로 가는 것인가, 그들은 어디로 돌진해가는 것인가? 지구는 둥근가? 저기 어두운 선미에서 보이는 것은 무슨 깜박거림인가?

사령교 위 제독 옆에 있던 산 마르틴은 항해일지에 이렇게 기록했다.

밤에 우리는 해협의 남쪽에서 많은 불이 켜진 것을 보았다. 페르난도 데 마가야네스는 그래서 그 대륙을 티에라 델 푸에고, 즉 불의 대륙이라 불렀다! 우리가 가는 이 길은 우리가 도착한 날의 이름을 따서 엘 카날 데 토도스 로스 산토스라고 불렀다. 피가페타는 그것을 스트레토 파타고니코라고 불렀다. 선원들은 그것을 에스트레쇼 데 마가야네스, 즉 마젤란 해협이라 불러야 한다고 말했다!

아직 그것이 해협임을 증명해주는 것은 아무것도 없었다. 이것이 진짜 해협인가? 물은 밝은 초록색이 되었으며 수심은 아주 얕을 것이다. 아니다. 여기는 올바른 장소가 아닌 것처럼 보인다. 그들 앞에서 해협은 두 가지 지류로 나뉜다. 그것들 중 한 길이 열려 있을까, 아니면 둘 다 막다른 골목일까?

총사령관은 산안토니오 호와 콘셉시온 호를 남동쪽 운하로 보냈다. 그들이 전체 원정 중에서 유일하게 좋은 소식을 가지고 왔다. 아마도 그들에게 행운이 따르는 것 같았다. 돌풍이 불자 산안토니오 호는 돛에 바람을 가득 안고 출발하여 남동쪽 지류의 암석 뒤로 사라졌다. 작은 콘셉시온 호는 그렇게 빨리 따라갈 수가 없었다. 세라노는 기다리기 위해 입구에서 지그재그로 왔다갔다했다. 반시간 후 돌풍이 사라지고 나서야 콘셉시온 호는 센 바람을 옆으로 받으면서 갔다. 그리고 만 깊숙이 산안토니오 호를 따라 사라졌다.

마가야네스는 그들을 쳐다보지 않았다. 그는 트리니다드 호와 빅토리아 호를 이끌고 다른 지류로 들어가 거품을 일으키며 바다로 밀려가는 강에 도착했다. 그곳에서 그들은 닻을 내렸다. 그리고 여기서 기다릴 것이다.

피가페타는 그곳에서의 체류를 이렇게 묘사했다.

수로 양쪽으로 보이는 풍경은 우리가 여행을 떠난 후 본 풍경 중 가장 아름다운 것이었다. 기슭은 화려한 나무로 둘러싸고 있으며, 정상에는 눈 덮인 높은 산들이 수평선과 경계를 이루고 있었다. 우리는 좁은 해안에서, 언덕에서, 모래가 침전되어 만들어진 작은 섬에서 우리가 먹을 수 있는 약초와 뿌리를 모을 수 있었다. 우리는 식물을 발견했는데 그 중 몇 가지는 쓴맛이 났지만 다른 것은 아주 먹기 좋았다. 샘 근처에서 자라는 일종의 샐러리가 특히 맛이 좋았다. 식단은 조금 나아졌지만 우리에게는 그것이 굉장한 것처럼 느껴졌다. 병자들도 야채, 잎, 뿌리를 먹은 후에 좀 나아진 것 같았다. 잇몸 부은 것이 가라앉았다. 바다의 지류는 청어로 가득했다. 조리실에는 맛좋은 식사가 지글지글 끓고 있었다.

다른 지류에서 기다리는 배의 선원들은 휴식을 취할 수가 있었다. 그러나 그런 날들은 제독에게 아주 느리고 천천히 지나갔다. 하루가 마치 일주일처럼. 그는 그의 카라벨선인 트리니다드 호 위에서 왔다갔다했다. 사람들은 물고기를 잡고 싶어했다. 강물을 쳐다보고 해변에서 뛰어놀고 싶어했다. 그가 전갈을 받을 수만 있다면! 불확실한 것은 참기 힘들었다. 행동하는 인간 마가야네스는 다른 사람들이 탐험하는 동안 여기서 인내심을 가지고 기다릴 수가 없었다. 그는 항상 선수로 방향을 돌리고 싶었다. 어떤 통지도 오지 않았다. 제독에게는 닻을 내린 곳의 멋진 풍경이 눈에 들어오지 않았다. 그는 선실에 쪼그리고 앉아 생각하며 기다렸다…….

그의 위병장교인 알부가 항해일지에 보고서를 끄적거렸다.

우리는 섬으로 둘러싸인 커다란 만에 정박했다. 우리는 혹독하게 추운 이 지역을 탐색하기 위해 보트 한 척을 해안으로 보냈다. 선원들은 해안에서 대략 1마일 떨어진 곳에서 200개 이상의 무덤이 있는 묘지를 발견했다. 해변에는 수많은 태풍에 죽은 엄청난 크기의 죽은 상어와 상어의 뼈 무더기가 있었다.

피가페타는 놀라운 식욕을 보여주는 파타고니아 사람에게 열중해 있었다. '그 거인은 매일 가득 담긴 한 바구니의 빵을 먹었으며 반 양동이의 물을 한꺼번에 마셨다. 그는 쥐를 산 채로 먹었다. 껍질도 벗기지 않은 채.' 그 야만인은 점차 부드러워졌다. 그는 낯선 환경에 사로잡힌 채 천천히 죽어갔다. 제독은 그것을 알고 있었지만 아무 말 하지 않았다.

그는 피가페타에게 이 만(아니면 이것이 해협이던가?)의 진로를 그리라고 명령을 내렸다. 그러나 이것이 만인지 아니면 해협인지 하는 문제는 아직 해결되지 않았다. 그는 팔레이루의 잘못된 지도에 대해 분노했다. 벌써 일주일 동안 기다렸지만 아직까지 아무런 소식도 없다! 세라노와 메스키타는 어디에 있는가? 그들에게 무슨 일이 일어났는가? 그들이 돌아오는 길을 잃어버렸나? 그는 잠도 자지 않았고 말도 하지 않았다. 또한 마음의 평정을 찾지 못하고 절름거리며 이리저리 왔다갔다 했다.

세비야에서보다 더 나빴다. 거의 산타 크루스에서보다 더 나쁘다고 할 수 있을 것이다. 그는 자신의 힘, 용기와 저항의지까지도 빠져나가는 것을 감지했다. 여기가 해협이 아니라면 모든 것이 아무 소용 없는 일이었다. 설득과 헌신, 포르투갈과의 이별, 꿈, 그의 원대한 계획, 그의 함대를 둘러싼 투쟁. 그가 보잘것없는 사람에서 출세하여 원정대장까지 될 수 있었듯이, 여기 차가운 세계의 끝에서 그의 희망은 사라지고, 그의 이상은 무너질 수 있다. 여기서 그의 존재가 불가능한 것 때문에 죽어야 하는가! 그런데 전혀 예상하지 못한 상태에서 며칠 후 망대에서 외치는 소리가 들렸다.

"돛이다! 돛!"

위병장교 알부는 발자국 소리를 내면서 계단을 내려왔다. 마가야네스는 벌써 갑판으로 가고 있는 중이었다. 톨딜라 위에서 그는 멀리까지 바라볼 수 있었다. 마룻줄에 선원들이 매달려서 그들이 찾던 배 두 척 중 한 척이 그들에게 다가오고 있는 것을 보았다. 그것은 콘셉시온 호였다. 그 배에는 좋은 소식을 알리는 어떤 신호기도 게양되지 않았다. 그리고 예포를 터뜨려 특별한 사건을 알리지도 않고 있다. 세라노는 어떤 소식을 가져올 것인가? 그들이 지금 그들을 쳐다보는 이 사람들을 위해 무엇을 할 것인가? 왜 그들은 환호하지 않는가? 모든 희망이 사라진 것인가?

콘셉시온 호에서 샐럽을 바다에 내렸다. 1분만 더 있으면 그들은 결정적인 답변을 들을 수 있을 것이다. 숙명이 그들을 심연으로 몰고 갈 것인가, 아니면 하늘로 뛰어오르게 할 것인가? 왕에게 했던 그의 약속을 지킬 수 있을까? 아니면 역사가 그를 거짓말쟁이로 낙인찍고 잊어버리고 말 것인가?

샐럽은 트리니다드 호에 가까워졌다. 동일한 리듬으로 노를 들었다 내렸다 했다. 그들이 도착했다. 명령 소리가 들려왔다. 노를 급하게 배로 들어올렸다. 샐럽은 배의 측면에 있는 현제로 다가갔다. 장교가 재빨리 갑판으로 올라왔다. 두근거리는 가슴과 창백해진 얼굴로 제독은 그를 마주보았다. 입의 근육이 움칠거렸고 상체는 앞으로 휘었다.

"각하!"

장교가 말했다.

"알려드립니다. 우리는 망망대해를 발견했습니다. 여기서 곶을 지나 3일주야 항정만 가면 됩니다."

마가야네스는 그를 멍하니 쳐다보았다. 그에게 감사의 말을 하려고 했지만 어떤 말도 꺼낼 수가 없었다. 자신의 감정을 드러낼 줄 모르는 엄격한 군인이었던 그에게 말로 표현할 수 없는 행복감이 물밀 듯 밀려왔다.

그들이 그 해협을 발견한 것이다!

제독은 당황하여 웃었다. 그의 손가락이 난간을 잡았다. 어깨가 떨리고 눈이 촉촉해졌다.

피가페타는 나중에 이렇게 기록했다.

선장은 기쁨의 눈물을 흘렸다.

13 승리의 눈물

피가페타가 급하게 달려와서는 말했다.
"우리가 이 원주민들과 접촉을 한 첫 번째 이방인이 아니라는 사실을
각하께서는 어떻게 설명하시겠습니까?
대화와 신호를 통해 알 수 있었습니다. 우리처럼 동쪽에서 온 사람들이 아니라
서쪽에서 온 중국 사람이거나 몽골 사람이라는 것을요."
"그것은 증명합니다……."
마가야네스는 손을 들었다. 피가페타가 말하려 하는 것을 멈추었다.

배반과 절망 속에서 갈망의 곳을 발견하고

안토니오 피가페타는 이렇게 기록했다.

마가야네스는 자신을 지상에서 지금까지 살았던 사람 중 가장 행복한 사람으로 여겼다. 그리고 지구를 돌아 아시아의 군도로 가는 길이 그에게 열렸다는 사실에 너무 기뻐서 어쩔 줄을 몰랐다. 그는 카를로스 왕과 그의 위대한 은혜, 그리고 자신이 받게 될 보상에 대해서도 생각했다.

피가페타는 잘못 알고 있었다. 마가야네스의 기쁨이 형언할 수 없을 정도로 컸다는 것은 맞다. 장애 요소 때문에 그의 의지를 포기해야 할 것 같은 마지막 순간에도 그는 해협에 대한 자신의 믿음이 확고했음을 확신했다. 그는 카를로스 왕이 접견하기 위해 자신을 맞이하고, 그는 총사령관으로서 왕에게 맡은 바 임무를 완수했음을 알리는 그런 장면도 상상해보았다. 그러나 마가야네스는 크리스토발 콜론이 아니었다. 미래의 지위와 왕의 보상에 대한 기대는 이 황량한 황무지에서는 부차적인 것이었다. 명예욕은 힘든 시련을 겪고 난 후에는 진부한 것처럼 보인다. 그는 베아트리스와 로드리고를 생각했다. 그들은 그에게 자부심을 가져도 된다. 그러나 그들은 아직 목적지에 도달하지 않았다. 그들은 계속 앞으로 나아가야 한다. 남태평양을 향해서, 그리고 그것을 넘어서. 제독은 이제 그가 가까이 다가가는 그의 친구 프란시스쿠 세하웅을 생각했다.

그러나 다시 빠르게 순간의 기쁨 속에 걱정이 스며들었다. 산안토니오 호는 어디 있는가, 메스키타는 어디 있는가? 세라노 역시 그 생각을 했다. 정찰하라는 명령을 내린 후로 그는 산안토니오 호를 다시 보지 못했다. 그는 말했다. 메스키타가 막힌 지류로 들어가서 나중에 기다리고 있는 두 척의 배로 돌아올 거라고 예상했다고. 어쨌든 콘셉시온 호는 혼자서 탐색 항해를 감행해야 했다고.

사고가 일어난 것인가? 마가야네스는 놀랐다. 산안토니오 호는 가장 큰 배였다. 저장식량의 상당 부분이 그 갈레온의 선적실에 쌓여 있었다. 그 배가 공중에서 분해될 수는 없다. 세라노 역시 그 이유를 설명할 수가 없었다. 마가야네스는 머리가 부서질 것 같았다. 대략적인 짐을 추정하고, 손실의 최고치를 계산해보았다. 그리고 그 결과의 심각성을 고려했다. 그래서 탐색해보라고 빅토리아 호를 보냈다.

마가야네스는 두아르테에게 말했다.

"돌아가봐라, 두아르테. 모든 지류를 살펴보고, 난파선 조각들이 있는지, 그리고 난파당한 사람들의 흔적이 있는지를 찾아봐라. 대서양까지 가보게. 일만일천 처녀들의 곶까지."

"그런데 이 탐색항해가 아무 성과가 없다면요?"

두아르테가 물었다.

"그렇다면 자네는 잘 보이는 높은 곳에 기를 게양하게. 맞아, 그리고 그곳에 편지 한 통을 보관해두게나. 항아리 안에 넣어두는 것이 가장 좋겠지. 우리의 항로와 우리가 대양에서 기다릴 테니 산안토니오 호는 선대를 따라와야 한다고 적어놓게."

"그것으로 충분합니까?"

"아냐, 그것만으로는 충분하지 않아. 우리는 여기에 또 다른 신호를 세울 걸세."

빅토리아 호가 탐색하러 간 동안 제독은 여러 장의 양피지에 글을 적어 샐럽과 피니스를 출발시켰다. 배 한 척은 그들이 산안토니오 호를 시야에서 놓쳤던 그 장소로 가져가서 눈에 띄게 튀어나와 있는 곳에 그 편지를 보관할 것이다. 마가야네스의 명령을 적은 또 하나의 양피지는 가장 큰 섬에 남겨둘 것이다. 피가페타는 그 과정을 이렇게 보충 설명했다.

총사령관은 여기 섬 중 한 곳에 십자가를 설치하게 하고, 눈 덮인 높은 산에서 흘러 내려오는 이슬레오 강에서 트리니다드 호, 콘셉시온 호와 함께 기다렸다.

마가야네스는 기적을 기대했다. 메스키타와 고메스가 산안토니오 호를 가지고 도망갔다는 의견이 있었지만 제독은 여전히 믿지 않았다. 갈레온선은 가라앉은 것인가? 아마도 암초에 부딪쳤을 것이다. 사방의 가파른 산에서부터 카날 데 토도스 로스 산토스의 수면으로 떨어지는 강력한 돌풍을 맞아서. 하늘은 어떤 일이 일어났는지 알 것이다! 하늘은……그렇다. 그들은 무엇을 위해 점성술사를 배에 데리고 다니는가? 그는 산 마르틴에게 산안토니오 호와 그 선장에 관해 점성술을 보라고 명령했다. 점성술사는 하룻밤을 그의 기구와 도표들과 씨름하더니 그 결과를 가지고 마가야네스의 선실로 왔다. 그는 불안했다. 왜냐하면 하나의 작업을 성취했다는 자부심 외에 제독에게 나쁜 보고를 해야 한다는 게 마음에 들지 않았기 때문이다.

그는 주저하면서 마가야네스가 앉아 있는 탁자 앞에 섰다.

"산 마르틴 안드레스."

그는 용기를 내어 물었다.

"조타수인 이스테바웅 고메스는?"

그 항해자는 신중하게 대답했다.

"갈레온선 산안토니오 호를 타고 대서양을 거쳐 에스파냐로 돌아갔습니다."

그것은 불가능하다!

"고메스가? 어떻게 고메스가 그럴 수 있단 말인가? 메스키타가 산안토니오 호의 선장이 아닌가!"

"메스키타 선장은 사슬에 묶여 있습니다."

마가야네스는 눈썹을 찌푸렸다. 자신이 한 말의 영향력을 약화시키기 위해 산 마르틴이 급하게 말을 계속했다.

"그러나 왕은 탈영병들을 징벌할 겁니다."

제독은 그를 조소하듯 촛불 너머를 쳐다보았다.

"나는 점성술과는 운이 없나보군."

그는 짧게 말했다. 산 마르틴은 그 상황을 벗어났다는 것이 기뻤다. 두 사람은 산 마르틴의 점성술이 아주 정확하게 맞다는 것을 알지 못했다.

마가야네스는 흔들리는 불을 응시했다. 산안토니오 호는 불행의 배이다. 처음 사령관인 팔레이루는 미쳤다. 카르타헤나는 반란을 일으켰다. 데 코카는 자격이 없었다. 케사다는 반역죄를 지었다. 산훌리안에서 제독은 그 배에 대포를 쏘았다. 그리고 지금 그들은 독자적으로 고향으로 돌아가고 있다. 그가 이 소식을 비밀로 해야 하는가? 무엇 때문에? 그것은 모든 사람들이 생각하고 있었던 것을 확인해주는 것에 불과하다.

빅토리아 호는 며칠 후 아무 성과도 없이 그들이 정박해 있는 장소로 돌아왔다. 마가야네스는 변한 것은 아무것도 없다고 말하고 싶었다. 그러나 그들의 상황이 더욱 나빠졌다는 것을 인정해야 했다. 그 갈레온선은 가장 큰 배이며 그들이 먹을 저장식품의 대부분을 가지고 있다. 아직 남아 있는 비축식량으로는 아주 적은 양의 배급밖에 할 수 없다. 그리고 나머지 선원들의 분위기는 다시 비관적으로 바뀔 것이다. 그가 해협을 발견하여 기쁜 행복감을 느끼자마자, 고메스의 배반이 제독에게 새로운 문제로 제기되었다. 마가야네스는 자신이 원하는 대로 그것을 해결할 것이다. 그는 모든 성공에 지옥처럼 깊은 실망을 그 대가로 지불해야 했다.

마가야네스는 그의 선실에 앉아 있었다. 손가락으로 책상을 치면서 생각했다. 장교들과 선장들은 어떻게 반응할 것인가? 그들은 그에게 충성을 다할 것인가? 카르타헤나와 그의 도당들의 반란은 아직도 그에게 영향을 미치고 있다. 그는 이런 일이 반복되기를 원하지 않는다. 그는 항상 먼저 이해를 구하기 때문에 회의를 소집하는 것이 가장 좋을 것이다. 그러나 그것은 좋은 결과를 가져다주지 못한다. 그는 나쁜 경험을 가지고 있다. 회의를 하면 그는 대부분 반항적인 악평과 싸워야 하기 때문이다. 산안토니오 호에는 그의 말을 잘 듣는 사람들이 많았다. 거의 모두 포르투갈 출신 사람들이었다. 여기서 의논을 하게 되면 에스파냐 사람들이 자신들의 입지를 강화시키려 할 것이다. 그럼에도 불구하고 그는 선원들 사이의 분위기에 관해 무엇인가 알아야 했다. 그가 어떻게 해야 하는가? 그는 불만의 소리를 듣기 원한다. 그는 알부를 불러서 그에게 편지를 받아쓰게 했다.

페르난도 데 마가야네스, 성 야곱 교단의 기사, 에스파냐의 왕인 카를로스 폐하가 항료 군도를 발견하기 위해 파견한 선대의 총사령관이 선장들, 조타수, 그리고 갑판장들에게 보낸다!

나는 우리의 계획을 수행하겠다는 나의 결정이 성공에 대한 희망도 없이 더 큰 위험에 내맡겨질까봐 당신들이 두려워한다는 것을 알고 있다. 이 여행을 완전히 수행하기 위해서 우리에게 시간이 너무 부족한 것처럼 보일 것이다. 나는 어떤 생각도 무조건 비난한 적이 한 번도 없다. 어떤 충고도 경멸한 적이 없다. 사안에 관해 항상 공개적으로 말해야 한다. 그리고 모든 회의에서 개개인은 자유로이 자신의 생각을 표현할 수 있어야 한다. 그러나 산훌리안 만에서 일어난 좋지 않은 사건 이후로 나는 모임을 소집하는 것보다 당신들의 생각을 개별적으로 듣는 것이 더 낫다고 여긴다. 그래서 나는 서면상으로 폐하에 대한 봉사와 함대의 안전을 위해 유용해 보이는 모든 것을 나에게 제안하기를 당신들에게 요구한다. 왕, 우리 군주에 대한 봉사를 방해하는 것, 그리고 나에게 했던 맹세에 위배되는 어떤 것도 제안하지 말기를 바란다. 나는 왕의 이름으로 그리고 총사령관으로서 명령한다. 당신들이 우리의 여행에 대해 충고해야 한다고 믿는 모든 것을 나에게 말하라. 그리고 그렇게 해야 하는 이유를 어떤 것도 숨기지 말고 서면상으로 분석하여 제출하라. 그리고 나서 나는 내 자신의 의견과 나의 결정을 당신들에게 알려주겠다.——토도스 로스 산토스 해협에서, 1520년 11월 21일.

알부는 그 편지를 복사해서 동일한 편지를 빅토리아 호와 콘셉시온 호의 선장에게 전달했다. 동시에 그 내용은 트리니다드 호의 장교들에게도 공지되었다. 마가야네스는 절대 이 편지에 적은 구절들에서보다 더 외교적이었던 적은 없었다고 믿었다. 그는 신뢰를 보여주었다. 모든 충고는 환영한다. 항상 그는 자극을 준 것에 대해 감사할 것이다. 그럼으로써 그는 사람들에게 그들의 의견을 서로 표현할 수 있는 논쟁을 유도하려 했다. 그러면서 동시에 그는 경계를 그었다. 왜냐하면 어떤 진술도 그가 개인적으로 규정한 근무나 혹은 그가 구체화하는 권위에 반대해서는 안 되기 때문이다. 그가 사람들에게 그들의 생각을 솔직하게 말하도록 요구했기 때문에 그는 자신의 지도 스타일에 대한 불평을 제기할 수 있는 근거를 제거했다. 그리고 서면상으로 표현해야 하기 때문에 그들의 생각을 짧고 객관적인 표현방식으로 쓰도록 강요한 것이다. 근본적으로 그는 형식적으로만 포기했으며 형식적으로만 그의 결정을 보류했다.

그의 전술은 아주 성과가 없지는 않았다. 장교들은 모여서 그 편지에 관해 토론을 했다. 처음에는 격렬하게 그리고 나서는 좀더 냉정하게. 마침내 그들은 공동으로 답변하기로 마음을 모았다. 그들의 생각과 제안들은 진지했다. 사령관의 간청은 정의감을 불러일으켰다. 안드레스 데 산 마르틴은 선장과 장교의 부탁을 받아 그들 공동의 의견을 기술했다.

우리는 다음과 같이 답변을 드립니다. 우리의 절망에도 불구하고 이 해협을 통해 몰루카 군도로 가는 길을 아마 발견할 수 있을 것입니다. 그러나 탐험을 계속 수행하기 위하여 이번 봄을 이용해서는 안 됩니다. 각하께서는 이 봄은 해협을 탐색하는 데 이용하시고, 그리고 나서 에스파냐로의 귀향을 생각하는 것이 상황에 맞을 겁니다. 낮은 점점 짧아지고 항해는 점점 위험해집니다. 낮이 열일곱 시간이나 지속되는 지금, 어두운 시간은 계산에 넣지 않았습니다. 우리는 심한 바람과 잦은 뇌우를 만나게 됩니다. 그렇다면 우리가 겨울에 기대할 수 있는 날씨는 얼마나 더 나쁘겠습니까?

그들은 제독이 그들의 말을 들을 것이라고는 생각지 않았다. 그들은 그를 잘 알고 있었다. 태풍, 추위와 얼음도 그에게 아무런 영향을 미치지 못한다. 세라노는 해협의 끝에서 소위 대양이라는 것을 보았다. 그가 착각한 것인가? 아마도 이런 날씨에는 그 끝이 보이지 않는 아주 큰 만에 불과할 수도 있다. 그런데 그가 바다로 착각한 것인가? 그것은 절대 통로가 아닐 것이다. 산 마르틴은 그것에 관해서도 언급해야 했다.

우리는 고백합니다. 각하가 산타 크루스 항에서 선장들에게 명령했던 대로 남쪽으로 계속 항해하는 것이 우리에게는 불가능해 보입니다. 여기에서도 매일 태풍과 나쁜 날씨를 만나는데 각하가 예상했던 대로 우리가 극점에 60도 혹은 심지어 75도까지 가까워진다면 어떻게 되겠습니까? 혹은 우리가 몰루카 군도로 가는 길을 희망봉을 돌아가는 항로를 통해 찾아야 한다면 어떻게 되겠습니까? 우리는 그것이 실현 가능하다고 여기지 않습니다. 우리는 절대 겨울이 오기 전에 그곳에 도착하지 못할 것입니다. 그리고 매우 지친 선원들은 너무 힘들어 아마 죽을 겁니다. 우리의 식량은 양적으로 충분치도 않고 질적으로 선원들에게 새로운 힘을 부여하기에 적합하지도 않습니다. 아픈 사람들이 다시 건강해지기는 매우 힘들다는 것을 우리는 알고 있습니다. 그래서 우리는 각하가 너무 엄격하다고 생각합니다.

총사령관은 아무 말하지 않고 그것을 읽었다. 그렇다. 그는 생각했다. 나는 엄격하다. 산훌리안이 나에게 그것을 고통스럽게 가르쳐주었다. 새로운 반란이 절대 일어나지 않도록 선원들에게 엄격한 규율을 가르쳐야 한다. 지금까지 어떤 것도 그로 하여금 그의 항로에서 이탈하게 만든 것은 없었다. 반란, 슬픔, 배고픔, 실수 그 어떤 것도. 성실한 수로 안내인이 관대한 단어로 기술했던 이 이성적인 진술이 갑작스런 심경의 변화를 일으키게 할 수 있을까? 결론으로 산 마르틴은 설득력 있게 간청했다.

밤에는 이 해안에서 항해하지 않는 것이 좋을 것입니다. 배의 안전 및 선원들에게 약간의 휴식을 허락하기 위해서입니다. 열아홉 시간 동안 주간 작업을 한 후 네다섯 시간 정박하라고 명령할 수 있을 것입니다. 우리는 해가 지고 나면 닻을 내려야 합니다. 암초를 피하기 위해서는 그래야만 합니다. 낮에는 위험하긴 하지만 그래도 그 암초들을 피해 항해할 수 있습니다.

마가야네스는 빽빽하게 글씨가 적힌 편지를 접어서 매끈해지도록 문질렀다. 그리고 생각에 잠겨 그것을 내려다보았다. 이 제안들은 이성적이다. 어떤 선장이라도 그들의 권리를 파악하고 아마 그렇게 주장했을 것이다. 원정대가 극복해야 했던 어려움은 상상할 수 없을 정도로 컸으며, 또한 날씨를 전혀 예측할 수 없었기 때문에 마가야네스에게는 귀향이 망상도 아니고 뻔뻔스러움을 의미하는 것도 아닐 것이다. 아메리카 대륙을 통과하는 통로는 발견되었다. 그것도 사람들이 생각했던 것보다 더 남쪽에서.

그러나 그것은 존재했다. 그것은 환영이 아니었다! 사람들은 아직도 모른다. 아메리카라는 대륙을 배로 일주할 수 있는지 아니면 그 대륙이 극점까지 이르는지를. 더 나은 배들과 휴식을 취한 선원들로 이루어진 새로운 원정대가 그들이 시작했던 것을 완수할 수 있을 것이다. 의심할 필요 없이 그들은 다시 마가야네스의 명령에 복종할 것이다. 그는 그 길을 알고 있으며 그것의 위험도 알고 있다. 그것은 단지 미루는 것일 뿐이지 포기가 아니다.

한 순간 그는 거의 집으로 돌아가자는 생각에 굴복할 뻔했다. 베아트리스와 작은 로드리고를 다시 팔에 안을 수 있다는 생각에. 그의 둘째 아이는 벌써 태어난 지 반년이나 되었을 것이다. 딸인가 아들인가? 그러나 그는 감상적인 마음의 동요를 강력하게 부정했다. 도대체 그가 요구하는 것이 무엇인가? 그가 불가능한 것을 원하는가? 그는 자신에 관해 더 관대했던가? 그는 거의 잠을 자지 않았으며, 선원보다 더 잘 먹지도 않았다. 그의 식사는 선원들의 배급량과 똑같았다. 적어도 선원들은 담소를 나누면서 맛없는 음식이나마 담소를 양념으로 식사할 수 있었다. 그러나 그는 선실에서 혼자 검소한 식사를 했다. 선원들은 교대하며 근무하지만 그는 밤낮을 깨어 있었다. 그들은 그가 쉽게 결정했다고 생각하는가? 그렇다. 그는 고집스럽지만 사령관으로서 그들보다 더욱 냉정해야 한다.

그는 그들의 이유에 대해 생각해보았다. 그는 반항적인 언행을 기대했다. 그러나 그들은 이성적이었다. 그는 그들의 변명을 단순히 무시할 수는 없다. 그는 그것을 고려해야 했다. 그의 고집에 대한 그들의 의심. 그러나 갑자기 어떤 생각이 번개처럼 그에게 스쳤다. 산안토니오 호가 정말 탈영해서 에스파냐에 도달했다면 고메스와 선원들은 모두 그에 관해 가장 나쁜 소문을 퍼뜨렸을 것이다. 고메스는 에스파냐에서 그를 비방할 것이다. 산훌리안의 사건을 그의 관점에서 묘사할 것이다. 그들은 이미 그 자신의 보호를 위해 그렇게 했을 것이다. 그들이 법정 앞에 서지 않는다 할지라도. 그리고 노예선의 판결을 받지 않는다 할지라도.

마가야네스는 그들의 비방을 그가 원정을 승리로 이끌었다는 것을 보여줌으로써 반박할 수 있다. 이 편지는 하나의 대책이 될 수 있다. 협조적인 지도력의 증명, 그의 적들이 그에게 비난하는 바로 그것, 즉 냉혹함과 독단적인 태도의 반대임을 보여줄 것이다. 이제 그는 향료 군도를 발견해야만 한다. 그리고 승리자로서 탐험가로서 돌아가야 한다. 성공한 사람은 항상 옳다고 인정받기 때문이다.

그래서 그는 모든 걱정을 옆으로 밀어놓았다. 말없는 고집스런 성격이 발동했다. 그의 시대에 사용되던 완곡한 표현을 써서 그는 자신의 결정을 다음과 같은 두 문장으로 알렸다.

나는 내가 입은 성 야곱 교단 기사의 옷에 대고 맹세한다. 이제 곧 봄의 전성기를 맞이하게 되는데 우리를 이 해협으로 이끌어준 하나님께서 계속 우리 희망의 목표까지 이끌어주시리라는 믿음을 가지고 이 유리한 계절을 이용할 것임을 맹세한다. 항상 앞으로 나아가는 것이 가장 좋은 것이다!

다음날 선대를 서쪽을 향해 해협으로 들어갔다. 처음에는 그 해협을 따라가는 것이 별로 어렵지 않았다. 그러나 잠시 후 그 해협은 수많은 소용돌이와 높은 암초에 의해 여러 지류로 나뉘었다. 콘셉시온 호가 먼저 갔다. 세라노가 그 길을 알고 있었기 때문이다. 그 뒤를 빅토리아 호가 따랐고 맨 마지막으로 트리니다드 호가 갔다. 또 다른 탈영을 막기 위해서였다.

배들은 1천 미터나 되는 높은 암벽에 둘러싸였다. 그 암벽들은 물에서 가파르게 솟아 있었으며 그것들 사이로 환상적인 밀물과 썰물의 흔적이 남아 있었다. 파도는 대서양에서뿐 아니라 태평양에서도 밀려왔다. 싸락눈 소나기가 끊임없이 내렸다. 배들이 멈출 수 있는 해변도 정박지도 거의 찾을 수 없었다. 낮에는 육지에 어떤 생명체도 보이지 않았다. 그러나 밤이면 어둠 속에서 파타고니아 인디언들이 흔드는 불이 다시 사방에 뿌려져 있는 것을 보았다. 티에라 델 푸에고, 불의 나라! 선대는 암석으로 이루어진 미로를 통해 300마일을 진행했다. 11월 중반, 그들은 바다로 튀어나온 곳 뒤에서 마침내 미지의 대양에 도달했다. 마가야네스는 그곳에 카보 데세아도, 즉 갈망의 곳이라는 이름을 붙여주었다.

"마가야네스는 끔찍한 폭군이자 배반자이다!"

탈영의 정확한 상황을 마가야네스는 알 수가 없었다. 그는 그 결과를 절대 듣지 못할 것이다. 이스테바웅 고메스는 세비야 이후로 그의 때가 오기를 기다렸다. 피가페타가 추측했듯이 그는 잊을 수 없었을 것이다,

마가야네스가 카를로스 왕 앞에서 한 설명 때문에 자신이 아니라

그 외국인이 원정대의 대장에 임명되고, 그는 조타수라는 하위직을 받게 되었던 것을. 여기서 가장 그를 화나게 했던 것은 그가 포르투갈 사람의 명령을 받아야 한다는 것이었다.

해협에서 회의를 할 때 고메스의 반론은 계산에 의한 것이었다. 그가 제독에게 이의를 제기할 때 그는 한 순간도 그를 설득하려고 하지 않았다. 오로지 불만을 가진 사람들과 이런 것을 말할 용기가 없는 사람들에게 환심을 사려고 했을 뿐이다.

산안토니오 호에서 그는 추종자들을 발견할 수 있었다. 카르타헤나의 오랜 친지들. 게다가 불안해하는 선원들. 결국 선장이 네 번 바뀌었다. 이 배의 선원들은 산훌리안의 밤 이후로 일부 다른 선원들에 의해 배반자와 적대자라는 멸시를 받았다. 고메스는 에스파냐 사람들을 선동했으며 포르투갈 사람들을 고립시켰다.

"너희들은 파멸 속으로 뛰어들려 하느냐?"

그는 그들에게 물었다.

"이것이 향료 군도로 가는 통로라고 상상하는 것은 말도 안 되는 것이다. 제독은 그의 이상에 사로잡혀 있다. 그는 우리의 고통을 더욱 가중시킬 것이다. 우리는 이미 얼마나 많은 만을 검사했던가. 이곳도 해협이 아니다! 다음에 만나게 될 만도 해협이 아니다. 그리고 그 다음 것도 마찬가지로!"

그들은 공식적인 반란이 성공의 전망이 별로 없다는 것을 알고 있었다. 마가야네스는 훌륭한 전술가이며 노련한 행동가라는 것을 그들에게 이미 두 번이나 보여준 바 있다. 사람들은 다음번에 기회를 봐서 산안토니오 호를 타고 에스파냐로 돌아가자는 데 합의를 보았다. 마가야네스가 콘셉시온 호와 함께 해협을 탐색하라는 명령을 내렸을 때 그 기회가 온 것이다. 그들이 출범하자마자 고메스는 키잡이로 하여금 바람을 가득 받게 해서 산안토니오 호를 빠르게 진행시켰다.

선장인 메스키타는 놀라서 쳐다보고는 조타수에게 호통을 쳤다.

"무슨 일인가, 고메스? 천천히 항해를 하며 돌아가라. 바로 지삭 위로 올라가라!"

고메스는 조롱하듯 웃었다.

"나는 그 길을 알고 있소. 이것이 옳은 길이오!"

메스키타는 급하게 우현에서 주갑판을 건너 고메스에게 달려갔다. 그는 고메스가 좌현에 대고 했던 손동작을 보지 못했다. 그곳에는 무장한 선원들이 준비하고 있었다.

선장은 화가 나서 조타수에게 달려들었다.

"너는 선장에게 복종하기를 거부하는가?"

"당신은 과거에 선장이었지."

고메스가 냉정하게 말했다.

"이제 당신은 우리의 포로요."

메스키타는 칼을 꺼냈지만 그는 이미 체포된 상태였다.

"개 같은 놈들! 배반자!"

그는 이렇게 외치면서 반란자들에게 달려들었다. 싸움은 짧게 끝났다. 선장은 부상을 당하고 쓰러졌으며 철책에 갇혔다. 고메스는 산안토니오 호의 키를 돌려서 지류 해협을 통해 만의 입구로, 대서양으로 나아갔다.

변절한 조타수는 계속 전면에 나서지 않았다. 그는 어리석지 않았다. 교활한 성격은 그를 계속 조심스럽게 만들었다. 그리고 그는 이성적으로 자신이 이 카라벨의 지도자로 나서는 것이 현명하지 못한 처사라는 것을 깨달았다. 그래서 그는 제로니모 구에라라는 사람을 선장으로 내세웠다. 구에라는 영향력이 없는 순진한 사람이었다. 그러나 그에게는 카사에서 비서로 일하는, 그럼으로써 왕실과 막연한 관계를 가지고 있는 사촌이 있었다. 아마도 그것을 이용할 수 있을 것이다.

카르타헤나와 가브리엘 산체스 데 라 레이나를 제독을 반대하는 증인으로 내세울 수 있다면 더욱 유리하며, 더 강력한 영향력을 미칠 수 있을 것이다. 그래서 그들은 우선 산타 크루스 항으로 방향을 잡았다. 그러나 날씨는 흐리고 대륙 쪽으로 강하게 부는 바람 때문에 만에 들어갈 수가 없었다. 그들은 작은 구포를 쏘았다. 해변에서는 불도 어떤 신호도 볼 수가 없었다. 그들을 찾는 것은 실패했다. 부사령관과 신부는 결국 실종되었다.

그 갈레온선은 대서양으로 나아갔으며 북동 항로를 통해 아프리카로 갔다. 그들은 산안토니오 호에서 잘 지낼 수 있었다. 오히려 너무 잘 지내서 탈이었다. 왜냐하면 회귀선의 위도에 도착했을 때 선대 전체가 몰루카 군도에 갈 때까지 사용해야 할 비축식량을 거의 다 소모해버렸기 때문이다. 병자는 늘어났으며 검은 대륙의 해안을 보기도 전에 첫 번째 사망자가 생겼다. 하루의 배급량은 1인당 빵 3온스였다. 심한 고생 끝에 그들은 기니 해안을 보았으며, 거기서 북쪽으로 방향을 정했다. 그들은 어디에서도 육지에 상륙할 수가 없었다. 사방이 포르투갈령이었기 때문이다. 그런데도 푸에고 섬에서 도주한 지 여섯 달 만에 그들은 에스파냐에 도착했다.

고메스는 항해 도중 모든 것을 하나하나 정확하게 지시했다. 그는 그들에게 설득력 있는 단어로 그들을 기다리는 것이 무엇인지, 그리고 그들의 귀향이 탈영으로 간주될 수 있다는 것을 상세히 설명했다. 그래서 카사 데 콘트라타시온은 선원들로부터 항상 똑같은 말을 들을 수밖에 없었다. 즉 그들이 만에서 기함을 찾았지만 기함이 약속한 장소에 나타나지 않았다. 그들은 대포를 쏘고 약속 시간이 지나도록 오래 기다렸지만, 식량이 부족하여 되돌아가는 것을 결정할 수밖에 없었다고. 그리고 메스키타 선장은 매우 화를 냈다. 그는 바다에서 선원 한 명을 찔러 죽이고 그 시체를 바다에 던져 상어 밥이 되게 했다. 그가 사소한 잘못을 저지른 조타수를 공격하려 했기 때문에 그 사령관을 붙잡아 둘 수밖에 없었다고. 선장이 그들의 귀향에 대해 다른 말을 하는 것이 이해할 만하지 않느냐고.

관리들은 그 진술을 정확하게 기록했다. 그들은 마가야네스의 행동을 절대 진심으로 지지하지 않았다. 포르투갈의 모험가, 에스파냐의 왕이며 이제는 신성로마제국의 황제이기도 한 카를로스 왕이 그렇게 성급하게 총사령관으로 임명했던 그가 그들에게는 항상 눈엣가시였다. 다른 새로운 소식들이 세비야와 바야돌리드의 점잖은 장관들에게 더욱 나쁜 영향을 미쳤다. 멘도사는 살해당하고, 케사다는 처형당했으며, 카르타헤나와 가브리엘 산체스 데 라 레이나는 유기되었다. 그것은 사령관의 말도 안 되는 월권행위였다. 제독은 월권을 했으며, 그의 권위를 가장 악랄하게 오용했다.

에스파냐에서는 모든 것이 다르게 보였다. 에스파냐 사람들이 냉혹한 현실에 관해 무엇을 알겠는가? 초록색 탁자에, 깨끗하게 완성된 보고서에, 우아한 홀에서 혹은 화려하게 차려진 식탁에서 이루어지는 세련된 대화에서 마가야네스 선대의 행로는 모든 사람이 그에 대한 책임을 거절하는 미친 자의 소행으로 보였다. 고문관들, 고위 성직자들, 간부들, 궁정 고위층들이 소용돌이치는 태풍과 맹세, 반란과 고독한 밤에 관해 무엇을 알겠는가? 그들이 따뜻한 에스파냐에서 남극 태풍의 상상할 수도 없는 추위에 관해 무엇을 알겠는가? 채워지지 않는 허기와 산티아고 호 난파의 고통에 관해서 무엇을 알겠는가? 그들은 열정적이지만, 국왕의 충성스런 신하인 마가야네스의 닥달을 받으며, 에스파냐를 위해 향료 군도로 가는 항로를 찾으려는 선원들의 진정한 영웅심에 관해서는 아무것도 모른다. 관리들은 그들의 규정집을 심각하게 뒤적거렸으며, 그 조항들을 연구했다. 그리고 총사령관이 그 황량한 곳에서 왕이 구체적으로 생각해낸 그 규정을 정확하게 지켰는지를 검사했다.

에스파냐가 그 원정으로 말미암아 끔찍한 웃음거리가 되었다는 데 그들은 의견의 일치를 보았다. 포르투갈이 비웃을 것이다! 탈영병들은 한 목소리로 말했다. 마가야네스는 끔찍한 폭군이었다고. 그는 철저한 포르투갈 사람이었다. 아마 그는 마누엘 왕의 비밀 지시를 받았을 것이다. 그는 아무 계획 없이 신대륙을 해안을 따라 올라갔다 내려갔다 하는 것처럼 보였다. 그는 시간을 낭비했다. 그의 무능력 때문에 작은 배인 산티아고 호를 잃었다. 그리고 거대한 갈레온선인 산안토니오 호와 헤어지게 되었다고.

부르고스의 왕실 의회는 대규모 심문을 열었다. 다행히도 폰세카가 그곳에 있었다. 주교는 그들의 진술 중 대부분을 의심했으며 마가야네스에 대한 유죄판결을 막을 수 있었다. 많은 것이 불분명했다. 오랜 고심 끝에 그리고 끝없이 생각한 후에 그는 겨우 판결을 연기시킬 수 있었다. 메스키타는 감옥에 있다. 구에라와 고메스도 체포되었다. 사람들은 마가야네스의 귀향이나 검증할 수 있는 정보를 기다리려고 했다. 그들은 아주 오랫동안 구금되었다. 선원들은 방면되었다. 그들을 감옥에 가두는 것이 국고에 지속적으로 너무 큰 부담이 되었기 때문이다.

베아트리스는 그녀의 남편에 관해 퍼져 있는 어떤 소문도 믿지 않았다. 두 번째 아이는 딸이었는데 사산했다. 그 이후로 그녀의 건강은 좋지 않았지만, 그녀는 용기를 내어 남편이 집요하고 끈질기다는 것을 보여주었다. 그녀는 관청에 그를 변호하는 편지를 썼으며, 개인적으로 변명했다. 담당관과 총무처 서기에게 애원했으며 그 보고서에 이의를 제기했다. 그녀는 남편을 잘 알고 있었다. 그는 절대 배반하지 않는다. 모든 것이 왜곡되었으며 부풀려졌다. 그는 비방당하고 있다! 그가 포르투갈 사람이기 때문에 사람들은 거짓을 믿으려 한다! 모든 말을 믿을 수가 없다. 그는 장관에게 편지를 써서 제독을 변호했으며 탈영병들을 비난했다. 디에고 바르보사, 그녀의 아버지가 그런 그녀를 도왔다. 그들은 그에 대한 비방에 반대했다. 해명서의 기초를 작성하고 친구들과 의논했다. 그것으로 충분치 않았다. 대부분의 사람들은 그들에게 등을 돌렸다. 바르보사 가족은 점점 사람들로부터 기피의 대상이 되었다. 그럼에도 베아트리스는 남편의 명예와 그녀의 가문을 위해 싸웠다.

그녀가 포기하지 않고, 그녀의 재산을 투입하면서 최고의 변호사를 데려왔기 때문에 그녀는 결국 고위관리들에게 부담스러워졌다. 왕실 사무국에서 냉정한 사면이 내려졌다.

페르난도 데 마가야네스, 고귀한 에스파냐의 카를로스 1세이며 신성로마제국의 카를 5세 황제 폐하의 원정대장인 그의 행동에 대한 확실한 증거가 없다. 특히 앞에 언급한 선장의 몰루카 군도로 향하는 항로에 관해서, '아메리카'라 불리는 대륙을 통과하는 해로의 존재에 관해, 그의 지도력과 모든 그의 결정에 관해서도. 그렇기 때문에 폐하의 수상은 다음과 같은 결정을 내린다. 총사령관의 아내인 베아트리스 마가야네스 부인과 그녀의 아들은 항소할 때까지 보호를 받는다. 그들은 그들 소유의 집과 정원을 지금부터 폐하의 궁내관의 서면상 허가를 받아야만 떠날 수 있으며, 이 경우 무장한 호위병의 보호를 받아야 한다. 이 지시는 그들을 보호하기 위한 것이지만, 또한 그들이 마가야네스 제독과 동의하에 포르투갈로 도망갈 의심을 받고 있기 때문이기도 하다.

그 사면서에는 재상 후안 데 소바주가 서명했다. 폰세카의 영향력하에 원정을 위해 왕에게 충고했던 바로 그 사람이다. 그의 판결은 여전히 '명료하며 결정적이다'. 그것은 단순하고, 세상 물정에 어두우며, 사람을 의심치 않는다는 것을 의미한다.

출항 100일째, 그들은 지옥으로 들어가는가

여기 카보 데세아도, 남해의 관문에서 그들은 잠시 휴식을 취했다. 그리고 그들의 비축식량이 생각했던 것보다 더 많이 줄어들고 있음을 확인했다. 그래서 그들은 급하게 몰루카 군도로 떠나려고 했다. 마가야네스는 그 섬들이 곧 수평선에 나타나리라고 믿었다. 1520년 11월 28일, 그들은 북북서로 항로를 잡았다.

제독은 그 전에 그의 장교들을 한 자리에 불러 모아놓고 장엄하게 말했다.

"여러분! 우리는 이제 지금까지 어떤 배도 지나가보지 않은 바다로 들어갑니다. 이 바다가 계속 이렇게 오늘처럼 조용하고 평화롭기를 바랄 뿐입니다. 이런 희망 속에서 나는 이것을 마르 파시피코, 평화의 바다라고 부르겠습니다."

태평양은 실제로 조용했다. 그러나 마가야네스가 그 바다를 건너기 전에 그의 선원들의 절반은 고통 속에서 죽어갈 것이다. 그들은 이후 250년간 선박 사고보다 더 많은 희생자를 냈던 병으로 죽었다. 그들은 괴혈병으로 죽어갔다. 그들은 이 병을 전염병으로 여기고, 말라리아, 나병, 티푸스, 콜레라와 같은 병으로 간주했다. 아무도 괴혈병이 신선한 야채, 과일의 부족과 관계가 있다고는 생각지 못했다.

처음에 태평양은 진짜 낙원의 바다처럼 보였다. 편안한 조류와 강한 뒷바람을 받으며 배들은 아메리카 대륙을 곧 지나쳤다. 모든 돛──뒷돛대의 삼각돛만 제외하고──을 펼쳤다. 바금돛, 바우스프릿돛, 뱃머리의 삼각돛, 앞돛대와 주돛대에 달린 위 사각가로돛과 아래 사각가로돛, 그리고 강력한 보조돛을 폈다. 바람과 구름은 다시 그들의 편이었다.

피가페타는 '바람은 좋았다. 우리는 우리의 속도를 측정했으며 속도 측정을 위해 여행 내내 배의 뒷부분에 매달아 놓은 사슬을 사용했다. 그리고 매일 60 내지 70마일을 항해했다'고 기록하고 있다. 여기서 처음으로 배의 항해 속도를 측정하기 위한 기구인 측정기가 언급되고 있다.

북쪽으로 가면 갈수록 날씨는 더욱 따뜻해졌다. 그토록 오래 갈망했던 태양이 마침내 파란 하늘 위로 내리쬐기 시작했다. 모두들 따뜻해진 날씨와 순항에 대해 기뻐했다.

마가야네스의 위병장교인 프란시스코 알부는 항해일지에 우리는 북쪽으로 23일 동안 항해했다. 그리고 가능한 한 대륙에서 멀리 떨어져서 항해했다. 우리가 절대 그 대륙을 눈에서 놓치지 않을 정도의 거리를 유지했다고 기록했다.

그들은 날아가는 물고기 두 종류를 볼 수 있었다. 알바코레와 보니토. 보니토는 다른 물고기들을 쫓아다녔다. 피가페타는 확인한 사실에 대해 이렇게 기술하고 있다.

우리가 제비라는 에스파냐 단어인 골론드리나에서 유래한 '콜론드리니스'라고 부르는 이 물고기는 물 밖으로 튀어나와서 날개가 젖어 있을 동안 대략 사정거리 정도 날아올랐다 다시 바닷속으로 떨어졌다. 그것의 천적은 그 그림자를 쫓아갔다. 그리고 그 물고기들이 다시 바다로 떨어질 때 그것들을 삼켰다. 흥미로운 광경이었다.

그들은 방향을 잡고 항해를 했다. 10일, 20일을. 그들은 매일 널빤지에 금을 하나씩 그었다. 12월 21일, 그들은 남위 31도에 가까워졌다. 그곳은 기분 좋을 정도로 따뜻했다. 마가야네스는 그 해안에서 북서쪽 항로로 꺾어지기 시작했다. 후안 페르난데스 섬은 발견하지 못하고 좌현으로 그냥 지나쳤으며 바람은 계속 적당하게 불어주었다. 선미에서 밀어주는 순풍이었다.

1월 초──그들이 해안을 떠난 후 5주 동안──그들은 2천800카탈로 니아 마일 이상을 지나왔다. 그들은 염소자리 회귀선을 지나갔다. 그러나 여전히 수평선에 육지는 나타나지 않았다. 대서양에서는 수평선이 그토록 오랫동안 지속된 적이 없었다. 눈이 닿는 곳에는 오로지 끝없는 파란 바다만 펼쳐져 있었다. 물거품이 솜뭉치처럼 흔들렸다. 선미가 빠른 속도로 인해 길게 이어지는 파도를 갈랐다. 물은 밝은 색 거품을 일으키면서 선체에 부딪쳤고, 선미에서 소용돌이를 치면서 다시 무한한 대양으로 들어갔다. 파도는 상당히 심했다. 지속적인 바람이 끝없는 대양의 뒤에서부터 밀려오는 강한 파도를 만들었다.

6주 전부터 오로지 물밖에 안 보였다. 알부는 항해일지에 '바람은 항해에 유리했다. 그러나 해협을 떠난 이후로 바다는 항상 불안했기 때문에 그 항해는 힘들었다. 양식은 이미 모자랐으며, 식수는 상했다'고 기록하고 있다.

수평선 뒤로 테르나테가 언제 솟아오를 것인가? 배 밑을 지나가는 파도, 가끔 삭구에서 파이프 소리를 내는 강한 바람 등은 그들에게 걱정거리도 아니었다. 이들은 폭풍, 태풍, 갑자기 퍼붓는 폭우, 뇌우에 익숙해졌다. 그들은 빙하 지역에서 살아남았다. 따뜻한 바다에 작은 태풍이 무슨 큰일이란 말인가? 그들이 어떻게 알겠는가. 모든 대륙의 육지를 다 합해도 대양보다 면적이 작다는 것을?

물, 물, 모든 것이 바뀌었다. 공기가 어른거렸으며, 하늘은 거의 라일락 색이었다. 마치 비단을 넣어서 짠 비로드 같았다. 별들은 더욱 커졌고, 밝게 빛나는 호박처럼 보였다. 피가페타는 남쪽 하늘을 쳐다보며 이렇게 기록했다.

남반구는 북반구와 동일한 성좌를 가지고 있지 않다. 마치 구름 같으며, 서로 가까이 있는, 더 작고 안개 같은 두 개의 해협을 볼 수 있다. 북반구의 주민들도 그것을 아직 보지 못했기 때문에 나는 그들에게 '마가야네스의 구름'이란 이름을 붙여주었다.

그는 제독의 지식에 감탄했다. 그는 어느 날 낮에 마가야네스가 발레스틸라를 다루는 것을 보았다. 마가야네스는 조타수들이 방향을 잡는 데 도움을 주었다. 이제 그는 확성기를 통해 그들의 항로를 물었다. 조타수들이 항로를 알려주었다. 그들은 마가야네스의 명령에 조금의 오차도 없이 따랐다.

"그러나 너희들은 정해진 항로를 따라가지 않고 있다!"

마가야네스가 외쳤다.

"하지만, 제독님. 나침반 바늘이 마에스트로를 가리키고 있습니다. 나침반은 각하께서 명령하신 대로 315도에 놓여 있습니다."

그는 그들에게 강의했다.

"우리는 남반구에 있다. 남반구에는 지구의 북반구처럼 바늘이 정북쪽을 가리키는 힘이 그렇게 세지 않다. 나침반 침은 북쪽에서 상당히 벗어나 있다. 항로를 발견할 때 그것을 고려해야 한다."

"각하의 말이 옳습니다. 그것을 어떻게 조정할 수 있습니까?"

"한낮에 태양을 관찰함으로써 조정할 수 있지. 태양이 그 최고도에 도달했을 때 정확하게 북쪽에 위치한다. 그렇다면 그것을 나침반 바늘이 가리키는 것과 비교해보자. 정북쪽과의 차이가 편차다."

이 영역에서도 그는 전설적인 인물이다. 총사령관은 그의 선대를 관찰했다. 카라벨 세 척과 선원 177명. 이 바다에 그들은 유일한 유럽 사람이다. 그들이 해협과 황량한 해안을 떠나온 것이 얼마나 오래되었던가? 사방에 바다밖에 보이지 않았다.

"해협을 떠난 지 며칠이나 되었나, 알부?"

제독이 물었다.

"50일 되었습니다, 각하."

마가야네스는 태연하게 말했다.

"몇 해리나 지났지, 알부?"

"해협을 지난 이후로 4천500카탈로니아 마일 왔습니다, 각하."

"좋아. 그렇다면 항로는?"

"북서 항로입니다. 어디까지 가야 합니까, 각하?"

"적도까지 아니면 조금 더 가야 해, 알부."

"그리고 비상식량은?"

"그렇군요. 비상식량이 문제입니다. 우리는 계속 배급을 해야만 할 겁니다. 바다가 저렇게 조용한 게 행운이 아닐까요?"

그렇다. 바다는 조용하다. 전혀 위험하지 않은 연못 같았다. 마가야네스는 항해일지에 '대서양과는 반대로 이것은 조용한 대양이다'라고 기록했다.

그는 자신이 매우 운이 좋았다는 것을 알지 못했다. 그 이후로 대략 60년이 지난 후에야 두 번째 배가 지구를 일주할 수 있었다. 영국의 해적이며 제독이었던 프랜시스 드레이크가 마가야네스의 기록과 피가페타의 일기를 쫓아 항해를 했다. 드레이크는 끊임없는 태풍 속으로 빠져들었다. 그래서 그는 마레 파시피쿰(평화의 바다)보다는 마레 푸리오줌(분노의 바다)이 이 바다에 더 적당한 호칭이라고 말했다.

카보 데세아도를 떠난 지 얼마나 되었나? 마가야네스에게는 그것으로 새로운 시간 계산이 시작되었다. 이전에 존재했던 것은 아무 의미도 없었다. 해협이 출발점이었다. 그 통로와 함께 원정이 다시 시작되었다. 곧 테르나테 섬이 수평선에 나타날 것이다. 사람들은 기적의 섬이 신대륙의 그림자 아주 가까운 바다에서 솟아오른다고 말했기 때문이다. 프란시스쿠 세하웅, 우리가 왔다! 베아트리스는 점점 희미해지고 세하웅이 점점 명확해졌다. 우리는 곧 알게 될 것이다. 지구가 공 모양이라는 것을.

56일째 되던 날, 참을 수 없는 정도로 매일 똑같은 모습의 황야가 되어버린 바다의 수평선에서 구불구불한 선이 나타났다. 선원이 망루에서 외쳤다.

"섬이다!"

선원들은 전혀 다른 사람이 되었다. 여전히 냉담하기는 했지만 그들은 이제 행복한 기대에 가득 차 있었다. 고기, 물, 과일! 선원들은 웃음을 지으며 서로 몸을 부딪쳤다. 그리고 갈색 피부의 여자들도.

그러나 그들은 희망을 바로 접어야 했다. 그것은 푸모투 섬이었다. 그곳은 황량한 장소임이 밝혀졌다. 심하게 거품이 이는 환상의 산호섬이었다. 사람들이 살지 않으며 살 수도 없는 섬이었다. 계속 가자! 11일 후에 그들은 똑같은 실망을 다시 한 번 맛보아야 했다. 또 하나의 섬, 마니히키 산호섬이었다. 파도는 그 섬의 암초에 부딪쳤으며, 바다에는 상어들이 우글거렸다. 그들은 그 섬을 불행의 섬이라 불렀으며 계속 항해했다. 북서 항로를 통해 선대는 순풍을 받으며 천천히 적도를 향하여 나아갔다. 그러나 공허한 바다의 황야였다. 참고로 할 수 있는 이전의 어떤 체험도 없었다. 유럽인은 여기에 와 본 적이 없다. 그들이 서쪽으로 항해했다면 그들은 아름다운 폴리네시아의 아름다운 군도를 발견했을 것이다. 그러나 약간만 북쪽으로 가면 물과 많은 양식을 구할 수 있는 마르키즈 군도가 있으며 북쪽으로는 낙원인 타히티와 사모아를 지나 항해할 수도 있다는 것을 마가야네스가 어떻게 알겠는가!

대개 훌륭한 항해자들이 그러하듯, 그들은 에스파냐에서 출발한 이후 바다에서 적어도 하루에 한 번씩 지리적 위도를 확인했다. 그래서 낮에 태양이 뜰 때, 아니면 밤에 잘 아는 성좌를 볼 수 있을 때면 배의 항로와 속도를 고려하여 접근하는 지점을 정할 수 있었다. 그러나 그들이 북쪽으로 더 멀리 가면 갈수록 태양은 한낮에 더 높이 떠올랐으며, 잘 모르는 별을 기준으로 해서는 고도 도표와 적위 도표를 만들 수가 없었다. 그래서 수로 안내인들은 제독에게 그들의 문제를 알렸다. 한낮에 사분의, 아스트롤라베, 혹은 발레스틸라로 태양의 정중을 확인하는 것이 힘들다고. 적도 근처에서 태양은 그들 머리 위에 거의 수직으로 서 있다. 그림자의 방향을 더 이상 측정할 수 없으며 그래서 배들이 적도의 남쪽에 있는지 아니면 북쪽에 있는지를 확인할 수도 없었다.

마가야네스는 충고했다.

"위도 측정을 잘못하는 것은 태양 정중의 시간 규정을 제대로 못했기 때문이다. 우리가 다시 태양의 정확한 그림자 방향을 확인할 수 있을 때까지, 우리는 밤에 남쪽의 십자성을 발레스틸라로 측정하고, 거기서 지리학적 위도를 끌어낼 수 있을 것이다."

그의 자료에는——적도에서 볼 때——성좌의 고도가 기록되어 있다. 그는 마누엘 왕 밑에서 일하던 시절부터 남쪽 성좌를 알고 있다.

"십자성좌는 대략 남쪽 황위 60도에 위치한다."

마가야네스는 그들에게 설명했다.

"똑바로 서 있는 십자성좌 가운데 띠 아래 있는 별은——네 배 연장하면——남극을 가리킨다. 십자성좌가 안개나 구름으로 가려져 있다 해도 십자성 근처에 약간 높이, 그리고 약간 동쪽으로 켄타우르 성좌가 있다. 이 성좌의 두 번째 별 마찬가지로 잘 관찰할 수 있다. 십자성좌의 가장 밝은 별과 오리온의 리겔을 연결한다면 너희들은 용골자리의 카노푸스와 만나게 될 것이다. 그러면 태양을 대신할 수 있는 좋은 고정점을 가지게 된다."

피가페타는 제독에게 감탄했다. 그러나 마가야네스는 말했다.

"나의 지식은 내가 스스로 터득한 것이 아니다. 그것은 더 위대하고 유명한 사람에게서 배웠다. 너희들도 알다시피 항해자 엔리크가 거의

100년 전 포르투갈의 선원들을 대양으로 파견하기 시작했다는 것을 알고 있을 것이다. 그들은 새로운 섬, 새로운 대륙, 새로운 바다, 새로운 민족, 게다가 새로운 하늘과 새로운 별들을 발견했던 최초의 사람들이었다! 그리고 이 항해자들은 단순히 항해를 떠난 것이 아니라 천문학적 도구, 수학 도표와 참고서를 다루는 방법도 아주 교육을 잘 받았다. 그들은 특별히 고안해낸 지도를 가지고 다녔다. 그 지도는 단지 12개의 방위만 포함되어 있으며, 나침반 없이 항해했던 고대 사람들이 사용하던 그런 지도가 아니었다. 우리 지도에는 32개의 방향이 나타나 있다 ──우리는 32포인트(방위 눈금)라고 말한다──그리고 한 눈금은 11과 4분의 1도를 의미한다. 여기를 보라!"

그는 나침반 함인 비타코라를 가리켰다.

"나침반을 이용해서 어떻게 항해합니까?"

"이 32개의 눈금으로 나누어진 나침반 판이 나침반 함의 유동성 속에서 움직인다는 것을 알고 있을 것이다. 이것이 별처럼 보이기 때문에 사람들은 이것을 스텔라 마리스 혹은 로사 도스 벤토스라고 부른다. 나침반의 북쪽을 가리키는 곳에 자석의 원광이 들어 있어서 그것이 항상 북쪽을 가리키게 되어 있다."

"나침반이 도는 것이 아니라 배가 도는 것이지요!"

"그렇다. 선수의 위쪽을 가리키는 나침반의 가장자리에서 항해중인 항로를 읽을 수 있다. 우리는 지금 나침반의 27포인트로 항해하며 304도의 항로를 따라간다. 이것은 완전한 북서가 아니다. 이 항로로 간다면 하나님의 도우심으로, 며칠 후면 몰루카 군도에 도착하게 될 것이다."

그가 여전히 자신의 행운을 믿는가? 선원들은 눈에 불을 키고 그를 관찰했다. 그들의 눈꺼풀은 붉어졌고, 얼굴은 피곤하며, 피부에는 주름이 생겼다. 배들은 천천히 그들의 항로로 접어들면서 느린 파도를 갈랐다. 파도는 배 뒤에서 거의 거품을 내지 않으면서 흘러갔다. 사람들은 속도에 대한 모든 감각을 잃었다. 항해를 하는 것인가, 아니면 그 자리에서 뱅뱅 도는 것인가? 천천히 가든 빠르게 가든 앞으로 가기는 가는 것인가? 낮에 앞으로 간 만큼 밤에는 그들이 다시 뒤로 표류하는 것 같은 느낌이 들었다. 항상 동일한 장소, 하늘과 바다, 바다와 하늘이었다.

아메리카를 통과하는 통로는 하나의 가정에 불과했다. 그럼에도 마가야네스는 그것을 발견했다. 테르나테와 몰루카는 현실이었다. 세하웅은 그의 편지에서 그것을 확인해주었으며 그 위치를 기술했다. 개연성이 없는 것도 고집을 부려 얻어냈다면 당연한 일에서는 절대 실패하지 않을 것이다.

70일이 지났다! 피가페타는 그의 의무를 잊지 않고 그의 일기에 이렇게 적었다.

양식은 줄어들고 있다. 빵과 물은 아주 적어서 로트로(약 16그람) 배급될 정도였다. 사람들은 물을 마시면서 코를 잡아야 했다. 구역질 나는 냄새를 맡지 않기 위해서다.

피가페타는 주위 세계에 대한 그의 관심을 잃지 않았다. 마가야네스의 강의는 그를 자극했다. 그리고 밤에 그는 남쪽별이 있는 하늘을 관찰했다.

밤바다 한가운데에서 사람들은 서쪽 하늘에 아주 강하게 반짝이는 밝은 별 다섯 개를 보았다. 하나님은 우리를 위로하기 위해 하늘에 그것을 달아주었고 그것에 따라 우리의 수로 안내인은 성실하게 방향을 잡았다.

80일이 지났다. 선원들은 선판에 누워서 꼼짝도 하지 않았다. 움직이면 배고프고 움직이면 목이 마르기 때문이다. 바다와 하늘. 오로지 바다와 하늘뿐이다. 우리는 지옥으로 들어가는가? 우리가 죽은 것인가, 여기가 내세인가, 아니 연옥인가 아니면 림보(그리스도 탄생 이전의 사람이나 세례받지 않은 어린아이가 죽어서 가는 곳―옮긴이)인가?

"각하, 배급식량입니다."

"해협을 지나서 얼마나 왔는가, 알부?"

가진 것이 없어서 더 이상 배급도 할 수가 없다.

"8천100해리 왔습니다, 각하."

지구는 공 모양이 아닌가? 교회의 이론이 옳았나? 우리가 우리를 삼켜버리게 될, 지구라는 원반의 심연 가까이 항해하는 것이라면. 그러나 성좌를 관찰해보면 지구가 공이라는 것을 알 수 있다. 그것은 움직이며, 뜨고 지는 위치를 바꾸고 있다. 북쪽 하늘은 남쪽과는 다른 성좌를 가지고 있다. 총사령관은 갑판 위를 절름거리며 걸어갔다.

"샐럽을 내려라!"

그는 빅토리아 호로, 그 다음에는 콘셉시온 호로 노를 저으라고 명령했다. 그는 용기를 잃은 사람들에게 말을 걸었다. 실망하지 마라, 선원들이여, 힘을 내라! 우리는 몰루카 근처에 와 있다. 내가 너희를 항상 목적지로 데려다주지 않았는가? 우리는 조금만 더 북쪽으로 항해하면 된다. 그곳 큰 섬에서 우리는 식량을 보충할 수 있을 것이다!

그가 미쳐버렸는가? 주위에는 온통 바다, 바다밖에 없다. 그는 섬을 이미 가본 것처럼 그 섬에 관해 이야기한다. 그리고 만약 그곳에 섬이 있다 해도 포르투갈 사람들 또한 거기 있을 것이다. 그는 포르투갈 사람들이 기꺼이 그들에게 그들의 소유물을 내주리라고 생각하는가? 마가야네스는 그의 선대를 검사했다. 이 카라벨들은 어떤 싸움도 견디어내지 못한다. 선원들은 첫 번째 대포를 맞기도 전에 패배할 것이다. 그들은 휴식, 회복을 필요로 한다. 그러나 그들이 이런 끝없는, 세 번이나 저주받은 대양에서 섬을 발견할 수 있을 것인가?

이상한 일이었다. 지금까지 선원들은 그를 절대 믿지 않았다. 그러나 지금 그들은 제독을 믿었다. 그들은 고개를 끄덕이고 심지에 그의 손, 그 강력한 손에, 이번에도 틀림없이 그들을 안전하게 인도해줄 그 손에 입맞추려고 했다. 그는 그들에게 웃음을 보냈으며 손짓했다.

트리니다드 호의 사령교 위, 그는 자신의 계획을 다시 검토했다. 그들이 지금 어디에 있는가? 그들이 지팡구, 즉 일본을 지나갔는가? 여기가 아마 가티가라 곶일 것이다! 그는 다시 측정해보고 알부, 산 마르틴, 그리고 피가페타에게 그 경로를 보여주었다.

"이 자를 대고 컴퍼스로 거리를 재면 이 항로는 카티가라 곶과 몰루카와 만나게 될 것이다."

그러나 그 곳은 허상이었다. 그들은 상상을 그려넣었고, 그 양피지는 오래 버텼다. 그들은 적도를 지났다. 그러나 아무것도 발견하지 못했다. 지도 제작자들은 멍청한 놈이다! 마가야네스는 그 지도를 옆으로 밀쳤다.

"지도 제작자 나리들은 나에게 용서를 구해야 할 것이다. 몰루카 군도는 그들이 예상했던 그곳에 없다."

그들은 어디에 위치해 있는가? 카보 데세아도는 여전히 어느 정도 확실한 지점이었다. 그들이 이 출발점에서 멀어지면 멀어질수록 그들의 위치는 점점 더 불확실해진다. 그들이 현재 있다고 생각하는 그 범주도 점점 커졌다. 그런데 그는 무엇을 할 수 있는가? 그는 두 명의 보초를 망루에 앉게 했다. 그는 항해일지를 검사했다. 하나를 다른 것과 비교해보았다. 연주의 실수. 바람과 조류로 인한 편류. 돌풍 속에서 바람을 거슬러 올라가야 하기 때문에 지그재그 코스로 방향을 잡은 키잡이. 그러나 조용한 날씨에는 잠시 졸다가 항로가 바뀔 수도 있다. 어두울 때는 너무 많이 바람이 불어가는 쪽으로 항해하게 된다. 왜냐하면 돛이 뒤쪽에서 펄럭일까봐 두렵기 때문이다. 그는 불확실함이 그들이 유일하게 알고 있는 지식임을 인정했다.

바람이 약한 날에 제독은 배들을 서로 가까이 다가오게 하고 돛을 내렸다. 트리니다드 호의 신부가 청원의 예배를 드렸다. 그들은 미사를 드렸고 성찬을 받았다. 그리고 이어서 로사리오 묵주 기도를 드렸다. 그리고 나서 그들은 찬양했다. 맨발로 손에는 촛불을 들고 산타 마리아 데 라 빅토리아의 제단에서 세비야를 다시 보게 해달라고 감사의 기도를 했다.

90일이 지났다. 예전에 인간들이 이런 고통을 겪어본 적이 있는가? 그들은 거의 일어설 수도 없었다. 관절들은 부어올랐으며 근육은 느슨해지고 감각이 없었다. 그들은 유령처럼 배 위를 기어다녔으며 아무 말도 하지 않고, 자루처럼 바닥에 굴러다녔다. 피부는 꺼칠해졌고 뼈는 날카롭게 몸 밖으로 튀어나왔다. 선실에는 병자들이 우글거렸고, 열기 띤 숨소리를 내며 골골거렸다. 그리고 정신이 몽롱한 상태에서 신음했다. 입을 벌린, 해골같이 마른 사람들, 부어오른 잇몸과 종창으로 덮인 입천장. 병자의 팔이나 다리를 건드리면 사람들은 통증 때문에 낑낑거렸다. 열아홉 명의 사람들이 고통스럽게 죽었으며 서른 명이 죽음의 고통을 목전에 두고 있었다.

그는 돌아가기 전에 돛의 가죽이라도 먹겠다고 맹세하지 않았던가?

피가페타는 그의 일기 위에 고개를 파묻었다.

빵은 더 이상 빵이 아니라 벌레가 섞인 먼지였다. 쥐들의 배설물 때문에 고약한 냄새가 났다. 물은 상했고 썩는 냄새가 났다. 배가 고파서 죽지 않기 위해 우리는 밧줄을 보호하기 위해 커다란 활대에 감아놓았던 소가죽을 먹을 수밖에 없었다. 오랫동안 물과 태양, 바람을 겪어낸 이 가죽은 아주 딱딱해져서 4, 5일간 물 속에 넣어두어 부드럽게 해야 했다. 그리고 나서 우리는 그것을 먹을 수 있도록 만들기 위해 석탄 위에 구웠다. 가끔 우리는 톱밥까지도 먹었다. 사람들이 그렇게 싫어하던 쥐까지도 원하는 양식이 되었다. 그것을 얻기 위해 기꺼이 반 에스쿠도를 지불할 정도로. 나는 이 순간, 이토록 많은 환자들 한가운데서 적어도 전염되지 않는다는 사실만으로도 신에게 대단히 감사한다.

날씨는 좋았고 조용했다. 작은 태풍이 불기라도 하면 그들 모두가 죽을 것이다. 아무도 돛을 내리거나 접을 수가 없었다. 키를 잡고 있을 만한 사람이 거의 아무도 없었다. 피가페타는 끄적거렸다. '나는 누구도 이런 여행을 다시는 감행하지 않으리라는 것을 확신한다.'

그들이 곶을 떠난 지 100일째 되던 날 망루에서 전망을 보던 사람이 외쳤다.

"땅이다! 구세주여, 저기 땅이 보인다!"

그것이 1521년 3월 6일이다.

땅을, 살아있는 섬을 발견하다

선원들은 선수루로 몰려갔다. 친구들, 육지다! 정말 육지야? 아니면 또 태양의 그림자이거나 망상에 불과한 것이 아닐까? 허약한 사람들과 병자들은 쳐다보지도 않았으며 들으려고도 하지 않았다. 다소 힘이 남아 있는 사람들이 그들을 부축했다. 그들에게 말을 걸었지만 그들은 정신이 몽롱한 채로 이해할 수 없는 이야기만 중얼거렸다. 어떻게 갑작스럽게 육지가 나타날 수 있는가? 그들은 수주 전부터 죽은 것과 마찬가지이며, 죽음과 지옥 사이에 있는 세계의 끝에서 헤매고 있다. 어디서

인지 모르지만 그들은 원반 형태의 지구에서 떨어졌으며, 죽음의 강 위에서 헤엄치고 있다. 육지? 말도 안 되는 소리. 이곳에 육지는 존재하지 않는다. 모든 것이 거짓이고 사탄의 작품이다. 선대는 악마의 입 속으로 들어가고 있다!

수평선에 가는 띠가 부드럽게 곡선을 이루고 있다. 배들이 쏴쏴 소리를 내면서 가까이 다가갔다. 갑자기 사람들은 마음이 움직이는 것을 느꼈다. 바다에서 천천히 평평한 섬이 솟아올랐다. 저기 언덕이 보였다. 그리고 어두운 야자수의 마르고 비스듬한 모습이 밝은 하늘을 배경으로 서 있었다.

이제서야 그들은 자신들의 고통이 끝났다는 것을 파악했다. 그들은 갑판에 서서 흔들렸으며, 난간을 붙잡고, 허약한 사람들을 부축했다. 그리고 밖을 응시했다. 그때 세 척의 배 위에서 울음 소리가 점점 크게 들렸다. 처음에는 낮게 그 다음에는 점점 더 크게. 선원들과 장교들 모두 울었다. 눈물이 메마른 뺨 위로 흘러내렸다. 사람들은 기쁨에 겨워 웅얼거렸다. 몸을 떨면서 서로를 껴안았다. 그들은 톨딜라 위를 쳐다보았다. 힘없이 팔을 들어 제독에게 손짓하려 했다. 그가 그들을 이곳으로 인도했으며, 그는 그것을 약속했다!

마가야네스는 그들에게 신호를 보냈다. 그는 햇빛을 가리고 쳐다보았다. 그리고 그들에게 용기를 주었다.

"다시 한 번 아딧줄을 잡아라! 돛을 삭구에서 내려라. 돛대로 기어 올라가라. 돛을 접고, 닻을 내려라!"

그는 낮은 섬의 가장 넓은 곳으로 방향을 정하게 했다.

사람들은 있는 힘을 다했다. 그들은 선원들이었다. 배는 인간의 의지를 필요로 한다. 그때 카누가 해안에서 미끄러져 나왔다. 갈색 사람들이 이상하게 생긴 곤돌라를 타고 카라벨선 가까이 다가왔다. 트리니다드 호는 배의 속도를 가능한 한 늦췄으며 콘셉시온 호와 빅토리아 호가 그 뒤를 따라갔다. 닻을 감아 올리는 윈치에서 날카로운 소리가 났다. 닻을 내리자 물이 튀어올랐다. 배들이 닻줄 때문에 방향이 바뀌자마자 갈색 원주민들이 갑판 위로 올라왔다. 그들은 원숭이들처럼 갑판 위로 기어 올라와서는 큰소리로 떠들었으며 선실로 뛰어 들어갔다. 장롱과 상자들을 뒤져 그들 마음에 드는 모든 것을 가지고 갔다. 원주민들은 까마귀처럼 도적질을 했으며, 선원들은 그것을 막기에는 너무 힘이 없었다. 원주민들은 그들 사이로 밀치고 들어와서 선실을 뒤지고, 병자들에게서조차 그들이 가지고 있던 것을 훔쳤다.

피가페타는 이렇게 기술하고 있다.

그들은 우리의 배를 신이 보낸 선물로 여겼다. 왜냐하면 이 섬에는 아직 이방인이 상륙한 적이 없었다. 그들이 나타냈던 놀라움의 표시로 보아 그들이 지상에서 유일한 사람이라고 믿고 있었음을 알 수 있다. 그들은 끝없는 호기심을 가졌으며, 매우 원시적이며 자신들이 매우 강하다고 착각하고 있다. 그들은 생선뼈를 갈아 만든 창끝을 우리의 코앞에서 흔들어대고 있다.

원주민들은 여러 가지 면에서 우세했다. 그들의 무기는 별로 해롭지 않았으며 그들의 수는 많지 않았다. 그들이 트리니다드 호의 선미에 고정시킨 욜을 훔쳤을 때 제독은 인내심을 잃었다.

"이것은 라드로넨, 도둑의 섬이다!"

그는 화가 나서 이렇게 외치면서 그 섬의 이름을 지었다(나중에 이 섬의 이름은 마리아넨으로 바뀐다). 선원들은 이 순박한 원주민들이 도둑질을 하면서도 자신들이 나쁜 짓을 한다는 생각을 전혀 하지 못한다는 것을 알지 못했다. 자연이 인간이 필요로 하는 모든 것을 풍부하게 제공하는 이런 열대의 낙원에서는 마음에 드는 것을 가지는 것은 당연해 보인다. 그 대신 상륙한 유럽 사람들은 자신들이 발견한 모든 섬과 육지를 그들 왕의 소유라고 천명했다. 이해할 수 없는 일이었다. 그들은 닻을 올렸다. 원주민들은 노획물을 가지고 재빨리 그들의 카누로 사라졌다.

선대는 몇 마일 바다를 가로질러 갔다. 밤이 되었다. 바다에서 세 달 이상을 보낸 후 그들은 처음으로 육지에 아주 가까이 왔다. 그러나 육지에 들어설 수가 없었다. 분노가 일었다. 분노는 이전에 절망이 그들을 마비시켰을 때보다 훨씬 더 강력하게 그들의 목을 졸랐다. 몇 케이블(10분의 1해리) 떨어진 곳에는 고기와 물, 야채, 과일과 새가 있다. 그들의 입에는 침이 흘렀으며 꼬르륵거리는 위에서 곧바로 다시 토하게 될 쥐를 흥정했다.

선반마다 물건이 가득 채워져 있는 창고 앞에서 그들은 굶어 죽어야 하는가? 병자들은 구걸을 했다. 죽은 돼지의 내장을 그들에게 가져다준다 해도 그들은 속삭였을 것이다, 아, 그것은 맛있을 텐데! 그들은 부은 눈썹을 치켜올리며 흥분하여 속삭였다. 그들은 그것으로 자신들이 다시 건강해질 줄 알았다고.

아침이 밝아오면 무슨 일인가 일어나리라는 것을 마가야네스는 알고 있었다. 그들은 계속 아무것도 없는 곳으로 갈 수가 없다. 규율이란 것은 참을 수 있는 것 안의 한계 내에서만 그 위력을 발휘할 수 있다. 그들은 지금 분노의 분출구를 원한다. 끔찍한 바다의 황야에서 가졌던 희망이 포기되어서는 안 된다. 그가 이 사람들을 그 동안 쌓인 분노에서 해방시켜주지 못한다면 누가 그들의 반란과 극단적인 자기 비판을 막을 수 있겠는가? 트리니다드 호의 작은 보트 역시 그는 되찾고자 했다. 왜냐하면 그 욜은 귀중한 것이며, 앞으로의 육지 정찰에 꼭 필요하기 때문이다.

그러나 섬으로 징벌 원정을 간다면 그것은 모두의 파멸이 될 수도 있다. 중과부적이었다. 정찰 나간 군인들이 진다면 기껏해야 그의 거대한 계획에서 다 망가진 배 몇 척만이 남게 된다. 그럼에도 불구하고 그는 선택의 여지가 없었다. 선대의 단결은 중요하다. 원정은 더욱 중요하다. 그래서 그는 지원자를 모집했다. 그들은 집단으로 지원했다. 거의 근육조차도 움직일 수 없었지만 그 저주받을 놈들, 도둑의 무리에 대항하는 것이라면 기꺼이 함께하려고 했다. 마가야네스는 가장 힘센 사람들 중 40명을 뽑았다. 그는 보트의 선원들을 직접 지휘하려고 했다.

"빈 물통을 가져가자!"

그가 명령했다.

"각하!"

한 장교가 물어보는 듯한 표정으로 쳐다보았다.

"무슨 일이냐?"

"왕의 명령에 의하면 각하가 이 함선을 떠나면 안 된다는 것을 각하께 상기시켜드려도 될까요?"

"여기는 에스파냐가 아니다, 대위."

"저에게 육지 파견대의 명령권을 넘겨주십시오. 제독님은 트리니다드 호에서 기다리시는 것이 좋습니다."

"사령관은 전쟁이 벌어지는 곳에 있어야 한다."

제독이 짧게 말했다.

새벽에, 아직 아침이 밝아오기도 전에 그들은 육지로 노를 저어서 섬 주민들을 기습했다. 그러나 원주민들은 전혀 싸우려 들지 않았다. 그들은 그럴 이유를 알지 못했으며 어떤 적대적인 감정도 가지지 않았다. 에스파냐 사수의 활에 그들 종족 일곱 명이 맞아 죽고 나서야 그들은 경악했으며 원시림의 빽빽한 숲속으로 도망쳤다. 사람들은 맛있는 샘물을 실컷 마셨다. 마가야네스는 물통을 채우게 하고는 오두막을 약탈하고 불을 질렀다. 그들은 야만인들이 훔쳐간 그들 소유물의 일부도 발견했다. 해변에는 트리니다드 호에서 훔쳐간 욜도 놓여 있었다. 그들은 약탈한 식품들로 배를 가득 채웠다. 그것들 중에는 살아 있는 돼지도 있었다. 그리고 나서 그들은 급하게 함대로 돌아갔다.

그들이 배에 도착하자마자 해안에서 카누들이 밀려왔다. 선대가 포위되었다. 원주민들은 돌과 창을 뱃전 뒤에서 움직이는 모든 것에 던졌다. 선원들은 산탄을 발사했다. 서너 명의 야만인이 맞았다. 카누는 간격을 유지했다. 그때 그들은 돛을 올릴 수 있었다. 선미의 스쿠류 뒤로 천천히 통나무 배가 사라졌다.

곧 그들이 물위에 파리처럼 몰려 있는 것이 보였다. 그렇게 해서 백인과 갈색 인종 사이의 첫 번째 충돌은 끝났다. 서로 다른 낯선 문화에 대해 서로간에 끔찍한 기억만을 남긴 채. 그것은 유럽 사람들보다 원주민들에게 더욱 강한 영향을 미쳤다.

그 싸움은 눈에 띄게 선원들을 힘이 나게 했다. 그들처럼 육체와 생명를 가진 인간을 만났기 때문이다. 야만인이 어디에 살든 그들이 있는 곳에서 유럽 사람들은 양식을 구할 수 있을 것이다. 아마도 이 산호섬이 다른 섬들이 있다는 신호탄이 아닐까? 지옥을 거쳐 그들을 이끌어온 그들의 사령관이 낙원 역시 발견할 수 있으리라고 그들은 의심하지 않았다.

그러나 그럼에도 그 낙원은 그렇게 가까이 있는 것 같지 않았다. 다시 용골이 끝없이 파란 바다를 갈랐다. 다시 비축식량의 보충이 필요해졌으며 약탈한 물도 다 마셨다. 불쾌감이 다시 선원들을 찾아왔다. 몇몇 사람은 혼자서 중얼거렸고, 어떤 사람들은 기운 없이 쓰러져서 흐느끼기 시작했으며, 어떤 사람은 졸고, 또 어떤 사람들은 천천히 무감각 상태로 빠져들었다.

그럼에도 불구하고 대부분의 사람들이 절망적인 체념의 상태로 빠져들지는 않았다. 마가야네스는 그들이 자주 욕을 하고 바다에 대고 저주하는 것을 들었다. 그러나 그 중에도 항상 한 사람은 휘파람으로 유쾌한 박자를 맞추었다. 제독은 그들 사이를 절름거리며 돌아다녔고, 병자들의 침상에 앉아 그들에게 용기를 불어넣었다. 선장들과 이야기를 했으며 선원들과 거친 농담을 나누었다. 다시 웃음 소리와 대화 소리가 들리기 시작했다.

마가야네스 역시 행복했으며, 긴장이 풀어졌다. 그가 총사령관이라는 직위와 부담을 받은 이후 처음으로 그는 모든 것에 만족했다. 그의 선원들은 부족함, 불행, 배반과 약점으로 이루어졌다. 그는 그들에게 얼음과 황량함과 상상할 수 없을 정도의 결핍을 강요했다. 그래서 그는 아직 어떤 사람에게도 허락되지 않았던 해협을 발견했다. 그는 고독한 인간으로서 흔들리지 않았다. 지금 그는 그의 선원들과 뒤섞일 수 있었다. 어찌 그가 행복하지 않을 수 있겠는가?

그는 곧 육지를 발견할 것이다. 그는 그것을 확신했다. 그러나 그것은 몰루카 군도는 아닐 것이다. 세하웅은 향료 군도의 위치가 적도 위에 있다고 말했다. 그러나 마가야네스와 그의 배는 이미 적도 위쪽으로 북위 10도에 위치하고 있다. 그들은 다시 남쪽으로 600 내지 700마일을 찾아야만 한다. 그러나 그는 우선 그의 선원들에게 휴식을 취할 수 있게 해주고 원기를 회복할 수 있도록 해주어야 한다. 이제부터 조심해야 한다. 포르투갈의 상선과 전쟁선을 만날 수도 있기 때문이다. 그들이 대서양에서 발견되지 않았기 때문에 틀림없이 포르투갈 사람들은 이미 그들을 정찰했을지도 모른다.

마가야네스의 선대가 몰루카 군도에 도달하기 전에 배에 탄 모든 사람들은 다시 건강을 되찾고 전쟁을 치를 능력을 갖추어야 한다. 그는 우선 가능한 한 눈에 띄지 않는 은신처를 찾아야 한다. 그곳에서 그들은 휴식을 취하고 함대를 정비할 수 있을 것이다.

마침내 증명하다! 지구는 둥글다!

계속 9일을 더 가니 태평양에 아른거리는 해안이 나타났다. 곧 그것은 여러 개의 섬들로 흩어졌다. 그것은 필리핀이었다. 세 달 20일 동안 그들은 거의 1만 2천400카탈로니아 마일을 지나온 것이다. 이제 마가야네스는 19세기 말까지 에스파냐 왕실에 속하게 될 군도를 발견했다.

사령교 위에서 망을 보던 산 마르틴은 카누 두 척이 있다고 알려주었다. 그 카누는 여러 섬들 중 한 섬에서 남쪽으로 노를 저어갔다. 마가야네스는 서쪽으로 방향을 바꿔 작은 섬으로 향했다. 라드로넨 섬에 거주하는 도둑들은 그에게 하나의 경고가 되었다. 사람들은 의심의 눈으로 그 섬을 관찰했다. 그러나 그 섬은 사람이 살지 않는 것처럼 보인다. 그들은 동쪽의 야자수가 있는 만에 정박했다.

제독은 피니스에 무장한 사람들을 태워 정찰하러 보냈다. 그들은 잘 익은 많은 열매가 달린 코코넛 야자수와 두 개의 샘을 발견했다. 거기에서 아주 맛있는 물이 흘러나왔으며, 사람들은 전혀 보이지 않았다고 정찰대는 보고했다. 사령관이 배에서 내려 섬으로 가라는 명령을 내렸다. 그들은 너무 기뻐서 믿어지지 않았지만 보트를 타고 섬에 상륙했다. 이것이 현실인가 아니면 단지 꿈인가? 그들은 해변의 하얗고 고운 모래에 주먹을 파묻었다. 다리는 수주간의 바다 여행으로 약해져 있었다. 그들은 배의 흔들거림에 익숙해 있었다. 땅을 디디니 어지러웠다. 그러나 그들은 어린아이들처럼 미친 듯이 날뛰었다. 네 달 만에 처음으로 그들은 다시 깨끗하고 맑은 물의 사치를 누릴 수 있었다. 냄새나는 물통에서 나온 부패한 구정물을 마셔야 했던 그들은 기쁜 마음으로 물을 마셨다. 전에 마셨던 그 어떤 것보다 더 맛있는 물이었다.

제독은 그들을 오래 머무르게 할 수가 없었다. 병자들을 육지로 데려와서 시원한 그늘 속에 눕혀야 했다. 밤에는 병상으로 사용할 천막을 세우게 했다. 도착을 축하하기 위해 돼지를 도살했다. 그것은 도둑의 섬에서 약탈한 것으로 얼음의 저장고에 보관했었다.

분위기는 단번에 다시 좋아졌다. 사람들은 해안을 거닐고 작은 숲을 돌아다녔다. 모든 것에 경탄하며 삶이 훌륭하다고 생각했다. 파란 바다, 알록달록한 조개들, 흰색 모래, 커다란 거북과 야자수들. 야자수 잎은 흔들리면서 마치 라커칠을 한 것처럼 반짝였다.

다음날 아침 그들은 바크선이 해안에 있는 것을 보았다. 그 배에는 아홉 명이 타고 있었다. 제독은 선원들을 살펴보았다. 그들은 조금 나아지긴 해지만 아직 군인이라기보다는 오히려 걸어다니는 해골에 가까웠다. 원주민들이 적으로 다가온다면 그들은 위험한 상황에 빠진 것이다. 그는 장교와 선원들을 모으고 그들에게 명령했다. 숲속에 숨어서, 쏠 수 있는 무기를 준비하고, 조용히 있다가 그의 명령이 떨어지면 움직이라고. 그리고 나서 그는 피가페타와 엔리크와 함께 절름거리며 해안으로 갔다.

그 사이 갈색 피부의 사람들 네 명이 해안으로 헤엄쳐왔다. 바크선은 다시 만으로 나가고 있었다. 그곳에 다른 보트들이 나타났는데 틀림없이 바다에서 고기를 잡는 것 같았다. 바크선에 탄 사람들은 자신들이 어부라는 시늉을 했다. 그리고 모두가 해안으로 다가왔다.

마가야네스는 큰 팔을 쳐들었다. 해안에 도착한 사람들은 그의 움직임을 따라했다. 그들은 고개를 끄덕이면서 웃었다. 팔을 들어올려 손을 흔들었다. 제독은 엔리크에게 원주민들과 이야기해보라고 했지만 그들의 횡설수설을 그의 하인 역시 알아들을 수가 없었다. 그러나 그들을 의심할 이유는 없었다. 그 갈색 피부의 사람들은 평화로웠으며 친근했다. 어부들 역시 부드러운 물을 통해 헤엄쳐서 다가왔다. 그들은 웃으며 생선, 야자수 도오주 한 단지, 바나나, 열매와 코코넛 등을 가져다주었다. 군인들은 숨어 있던 데서 나왔다. 피가페타가 기록한 것처럼, '섬

주민들은 정중했고 솔직했다. 그들은 곧 우리와 친해졌다.' 제독은 그들에게 붉은색 모자, 거울, 빗, 그릇과 마 셔츠를 선물로 주도록 했다. 선물을 받은 사람들은 매우 기뻐하였으며, 벌거벗은 허벅지를 내려치면서 환호성을 내질렀고, 흥분하여 춤을 추었다.

그럼에도 마가야네스는 조심했다. 야만인들이 새로운 물건을 너무 많이 보면 욕심이 생긴다는 것을 그는 빨리 체득했다. 그들은 무장하기 위해 다시 카라벨선으로 갔다. 병자와 간호하는 사람들만 섬에 남았다. 선원과 군인들은 교대로 육지에서 자유시간을 보낼 수 있었다. 그러나 대부분의 사람들은 항상 갑판에 있었다. 원주민들은 트리니다드 호와 다른 배 위에서 돌아다녔으며, 놀라움을 감추지 못하면서 그들이 알지 못하는 물건들을 만졌다. 그들이 오늘 본 것을 내일 힘으로 소유하지 않으리라고 누가 보증하겠는가? 그들은 유럽 사람들과 생각이 달랐으며 다른 도덕 관념을 가지고 있었다. 종족의 결속력을 가지고 대가족을 이루며 사는 사람들은 모든 것이 모두에게 속한다는 생각에 익숙해 있다. 마가야네스는 인도와 말라카에서 보낸 시절을 기억했다. 그는 이미 여러 번 체험했다. 원주민들의 마음속에는 우정과 계략이 거의 공존하고 있다는 것을. 그는 그것에 대비하려는 것이다.

마가야네스는 포병대인 마스터 한스에게 오라고 손짓을 했다. 그리고 짧게 이야기를 나누었다. 마스터 한스는 경례를 하고 포병대로 갔다. 갑판에서 활발한 교섭이 이루어지는 동안 갑자기 포문이 절거덕 소리를 냈다. 그리고 섬광, 큰소리, 연기와 함께 대포가 터졌다. 대포알이 바다에 떨어지면서 거품나는 물줄기가 솟아올랐다. 놀란 섬 주민들이 난간으로 달려가서 물 속으로 뛰어들려고 했다. 그러나 선원들이 원주민들을 붙잡았고, 마가야네스는 웃었다. 그들은 떨고 있는 원주민들을 진정시키고 아직 연기가 피어오르는 대포를 보여주었다. 섬 주민들은 대포와 다른 무기들을 두려운 마음으로 관찰했으며, 이방인들의 힘을 의심하지 않았다.

　원하던 향료를 여기서 얻을 수 있을까? 제독은 피가페타로 하여금 원주민 손님들을 트리니다드 호의 선적실로 인도하게 했다. 거기서 깨끗하게 선적된 견본들을 그들에게 보여주었다. 후추, 계피, 정향 그리고 육두구 열매.

　원주민들은 수염이 난 백인들이 그들에게 무엇을 원하는지를 곧바로 파악했다. 그들은 웃으면서 여러 가지 종류를 가리켰다. 그리고 서로 재잘거리며 잘난 척했다. 이탈리아 사람은 잘 알지 못하는 민족들의 언어를 해석하는 재능을 가졌다. 피가페타는 이렇게 이해했다. 이 사람들은 이런 물건들을 가지고 있지는 않지만 여기서 멀지 않은 곳에 이러한 것들이 지천으로 널려 있다고. 그는 주의 깊게 귀를 기울였으며 그들의 말에서 더 많은 것을 알아들었다. 그들은 손으로 바다 위에서 흔들리며 떠다니는 배의 모양을 그려보였다. 그들은 누군가를 익살스레 모방하는 듯 눈썹을 넓게 잡아당기고, 비음으로 귓속말을 하면서 수다를 떨었다.

　마가야네스는 생각에 잠겨 트리니다드 호의 사령교 위에 서서, 저녁이 부드러운 자색 베일로 섬 위와 초록색 대양 위로 내려앉는 모습을 바라보고 있었다.

　그때 피가페타가 급하게 달려와서는 말했다.

　"우리가 이 원주민들과 접촉을 한 첫 번째 이방인이 아니라는 사실을 각하께서는 어떻게 설명하시겠습니까?"

　제독을 그를 쳐다보았다. 다음에 어떤 말이 나올지를 예감했는가? 그의 얼굴이 어둠 속에서 매우 창백해 보였다. 그러나 그는 아무 말도 하지 않고 묻는 듯한 표정으로 그를 쳐다보았다.

　피가페타는 계속 이야기했다.

　"대화와 신호를 통해 알 수 있었습니다. 우리처럼 동쪽에서 온 사람들이 아니라 서쪽에서 온 중국 사람이거나 몽골 사람이라는 것을요."

제독은 침묵했다. 선원들과 섬 주민들의 소란스런 소리가 들렸다. 바다가 암초에 부딪쳐 철썩 소리를 냈다. 잘 익은 오렌지처럼 태양은 파도 위에 가깝게 떠 있었다. 그 밑의 파도에 태양이 자색의 반점으로 비쳤다. 마치 물에 석류 열매가 흩어져 있는 것처럼.

피가페타는 갑작스런 논리의 중요성에 당황하여 속삭였다.

"그것은 증명합니다……."

마가야네스는 손을 들었다. 피가페타가 말하려 하는 것을 멈추었다. 제독은 계속 아무 말도 하지 않았다. 그는 난간으로 몇 걸음 걸어가서 그곳에 서 있었다. 그의 땅딸막한 모습이 저녁의 붉은 하늘을 배경으로 시커멓게 보였다. 그는 기함의 선수재 위를 쳐다보았다. 그의 시선은 바다 위로 미끄러졌다. 왼쪽으로 부드러운 그늘이 드리워진 더 큰 이웃 섬 툴루안과 그 뒤로 필리핀 군도의 다른 섬들이 거의 눈에 띄지 않게 흩어져 있는 지역을 쳐다보았다. 그는 남서쪽의 플라밍고 색 수평선 위를 쳐다보았다. 그 뒤로—1천 마일 떨어져서—몰루카 군도가 기다리고 있다. 그러나 그는 그것을 전혀 볼 수가 없다. 그의 가슴이 두근거렸다.

서쪽에서 온 상인인가, 동쪽에서 온 탐험가인가? 이곳이 항로들이 서로 교차하는 접점인가? 그렇게 생각해야만 이 믿을 수 없는 일을 이해할 수 있을 것이다! 그 확인은 놀랍게 느껴졌으며, 그 순간은 그가 감히 기대할 수 없었던 순간이었다. 사람이 믿고 그러면서도 의심했던 것, 그것에 관해 논쟁을 벌이고 싸웠던 것, 기대하고 추측했던 그것, 그것 때문에 고통을 받고 싸웠던 그것이 가능한가? 그것이 마침내 증명되는가?

그는 고독하게 난간에 서 있었다. 추구하는 인간의 영혼을 가진 자, 휴식을 모르는 뱃사람. 자연의 비밀을 벗기려는 탐험가, 대륙과 대양을 가로질러, 지구의 대륙들을 결합시켰다고 규정되는 사람.

시동학교의 교사가 옳았다. 그것이 얼마나 오래 전의 일인가? 26년 전, 그는 지구가 공 모양이라고 처음으로 생각했던 피타고라스에 관해 설명했다. 지구는 조용히 움직이지 않고 우주공간에 떠다닌다. 달, 태양 그리고 별들이 매일 지구 주위를 돈다. 아리스토텔레스는 한 번도 지구의 둘레가 아주 크다고 생각지 않았다. 그 점에서 그는 착각했던 것이다. 지구의 크기를 몰랐는데 토르데시야스의 경계선이 지구의 뒷면에도 지나간다는 것을 어떻게 알겠는가? 그러나 뒷면이 존재하기 때문에 지구는 구상이 아닌가?

지금까지 모든 것이 이론가들의 추측이었을 뿐이다. 그것은 전통주의자들에 의해 부정되었다. 영리한 이성이나 수학 공식은 특별한 것, 비교할 수 없는 것을 증명해주지 못한다. 단지 행위만이 의심을 몰아낼 수 있다. 희생할 준비가 되어 있는 행위, 모든 저항에 대해 자신을 주장할 수 있는 능력, 숙명과 극도의 자연에 저항할 수 있는 강인함.

그렇다. 그 교사, 학자들이 옳았다. 마가야네스가 그것을 증명했다. 지구는 둥글다!

그는 저녁, 빨리 시작되는 열대 밤의 어두움 속에 서 있었다. 모든 것이 좋았다. 그의 존재, 먼 곳까지의 여정, 심연을 거쳐 인도, 코친, 말라카로 향한 여정, 프란시스쿠 세하웅, 마누엘 왕, 팔레이루, 바르보사 가문, 베아트리스와 로드리고, 카를로스 왕, 세비야, 산훌리안, 콜론의 대륙을 통과하는 해로, 110일간의 고통과 곤란을 함께한 태평양. 라드로넨과 이 친절한 산호섬. 모든 것이 좋았고 이미 예정되어 있었다. 실망과 슬픔, 배고픔과 반란, 위로와 절망, 그 사이에 아주 가끔 있었던 기쁨. 왕과 장관, 학자와 고문관들은 보잘것없는 선장이었던 그를 원정 보내기 위해 노력했다.

마가야네스는 숨을 깊이 들이쉬었다. 행복과 감사의 기쁨이 그를 사로잡았다. 승리한다는 것은 좋았다. 그는 그것을 믿었으며 그것을 위해 싸웠다. 숙명이 그를 선택했다. 왕, 교회성직자, 고문관과 교수가 아니라 이런 믿음을 위해 그의 조국을 버렸던 바로 그 페르난도 데 마가야네스를, 사브로사 출신의 농부를. 그는 모든 것을 잃었다. 그의 젊음, 그의 성, 심지어 그의 조국까지. 그러나 그는 영원함을 얻었다! 그것은 모든 것을 잃을 만한 가치가 있지 않은가? 지구는 둥글다!

14 위대한 항해자의 죽음

"내가 직접 지휘하겠다."
"안 됩니다! 제독에게는 선대가 더 중요합니다!"
"나는 항상 내 부하들이 싸우는 곳, 그곳에 있을 것이다."
다른 사람들은 총사령관은 공격할 때 기함에 머물러야 한다는
왕의 규정을 상기시켰다. 마가야네스는 그것을 거부했다.
그 말도 안 되는 규정이 여기에서 무슨 소용인가?
"내가 어떻게 행동해야 하겠는가?
훌륭한 목자로서 나는 내 양떼를 떠나서는 안 된다."

필리핀 섬의 왕 콜람부

마침내 그들은 낙원을 발견했다! 휴식을 취하는 것이 급선무였다. 꼭 필요한 보초 근무와 배의 몇 가지 수리 작업만 제외하면 그들은 열대의 충만함과 따뜻한 기후를 충분히 즐길 수 있었다. 이 주는 기쁨의 주간이 될 것이다. 사람들은 아무것도 하지 않고, 야자수 밑에서 기분 좋게 기지개를 폈다. 벌써 몇 사람은 해안을 뛰어다니고, 수영도 하면서, 물고기를 잡았으며, 잡은 물고기를 뜨거운 재 속에 넣어 구웠다.

그들은 맛있는 코코넛 야자즙을 마시면서, 긴장을 풀고 다시 힘을 얻었다. 원주민들이 후무누라고 부르는 이 섬에 피가페타는 자말이라는 이름을 붙여주었다. 연대기 기록자인 피가페타는 제독으로부터 이 섬의 위치에 관해 듣고 '이 섬은 북위 10도와 토르데시야스 경계선에서 서쪽으로 161도에 위치한다'고 기록했다.

마가야네스만 불안했다. 그는 계속 앞으로 나아가기를 원했다. 마침내 그의 희망의 목적지였던 몰루카 군도로 가기를 원했다. 거기에서 그의 친구인 프란시스쿠 세하웅과 재회하고, 배의 선적실을 그렇게 원하던 정향으로 가득 채우고서는, 짧은 휴식 뒤에 계속 남서쪽으로 항해하려고 했다. 그는 포르투갈의 전쟁선을 피하기 위하여 12년 전, 즉 1509년에 그의 동지들과 함께 포르투갈의 지역임을 선언했던 말라카 주위의 바다를 인도처럼 북쪽에 두고, 정확하게 희망봉을 향해 가려고 했다. 그리고 나서 대서양 한가운데를 대담한 원호를 그리며 통과해 카나리아 군도에 도착하고, 이어서 의기양양하게 에스파냐로 돌아가고 싶었다. 그는 공 모양의 지구를 돈 최초의 유럽인이 될 것이다! 그리고 에스파냐에 대한 그의 충성심을 마지막까지 의심하던 자들도 확인할 수 있을 것이다. 카를로스 왕의 감사, 명예와 명성이 그가 받은 모든 굴욕과 의심, 거절을 보상해줄 것이다. 섬의 발견은 그를 부유한 사람으로 만들어줄 것이다. 이제 여행을 완성하는 일만 남았다!

지금까지는 배를 아주 빠르게, 그리고 가능하면 안전하게 목적지로 데려가는 것이 선장의 첫 번째 의무였다. 에스파냐로 귀향할 때 포르투갈의 모든 위협을 피해 회항하려면 페르난도 데 마가야네스의 생각이 옳았다. 그러나 그의 선원들 중 다수는 여전히 병들어 있고, 몇 명은 죽었는데, 그 중에는 빅토리아 호의 견습선원도 포함되어 있다. 그를 낫게 하기 위해 도움이 될 수 있는 모든 일을 했음에도 불구하고 마가야네스는 그 때문에 슬퍼했다. 그는 병실을 검사했다. 환기를 잘 시키고 병자들에게 야자 술을 가져다주었다. 피가페타가 관찰한 대로 그 술은 '그들에게 매우 좋은 효과를 보였다.'

섬 주민들은 손님들에게 관대했다. 그들은 인근 섬인 툴루안에서 야채와 과일을 가져다주었다. 그들의 추장인 '얼굴에 그림을 그리고, 금 귀고리를 한 품위 있는 노인'은 선원들을 방문함으로써 그들에게 존경심을 표했다. 학습의욕이 높았던 롬바르디아 출신의 피가페타는 야자 술을 어떻게 만드는지에 대해 이렇게 기록했다.

그것을 얻으려면 껍질을 자른다. 그러면 거기에서 약간 시큼한, 흰색 과즙과 비슷한 것이 방울방울 떨어졌다. 그들은 거기에 대나무 줄기를 매달아 그 즙을 모았으며 매일 두 번 아침과 저녁에 그것을 비웠다.

한 장교가 그의 부하들과 함께 섬을 탐험하고 나서 흥분하여 냇물에서 금을 채취하는 것이 가능하다고 제독에게 보고했다.

제독은 정신이 번쩍 들었다. 그는 금광이 자신의 원정대에 야기할 수 있는 위험을 알아차렸다.

"정찰을 금한다."

그는 결정적으로 말했다.

"이 선대는 향료를 선적하기 위해 보내진 것이다."

그 장교는 당황했다. 그는 냉정한 거절이 아니라 제독이 인정해줄 것을 기대했었다. 마가야네스는 그의 얼굴에서 실망하는 기색이 역력한 것을 보고 잠시 생각한 후 덧붙였다.

"우리는 일지에 자네의 추측을 기록하겠다. 그러면 나중에 사람들이 자네의 추측을 확인해보고 에스파냐를 위해 그 금을 채취할 수 있을 것이다. 그러나 대위, 지금은 자네도 알다시피 몰루카 군도가 우리의 목적지이다. 몰루카 군도만이!"

제독은 몸을 돌려서 산훌리안에서처럼 어깨를 웅크리고 그의 선실로 갔다. 그는 사람들의 소유욕을 알고 있었다. 금을 가져갈 수 있다면 그들은 자신의 임무를 잊게 될 것이다. 그는 출발을 재촉했다. 그들은 8일 동안 이곳에 머물렀으며, 대부분의 병자들은 이미 회복중에 있었다. 여기서 더 이상 지체할 이유가 전혀 없었다. 병자들이 완전히 회복될 때까지 그들을 쉬운 작업에 투입하면 된다. 이제 그들은 계속 가야 한다! 그는 원주민들과 식품을 교환해서 갑판으로 가져오게 했다. 선원들은 물통을 가지고 노를 저어 섬으로 가서 신선한 물을 가득 채웠다.

다음날 그들은 썰물과 함께 닻을 올렸다. 출발하면서 그 선대는 하마터면 그들의 연대기 기록자인 피가페타를 잃어버릴 뻔했다. 트리니다드 호는 닻을 올렸으며, 이미 시작되는 썰물의 흐름 속으로 빨려들어갔다. 피가페타는 주돛대의 아래쪽 활대 위에 앉아서 낚시를 하고 있었다. 배가 출발하자 그는 돛대 쪽으로 균형을 잡고, 횡삭을 결합하는 짧은 밧줄을 타고 갑판으로 올라가려 했다. 그런데 그가 일어서자마자 트리니다드 호는 물밑의 평평한 암석과 살짝 부딪쳤다. 작은 충격에 피가페타는 균형을 잃고 10미터 높이에서 바다로 떨어졌다. 아무도 그 사고를 눈치채지 못했다. 피가페타는 도와달라고 소리쳤지만 크게 외치는 명령 소리, 대형 권양기와 도르레에서 나는 삐걱거리는 소리, 아딧줄에 달린 선원들의 발구르는 소리 때문에 누구도 그 소리를 듣지 못했다.

피가페타는 다행히도 뱃전 밖, 물 속에 매달려 가던 돛의 범각삭을 붙잡을 수 있었다. 그의 목숨은 말 그대로 끈 하나에 매달려 있었다. 그러나 피가페타는 아주 운이 좋았다. 결국 누군가 도와달라는 그의 목소리를 들었고, 사람들은 높은 선미루에서 갑판 위로 고개를 내밀어 바다에 떨어진 피가페타를 볼 수 있었다. 그는 곧바로 구조되었다. 그는 겸손하게 이렇게 적고 있다. '내가 구조된 것은 나의 봉사 때문이 아니라 오로지 성모 마리아의 동정심과 보호 덕분이다.'

3일간 순항한 후에 수리가오 해로를 통해 그들은 민다나오 앞에 있는 작은 섬인 마사우아에 정박했다. 밤에 그들은 해변에서 불빛을 보았다. 그리고 이른 새벽에 바크 한 척이 트리니다드 호의 측면으로 다가왔다. 이제 그의 추측이 맞는지 밝혀질 것이다. 제독은 엔리크를 난간으로 불러서 원주민들과 이야기해보라고 말했다. 엔리크는 말레이어의 방언인 타가로그로 그들에게 이야기를 걸었다. 마가야네스, 장교, 선원과 군인들이 긴장하여 그 장면을 보고 있었다. 필리핀 사람들이 멈칫했다. 그러나 곧 그들은 열심히 손짓을 하고 종알거리며 대답했다. 그들은 엔리크의 말을 알아들었다. 그들의 방언은 엔리크의 말과 달랐지만 번역하는 데 특별한 어려움은 없었다. 마가야네스는 가볍게 웃었다. 선원들은 자부심과 기쁨에 흰색 이빨을 내보이며 웃는 엔리크에게 축하를 해주었다. 갑자기 그가 갑판에서 중요한 사람이 된 것이다. 그는 통역을 해주었다. 원주민들은 그들 왕의 선발대였다. 마가야네스는 자신이 세계에서 가장 강력한 지배자인 에스파냐왕이 보낸 사람이기 때문에 그들의 왕을 기꺼이 만나고 싶다는 뜻을 전했다. 그 사절단에게 유리구슬과 다른 반짝거리는 것들을 선물로 주었으며, 손을 흔들며 떠나보냈다.

다시 충만한 행복감이 제독에게 밀려들었다. 이제 지구가 구상이라는 것에 대한 또 하나의 증거가 생겼다. 엔리크는 그의 말레이어로 원주민들과 이야기할 수 있다! 노예상인이 수마트라의 작은 섬에서 유괴해 와서 인도에 팔았던 엔리크, 말라카의 부유한 중국 사람이 마가야네스에게 선물했으며, 새로운 주인과 함께 포르투갈로 왔던 보잘것없는 하인, 아프리카에서 그에게 충성을 다했으며 나중에 에스파냐로 동행했으며, 마가야네스와 함께 대서양을 건너 서쪽으로 항해한, 그리고 춥고 황량한 파타고니아와 남해를 건너는 고통스런 항해를 견디어낸 갈색의 말레이 사람. 엔리크는 동쪽에서 와서 다시 말레이어를 쓰는 지역에 도달했다. 원래는 그에게 최초의 세계일주자라는 명성이 부여되어야 할 것이다!

몇 시간 후 마사우아 왕이 몸소 등장했다. 여러 척의 커다란 발랑가이의 호위를 받고——원주민들은 이 보트를 이렇게 불렀다——그는 꽃으로 장식하고, 화려한 그림을 그려넣은 바크선 안에 '골풀로 짠 용개 밑에' 품위 있게 앉아 있었다. 엔리크가 그에게 말을 걸었다——엔리크는 항상 마가야네스의 지시에 극도의 존경심을 가지고 복종했다——그리고 '강력한 에스파냐왕의 위대한 배에 올라오기를 권했다. 숱이 많은 고수머리를 가진 왕은 몇 명의 수행원을 동반하고 배에 올랐다. 피가페타는 이렇게 보고한다.

라자 콜람부라 불리는 그 왕은 선장의 친절한 영접을 받았으며, 많은 선물을 받았다. 그 대가로 왕은 선장에게 상당한 크기의 금괴, 진주가 가득 담긴 접시와 생강 한 바구니를 선물하려고 했다.

그러나 마가야네스는 그 선물을 받지 않았다. 아름답고 커다란 진주

하나를 골라서 감사의 표시로 그것을 받았을 뿐이다. 진주는 마가야네스에게는 비밀스런 존재처럼 보였다. 그것은 바다에서 생겨나 아침 이슬을 받고 자란, 신적인 은혜의 상징이며 사랑과 여성성의 상징도 된다. 진주의 모양은 완벽했으며, 그것의 질감은 말문이 막힐 정도로 훌륭했다. 진주는 고유의 영역을 지니고 있으며 작은 우주였다. 빛이 생산되며, 강한 저항력을 가지고, 거의 파괴될 수 없는 그런 우주였다. 그는 승리의 귀향을 한 후 그것을 베아트리스에게 선물하려고 했다.

주위에 서 있던 장교들은 감탄했다. 그들은 마가야네스가 왕의 선물을 거절하는 것이 이해가 되지 않았다. 다시 한 번 마가야네스는 그의 시대를 앞질러간 것이다. 그는 자신의 발견을 신뢰를 통해 보호하려고 했다. 마가야네스는 자신의 선대가 작고 약하다는 것을 의식하고 있었으며, 그들이 곧 포르투갈의 세력권에 도달하게 되리라는 것을 잘 알고 있었다. 포르투갈은 아무 전쟁 없이 그들을 향료 군도에 들어서게 하지 않을 것이다. 그때 모든 동맹국들은 그에게 약간의 금이나 생강보다 더 큰 가치가 있을 것이다.

콜람부 왕은 마가야네스가 선물을 돌려주는 것을 절대 나쁘게 생각지 않았다. 그는 만족하여 주위를 돌아보았다. 제독으로부터 아침 식사에 초대받았을 때 그는 가겠다고 진심으로 약속했다. 나중에 그는 그의 마을 앞에 배들을 정박시키라고 마가야네스에게 제안했다.

다음날 제독은 유럽이나 적어도 인도에서처럼 외교적 관계를 맺었다. 엔리크는 사절의 직위로 격상되었다. 엔리크가 왕에게 가서 그를 초대했다. 그러면서 그는 유럽인들이 섬 주민의 친구로서 온 것이며 그들이 돈을 지불하고 양식을 얻기 원한다는 것을 확인해주었다.

엔리크와 함께 콜람부 왕 역시 귀족 여섯 명의 호위를 받으며 다시 에스파냐 배로 왔다. 마가야네스는 난간에서 그 바크선을 맞았다. 왕은 갑판에 올라와서 총사령관을 껴안았다. 그는 자신이 오늘 손님에게 주려고 가져온 선물이 더 적당한 것임을 빠르게 간파했다. 생쌀이 들어 있는 아름다운 도자기 세 개와 은 접시에 담은 여러 가지 생선. 마가야네스는 기쁨을 드러내지 않았다. 그것은 몽골 산 혹은 아시아의 대륙 앞에 위치한 섬 제국인 전설적인 지팡구 산 도자기였다. 동서가 여기에서도 서로 만나고 있었다.

제독은 답례를 했다. 왕에게 붉은색 천과 노란색 비단으로 만든 터키산 외투와 붉은색 모자를 선물하자 콜람부는 그것을 바로 걸쳤다. 그의 수행원들에게는 거울과 칼을 주었다. 이어서 그들은 트리니다드 호를 시찰했다. 그들이 본 것은 그들에게 강한 인상을 주었다. 이런 크기의 배를 그들은 아직 본 적이 없었다. 그리고 공식적인 친교의 식사가 차려졌다. 엔리크는 공식 외국 방문처럼 인사말을 통역했다. 그리고 콜람부에게도 말레이의 관습에 따라 카시-카시 의식을 수행하고, 총사령관의 의형제가 되는 것에 동의하는지를 물었다. 왕은 기꺼이 그 제안을 받아들였다. 작은 칼로 상처를 내고 거기에서 나온 피를 야자 술에 섞어 몇 방울 마셨다.

마가야네스는 수년 전에 있었던 말라카에서의 경험에서 원주민들과 평화롭게 지내는 것이 중요하다는 결론을 내렸다. 이 섬은 에스파냐를 위해 중요한 교두보가 될 수 있다. 그러므로 그들 군주의 마음을 얻는 것뿐 아니라 그와 그의 고문들에게 그들이 강하다는 것을 확인시켜주는 게 중요했다. 용의주도하게 여러 단계로 마가야네스는 에스파냐의 위대함과 힘을 과시했다. 우선 왕에게 그들의 부를 보여줄 것이다. 여러 가지 색의 천과 직물, 매일 사용되는 작은 도구들, 칼, 가위, 구리 단지, 황동 대야, 거울, 빗, 아마포와 종이구슬. 그리고 대검과 찌르는 무기들. 선원들의 칼, 금속 세공 작업을 한 칼, 우아한 칼, 무거운 군도와 양손으로 잡는 커다란 칼, 거기에 화기까지. 권총, 총과 화승총. 마지막으로 대포들, 과시하기 위해 대포 몇 발을 망망대해를 향해 쏘았다. 피가페타는 이렇게 기록했다.

그 소리와 연기, 특히 폭발로 인해 물이 높게 솟아오르는 것에 섬 주민들은 경악했다. 그들은 쓰러져서 얼굴을 손으로 가렸다. 왕은 여전히 서 있었지만 그 역시 온몸을 떨었다.

마가야네스는 왕을 진정시켰다. 이제 그의 공연이 정점에 도달했다. 갑판에서 군인들이 완전무장을 하고 다가왔다. 한 장교가 명령을 내렸다. 선원들이 검과 단도를 들고 갑옷을 입은 사람을 공격했다. 콜람부 왕과 그의 수행원들에게도 그 공격에 참여해보라고 권했다. 그러나 공격받은 사람들은 전혀 다치지 않은 것처럼 보였다.

원주민들은 놀랐다. 콜람부 왕은 엔리크에게 이렇게 말했다.

"저렇게 무장한 사람은 수백 명과도 싸울 수 있겠는데!"

제독은 그의 이런 생각을 더욱 강화시키기 위해 엔리크로 하여금 이렇게 대답하게 했다.

"에스파냐의 모든 배에는 이런 방식으로 무장한 사람들이 100명이나 있습니다."

그러나 마가야네스의 과시는 아직 끝나지 않았다. 그는 콜람부를 사령교로 데려갔다. 지도, 나침반과 발레스틸라를 그 앞에 내놓고 엔리크에게 이 기구들이 의미하는 바와 그가 이 기구들을 가지고 그들의 섬으로 가는 길을 찾았다는 것을 전하게 했다. 필리핀 섬의 왕인 콜람부는 그 모든 것을 완전한 마술로 간주했다. 생전 전혀 보지 못했던 기구들을 보니 그의 경외심은 더욱 커졌다. 그리고 마가야네스는 지금까지 그가 만나본 사람 중에 가장 강력한 마술사로 보였다. 그는 선대의 장교 두 명에게 그들 나라의 관습을 가르쳐달라는 총사령관의 청을 기꺼이 수락했다. 그것은 원래 학문에 목말라하던 피가페타의 생각이었다. 그래서 두 명 중 한 명이 피가페타였다는 것은 당연한 것이다. 그리고 우리 역시 그 특별한 임무를 아주 상세하고 매력적으로 묘사한 그에게 감사해야 할 것이다.

우리가 그 섬에 도착했을 때 왕은 손을 하늘로 들어올리고 우리에게로 몸을 돌렸다. 우리는 그의 행동을 따라했다. 이어서 그는 내 손을 잡았다. 고위직의 원주민 한 사람이 나의 동행자에게 똑같이 따라했다. 우리는 갈대로 만든 지붕 밑으로 갔는데 그 밑에는 조각 장식이 되어 있는 갈레온선이 있었다. 그늘진 오두막이 바다의 만과 짧은 운하로 연결되어 있었기 때문이다. 그 바크선은 길이가 대략 50피트 정도 되었다. 우리는 그 배 안에 자리를 잡고, 손짓 발짓을 통해 서로 의사소통을 하려고 노력했다. 통역자가 없었기 때문이다. 창과 방패로 무장을 한 왕의 수행원들은 왕을 둘러싸고 서 있었다. 그들은 우리에게 돼지고기가 담긴 접시와 야자 술이 담긴 커다란 단지를 내놓았다. 고기를 먹을 때마다 왕은 야자 술을 한잔 가득 마셨다. 그들은 자신들의 행동을 따라하라고 우리에게 요구했다. 가끔 있는 일이지만 술잔이 완전히 비지 않았을 때는 남은 술을 다른 단지에 부었다. 왕은 술을 마실 때마다 하늘을 향해 손을 들었다. 그리고 우리를 향해 몸을 돌리고는 주먹진 왼 손을 우리에게 뻗치고 오른손으로는 잔을 들어 입으로 가져갔다. 그가 술을 마시는 동안에는 내내 이런 자세로 있었다. 그가 처음에 이런 몸짓을 했을 때 나는 나를 주먹으로 치려는 줄 알았다. 그러나 다른 사람들도 그를 똑같이 따라하는 것을 보자, 나도 그렇게 했다. 그렇게 우리는 식사를 마쳤다.

피가페타는 물론 식사하는 것과 알코올 음료를 마시는 것에 약간의 양심의 가책을 느꼈다. 그는 '그때가 성금요일이었음에도 불구하고 나

246

는 고기 먹는 것을 피할 수가 없었다'라고 보고하고 있다. 그는 메모장, 펜 그리고 잉크 한 병을 가져갔다. 무릎에 공책을 펼쳐놓고 여러 가지 대상들을 가리키면서 그 이름을 알려달라고 했다. 그는 모든 것을 깨끗하고 성실하게 기록했다. 원주민들은 그 이상한 방문자가 닭의 깃털로 수수께끼 같은 검은 기호를 끄적이는 것을 경이로운 눈으로 쳐다보았다. '그 갈색 원주민들은 내가 쓰는 것을 보고 매우 놀랐다.' 피가페타는 자부심을 가지고 이렇게 덧붙였다. '며칠 후 내가 그들이 말했던 것을 읽어주자, 그들은 경탄을 금치 못했다.'

그 후 그들은 마을을 둘러보았다. 피가페타는 모든 것에 관심이 많았다.

사람들은 문신을 했으며 거의 나체로 걸어다녔다. 단지 엉덩이만 작은 조각으로 가렸다. 여자들은 대나무껍질로 만든 치마를 입었다. 그것은 엉덩이에서 무릎까지 내려왔으며 가슴은 벌거벗은 채였다. 그들의 머리는 검었으며 가끔은 땅까지 닿을 정도로 길었다. 그들은 귀에 귀고리와 금고리를 했다. 그들은 술고래들이었으며 아레카라 불리는, 배와 비슷하게 생긴 과일을 계속 갉아먹었다. 그들은 이 과일을 네 조각으로 나누었다. 그것을 후추 맛이 나는, 뽕나무 잎과 비슷한 구장나무 잎으로 쌌다. 거기에 약간의 석회를 첨가해 섞었다. 그리고는 그 혼합물을 잘 씹은 후 내뱉었다. 그것 때문에 그들의 입은 아주 빨개졌다. 섬 주민들은 모두 이 구장을 씹었다. 그들은 그 맛이 심장을 강화시켜준다고 주장했으며 구장을 삼키면 죽는다고 재빨리 확인해주었다. 그러나 나는 그들이 그것으로 쉽게 환각에 빠진다는 인상을 받았다.

거리에는 개와 고양이들이 돌아다녔으며 외양간에는 돼지, 염소, 닭

이 있었다. 원주민들은 벼, 기장, 회향, 옥수수를 경작했다. 그러나 코코넛, 등자, 레몬, 바나나, 생강 등은 아무 노력 없이도 수확할 수 있었다. 화려한 것에 익숙해 있던 이탈리아 사람 피가페타는 왕궁에서는 별다른 인상을 받지 못했다.

라자 콜람부의 궁전은 건초 더미와 비교할 수 있다. 그 궁전은 바나나 나뭇잎으로 덮여 있었다. 바닥은 사람 키보다 높은 곳에 네 개의 강한 기둥으로 고정되어 있기 때문에 그곳에 올라가기 위해서는 사다리가 필요했다. 거기에 도착하자 왕은 대나무 방석 위에 다리를 꼬고 앉으라고 우리에게 권했다. 그래서 우리는 작업실에서 작업하는 재봉사처럼 앉아서 30분 정도를 기다렸으며, 다시 신호로 이야기를 나누었다. 잠시 후 그들은 구운 고기, 신선한 생강이 담긴 접시와 포도주를 가져왔다.

다시 풍성하게 식탁이 차려지고, 피가페타는 비난조로 이렇게 언급했다. '나의 동료는 취할 정도로 엄청나게 마셨다.' 콜람부 자신도 무엇이든 가리지 않는 것처럼 보였다. 그는 '점점 더 말이 많아졌다'.
그러는 사이에 밤이 되었다.

섬 주민들이 사용하는 불은 마른 야자 잎과 무화과나무 잎으로 싼, 일종의 아라비아 껌으로 만들어진 것이다. 왕은 몸짓으로 자러 가고 싶다는 뜻을 밝히고 사라졌다. 우리는 대나무 자리 위에 누워, 야자수 잎으로 만든 베개를 베고 잤다. 다음날 왕이 아침 일찍 우리를 방문했다. 그는 한 손으로는 나를 잡고 다른 손으로는 나의 동반자를 잡고서 아침 식사를 하자며 어제 저녁에 식사했던 바로 그 방으로 데리고 갔다. 우리를 데려가기 위해 샐럽이 도착했기 때문에, 우리는 미안하다는 뜻을 전하고 동료와 함께 출발했다. 왕은 매우 기분이 좋았다. 그는 우리 손에 키스를 했으며 우리도 똑같이 답해주었다.

피가페타가 기함에서 보고하는 동안 그는 제독의 기분이 별로 좋지 않다는 것을 알아차렸다. 선원들의 건강 상태가 나빠졌기 때문이다. 이제 모든 것이 풍족한 지금 영양실조의 후유증이 치명적으로 영향을 미치고 있었기 때문이다. 최선을 다해 간호했음에도 불구하고 선원 다섯명이 사망했다. 그 중에는 산안토니오 호의 임시 선장이었던 데 코카도 포함되어 있었다.

콜람부는 자신을 방문한 손님에 대해 자부심을 느꼈다. 그 손님에 대해 다른 왕에게도 알려주어야 한다! 이웃 섬의 라자이며, 그의 형제이기도 한 시아이우 왕이 호의를 가지고, 금빛 찬란한 모습으로 나타났다. 피가페타는 이렇게 기술했다.

그는 내가 보았던 이민족들 중 가장 아름다운 사람이었다. 그는 향내나는 검은머리를 가졌으며 그 머리를 비단 베일로 묶었다. 귀에는 장식 고리를 달았다. 허리띠에는 아주 긴 금색의 손잡이가 달린 일종의 칼, 혹은 단도를 차고 있었다. 그의 이빨에는 금이 세 개씩 박혀 있어서 그의 이빨 전부가 금으로 싼 것처럼 보였다. 그는 안식향을 뿌렸다. 그의 주장에 따르면 그의 섬에서는 밤톨 크기의 금, 심지어 달걀만큼 큰 금 조각을 발견할 수 있으며, 그 금은 흙과 섞여 있기 때문에 망을 통해 분리시킬 수 있다고 했다.

그의 말이 과장이 아니라는 것이 곧 확인되었다. 원주민은 쌀과 무화과를 칼과 교환하자고 제안했다. 제독은 금화로 지불하려고 했지만 그들은 그것을 거절했다. 반짝이는 금속은 그들에게는 충분히 많았다. 어떤 원주민들은 금 조각을 많이 가지고 와서 유리구슬 여섯 줄과 바꾸려고 했다.

총사령관은 더욱 말이 없어졌다. 그는 그의 시대에 가장 비싼 물건을 에스파냐의 왕실을 위해 획득해야만 한다. 그것은 그의 배가 가져갈 수 있는 것의 수천 배 이익을 약속하고 있는——그것이 토르데시야스 경계선의 서쪽에 놓여 있다고 가정한다면——향료 군도이다. 그러나 그의 배를 빨리 향료로 가득 채우는 것이 중요한 것은 아니다. 무엇보다 그는 지구가 구상이라는 것을 증명해야 한다!

그런데 이곳에는 그들이 겪어냈던 모든 태풍, 반란, 경악과 곤란보다 더 위협적일 수 있는 위험이 그들을 노리고 있었다. 다른 탐험가와 정복자들에게서 명백히 드러났던 교만하고 탐욕적인 태도와 비교해볼 때 마가야네스가 원정 참여자들에게 강조하는 겸손과 관용적인 태도는 주목할 만한 선견지명을 지니고 있음을 알 수 있다. 그는 모든 장교와 선원에게 금을 받으면 사형에 처하겠다며 금을 받지 말라고 엄하게 명령했다. 피가페타는 단지 그 이유의 일부만을 알고 있었다. '우리가 우리의 물건보다 금을 더 높게 평가한다는 것을 섬 주민들에게 알리지 않기 위해서이다.'

그의 선원, 군인 그리고 장교들 중 누구도 그의 뜻을 이해하지 못했다. 그가 가장 신뢰하는 사람들조차도 너무 쉽게 재물을 얻을 수 있을 때는 그것을 포기하는 것이 현명하다는 것을 통찰하지 못했다. 몇 년 후, 그가 죽은 다음 바야돌리드의 재판소에서는 제독이 원주민들이 제공한 금을 받지 않았다고 고발한 사람들이 많았다. 이들이 마가야네스는 모험가, 정복자가 아니라는 것을 어떻게 알 수 있었겠는가. 그의 이름은 마가야네스이지 알부케르케, 발보아, 코르테스 혹은 피사로가 아니었다. 그에게도 부와 권력이 중요했지만 지금은 그가 지구의 지리학적 형상을 증명해야 한다는 그 생각을 관철시키는 것이 그의 과제였다.

그의 업적은 물질에 대한 지식의 승리이다. 그는 하나의 이상을 위해 싸우는 투사이지 그 이상의 수익자가 아니다. 지구의 구상이론이 증명되면 사방에서 부와 권력이 수익자들의 품에 들어갈 것이다.

근본적으로 그들은 마가야네스를 절대 이해하지 못했다. 이런 비현실적인 계획에 대한 흔들리지 않는 추구와 그의 지도적 에너지는 다른 사람들이 보기에 무시무시한 것이었다. 그들의 발견으로 수익을 올릴 수 있는 고향의 소매상인보다 더 적은 보상을 받기 위해, 그의 선원들이 세계의 모든 사람들보다 더 많은 곤란을 견디어냈단 말인가? 제독은 왜 그들의 선원들이 귀향한 후 에스파냐에서 약간의 재산을 획득할 수 있는 기회를 허락지 않는가? 존재의 모든 안락함 뒤에는 그가 항상 그렇게 가차없이 요구하는 복종 의무의 위반이 숨어 있다고 의심하는가? 그가 개인적으로 모든 것을 거부한다 할지라도 그의 동료들에게까지 그 많은 재물을 금할 수는 없었다.

그들은 그 금지령에 굴복했다. 여기까지 오는 동안 그들의 제독은 항상 올바르게 행동했다. 그가 그들의 저항을 제압했다. 그러나 태평양을 지나면서 그의 권위는 강요된 규율에서 존경심과 주목으로 바뀌었다. 복종은 더 이상 그의 직위 때문이 아니라 그의 우월함 때문이었다. 1년 전 그는 산훌리안의 반란에 맞서 싸웠다. 오늘날 그는 그들의 확실한 지도자가 되었다.

1521년 3월 31일, 부활절 일요일에 그는 해변에서 공식적인 미사를 드리게 했다. 그는 미사 의식에 함께 참여해달라며 엔리크를 콜람부 라자와 그의 동생 시아이우 라자에게 보냈다. 장교들이 성장을 하고 나났으며 선원들도 그들이 가지고 있는 옷 중 가장 좋은 옷을 착용했다. 제독이 피니스에 탔을 때 각각 여섯 발의 예포를 '평화의 신호'로서 트리니다드 호, 콘셉시온 호, 그리고 빅토리아 호에서 쏘았다. 그러나 실제로는 에스파냐 권력의 자기 과시를 노린 것이었다. 돛대 꼭대기에 기를 게양했으며, 해군들은 해변에서 대열을 갖추어 제독을 기다리고 있었다. 마가야네스는 왕과 그 동생에게 인사를 하고 그들을 껴안았다. 그리고 나서 세 사람은——마가야네스가 섬의 군주 두 명의 호위를 받으며——임시로 지은 교회로 걸어갔다. 그 교회의 벽은 돛의 천으로 만들었으며, 그 내부는 초록색 가지와 화려한 꽃들로 장식되어 있었다.

장엄한 예배가 시작되었다. 기함의 신부가 번갈아 올리는 기도를 낭독했다. '주여 우리를 불쌍히 여기소서'를 기도하고 정해져 있는 미사의 순서를 진행했다. 그리스도의 부활에 관한 부활절 복음을 읽었으며, 큰소리로 찬미가를 불렀다. 다른 배의 성직자들이 도와주었다. 곡조가 붙은 그들의 목소리가 근엄한 대창과 함께 그 교회를 가득 채웠다. 열대의 새들이 화환으로 장식한 현관 앞의 가지 위를 뛰어다녔으며, 용연향, 백단목재와 유향이 진동했다.

마가야네스는 아주 인상적인 효과를 노리기 위해 금의 성체 현시대가 성체와 함께 나타날 때 트리니다드 호에서 인스부르크에서 만든 대포인 세르펜티넬을 쏘게 했다. 교회 안에 있던 섬 주민들은 그 광경을 보고 감동했으며 이방인의 기도를 손을 합장하고 따라했다. 마지막에, 미사가 끝난 후 총사령관은 신부의 손에서 성수반을 받아 우선 그의 옆에 있던 라자에게 뿌려주고 자신의 몸에도 뿌렸다. 이것이 그들의 동맹을 확정하는 것이라고 그는 엔리크에게 통역하게 했다.

그 동안 입구 앞의 광장에서 행진을 하던 군악대가 예배가 끝난 후 제독과 두 명의 군주에게 연주로 인사를 대신했다. 마가야네스는 신부의 십자가를 예배당에서 가지고 나오게 했다. 그와 두 명의 원주민 라자는 이미 그 앞에 준비되어 있는 의자에 자리를 잡았다. 제독은 천천히 그리고 장황하게 이야기하기 시작했다. 그는 가끔씩 말을 중단하고 엔리크에게 통역하게 했으며, 엔리크가 통역을 마칠 때까지 인내심을 가지고 기다렸다. 평상시에는 그토록 말이 없던 마가야네스는 필요할 때면 설득력 있는 웅변가가 되었다. 그의 통역사 역시 그에 맞는 어조를 사용했다.

원주민 라자들은 섬 주민들이 그러하듯 달변의 장광설을 좋아했다. 피가페타는 그 장면을 이렇게 묘사했다.

그는 못, 왕관과 함께 십자가를 가져오게 했다. 그 앞에서 원주민 왕들은 절을 해야 했다. 그리고 선장은 그가 보여준 물건들이 그의 군주이며 지배자, 즉 에스파냐의 강력한 왕의 표장이며, 왕으로부터 그가 여행하는 곳 어디든지 그것을 설치하라는 명령과 위임을 받았다는 사실을 전하게 했다. 그리고 나중에 이 섬에 오게 될 에스파냐의 배들이 이 십자가를 보고 우리가 이 섬에 왔었다는 사실을 알게 하기 위해, 그리고 그들의 이익을 위해서도 그 표장들을 그들의 섬에 설치하기를 원한다고 말했다. 에스파냐 배들이 그들 중 한 명을 데리고 간다 해도 이 신호를 보여주면 곧바로 그를 풀어줄 것이라고 했다. 또한 이렇게 전했다. 이 지역의 가장 높은 장소에도 누구나 그것을 볼 수 있도록 십자가를 세워야 한다. 그것이 이곳 섬 주민들을 번개와 벼락으로부터 보호해줄 것이라고. 라자들은 선장에게 감사하면서 십자가의 설치를 허락할 준비가 되어 있다고 말했다.

그럼으로써 마가야네스는 그 섬을 에스파냐 왕실을 위해 소유하게 되었다. 십자가는 그의 점령을 정당화시켜준다. 그 십자가는 모든 기독교 국가의 항해자들로부터 존중되어야 한다. 그것이 뇌우로부터 보호해준다는 것은 신앙심 깊은 가톨릭교도에게는 당연한 생각이다. 섬 주민들은 땅에 박힌 기독교의 상징을 존중했다. 마가야네스는 이런 방식으로 에스파냐의 소유권을 확실히 했다.

제독은 원주민 라자를 향연에 초대했다. 그리고 라자 형제들과 솔직하게 이야기를 나누었다. 그는 그들의 통치상의 어려움, 그들의 습관, 그들의 종교에 관해 물었다. 그리고 나서 그는 근처에 배로 갈 수 있으며, 그 선대의 비상식량을 충분히 채워줄 수 있는 곳이 있는지를 물었다. 콜람부는 그에게 큰 섬 세부에 관해 일러주었으며 그를 그 섬으로 인도할 수로 안내인을 구해주겠다고 제안했다. 총사령관은 그 제안을 받아들였으며 약속했다. 수로 안내인들을 그들과 똑같이 다루며, 그의 선원 중 한 명을 인질로 남겨놓겠다고. 그러나 콜람부 추장은 다른 생각이었다. '그는 자신이 직접 그 항구로 인도하고 그의 수로 안내인이 되겠다고 덧붙였다'고 피가페타는 기술하고 있다. 물론 마가야네스는 그 라자가 여행 준비를 끝낼 때까지 이틀을 더 기다려야 했다.

마가야네스는 의식적으로 과시하고 싶었다. 그 추장의 적이 어디 있는가? 총사령관은 그의 친구를 위해 그 적들을 제압할 의향이 있음을 밝혔다. 콜람부는 피했다. 그는 교활했으며 성공이 승리자의 입맛을 자극한다는 것을 알고 있었다. 그렇다. 다른 섬에 적이 몇 명 있지만 지금까지는 그들에게 저항할 수 있었다. 그리고 그들을 공격할 '유리한 시간도 아니었다.'

"좋소."

제독이 말했다.

"다음번에는 당신의 모든 적을 굴복시킬 정도의 막강한 전투력을 가지고 오겠소."

그는 일어나서 정중하게 추장들과 작별을 하고 절름거리며 피니스가 기다리고 있는 해변으로 갔다. 그는 그의 불안을 숨겼다. 3일을 더 머물고 나서 그들은 계속 여행을 한다. 4월 3일에 그들은 세부로 출발한다!

후마본 왕과의 외교

바다가 한낮의 열기 속에 길게 늘어져 있다. 약한 미풍에 잠깐씩 시원함을 느낄 수 있을 뿐이다. 희미한 안개 속에서 천천히 함선의 돛대 끝이 나타났다. 배들은 힘겹게 항구 가까이 다가왔다. 세부의 섬 주민들은 그 배를 발견하자마자 흥분의 도가니에 빠졌다. 수백 명의 원주민들이 나무 방파제 위로 몰려들었다. 그들은 강력한 에스파냐 선박의 상륙이라는 최초의 사건을 기다렸다. 교활한 콜람부는 부활절 날 저녁에 그의 친구가 된 이방인들이 그 섬에 간다는 것을 알리기 위해 작은 통나무 배를 세부의 추장에게 보냈기 때문이다. 사람들은 소리를 지르고 이야기를 하면서 그 배들을 가리켰고, 감탄했다. 주민들이 모두 나와 해안에서 기다렸으며 골목길에는 사람들이 보이지 않았다.

몇 시간 후 단종진으로 항해하는 배들이 항구의 수로로 접어들었다. 곧 명령 소리가 들려왔다. 공식 외국 방문시 유럽 항구로 들어갈 때처럼 마가야네스는 군대 의식을 엄숙하게 거행했다. 트리니다드 호에서는 신호용 삼각기를 달았다. 빅토리아 호와 콘셉시온 호는 기함의 양옆에 포진했다. 갑판에서는 음악이 울려 퍼졌다. 북소리와 트럼펫 소리. 트리니다드 호의 주돛대에는 왕실의 문장이, 뒷돛대에는 총사령관 마가야네스의 기가 걸려 있다. 동시에 빅토리아 호와 콘셉시온 호도 그들의 기를 게양했다. 선대는 배를 멈추고 돛을 접었다. 닻의 도르래가 삐걱거렸으며 날카로운 굉음을 내면서 예포가 쏘아졌다. 유럽은 그의 손을 세부까지 펼쳤다.

대포 소리에 놀라 원주민들은 머리를 움츠렸다. 몇몇 사람은 어두운 골목길로 도망쳤다. 그러나 호기심이 결국 두려움을 이겼다. 트리니다드 호에서 커터 한 척이 내려와 방파제로 다가오자 필리핀 사람들은 다시 몰려들었다. 그들은 노를 젓는 선원들과 고물에 서 있는 화려한 복장의 장교들을 보았다. 그 가운데에는 유럽식 복장을 한 황인종도 있었다. 엔리크가 제일 먼저 부두에 올랐다. 장교 두 명과 무장한 군인 여덟 명이 그 뒤를 따랐다. 한편, 무장한 군인 네 명이 배를 지켰다. 원주민들이 물러나서 길을 내주었다. 이방인들은 도시로 향했다. 섬 주민 중 일부가 그들을 가까운 궁전으로 인도했다.

높은 성문에 보초가 보이지 않았다. 보초들이 대포 소리에 도망간 것이다. 아무도 없는 궁전 앞 광장에서 겁먹은 귀족 한 명이 도망치고 있었다. 엔리크는 그를 불러 세워 진정시켰다. 예포는 에스파냐 관습이며 축포는 왕에 대한 존경의 인사를 의미한다고. 그리고 그들은 평화를 원한다고. 그 남자는 자신을 진정시켜준 엔리크와 함께 그들의 군주인 후마본 라자에게로 갔다. 그때까지 사절로서의 새로운 역할을 아직 완전히 인식하지 못했던 엔리크는 놀랍게도 자신이 강력한 세력을 대변하고 있음을 알게 되었다. 기다리는 동안 그는 만족하여 주위를 돌아보았다. 그는 분수가 뿜어져 나오는 광장, 측면의 긴 주랑, 그리고 그 그늘 속의 용 조각을 훑어보았다.

고위관리가 돌아와서는 왕에게 인도하겠으니 그를 따라오라고 엔리크와 그의 동반자들에게 요구했다. 그들은 주랑 현관으로 들어가서, 넓지만 그다지 길지 않은 복도를 통과해 곧 접견실에 도달했다. 접견실의 중간, 약간 높은 곳에 군주가 속껍질을 엮어 만든 돗자리 위에 앉아 있었다. 불안해하는 궁정 관리들과 초조해하는 호위병들이 그를 둘러싸고 있다. 장교 한 명이 호위병과 함께 접견실의 입구에 남았다. 다른 사람들과 엔리크는 적당한 걸음걸이로 왕에게 가서 절을 했다.

후마본은 장관을 통해 왜 이 이방인들이 그의 섬으로 왔는지를 물었다. 엔리크는 대답했다.

"나리, 제독인 페르난도 데 마가야네스는 지구에서 가장 강력한 왕의 총사령관입니다. 우리 여행의 목적은 몰루카 군도로 가는 것입니다. 그러나 마사우아의 콜람부 왕이 세부 왕의 덕과 높은 인격을 칭찬해서 이리로 오게 되었습니다. 이 섬의 왕에게 인사를 드리고 물건을 교환하기 위해서이지요."

다시 왕은 장관에게 어떤 방식으로 물물교환을 할 것인지를 물어보게 했다. 엔리크는 대답했다.

"우리는 서쪽에서 귀한 도구를 가지고 왔습니다. 보는 사람의 얼굴을 보여주는 거울과 고기와 야채를 썰 수 있으며, 생선의 내장을 들어내고 닭을 잡을 수 있는 금속 손잡이가 달린 칼. 또 아름다운 유리구슬과 그 이외의 다른 물건들이 많습니다. 우리는 우리 배의 선원들이 계속 항해할 수 있도록 비축식량과 교환하기 위해 기꺼이 그것을 내놓을 겁니다."

그러나 그 왕은 자기와 같은 지위에 있는 콜람부 왕처럼 그렇게 의심 없는 사람이 아니었다. 그의 항구에는 이미 다른 배들이 정박한 적이 있었다. 그리고 그는 그것으로 돈을 번다는 것을 알았다. 정박세는 새로운 시대의 발견이 아니었다. 후마본 왕과 그의 장관들은 고개를 모으고 의논을 했다. 다시 장관이 왕을 대신해서 말했다.

"세부의 후마본 왕은 당신들을 환영한다고 말하랍니다. 그리고 당신에게 전하랍니다. 그의 항구에서 거래를 하기 원하는 모든 배는 세금을 지불해야 한다고요."

추장은 고개를 끄덕였다. 그는 그 말에 힘을 실어주기 위해 직접 끼어들었다.

"모든 사람은 규정에 복종해야 하오. 나흘 전에 금과 노예를 거래하기 위해 시암에서 정크선이 왔었소."

그러면서 그는 실수를 했다. 영리한 엔리크는 바로 그 조건 뒤에 숨겨져 있는 그의 소유욕을 알아차렸다.

"나의 주인은 어떤 세금도 지불하지 않을 것이오."

엔리크는 품위 있게 대답했다.

"왜냐하면 그는 세계에서 가장 강력한 왕의 제독이기 때문입니다. 우리는 지구의 다른 편에서 여기까지 타고 온 이 배들과 비슷하게 무장한 배 수백 척을 소유하고 있습니다. 우리 역시 잘 모르고, 이곳의 습관에 아직 익숙지 않기 때문에 당신이 우리에게 그런 조건을 제시한다고 믿고 있습니다."

그때 왕이 시암의 상인을 불러오라고 명령했다. 궁전의 손님방에서 기숙하고 있는 그가 모든 것을 확인해줄 수 있을 것이다.

"당신이 누구를 불러오든, 그리고 그 사람이 무슨 말을 하든 상관없습니다."

엔리크는 원주민의 왕에게 위협받지 않았다.

"제가 이미 말씀드렸듯이 나의 주인은 다른 군주에게 관세나 혹은 다른 세금을 내지 않을 것입니다. 세부의 왕께서는 선택하셔야 합니다. 총사령관을 평화롭게 맞아들여서 친절하게 대접한다면, 그것은 저의 주인의 의도이기도 합니다. 그러나 세금을 주장하거나 어떤 방식으로든 우리에게 불친절하게 행동한다면 그것은 전쟁을 의미합니다. 그리고 우리 역시 그에 동의합니다."

마가야네스의 하인이며 사절의 말이 옳았다. 제독은 어떤 상황에서도 세금을 지불하지 않을 것이다. 그러나 그가 세금을 내지 않는 이유는 그의 자부심 때문만이 아니다. 진짜 이유는 엔리크도 세부의 왕도 알지 못했다. 교황이 지구의 이 지역을 토르데시야스 계약을 통해 이미 에스파냐에게 약속했는데 왜 그가 세금을 지불해야 하는가?

그 사이에 시암의 상인이 왔다. 유럽 사람들을 목격하자 그는 경악했다. 그는 아라비아에서 필리핀까지의 항로를 알고 있었다. 그러나 그는 유럽 국가와 그들의 경쟁 상황에 대해서는 거의 알지 못했다. 그래서 그는 착각을 한 것이다. 그는 이들을 인도와 말라카를 거쳐 동쪽 항로를 통해 이곳에 도착했던 포르투갈 사람으로 여겼다. 그 남자가 어떻게 알겠는가. 여기에 있는 이 사람들이 거대한 대양을 건너왔다는 것을! 메카와 몰루카 사이의 모든 거래 장소를 그는 잘 알고 있었다. 그리고 이제 그는 이익을 가져다주는 그의 거래를 포르투갈 사람에게 **빼앗길** 까봐 걱정이 되었다. 그는 알부케르케가 상업의 중심지인 고아와 말라카를 어떻게 정복했는지 그 방법을 기억하고 있었다. 그리고 그 상인은 그것에 관해 왕에게 경고해야 한다! 그는 후마본 왕에게 몸을 숙이고 속삭였다.

"조심하십시오. 전하께서 어떻게 할 건지 심사숙고하십시오. 이 사람들은 캘리컷, 말라카와 인도 반도의 해안을 정복했던 사람들입니다. 그들을 잘 대접하고 조심스럽게 다루십시오. 그것이 이득이 될 겁니다. 그리고 시간을 벌어야 합니다. 그러나 그것이 악의에서 나온 거라면 상황은 더욱 나빠질 겁니다. 그들이 고아에서처럼 행동하게 될 테니까요!"

엔리크의 날카로운 귀는 그 모든 말을 다 들었다. 그는 기독교화되었으며 영리한 신부들의 수도원에서 교육받았다. 포르투갈과 에스파냐에서 그는 리스본과 세비야, 그리고 바야돌리드의 계략을 배웠다. 여기서 그는 빠르게 직관력을 갖춘 정치가가 된다. 시암 상인이 포르투갈을 그의 사업 영역에서 배제하고 싶어한다는 것을 그는 곧바로 파악했다. 그는 강조하여 이렇게 말했다.

"당신은 착각하고 있소. 우리의 왕은 리스본의 군주보다 훨씬 더 강력한 왕이오. 우리는 에스파냐왕의 선대입니다."

그리고 후마본을 감탄시키기 위해 그는 에스파냐에서 배운 대로 카를로스 1세의 직함을 줄줄이 읊었다. 우리의 왕은 에스파냐의 왕일 뿐아니라 카스티야와 아라곤제국의 상속자이며, 시실리아, 오스트리아, 부르고뉴와 브라반트의 제후 및 플랑드르와 티롤의 백작이기도 합니다. 그는 모든 기독교 국가 중 가장 고귀한 지배자이십니다. 그의 세력은 서쪽의 신대륙과——아마 거기에 당신들도 속할 겁니다——여기서부터 동쪽에 이르는 대륙에까지 손을 뻗치고 있습니다. 에스파냐는 포르투갈보다 더 크고 우리 군주의 권력에는 어떤 적도 감히 저항하지 못할 겁니다."

여전히 자신의 이익을 걱정하고 있던 그 교활한 상인은 바로 자신의 기회를 잡았다. 그는 손으로 배를 쓰다듬으며 확인했다.

"그 말이 맞습니다!"

"그렇소."

엔리크가 말했다. 이제 그는 시암 상인을 이용할 수 있었다.

"그렇다면 세부의 후마본 왕에게 우리의 힘에 관해서 설명하시오. 그가 우리의 친구가 되기를 원하지 않는다면 에스파냐는 아주 많은 배와 군인들을 보내서 이곳에 돌 하나도 남지 않게 그의 섬을 파괴시킬 수도 있소."

그 상인은 다시 왕에게 몸을 숙이고 말했다.

"저 사절이 이야기하는 모든 것은 사실입니다."

후마본은 당황했다. 그의 증인이 그의 편을 들지 않으리라고는 예상하지 못했기 때문이다.

그는 주저하면서 말했다.

"우선 우리 장관들과 의논해야겠소. 그리고 내일 이방인에게 나의 결정을 전하겠소."

엔리크는 배로 돌아가 마가야네스에게 보고했다. 제독은 만족하여 그의 하인인 엔리크가 시작한 정책을 계속 펼치기로 결정했다. 그래서 콜람부 왕을 세부의 궁전으로 보냈다. 그는 마가야네스의 중재자로 장관 회의에 참여하여, 총사령관의 선대 및 그의 의도를 자신의 체험을 토대로 묘사해야 한다고.

다음날 이미 콜람부와의 협상에서 외교가로서의 능력을 증명했던 피가페타와 엔리크가 세부 섬으로 출발했다. 마가야네스는 세부의 왕을 친구로 얻기 위해 두 사람을 잘 지휘했다. 멕시코에서 페루까지 모든 것을 완력으로 무찔렀으며, 가능한 한 빠르게 정복한 나라를 약탈하는 것 이외의 다른 목표를 알지 못했던 피자로와 코르테스와는 다르게, 그리고 다른 정복자들과는 다르게 페르난도 데 마가야네스는 다른 민족에 대해 인간적이며 그들을 존중하는 태도를 보였다는 것을 인정해야 한다. 이런 태도는 그에게 적합했다. 이곳, 지구의 다른 면에서 배와 무기, 군인의 보급품을 조달할 수 없어서가 아니라 그에게는 빠르게 얻는 물질적 이익이 중요하지 않았기 때문이다. 그는 자신이 발견한 나라와 섬들을 자신과 에스파냐를 위해 지속적으로 획득하고 싶었다.

피가페타와 엔리크가 무장한 호위병과 함께 궁전에 들어섰을 때 라자 후마본은 많은 수행원을 데리고 그들을 마중 나왔다. 후마본은 그 손님들을 왕좌가 있는 홀로 인도해서 두 사람에게 그의 옆에 앉으라고 권했다. 그들에게 그의 결정을 알리기 위해서였다. 이번에 그는 장관을 거치지 않고 직접 이야기했다. 엔리크는 아주 품위 있게 통역했다.

"우리는 의논하고 모든 것을 고려했으며 이어서 결정을 내렸소. 에스파냐왕과 같은 위대한 지도자에게 세금을 부과하지 않기로 했소."

"현명하신 결정이십니다, 전하."

피가페타는 엔리크를 통해 대답하게 했다.

"에스파냐왕의 권세를 능가할 수 없다는 것은 사실이오."

후마본 왕이 설명했다.

"우리나라 상인들 역시 그것을 확인해주었소. 그래서 우리는 기꺼이 에스파냐왕의 우정을 얻고 싶으며, 당신들이 원하는 거래를 할 수 있도록 허락하겠소."

"라자 전하, 마가야네스 제독은 전하께 감사할 겁니다. 그 역시 평화를 사랑하기 때문이지요."

후마본이 말했다.

"당신 주인에게 보고하시오. 내가 이미 당신 왕에 대한 공물을 바칠 준비가 되어 있으며, 그가 나와 우정을 맺어 내 적들에게서 나를 보호하기를 바란다고."

그는 그 사이에 포르투갈의 잔인한 침략에 관한 정보를 들었다. 강력한 동맹국은 마치 신이 보낸 것 같았다.

"라자 전하, 에스파냐와의 우정을 원하신 것은 현명하신 결정이십니다. 에스파냐왕은 그에게 충성스럽게 굴복하는 친구들에게 그들이 필요한 모든 보호를 제공합니다."

피가페타는 마가야네스의 뜻으로 계속 이야기했다.

"우리의 기독교 지배자는 어떤 공물도 요구하지 않습니다. 깨지지 않는 충성, 우정 그리고 거래관계에 대한 당신의 허락으로 충분합니다."

그럼으로써 그는 세부의 왕을 얻었다. 타산적으로 생각해서가 아니라 그는 자원하여 동맹국이 되었다. 후마본은 바로——콜람부처럼——그 동맹을 확정하기 위해 선장과 피의 형제관계를 맺기를 원했다. 선장이 자신의 피부에 상처를 내서 피 몇 방울을 흘러내리게 하면 그도 똑같이 하겠다고 말했다. 후마본은 피가페타에게 총사령관이 선물을 어떻게 하기 원하는지를 물었다. 모든 방문자들은 그에게 선물을 하곤 했으며 그 역시 손님들에게 여러 가지 선물을 준다고 했다. 후마본은 영리한 외교가였다. 그는 선물을 선택하는 것과 선물의 가치에서 에스파냐 사람을 파악할 수 있다. 그러나 노련한 피가페타는 위계질서를 지키는 것에 가치를 두었다.

"당신이 이런 습관에 그렇게 큰 가치를 둔다면 그렇게 하십시오."

그가 대답했다.

에스파냐 사람들이 무엇을 가장 필요로 하는지를 잘 알고 있는 콜람부는 후마본에게 충고를 해주었다. 그는 시암의 상인을 기함으로 보내서 선장에게 전하게 했다. 선장에게 선물로 주기 위해 사용 가능한 식품들이 부두로 운반되었으며, 라자의 사촌이 몇몇 장관들과 함께 그 선물을 넘겨주기 위해 오후에 그 배로 갈 것이라고. 오르멜라 왕자가 친교를 맺기 위한 전권을 넘겨받았다.

총사령관은 그 소식을 듣고 감사했다. 엔리크는 그에게 시암 상인이 후마본에게 영향력을 행사한 것에 관해 이야기했다. 그는 그것을 그의 계획을 위해서도 이용하고 싶었다. 그래서 시암 사람에게 그의 힘을 가능한 한 인상적으로 과시했다. 마가야네스는 통역을 통해 전쟁이 일어날 경우 그의 배에 있는 모든 선원들이 동일한 방식으로 무장한다는 것을 그 상인에게 전달하게 했다. 상인은 경악했다. 피가페타는 제독의 아주 중요한 대사를 다음과 같이 기록해놓았다.

우리의 무기는 우리의 적들에게는 끔찍한 것이다. 그러나 우리의 친구들에게는 매우 유용한 것이다. 당신도 알다시피 우리 왕과 우리 믿음의 적대자들을 파멸시키는 것은 우리에게 이마의 땀을 훔치는 것처럼 쉬운 일이다.

피가페타는 그 이유를 이렇게 덧붙였다.

총사령관은 거만하고 위협적인 어조로 이렇게 말했다. 무어 상인이 그것을 왕에게 전하도록 하기 위함이다.

오후에 트리니다드 호는 화려한 정부청사로 바뀌었다. 선판 위로 양탄자가 깔렸고, 선루에는 알록달록한 기들이 매달렸다. 선미의 갑판에는 붉은색 비로드의 팔걸이 소파 세 개가 준비되었다. 제독의 소파는 중간에 약간 높이 자리 잡고 있었다. 옆으로, 한 계단 낮게 콜람부와 왕자를 위한 자리가 마련되었다. 그리고 그 앞에 반원을 그리며 장관과 수행원들이 앉을 가죽의자들을 비치해놓았다. 선원들이 두 줄로 환영 행렬을 만들었다. 바크선이 섬 주민들과 함께 정박했을 때 북소리가 울렸다.

마가야네스는 화려한 것에 대한 원주민들의 두드러진 감각과 축제의식에 대한 그들의 순수한 열정을 정책적으로 이용했다. 여기서도 목적이 수단을 정당화시켰다. 미래의 동맹은 선원들의 인내와 고통에 대한 보상이기도 하기 때문이다. 카를로스 1세 왕은 그에게 새로운 섬과 대륙의 점령으로 왕이 얻게 되는 모든 재물의 20분의 1을 그에게 주겠다고 보증했다. 그는 그 점에 대해서는 별로 중요시 여기지 않았지만 그럼에도 그의 생각은 허영심에서 완전히 벗어나지 못했다. 이 동맹으로 그는 필리핀에 대한 지배권을 확실히 하면서 자신의 이름을 바스코 다 가마와 콜럼버스와 같은 반열에 올려놓을 수 있기 때문이다.

마치 그가 이미 식민지의 총독이나 된 것처럼 그렇게 그는 섬 주민들을 맞아들였다. 그는 보좌에 앉았다. 오르멜라 왕자는 예의 바르고 정중하게, 그에 비해 콜람부는 친근하게 인사했다. 수행원들은 거의 거들떠보지도 않았다. 마가야네스 뒤에는 다른 배의 선장인 세라노와 두아르테가 앉아 있었고, 그 다음에 그의 장교들이 서 있었다. 마가야네스 가까이에 엔리크가 대기하고 있었다. 제독의 손짓에 통역자가 말하기 시작했다.

"에스파냐의 가톨릭왕 카를로스 1세의 총사령관인 페르난도 데 마가야네스 각하는 세부의 후마본 왕의 대표단을 환영합니다. 각하가 아직 세부 왕국의 관습에 익숙지 않기 때문에 묻습니다. 여기서 공개적으로 협상하는 것이 일반적인지 그리고 왕자가 계약을 체결할 권리가 있는지를 말입니다."

금장식의 왕홀을 들고 있는 왕자의 귀족 수행원이——틀림없이 일종의 의전관일 것이다——앞으로 나서서 오르멜라 왕자가 모든 전권을 가지고 있으며 여기 사람들이 있는 공개된 장소에서 협상에 관해 이야기해도 된다고 대답했다.

이제 마가야네스가 직접 이야기를 했다. 엔리크가 모든 문장을 말레이어로 번역했다. 제독은 얼마 전에 마사우아의 왕과 그의 민족을 알게된 것처럼 세부의 왕을 알게 된 것과 그들과 좋은 친구관계를 유지하게되어 무척 기쁘다. 그가 이미 마사우아의 왕인 콜람부와 계약을 체결할수 있었고, 이제는 여기 이 섬의 제국과 계약을 맺을 시간이 되었다. 그리고 나면 이 왕들은 그의 군주인 에스파냐의 강력한 카를로스 왕과 친교를 맺는 것이다. 그들과 그들의 민족은 계속 에스파냐의 보호를 누리게 될 것이다. 제독은 동맹의 장점에 관해, 우정, 유럽 사람들의 관습과 믿음에 관해 이야기했다.

이 순간 탐구하는 그의 영혼 속에 다시 그의 목적지가 떠올랐다. 몇백 마일만 더 가면 세하웅이 있다. 활발한 제스처를 써가며 그는 자신이 탐험했던 세계에 관해 설명했다. 그는 대양의 힘, 그것의 위험과 폭력, 그리고 대양의 무한함과 아름다움을 묘사했다. 그는 혹독한 태풍을이 해안의 부드러운 곡선에 대비시켰으며, 남극의 얼음처럼 차가운 지역을 태양이 계속 비치는 모든 것이 풍요로운 이 지역과 비교했다. 이상주의와 의지가 어떻게 불가능해 보이는 것을 극복하고 대양 및 대륙을 결합시킬 수 있는가를 그들에게 보여주었다.

감동하여 귀기울여 듣는 섬 주민들 앞에서, 낯선 종족 앞에서, 다른 생활방식과 다른 문화를 소유한 사람들 앞에서, 또한 갑판과 상갑판을 가득 채우고 있는 그의 장교들과 선원들 앞에서 그는 궁핍과 몰이해, 고집과 실행력에서 나온 믿음의 고백을 했다. 그들이 그의 말을 채 이해하기도 전에 그는 다시 마음의 평정을 찾고 이렇게 말했다. 그 자신은 개인적으로 중요하지 않다. 그는 그의 군주를 위해 행동한다. 그가 중요성을 획득하게 된다면 그것은 그가 카를로스 왕을 위해 서명한 계약을 통해서뿐이다라고.

"나는 신에게 기도합니다."

그는 연설을 끝맺었다.

"하늘이 우리의 동맹을 축복하기를."

그는 주위를 돌아보았다. 모두 주목하고 자신의 말을 경청하고 있으며, 그 순간의 장엄함에 사로잡혀 있다는 것을 알아차렸다.

그는 사무적으로 물었다.

"세부의 왕이 죽을 경우 누가 그의 후계자가 되는 건가?"

그것은 중요하다. 왜냐하면 그 계약은 그 후계자들에게도 구속력을 지녀야 하기 때문이다.

콜람부는 대답했다.

"라자 후마본에게는 딸 셋밖에 없소. 그의 조카인 오르멜라 왕자가 그의 큰딸과 결혼했으니 법에 따라 그가 후계자가 됩니다."

왕자는 고개를 끄덕이면서 덧붙였다.

"맞습니다. 군주가 죽은 후가 아니라, 군주가 늙으면 후계자가 왕위에 오릅니다."

"왕이 몇 살이 되면 은퇴하는 건가?"

마가야네스는 알고 싶었다.

"왕은 은퇴하는 게 아니라 나이가 들고 더 이상 기력이 없을 때, 그 후계자가 왕위에 오르는 겁니다."

"만약 왕이 자리에서 물러나지 않는다면?"

"그래도 왕은 물러나야 합니다."

"당신이 그를 제거할 건가? 그의 나이, 경험을 고려하지 않고?"

마가야네스가 분노하여 외쳤다.

"그것은 합당하지 않아! 하늘과 땅을 창조한 신이 자녀에게 부모를 존경하라고 했소. 그렇지 않으면 지옥에 떨어질 것이오. 모든 인간은 하나님의 계명에 복종해야 하오. 모든 인간은 선조에게서 나온 것이니까."

왕은 마가야네스와 피를 나눈 형제이다. 제독은 그를 보호하고 싶어서 그들을 설득했다. 그가 그들을 믿을 수 있는 파트너로 생각하기 때문에 그들이 그의 의견을 받아들여야 한다는 것을 증명하려고 했다. 그러나 그는 믿지만, 이 사람들은 전혀 모르고 있는 성서를 근거로 하는 동맹이 무슨 가치가 있는가? 이교도적인 생각을 가지고 있는 그들은 아마 맹세도 충성도 알지 못할 것이다. 우리가 그들의 영혼을 구할 수 없는데, 이런 야만인들의 우정을 얻는 것이 무슨 소용이 있겠는가? 그는 그들 앞에서 수많은 이유를 댔으며, 피가페타도 놀랄 정도로 많은 인용을 했다. '그는 그의 연설에 아주 여러 가지 성서 이야기를 덧붙였다.'

그의 연설은 섬 주민들에게 강한 인상을 주었다. 위대한 지배자이든 아니면 탁월한 연설가이든 장황한 토론은 그들 문화적 생활의 일부이다. 특히 그들은 전에 본 적이 없는 화려함에 눈이 부셨다. 카라벨선은 그들에게 바다에 떠 있는 거대한 도시처럼 보였다. 물밑으로 세 길에 달하며, 돛대를 제외하고서도 물위로는 그 두 배나 높이 튀어 올라와 있는 도시. 그들은 무적의 갑옷을 입은 군인에 관해 들었다. 빨리 감격하는 그들 때문에 그의 연설은 점점 더 열정적이 되었다. 이상한 옷을 입고, 수염을 기른 마술사가 그들에게 설명하는 종교가 절대 패하지 않게 하는 부적과 정복자의 마술이 아닐까?

그들은 흥분하여 재잘거렸다. 점점 가까이 다가와 그 이상한 이론을 배우려 했다. 이 종교를 믿으면 틀림없이 유리할 것이다.

그러나 마가야네스는 개종자가 아니라 동맹자가 필요했다.

"여러분들은 자의로, 그리고 자발적으로 원해야 합니다."

그는 그들에게 외쳤다.

"우리의 종교를 두려움에서 혹은 어떤 이익을 바라는 마음으로 받아들이지 마시오. 나는 개종하지 않고 조상의 종교를 믿는다고 해서 절대 부당하게 취급하지 않겠소."

그러나 왕자는 내적인 감동 외에 절대 다른 강요는 느끼지 않는다고 말했다.

"좋소."

마가야네스가 말했다. 원래 말이 없던 사람들이 그러하듯 그는 자신이 한 연설의 감동의 사로잡혀 있었다.

"본질적으로 당신들이 세례받는 것이 중요하오. 그렇다면 다음번 항해 때는 선교사와 수도사들을 당신들에게 데려다주겠소. 여기에 교회를 세우고 당신들을 지도하도록 하겠소."

원주민들은 동의했다. 오르멜라 왕자는 왕에게 보고하기 위해 섬으로 돌아가려고 했다. 그때 제독은 다시 평상시의 이성적인 그로 되돌아갔다. 그들이 두려움 때문에 혹은 어떤 물질적인 이득 때문에 세례를 받아서는 안 된다고 다시 한 번 경고했다. 그는 그들의 조상이 믿었던 신앙에서 그들을 떼어놓고 싶지 않았다.

피가페타는 마가야네스의 마음속에 상반된 감정이 양립하고 있음을 기술하면서 이렇게 보고했다.

모두들 외쳤다. 그들이 두려움에서나 호의에서 우리 종교를 받아들이는 것이 아니라 그들 자발적인 의지로 우리 종교를 받아들이고 싶다고.

섬 주민들의 자발적인 태도는 제독의 모든 염려를 사라지게 했다. 그는 불사신의 상징으로서 그들에게 완전한 갑옷을 주겠다고 약속했다.

'너희들의 아내 역시 세례를 받아야 한다. 그렇지 않으면 너희들은 아내와 더 이상 함께 살아서는 안 된다.'

섬 주민들은 제독의 말에 다시 동의했다. 그것은 아주 아이러니컬한 연극의 한 장면과 같았다. 이쪽에는 진지하고 말이 별로 없으며 항상 이성적인 사람이었는데 갑자기 다르게 행동하는 제독, 저쪽에는 그들의 상상력에 사로잡힌, 그리고 기적의 믿음에 지배를 받는 황색 인종들. 절대 다른 사람의 매력에 빠지지 않던 마가야네스가 갑자기 자신의 역할을 통한 암시에 사로잡혔다. 그러나 그가 들어서는 이 길이 그를 파멸로 이끌 것이다.

그는 그들의 악마보다 에스파냐 함대를 더 두려워하는 원주민들에게 외쳤다.

"너희들이 기독교도가 된다면 너희들은 어떤 악마나 악령으로부터도 보호받게 된다. 그리고 아무도 너희들에게 나쁜 짓을 하지 못할 것이다."

그의 메시지는 열광적인 환호를 끌어냈다. 섬 주민들은 제독의 손에 키스하기 위해 보좌로 밀려왔다. 피가페타가 기록했듯이 '그에 대해 총사령관은 감격하여 그들 모두를 껴안았다.'

그리고 나서 계약이 체결되었다. 총사령관은 왕자의 오른 손과 콜람부 라자의 왼손을 잡았다. 평상시에 아주 냉정하던 마가야네스가 격정적으로 외쳤다.

"나는 나의 신에 대한 믿음을 걸고 맹세한다. 나의 왕, 나의 군주에 대한 충성을 걸고, 성 야곱의 기사복을 걸고 에스파냐와 세부, 그리고 마사우아 사이에 영원한 평화가 지배할 것이라고 맹세한다."

그리고 나서 그 왕들도 맹세했다. 그때 엔리크가 다시 통역사로서의 임무를 수행했다.

그것은 유럽식 세계관의 익살극이었다. 그리고 화려한 색의 열대 무대를 배경으로 이루어진 광신적인 쇼였다. 마가야네스는 태풍에 맞서 이겼으며, 계략을 이겨냈다. 그는 남극의 겨울에 용감히 맞섰다. 그리고 거의 끝이 없어 보이는 태평양을 횡단했다. 그의 완고함이 없었다면 그들은 벌써 몬테비데오에서 돌아갔을 것이다. 그들이 오늘날 이곳에 있는 것은 그의 고집 덕분이다. 그가 무엇 때문에 전도의 유혹을 물리치지 못하는가? 그가 곧 포르투갈 사람들과 만나게 되리라는 것을 알기 때문인가? 그는 경쟁 국가와 평화적인 협정을 체결할 수 없는가? 아마도 그럴 수 없을 것이다. 오히려 전투가 벌어질 것이다. 마가야네스가 세상물정을 모르고 자기착각 속에 빠져 있다는 것이 특별한 비극의 원인이 된다. 그는 창조주가 기독교 교리의 선포자로 자신을 택했다고 믿었다. 그는 그것을 통해 신뢰할 수 있는 동맹국들, 그리고 그의 배들을 위한 도피처를 얻을 수 있다고 생각했다.

향연을 벌인 후 방문자들은 트리니다드 호를 떠났다. 그는 다시 현실적 정치가가 되었다. 그는 피가페타와 엔리크를 통해 왕에게 그의 답례 선물을 전달하게 했다. 비단 옷, 화려한 모자와 유리잔. 엔리크는 동방의 정중함으로 그 선물에 관해 설명했다. 그것은 왕의 선물에 대한 답례가 아니다. 왕이 선물한 귀중한 물건에 대해 제독은 충분히 보답할 수가 없으며, 이것은 총사령관의 애정이 담긴 소박한 선물일 뿐이라고. 왕은 나체로 엉덩이 주위에 면 수건을 두른 채 야자수 잎으로 만든 방석 위에 앉았다. 피가페타는 그에 대해 이렇게 기록했다.

그는 작고 뚱뚱했다. 그리고 여러 가지 문신을 했다. 실로 짠 베일이 그의 머리 위에 걸려 있었으며 목에는 값비싼 목걸이를 했다. 그리고 귀에는 보석이 박혀 있는 두꺼운 금 귀고리가 달려 있었다.

후마본은 아주 기뻐하며 간단하게 먹을 것을 차려오게 했다. 거북 알이 도자기 접시에 정성스럽게 담겨져 나왔으며, 거기에 야자술이 제공되었다. 아주 좋은 향이 나는 약초를 넣은 그 술은 빨대로 마셨다. 나중에 엔리크는 카라벨선으로 돌아왔다. 호기심 많은 모험가 피가페타는 그의 방식대로 더 조사를 했다. 오르멜라 왕자는 그를 자신의 집으로 데리고 갔다. 여기에서 그는 여자 네 명을 만났는데, 그들은 원주민 관습대로 음악을 연주하며 그를 맞아들였다. 그들은 '일종의 풍적(백파이프)에 맞추어, 그리고 구리 현이 달린 류트 및 북과 트라이앵글을 연주했다.' 롬바르디아 사람 피가페타는 그 여성들의 매력에 푹 빠졌다.

그 여자들은 매우 아름다웠으며 유럽 여자들처럼 피부가 거의 하얗다. 완전 성인이었음에도 불구하고 그들 중 두 명은 완전 나체였으며, 다른 두 명은 엉덩이에서 무릎까지 나무껍질로 가리고 있었다. 그들은 길고 검은 머리를 가지고 있으며, 머리 주위에 베일을 했다. 왕자는 우리에게 그들 중 세 명과 춤추게 했다.

그는 그 다음 이야기는 기사답게 침묵했다.

후마본 왕의 개종과 단단한 동맹

제독은 이제 마흔한 살이 되었다. 그의 장교들은——두아르테 바르보사, 세라노, 수로 안내인 카르바요, 영리한 산 마르틴, 고집스런 스피노자, 알부, 산훌리안에서 사면받은 냉정한 엘카노——얼마 전부터 그의 얼굴의 변화를 감지했다. 태양과 바람이 그의 얼굴에 주름을 새겨놓았을 뿐 아니라 근심과 실망이 그 흔적을 남겨놓았다. 권력을 가진 자는 수행원들과 함께 있어도 고독하다. 그는 책임감을 느꼈기 때문에 그 점에 관해 별로 신경 쓰지 않았다. 그는 여전히 진갈색을 띠고 있는 수염을 짧게 깎았으며 세부에 온 이후로 다시 손질을 했다. 그러나 그의 머리카락은 세었으며 뺨은 꺼졌다. 협골궁은 점점 깊어졌고 입술은 얇아졌다. 전에는 둥글고 우울했던 눈은 마치 얼음처럼 차갑고 맑아졌다. 미간에 세 개의 수직 주름이 새겨졌다. 약간 굽어진 이마에, 정수리에서는 맥박이 뛰었다. 그러나 그는 여전히 고집스럽게 머리를 앞으로 숙이고 다녔다. 그는 대단한 것을 이루어냈다. 몰루카 군도로 가는 마지막 도약만이 남아 있다. 그는 지금 그것을 준비하려고 한다. 곧 사람들은 회복될 것이다. 그리고 나면 식량과 식수를 싣고 닻을 올릴 것이다.

세부는 평화의 섬이다. 아주 오랫동안 지상의 기쁨을 포기해야 했던 유럽 사람들은 그곳에서 아름다운 삶을 즐겼다. 그들은 그들이 극복해낸 노고에 대해 이 섬에서 충분히 변상받게 될 것이다. 얼마 전만 해도 없어서 고통받았던 것들이 이제는 갑자기 그들에게 넘쳐났다. 쌀, 기장, 회향, 옥수수, 붉은 등자, 초록색 레몬, 끈적끈적하고 달콤한 사탕수수, 갈색 섬유질의 코코넛, 호박, 마늘, 바나나, 생강, 꿀, 새 고기, 염소고기와 돼지고기 등. 필리핀 사람들은 손님을 환대하고 관습에 그다지 엄격하지 않았으며——피가페타가 증명했듯이——방문객들에게 매우 관대했다.

우리들 중 누구라도, 밤이든 낮이든, 섬으로 가면 항상 식사와 마실 것을 대접받았다. 그들은 모든 음식을 반 정도만 익혔으며 간을 강하게 했다. 그래서 그들은 물을 자주 그리고 많이 마셨다. 보통 그들은 매일 다섯 번에서 여섯 번 식사를 했다.

그 연대기 기록자는 원주민들의 집도 관찰했다.

그것들은 들보, 널빤지, 갈대로 짜 맞추어졌다. 그리고 우리 것과 같은 방이 있었다. 그러나 그 방들은 말뚝 위에 지어져서 사다리를 타고서만 올라갈 수 있었다.

거래는 정기적으로 순조롭게 이루어졌다. 에스파냐 사람들은 해변에 오두막을 세우고 물물교환할 물건들을 전시했다. 원주민들은 경탄하며 창고 주위로 몰려들었다. 그들은 유럽 산 물건들을 매우 가지고 싶어했다. 섬 주민들이 상인들의 습성을 어느 정도 알고 있었음에도 불구하고 흥정할 필요조차 없었다. '정직을 중요시하는 이 민족은 저울을 가지고 있었다'고 피가페타는 확인했다. '그들의 저울은 중간을 끈으로 매달은 나무 막대기로 이루어져 있다. 한 끝에는 쟁반이 매달려 있었으며 다른 쪽 끝에는 동으로 된 추가 달려 있었다.' 곧 가격이 형성되었다. 동, 철 그리고 큰 물건은 금으로 지불되었다. 별 가치가 없는 장신구들은 쌀, 돼지, 닭, 염소로 지불되었다. 누가 더 나은 거래를 했는가는 의심의 여지가 없다. 갑작스런 재물에 대한 유혹에 선원들 역시 굴복했다.

제독은 황금이 다시 그들의 선원을 유혹한다는 것을 간파했다. 그는 냉정하게 그의 규정을 고쳤다. 그것을 따르지 않을 경우 사형이 선포될 것이라고 위협했다. 피가페타 역시 다른 이유이긴 하지만 그 필요성을 인식했다.

총사령관은 금에 너무 많은 욕심을 내는 것을 금지했다. 이런 명령이 없었다면 모든 선원은 황금을 얻기 위해 자신의 소유물을 전부 팔았을 것이며, 그랬다면 우리의 거래를 영원히 망쳤을 것이다.

그러나 그 규정은 알지 못하는 사이에 깨졌다. 기후는 계속 봄이었다. 공기는 달콤하고, 이국적인 재배식물의 향내가 강하게 났다. 야자

숲은 그늘을 만들어주었다. 하늘에는 대부분 구름이 없었다. 기이한 소리를 내는 새들이 열대 숲의 가지를 뛰어다녔으며, 나비들은 이 열매에서 저 열매로 날아다녔다. 이런 위도에서도 살 수 있다니! 원주민들은 평화로웠으며, 여자아이와 부인들도 호의적이었다. 이방인들이 발정한 수소처럼 그들 뒤를 쫓아다닌 것은 당연한 일이었다. 그들은 리우데자네이루 만에서 풀려난 이후 매우 많은 것을 포기해야 했다. 섬의 물건 창고 책임을 맡은 두아르테 선장은 자리를 지키는 경우가 거의 없었다. 그는 나쁜 선례가 되었다. 마가야네스는 계속 그에게 해명을 요구했다. 고통과 결핍이 함대의 동료애를 결속시켰는데 이제 만족과 풍요로움이 복종과 도덕심을 파괴시키기 시작했다.

총사령관은 사람들에게 휴식을 허용했지만 그들이 거기서 갈피를 못잡고 헤매는 것은 막아야 했다. 선원을 위해 매일의 근무 계획이 세워지고 바로 실행되도록 했다. 장교들은 기꺼이 그것을 지켰다. 제독은 규정을 만들고는, 순시하면서 갑판 위를 돌아다녔다. 선원들은 훈련을 하고, 배에 짐을 싣고, 돛 다루는 법을 연습했다. 마가야네스는 섬에서 일하는 선원들을 자세히 살펴보았다. 선적실을 검사하고 배의 작은 침실과 주방, 예배실을 청소하게 했다.

트리니다드 호의 사령교 위에서 그는 분주하게 움직이는 항구를 조망했다. 그는 계속 여행하고 싶었다. 며칠만 더 가면 세하웅과 만날 수 있는데. 그러나 그는 이곳에서 몇 가지 더 해결해야 할 것들이 있었다. 그리고 그는 그것을 재촉할 수가 없다. 선대의 비축식량을 채우는 작업이 천천히 진행되었다. 후마본은 유럽 사람들이 필요로 하는 만큼 그렇게 식량을 많이 제공하지 못했다. 선원들 역시 전쟁을 할 수 있는 능력을 길러야 한다. 그리고 배들은 일어날지도 모르는 전투를 대비해 장비를 갖추어야 했다. 포르투갈과 전쟁이 일어난다면 그것은 몰루카 군도를 쟁취하기 위한 싸움이 될 것이다. 세부는 이제 마가야네스의 거점,

그의 전략적 발판이 되었다. 그래서 그는 이곳의 군주와 그들의 신하를 어떤 수단을 통해서든 그의 친구로 만들어야 한다. 그들이 기독교도가 되고 세례를 받는다면 그는 그것을 가장 잘 이룰 수 있을 것이다.

마가야네스는 서양식 사고방식으로 생각했다. 원래 동맹은 이념이 없는 실질적인 협력으로 족하다. 그러나 과거에 기독교 군대가 이슬람 교도와 대적하기 위해 십자군 전쟁을 일으켰던 것처럼 그는 공동의 종교가 비로소 그들을 신뢰할 수 있는 동맹국으로 만든다고 믿었다. 제독은 허위의 신비화에 사로잡혀 있다. 그는 아메리카 대륙을 통과하는 통로가 있다는 것을 알고 있지 않았던가? 그는 항상 지구가 둥글다는 것을 믿지 않았던가? 항상 유일한 것이 그를 사로잡았다. 그는 항상 탐험되지 않은 것으로 나아가기 위해 노력했다. 그는 자연을 정복하고 난 후에 이제는 인간을 그의 계획으로 끌어들이게 될 것이다. 지난 수십 년간 그는 허리를 굽혀야 했다. 그러나 지금 그는 무기가 아니라 용기와 설득력만으로 정복한 민족들의 허리를 굽히게 할 것이다. 그는 지구의 둘레를 계산했으며, 별들을 관찰했으며, 이 섬을 발견했다! 이제 그는 그들의 복음 전하는 자가 될 것이다.

선원 두 명이 너무 많이 먹고 마신 탓에 죽었다. 그들의 육체는 오랫동안 궁핍을 겪었기 때문에 음식을 소화시킬 능력이 없었다. 시체를 바다에 넘겨주는 선원의 장례식 후 배는 닻을 올리고 대양으로 항해를 시작하려고 했다. 그러나 마가야네스는 그들을 육지에 묻어주려고 했다. 섬 주민들이 기독교로 개종하기를 원했기 때문에 그는 그들에게 기독교의 장례식 의식을 보여주고 싶었다. 그래서 그는 허락을 얻기 위해 피가페타와 엔리크를 왕에게 보냈다. 왕은 동의했으며 묘지로 공공의 넓은 장소를 선택했다. 신부가 그 땅을 축성하고, 장례식은 아주 화려한 교회의식으로 치러졌다.

그 동안 왕과 귀족들의 세례식을 위한 준비가 진행되었다. 그들은 한

주를 더 달라고 요구했다. 마을 한가운데에 커다란 연단이 설치되었으며, 양탄자와 야자수 가지로 장식했다. 붉은색 천개 밑에 제단을 양초로 장식했다. 제단 앞에는 축성한 성수를 담기 위해 커다란 성수반이 준비되었다. 제독을 위해 50명의 선원을 선발하여 호위병으로 훈련시켰으며, 제복을 단정하게 입혔다.

지금까지 마가야네스는 현명하게 엔리크나 피가페타를 통해 모든 협상을 이끌어갔다. 그는 연출의 거장임을 다시 한 번 증명했다. 1521년 4월 14일 여름날, 그들이 이곳에 온 후 처음으로 그는 참모들과 함께 육지로 갔다. 피니스가 해변의 모래에 닿으면서 삐걱거리는 소리를 내며 상륙하는 동안 카라벨의 모든 대포에서는 예포를 쏘았다. 돛대 꼭대기에는 깃발이 게양되었고, 선원들의 환호 소리가 밝게 울려 퍼졌다. 칼과 훈장과 함께 제독의 복장을 갖춘 마가야네스가 늠름한 수행원들과 함께 항구에서 기다리고 있는 왕을 포옹했다. 그는 단조로운 북소리가 들리는 가운데 무릎을 꿇고 있는 섬 주민의 대열을 통과해 시내로 걸어갔다.

카를로스 왕의 비단 기를 든 사람이 앞서고, 갑옷을 입은 군인 30명과 쇠뇌 방패를 하고 머스켓총을 든 사람 20명이 그 뒤를 따랐다. 제독과 왕이 중앙 광장에 차려진 연단 위로 올라갔다. 거기서 기다리고 있는 고위관리자들이 존경심을 표하며 일어나서, 두 사람에게 절을 했다. 호위병들이 열과 대열을 맞추어서 그 광장을 호위했다. 반면 구경꾼들은 환호를 하고 웃으며 경탄했다. 제독과 왕은 푹신한 비로드 의자에 앉았다. 잠시 후 마가야네스가 손을 들었다. 북소리가 갑자기 그쳤으며, 긴장된 고요함 속에 제독의 목소리가 들려왔다. 엔리크는 언제나처럼 그의 의자 뒤에서 통역자로서의 역할을 담당했다.

"나는 기독교로 개종할 준비가 되어 있는지 세부의 왕인 후마본에게 묻겠소. 개종한다면 그는 내세에서 구원을 얻을 뿐 아니라, 여기 이 지상에서도 그의 적들을 보다 쉽게 정복할 수 있을 것이오."

원주민의 지배자는 대답했다.

"그것이 나의 희망이고 그럴 준비가 되어 있습니다."

"그런데 왜 그렇게 결심하게 되었소?"

그는 영리하게 대답했다.

"내가 기대할 수 있는 어떤 이점 때문에 당신의 믿음을 받아들인 것이 아니라, 내가 세례를 받게 되면 나에게 하늘의 영생이 주어진다는 이야기를 들었기 때문이오. 그러나 나는 내가 적을 이기게 될 것이라는 당신의 약속도 환영합니다. 왜냐하면 이 섬과 인접한 섬에 있는 몇몇 추장들이 나에게 복종을 거부하기 때문이오. 그들은 자신들이 나만큼 강력하다고 생각합니다."

마가야네스는 대답했다.

"나는 다음번에 훨씬 강력한 전투력을 가지고 돌아올 것이며 나의 친구이며 형제인 후마본 왕을 모든 섬들의 가장 강력한 지배자로 만들어 주겠소. 그가 최초의 기독교인이 되었기 때문이오."

후마본은 고맙다며 고개를 숙였다.

"나, 후마본, 세부의 왕이 기독교인이 되었기 때문에 나의 민족도 이 종교를 믿어야 합니다. 그래서 나의 신하들도 이 종교를 믿을 수 있게 해달라고 당신에게 부탁합니다."

"기꺼이 당신에게 보장하겠소."

제독이 말했다.

"나는 당신의 귀한 가문 중 두 명의 아들을 에스파냐로 데려가겠소. 그들이 거기서 우리의 언어를 배우고 나중에 우리나라에 관해 당신에게 보고할 수 있도록 하기 위해서요."

그 사이에 광장에는 거대한 십자가가 설치되었다. 그리고 의전관이 앞으로 나오고 팡파르가 울려 퍼졌다. 엔리크는 의전관이 낭독하는 제독의 연설을 통역했다.

"기독교도가 되려는 사람은 우상을 포기해야 한다. 그 대신 손을 합장하고 십자가에 기도해야 한다. 이것을 매일 아침과 저녁에 반복한다. 그리고 선행을 통해 자신의 믿음을 강화시켜야 한다."

그리고 나서 제독은 왕의 손을 잡았다. 그리고 두 사람은 연단을 내려갔다. 밑에는 성직자들이 기다리고 있다. 음악이 아주 작은 소리로 시작되었다. 선원들은 거친 목소리로 합창을 했다. 복사들의 종이 울렸다. 성수반에 담긴 성수로 맨 처음 왕이, 그 다음에는 그의 수행원들이 세례를 받았다. 모두 500명이나 되었다. 그리고 그들은 기독교 이름을 갖게 되었다. 왕은 에스파냐 군주의 이름을 따 돈 카를로스, 왕자는 제독의 이름을 따서 페르난도, 콜람부 왕은 요하네스, 그리고 시암의 상인은 크리스토포로라는 이름을 받았다. 세례 후 미사가 이어졌다.

그러나 그 의식 전체는 감동적이지도 않았으며, 설득력이 있지도 않았다. 그리고 그것이 유용할지는 더 두고 보아야 할 것이다. 왜냐하면 마가야네스가 화려하게 장식한 트리니다드 호 위에서 함께 식사하자며 왕을 초대했을 때 피가페타가 기술했듯이, '이 사람은 미안하다고 거절했다.' 그는 피곤하다고 말했다. '그는 우리를 함대로 데려다줄 피니스까지 우리를 마중했다.'

오후에 왕비는 시녀들과 함께 교회의 품으로 들어왔다. 물론 피가페타는 그들에게 관심이 있었다.

왕비는 젊고 아름다운 부인이었다. 검고 흰 천을 둘렀으며, 머리에는 교황관과 비슷한, 야자 잎으로 만든 커다란 모자를 썼다. 그녀의 입과 손톱은 아주 빨간색으로 칠해져 있었다.

롬바르디아 사람 피가페타는 나중에 그녀를 개인적으로 만날 수 있었다. '나는 그녀에게 아이를 안고 있는 작은 마돈나 상을 선물했다. 그녀는 그것을 무척 가지고 싶어했다.' 선물을 받은 사람도 선물을 준 사람도 그 조각이 특별한 운명을 가지게 될 줄 전혀 예상하지 못했다. 그조각은 77년 후 세부에서 에스파냐 선교사에 의해 발견되었으며, 그래서 그 장소는 시우다드 데 예수라 불렸다.

저녁에 해변과 도시는 등불과 횃불로 환하게 빛났다. 항구에서는 원주민과 에스파냐 사람들이 따뜻한 어스름 속에서 산책을 했다. 카라벨에서는 뱅골식 횃불이 불타올랐고, 화려한 불꽃놀이를 통해 여러 색의 반짝이는 공들이 밤하늘에 쏘아졌다.

그런데 개종의 열병은 아침이 와도 수그러들지 않았다. 세부의 대부분의 주민들과 인접한 섬의 주민들이, 대략 2천200명의 사람들이 열광하면서 일주일 동안 세례를 받았다. 마가야네스는 기독교를 모르는 사람들을 십자가 앞에 무릎 꿇게 하면 그것이 하나님에게 봉사하는 것이라고 믿고 있는가? 처음에 그는 정치적 계산에서 이렇게 행동했다. 섬주민들이 기독교에 열광하기 때문에 그는 새로 발견된 섬의 왕과 그 신하들에게도 세례를 주었다. 그들의 열망은 그의 계획과 잘 맞아 들어갔다. 한 방울의 피도 흘리지 않고, 강요하지도 않은 채 그는 새로운 동맹국과 그들의 신하를 교회의 품안으로 인도할 수 있었다. 얼마나 큰 성과이며 얼마나 큰 승리인가!

세례를 받기 위해 순수한 믿음을 가진 원주민들이 밀려오자 그는 하나님이 자신을 섬 주민들의 기독교화를 위한 도구로 선택했다고 믿었다. 항상 긴장하고 있던 사람, 평상시에는 이성적으로 의심하던 사람이 갑자기 조심성을 잃어버렸다. 외면적인 평화의 재 밑에 적대감의 숯이 불타고 있음을 그는 눈치채지 못했다. 줄라라는 이름의 추장이 1521년 4월 21일에 도착했다. 그는 이웃 섬인 맥탄의 지배권을 가지고 싸우는 두 명의 지도자 중 한 명이었다. 줄라는 세례를 받았다. 왕과 마가야네스에게 충성을 맹세하고 그의 경쟁자인 실라풀라푸를 물리칠 수 있도록 도와달라고 요청했다. 마가야네스는 그 사안을 생각해보고, 그의 장교들과 토론했다. 장교들은 그의 요청을 거절하라고 충고했다. 섬 주민들은 그들의 일을 직접 처리해야 한다고. 후마본이 그의 전투력으로 줄라를 지지할 수 있을 것이라고 말했다.

그러나 제독은 생각이 달랐다. 그들이 출발하고 난 후에는 그럴 수 있다. 그러나 그 전에 그는 권력을 과시함으로써 기독교도 왕인 돈 카를로스를 다른 섬 군주들의 우두머리로 세우고 싶었다. 그가 그렇게 하지 않는다면 그들이 떠난 후에 반란이 일어날 수도 있다. 에스파냐 왕실의 필리핀 점령이 다시 무효가 될 수도 있으며 그가 다시 올 수 있는 모든 기회가 차단될 수도 있다. 그렇게 되어서는 안 된다. 그들이 출발하기 전에 그는 맥탄으로 징벌 원정대를 보낼 것이다.

벌써 유럽 정치에서는 맹세의 유효 기간을 정치적인 이점으로 측정하곤 했다. 그들의 우호조약이 원주민들에게 어떤 가치가 있을까? 그들에게는 맹세의 불가침성이 아무런 의미가 없으며, 에스파냐의 우월함은 그들에게 미지의 권력이며 야곱 교단은 이해할 수 없는 그런 것일 뿐인데. 필리핀 사람들은 오로지 선원들과 군인들에게 존경심을 가지고 있다. 그들은 제독의 권세를 확실하고 사실적인 힘의 표본으로 알고 있다. 마가야네스가 섬 주민들이 그들의 우상을 포기했다고 믿었다면 그것은 착각한 것이다. 그들은 계속 제사를 드릴 것이다. 그러나 백인들은 그것을 인지하지 못했으며 원주민들의 굴욕적이고 친근한 행동 방식에 속았다. 마가야네스가 군인과 선장이 아니라 외교가로서 교육을 받았다면 그는 그렇게 쉽게 속지는 않았을 것이다.

천천히 그리고 알지 못하는 사이에 정황들은 계속 바뀌었다. 동양의 동화에 자주 나오는 서방에서 온 마술사는 그의 존재의 정점에 도달했다. 그는 현실에서 신비의 세계로 들어갔다. 이성적인 탐험가는 그의 비전을 잊어버리고 중세로 돌아갔다. 그의 시선이 별을 향하고 있는 동안은 그는 냉정하게 그의 위대한 목표를 추적했다. 이제, 십자가를 바라보면서 그는 자신의 발 아래 땅이 흔들리는 것을 감지하지 못했다. 무적이라는 그럴듯해 보이는 외투가 그를 파멸로 이끌어갈 것이다.

무엇인가가 준비되고 있다. 이교도의 우상숭배자들과 주술사, 마술사와 신전의 성직자들이 밤이면 골목길을 돌아다니며 오래된 그들의 영향력을 새로이 추슬렀다. 선원들은 점점 여자 꽁무니만 따라다니며, 원주민들의 감정을 상하게 했다. 천천히 섬 주민들의 호감이 거부감으로 바뀌었다. 부모, 조부모와 여러 세대 전부터 믿었던 그들의 신앙을 그렇게 빨리 포기하는 사람은 아무도 없었다.

그의 시간은 끝났다

1521년 4월 25일 줄라 추장에게서 도와달라는 요청이 들어왔다. 그가 위급한 상황에 있으니 제독은 무적의 무장한 군인들과 함께 보트 한 척을 보내달라는 부탁이었다. 마가야네스는 장교들과 의논을 했다. 그들은 여러 가지 가능성을 의논했으며, 추측하고 거부했다. 장교들은 이번에도 사령관과 생각이 달랐다.

세라노가 그들의 생각을 요약했다.

"그 일이 사실이라면 세부의 왕이 그 일을 처리할 수 있습니다. 그렇지 않다면 그것은 우리가 조심해야 할 하나의 계략입니다."

마가야네스는 그를 주의 깊게 쳐다보았다.

"바로 그렇기 때문에 우리는 그것의 진상을 밝혀야 하는 것이다."

그는 천천히 말했다.

"저는 개입하는 것에 반대합니다."

세라노가 확고하게 대답했다.

"우리는 여기에서 가능한 한 빨리 출발해야 합니다."

두아르테, 카르바유, 스피노자, 알부는 즉각 출발해야 한다는 데 찬성했다.

제독은 고개를 흔들었다.

"섬들이 평화로워지고 난 후에야 출발한다."

그는 너무 자주 자신의 선원들이 무적임을 강조했다. 이제 그는 그에 대한 도전을 받는다고 느꼈다. 맥탄의 적에 대해 압도적으로 승리하면 후마본을 결정적으로 설득시킬 수 있으며, 그를 성실한 동맹자로 만들 것이다. 갑옷을 입은 그의 군인들이 반나체의 야만인들을 따끔하게 훈계하는 것은 쉬운 일이며, 소풍 가는 것 정도로 생각하면 될 것이다. 그는 일어나서 결정했다.

"우리는 세 척의 커터와 피니스를 타고 맥탄에 상륙한다."

"좋습니다.",

세라노가 말했다.

"정확한 명령을 내려주십시오."

지금까지 그는 반대했지만 군인으로서 마가야네스에게 복종하는 것이다.

"내가 직접 지휘하겠다."

마가야네스가 웃으면서 말했다.

"안 됩니다! 제독에게는 선대가 더 중요합니다!"

세라노가 당황하여 대답했다.

"나는 항상 내 부하들이 싸우는 곳, 그곳에 있을 것이다."

제독은 태연하게 대답했다. 라드로넨 섬에서도 그는 부하들을 지휘했다. 그는 맥탄에서도 부하들을 지휘할 것이다.

장교들은 그를 설득했다. 세라노, 카르바유, 스피노자, 산 마르틴, 두아르테 바르보사와 안토니오 피가페타 역시 그를 귀찮게 했다. 그는 불필요한 위험에 자신을 내맡겨서는 안 된다. 섬 추장의 징벌은 국가적 행위가 아니라고. 단지 한 사람, 음울한 엘카노만 침묵했다. 다른 사람들은 총사령관은 공격할 때 기함에 머물러야 한다는 왕의 규정을 상기시켰다. 마가야네스는 그것을 거부했다. 그 말도 안 되는 규정이 여기에서 무슨 소용인가? 그는 수만 개의 암초를 피해서 무사히 항해를 이끌었다. 그는 위험한 원정에서도 죽지 않을 것이다!

"내가 어떻게 행동해야 하겠는가? 훌륭한 목자로서 나는 내 양떼를 떠나서는 안 된다."

커터와 피니스는 4월 26일 자정이 조금 못 되어 출발했다. 방패와 투구를 쓴 60명의 군인들. 피니스 위에는 선회포 위에 대포를 설치했다. 세부의 왕은 지원군을 보내려 했지만 마가야네스는 그에게 전했다. 에스파냐왕의 불가침성을 증명하게 될 그 광경을 구경하기만 하면 된다고. 제독은 1511년에 소수의 군인들로 쿠바를 정복했던 벨라스케스를 생각했다. 발보아 역시 다리엔의 원시림을 통과해 남해까지 싸우며 나아갔을 때 작은 전투력밖에 가지고 있지 않았다.

1521년 4월 27일, 해가 뜨기 세 시간 전에 보트는 맥탄의 해안에 도착했다. 그러나 그 사이에 썰물이 시작되었다. 선원 마가야네스라면 절대 잊어버리지 않았을 것을 선교사 마가야네스는 전혀 고려하지 않았다. 암초와 암석 때문에 보트들은 상륙할 수가 없었다. 해안에서 반 마일 떨어진 곳에서 그들은 기다렸다. 포병대도 아무 소용이 없었다.

제독은 다시 한 번 평화로운 해결책을 찾으려고 시도했다. 첨예한 싸움은 어쩌면 피할 수 있을 것이다. 시암의 상인인 크리스토포로를 마가야네스의 전갈을 들려 그 섬으로 파견했다. 맥탄의 추장이 에스파냐의 통치권을 인정한다면 그리고 세부의 왕에게 복종한다면, 그들은 공격을 중지할 것이다. 그렇지 않을 경우 섬 주민들은 어떤 결과가 있더라고 그 결과를 받아들여야 할 것이다.

에스파냐 사람들은 기다렸다. 그들은 보트에서 쪼그리고 앉아 있었다. 갑옷과 투구에서 삐걱거리는 소리가 났다. 물이 고골거리는 소리를 냈으며, 파도가 해안에 부딪쳐 거품을 냈다. 별빛이 천천히 약해지면서 원시림의 소음도 줄어들었다. 마가야네스는 눈을 모으고 해안을 쳐다 보았다. 그것은 그를 세하웅과 분리시켜놓고 있는 마지막 방해물이다. 공격자들은 아침 여명에서 점점 솟아올라오는 빽빽한 야자 숲 앞에 자갈이 덮여 있는 만이 있는 것을 보았다. 수위가 더 높아져도 커터와 피니스는 그 해안에 정박할 수가 없었다.

그때 시암 상인이 돌아왔다. 실라풀라푸는 자부심이 강한 투사였다. 그는 이런 답변을 보내왔다. 그는 기독교인을 두려워하지 않는다. 왜냐하면 그는 불꽃에 단련시킨 대나무 창과 날카로운 갈대, 그리고 방어하는 데 사용할 수 있는 방패를 가지고 있기 때문이다.

마가야네스는 주위를 돌아보았다. 가슴 방패가 엷은 아침 안개 속에서 은색으로 반짝였다. 사람들은 모두 그를 쳐다보았다. 크리스토포로는 줄라 추장은 죽었으며 실라풀라푸가 이 지역의 군주가 되었다고 보고했다. 세라노의 추측이 옳았다. 맥탄에서의 반란은 그를 이리로 유혹하기 위한 하나의 계략이었다. 세부의 왕에게 구경만 하라고 한 것이 잘못이었다. 그러나 더 이상 상황을 바꿀 수도 없었다. 거의 1천 명의 부하들과 함께 세부의 왕 돈 카를로스는 안전한 거리를 유지한 채 바크 선에 자리 잡고 있었다. 그는 세부의 왕은 믿을 수 있기를 희망했다. 그렇지 않다면 그들은 지금 두 개의 불 사이에 앉아 있는 것과 마찬가지였다.

그는 호른을 부는 사람에게 신호를 보냈다. 날카로운 신호가 아침의 정적을 깨뜨렸다. 선원들은 노를 잡았다. 공격 보트들은 섬의 오른쪽 구석으로 나아가려고 했는데 그들이 해안에 도달하기 전에 이미 돌무

더기가 몰려 있었다. 보트는 해안으로 갈 수가 없었다. 그곳까지는 족히 200걸음이 넘었다.

"앞으로!"

선원들은 물 속으로 뛰어들었다. 물이 엉덩이까지 닿았다. 그들은 미지근한 물을 건너갔다. 머스켓총이 젖지 않게 하기 위해 머리 위로 높이 들면서. 대포들은 아무 소용이 없었다. 그것들은 남겨두어야 했다.

원주민들은 마을 저편, 숲 가장자리에 모여 있었다. 그들의 수는 추측하기가 불가능했다. 보고마다 서로 달랐다. 피가페타는 1천500명이라 했다. 바야돌리드의 조사국의 확인에 따르면 2천 명이라고 되어 있다. 트리니다드 호의 위병장교 알부는 심지어 3천 명이라고 했다. 마가야네스는 55명을 데리고 갔다. 나머지 선원은 보트를 지켰다. 디우에서, 고아에서, 말라카에서 그들은 몇 명이 싸웠던가? 에스파냐 선원 혹은 포르투갈 선원 한 명은 야만인 100명과 맞먹는다! 마가야네스는 큰소리로 외쳤다.

"적의 수에 기 죽지 말라! 하나님이 우리와 함께하신다!"

에스파냐 사람들이 해안에 도착하기도 전에 원주민들은 큰소리를 지르며 숲에서 뛰어나왔다. 마가야네스와 그의 군인들이 숨 돌릴 겨를도 없이 서둘러 해안에 도착했을 때 원주민들은 세 무리로 나누어 그들에게 다가왔다. 가운데 대열은 쐐기처럼 대형을 이루고 있는 유럽 사람들을 갈라놓았다. 바깥의 두 대열은 마치 혀처럼 그들을 둘러쌌다. 제독은 측면을 저지하라고 명령했다. 그는 앞으로 나아갈 수가 없었다. 섬 주민들은 무겁게 갑옷 입은 사람들 주위로 뛰어다녔다. 머스켓총을 가진 사람들과 쇠뇌 사수들은 적을 향해 마구 쏘아댔다. 피가페타는 놀라서 언급했다.

우리는 총을 쏘았지만 그들에게 조금의 해도 입히지 못했다. 그 효과는 아주 미미한 것이다. 총알이 그 갈색 사람들의 방패를 뚫고 지나갔지만, 그들에게 부상을 입힐 뿐이다. 원주민들은 모기떼처럼 움직였다. 앞으로 나왔다 뒤로 물러섰다. 절대 한 장소에 서 있지 않았다. 그들은 달렸으며 뛰고 또 뛰었다.

그들은 재빨리 알아차렸다. 에스파냐 사람들이 머리와 상체에는 갑옷을 입었지만 다리가 취약점이라는 것을. 그들은 독화살을 갑옷의 보호를 받지 못하는 부위를 향해 쏘았다. 에스파냐 사람들은 방어밖에 할 수 없었다. 민간인인 피가페타도 그 혼란의 와중에서 함께 싸웠다. '그들은 갈대 창을 무더기로 던졌으며 불에 넣어 딱딱하게 만든 막대기, 흙덩어리를 우리에게 던졌다.' 싸움에 익숙지 않은 선원들, 세부 섬의 편안한 삶에 익숙해 있던 선원들은 적의 우세함에 불안해졌다. 그들의 힘은 아주 빠르게 약화되었다.

원주민들은 유럽 사람들이 약해졌다는 것을 감지했다. 그들은 더 결속력 있게 밀어붙였으며, 이상한 소리를 지르며 돌진했다. 화살이 날아다니고, 창이 공기를 가르는 소리가 났다. 돌이 갑옷에 부딪치면서 부서졌다. 공격자들은 다른 사람들과 구별되는 고급 갑옷을 입은 것을 보고 마가야네스가 우두머리임을 알아차렸다. 그들의 공격은 바람에 날리는 콧수염을 한 건장한 사람에게 집중되었다. 엔리크는 부상당했다. 곧 섬 주민들은 에스파냐 사람의 대형을 돌파했다. 그러나 그들은 다시 한 번 적에게 저항할 수 있었다. 야만인들은 숲으로 돌아갔다.

마가야네스는 그가 도둑섬인 라드로넨의 주민들과 싸웠던 그 방법을 기억해냈다. 돌격대가 마을로 가서 오두막에 불을 던졌다. 곧 이어 30개의 오두막이 불길에 휩싸였다. 피가페타는 나중에 '그 불을 보자 적들은 더욱 광포하고 야만적이 되었다'고 기록했다. 마가야네스와 그의 선원들은 돌, 창과 화살 더미 속에서 몸을 구부려야 했다. 군인들은 갑옷을 입었기 때문에 자주 발을 헛디뎠으며 일어서기가 아주 힘들었다. 부상당한 자들은 신음 소리를 내며 중얼거렸다. 혼란스런 외침, 저주, 날카로운 고함 소리. 위급할 때의 짤막한 기도가 들렸다.

마가야네스는 부하들을 모았다. 그는 절룩거리며 그들을 몰고 갔다. 그때 화살 하나가 그의 오른쪽 허벅지를 맞췄다. 움직일 때마다 그 화살촉이 근육 속으로 더 깊이 파고 들어갔다. 엔리크가 사람들 사이를 뚫고 나와 그의 주인 앞에 나섰다. 검을 뺄 준비를 하고, 이를 갈면서. 다시 한 번 군대들이 대형을 갖추려고 시도했다. 원주민들은 쉬지 않고 공격했다. 피가페타 역시 부상당했다. 이마의 찢어진 상처에서 피가 얼굴 위로 흘러내렸다.

그는 천천히 퇴각하라고 명령했다. 그러나 이미 사람들은 도망간 이후였다. 단지 여섯 명에서 여덟 명만이 선장 곁에 남아 있었다. 야만인들은 그들의 화살과 창, 돌을 우리의 허벅지를 향해 던졌다. 너무 많이 던져서 우리는 계속 그것을 피해야 했다. 보트 위의 대포는 우리에게 아무 소용이 없었다. 그것의 사정거리가 그 만큼 멀지 않았기 때문이다.

그 소란은 이미 한 시간이나 계속되었다. 태양이 떠올라 해변을 달구었다. 마가야네스는 절망적으로 저항했다. 그가 졌다는 것을 언제 인정할 것인가? 그는 도끼 칼을 휘둘렀다. 사방에서 섬 주민들이 그에게로 몰려왔다. 머리 투구에 한 방을 맞아 벗겨졌다. 엔리크는 투구를 집어 주인에게 다시 씌워주었다.

그때 다시 한 번 맞았다. 투구가 다시 벗겨졌다. 보트에 있는 동료들은?

"출발해라, 아직도 여기서 무엇을 하고 있느냐? 달려라, 빨리! 모두 죽기 전에 커터로 빨리 가라!"

세라노와 피가페타, 엔리크가 그를 해안으로 잡아끌었다. 엘카노와 두아르테 역시 아직 근처에 있었고, 그들에게도 퇴각을 엄호했다. 그러나 마가야네스는 저항했다. 그는 도망치려고 하지 않았다. 우선 그의 부하들이 안전해야 한다.

"모두 뛰어라, 뛰어!"

이미 물은 무릎까지 닿았다. 그는 정수리에 상처를 입었다. 피가 그의 눈 위로 흘러내렸다. 그리고 그는 더 이상 명확하게 볼 수가 없었다. 그는 손으로 얼굴을 닦았다. 그때 두 번째 화살이 오른쪽 허벅지에 박혔다. 그는 휘청거렸다. 오래 전에 마비된 왼쪽 다리로는 더 이상 육체의 무게를 지탱할 수가 없었다. 그럼에도 그는 다시 한 번 절름거리며 앞으로 나아갔다. 그리고 창으로 원주민을 죽였다. 그는 창을 빼내려고 했지만 그럴 힘도 없었다. 창은 시체에 꽂혀 있었다.

제독은 칼을 잡았지만 그 순간 돌 하나가 그의 무릎을 때렸다. 그리고 무엇인가 왼쪽 장딴지를 후려쳤다. 마가야네스는 무릎을 꿇었다. 섬 주민들은 미친 듯이 그에게로 달려들었다. 그때 그는 물 속에 얼굴을 떨구었다. 그는 쓰러지면서 머리를 돌리고 그의 부하들이 구조되는 것을 확인했다.

고통스런 섬광이 날카롭게 그의 뇌리를 스쳤다. 그는 자신의 생명이 끝나려 한다는 것을 감지했다. 그럼에도 마지막 순간에 놀랍게도 다시 정신이 맑아졌다. 그는 임무를 수행했다! 순간적으로 오래 전에 잃어버렸던 광경들이 다시 한 번 그의 머리 속에 떠올랐다. 그는 1517년 10월 20일, 큰 대로 옆에서 엔리크와 함께 세비야 시를 바라보는 자기 자신을 보았다. 그 당시 그는 지구를 일주하는 것이 자신의 임무임을 처음으로 확신했다. 그의 숙명이 이런 과제를 그에게 부과했다. 그는 과거에도 하나님의 도구였으며 지금도 하나님의 도구이다.

지구는 둥글다! 그것을 증명하기 위하여 그는 적과 두려움, 불확실함을 이겨냈다. 승리를 체험할 수 있었으며 지금 그 길의 끝에 와 있다. 이제 그는 훨씬 위대한 것을 영원히 얻게 될 것이다. 바로 영원한 명성이다.

그의 시간은 끝났다. 모래시계의 모래들이 다 내려갔다. 필리핀의 작은 섬에서 그 시대의 가장 위대한 항해자의 인생이 갑자기 끝이 났다. 평상시에 그렇게 조심하던 자, 그리고 앞일을 예견하며 냉정하던 자가 경솔함 때문에 죽어가는 것이다. 그의 죽음은 불필요한 것이었으며 피할 수도 있었다. 그 원인은 아주 사소한 것이었다. 사람들은 그를 무적이라고 간주했다. 그런데 이런 그의 명성이 인류의 운명에 있어 전혀 중요하지 않은 어느 추장에 의해 허물어졌던 것이다.

15 함대의 몰락

1521년 11월 6일, 여러 개의 섬이 파도 속에서 기묘한 형상을 드러냈다.
높은 산맥이 나타났다. 화산의 분화구에서 약한 연기가 하늘로 솟아올랐다.
점차 세세한 것들이 보이기 시작했다.
산의 협곡들, 그늘을 주는 초록색의 언덕, 습지의 초원, 나무들.
포로가 앞을 가리켰다.
"몰루카, 몰루카!"

새로운 총사령관 두아르테

그는 우리의 퇴각을 엄호해주겠다고 고집했다. 쓰러져서 적에 의해 공격당하면서도 그랬다. 그는 우리가 구조될 수 있는지를 확인하기 위해 여전히 시선을 우리에게로 향하고 있었다. 우리는 전부 부상당했으며, 우리 모두가 그를 도와주거나 그를 위해 복수할 상황이 아니라는 것을 알고 있었기 때문에 우리는 곧바로 보트에 탔다. 우리가 살아남은 것은 우리의 총사령관 덕분이었다. 그의 생명이 떠나는 순간 섬 주민들은 그가 쓰러진 곳으로 몰려갔다. 그렇게 그들은 우리의 거울이며 우리의 빛이며, 우리의 위로이며 동시에 충성스런 지도자였던 그의 생명을 빼앗아갔다.

안토니오 피가페타는 한탄했다. 그들은 커터를 타고 세부로 돌아갔다. 양심의 가책을 느끼고, 자책감에 괴로워하면서. 제독이 자신을 희생했다! 그가 그의 부하들에게 느꼈던 책임감이 그를 죽음으로 몰아갔다. 왜 그들은 그의 주위를 감싸지 못했는가. 왜 그들의 생명을 걸고 그를 보호하지 못했는가? 이제 그가 죽자 그들은 얼마나 큰 손실을 당했는지를 깨달았다. 그의 고집스런 확고함, 그의 냉정함, 그의 인간성까지도 그들을 도와주었다. 선대는 어떻게 될 것인가? 그가 항상 뜨거운 가슴으로 앞으로 몰아갔던 원정을 이제는 누가 이끌어갈 것인가?

장교들은 회의를 하기 위해 트리니다드 호의 선실로 들어갔다. 숙소는 부상자들로 가득 찼다. 선원들은 기가 꺾인 채 갑판 위에서 뒹굴었다. 사령관은 가끔 그들에게 너무 냉정했지만 절대 부당하지는 않았다. 그는 절대 그들에게 그 자신도 이겨낼 수 없었던 것을 요구하지 않았다. 그의 냉철한 의지는 결국 그들의 마음이 합쳐지도록 영향을 미쳤다. 이제는 모두가 그를 사랑했다는 것을, 적어도 존경했다는 것을 알고 있다. 그리고 누구도 그들의 제독이 살해당할 정도로 증오의 대상이 된다는 것을 이해할 수 없었다.

그는 다른 사람으로 대치할 수 없었다. 그들은 그를 애도했으며, 품위 있게 그의 장례식을 치러주고 싶었다. 그러나 그의 시체는 실라풀라푸가 가지고 있었다. 이제 그들은 그의 시신을 놓고 협상하려 했다. 그래서 시암의 상인을 맥탄으로 보냈다. 총사령관의 시체를 넘겨주면 원주민들이 요구하는 만큼의 많은 물건을 내주겠다고 제안했다. 어제까지만 해도 무적으로 간주되던 자부심 강한 에스파냐 사람들이 이제는 단지 슬픔에 찬 무리에 불과했다. 승리자의 답변은 화해할 수 없는 자부심으로 가득 차 있었다.

"어떤 재물을 준다 해도 우리는 이 남자의 시체를 넘겨줄 수 없다. 우리는 승리의 기념으로 그것을 보관하게 될 것이다."

선원들은 복수를 생각했다. 선원들은 또 한 번의 전쟁을 원했다. 이번 전투는 다르게 진행될 것이다. 그들은 그 점을 확신했다. 그 빌어먹을 섬 주민들을 징벌하는 일에 누구든 함께하려고 했다. 그들은 칼을 갈고, 창끝을 날카롭게 하고, 제독의 복수를 하려면 어떻게 고문해야 할지를 상상했다. 그들은 총사령관의 시체를 야만인들에게 내맡겨둘 수 없었!

이 순간 에스파냐의 함대에 능력 있는 후계자가 있었다면, 인도자라는 호칭에 걸맞는 사람이 나타났다면 아마도 모든 것이 달라졌을 것이다. 새로이 결정된 사령관이 실라풀라푸와 그의 투사들을 징벌하고 마가야네스의 시신을 찾아와 격에 맞는 장례식을 치르기 위해 강한 전투력을 이끌고 맥탄으로 갔을 것이다. 그러면 아마 에스파냐의 명성은 손상되긴 했지만 다시 찾을 수 있었을 것이다. 후마본 왕과 그의 신하들 앞에서 당한 치욕적인 패배 및 제독의 시신을 얻기 위한 에스파냐 사람들의 비겁하고 불쌍한 시도는 원주민들에게 전능한 것처럼 보였던 제독의 신화가 얼마가 인위적인 것이었던가를 결정적으로 확인시켜주었다. 마가야네스가 외교술과 현명함으로 구축했던 신뢰는 단번에 무너졌다. 그들의 패배를 눈으로 목격한 자들에게 압도적인 군대의 승리를 보여주는 것은 권력유지의 정치적 행위가 될 수 있었다.

그러나 새로운 총사령관은 생각이 달랐다. 장교회의에서 두아르테 바르보사를 사령관으로, 후안 세라노를 그의 대리인으로 선택했다. 그 결정은 디에고 가와 마가야네스 가에 대한 존경에서만 이루어진 것이 아니긴 했어도 불안한 선택이었다. 마가야네스가 처음에는 그의 항로를 알고 있는 유일한 사람이었지만 나중에는 아마도 그의 처남인 두아르테에게 알려주지 않았을까 하는 생각에 그들은 두아르테를 사령관으로 선택했다.

그러나 그 선택은 실수였다. 그것은 배에서 일어난 무시무시한 사건들의 연결 고리가 되었으며 선원들의 사기를 저하시켰다. 두아르테는 마가야네스 밑에서는 훌륭한 장교일 수 있었다. 그러나 함대의 사령관으로는 능력 부족이었다. 그는 명령을 실행할 수 있으며, 산훌리안에서는 능력을 인정받았다. 그에 비해 지도력과 전술적 지혜는 부족했다. 그는 매력은 있을지 모르지만 카리스마는 소유하지 못했다. 그리고 수많은 여성편력 때문에 그는 선원들 사이에서 별로 존경을 받지 못했다. 그가 선대의 제독으로 임명받음으로써 두아르테 바르보사는 그의 권위와 자질이 허용하는 것 이상으로 너무 높은 직위에 오른 것이다.

두아르테 바르보사는 트리니다드 호 갑판 위에서 치러진 장례식 미사에 모든 선원과 장교들을 불러모았다. 보초와 약간의 포병대만 빅토리아 호와 콘셉시온 호의 갑판에 남아 있었다. 이제는 조심해야 한다. 그들은 후마본 왕을 아직 신뢰할 수 있을지 알 수가 없었다. 선원들과 군인들은 슬픔에 잠겨 고개를 숙이고, 신부 앞에 반원을 그리며 서 있었다. 장교와 새 사령관은 사령교에 자리를 잡았다.

에우세비오 신부는 모세서에서 한 장을 읽었다.

"나를 붙잡지 마라! 주가 나의 여행을 축복해주셨다. 그러니 이제 나를 가게 하라. 내가 나의 주에게로 돌아갈 수 있도록!"

그들은 죽은 자를 위해 주기도문과 아베마리아, 그리고 고통스런 로사리오 묵주 기도를 드렸다.

"그의 영혼을 당신의 영원한 제국에 받아들이소서. 그러나 그의 기억은 우리의 마음속에 영원히 살아 있을 것입니다! 성부성자성령의 이름으로!"

에우세비오 신부는 그의 기도를 마쳤다. 그리고 나서 그는 엔리크가 며칠 전 시장에서 사온 비둘기를 놓아주었다. 그 비둘기는 실라풀라푸와의 싸움을 승리로 이끌고 난 후 축하하기 위해 엔리크가 제독을 위해 준비한 것이다. 이제 그 비둘기는 그의 영혼과 함께 날아갈 것이다. 비둘기는 당황한 듯 주위를 돌아보았다. 갑자기 새장 문이 열리자 그 새는 빠르게 날아올랐다. 배 위에서 한두 번 원을 돌더니 급한 날갯짓으로 해안의 높은 나무들 사이로 사라졌다.

이어서 두아르테가 선원들에게 다음과 같이 몇 마디 연설을 했다. 그는 선원들에게 무기 준비하는 것을 금했다. 그는 더 이상 선원을 잃고 싶지 않았기 때문이다. 그리고 이미 한 번 일어난 일은 되돌릴 수 없다. 허영심 많은 사람들이 그러하듯 그도 거만하고 교만했다. 마가야네스가 여자 문제 때문에 그를 여러 번 질책한 것을 그는 잊지 않았다. 원주민들이 두아르테를 도덕적인 매형으로부터 자유롭게 해주었다. 마가야네스의 죽음에 그는 아무런 책임을 느끼지 않았다. 그래서 위대한 제독의 죽음 후에 남은 것은 그의 이름밖에 없었다. 이제 다른 사령관이 지휘한다. 장교들을 각 배로 보내기 전에 두아르테는 그들로 하여금 트리니다드 호의 사령교 위에서 충성을 맹세하게 했다.

엔리크의 배반

두아르테는 그의 새로운 직위에 만족하여 뻐기면서 선판 위를 걸어 갔다. 그는 부상당한 데다 피를 많이 흘려 쇠약해진 엔리크가 사령교 옆에 기대고 있는 것을 보았다. 그 자리는 그가 주인의 명령을 받기 위해 항상 머물던 자리였다. 두아르테는 이 말레이 사람의 능력을 이용하는 대신 용서받을 수 없는 실수를 저질렀다. 그것은 비극적 사건의 시발점이며 전환점이 된다. 두아르테는 엔리크 앞에서 멈추었다. 이 자는 마가야네스의 총애를 받던 자다. 이제부터 손 좀 봐줘야 한다. 이 말레이의 개는 두아르테가 문책당할 때 그곳에 있었다. 그는 엔리크에게 화를 냈다.

"너는 왜 여기서 그렇게 단정치 못한 자세로 앉아 있느냐? 일어나서 창고로 가라!"

엔리크는 무감각하게 멍하니 앞을 쳐다보고 아무 대답도 하지 않았다. 그는 열병에 걸려 있었으며, 아직도 그 사건의 충격에서 벗어나지 못한 상태였다.

"내 말이 안 들리나?"

두아르테가 소리를 지르고 그에게 발길질을 했다.

"빨리 꺼져!"

엔리크는 비틀거리며 난간을 간신히 붙잡았다. 그의 피부는 축 늘어졌으며 노래졌다. 그의 주인이 죽은 이후로 그는 마치 귀머거리가 된 것 같았다.

두아르테는 분노를 터뜨리며 소리쳤다.

"왜 여기서 어슬렁거리며 돌아다니느냐? 안 들려, 이 게으른 녀석아?"

엔리크는 그를 응시했다. 그는 아무것도 이해할 수가 없었다. 왜 그들이 제독을 죽게 내버려두었는가? 왜 그는 죽어야만 했는가?

"꺼져!"

두아르테는 그의 어깨를 난간으로 밀었다.

"너를 에스파냐로 데려가긴 하겠는데 그건 베아트리스에게 노예로 넘겨주기 위해서야! 그리고 네가 이 자리에서 나의 명령에 복종하지 않는다면 매운 맛을 보여주겠다!"

에스파냐로 돌아간다? 엔리크는 놀라서 쳐다보았다. 그는 새로운 사령관이 그에게 무엇을 위협하는지 천천히 깨달았다. 그러나 제독은 자신이 죽으면 그를 자유의 몸으로 풀어주라고 유서에 적어놓았다.

"나는 자유의 몸이오."

그는 더듬거렸다.

"나의 주인이 그렇게 정했소!"

"네 주인은 죽었다. 이제 내가 너의 주인이고 너는 나의 노예이다. 그러니 꺼져!"

엔리크는 불안하게 욜로 기어 올라가서 힘들게 노를 저어 해안으로 갔다. 그는 섬의 창고로 가지 않고 비틀거리며 시내로 들어가서 많은 사람들 속으로 사라졌다. 두아르테는 그를 페로, 즉 개라고 불렀다. 그리고 그의 주인이 약속했던 자유를 빼앗아갔다. 그의 주인은 죽었다. 에스파냐 사람들의 비겁함 때문이다.

엔리크는 지금 두아르테를 배반하려는 것이다. 그는 궁전에서 오르멜라를 찾아가 어떤 일이 일어났는지를 보고했다. 왕자는 그의 말을 듣고 나서 그의 상처를 치료해주었다. 그들은 궁전의 방에서 이야기를 했다. 추장은 곤란한 처지에 있다. 그의 권력을 확장시켜준 것에 대해 에스파냐 사람에게 감사해야 하지만 맥탄에서 그들은 패했다. 추장들은 전처럼 완강했으며 이웃 섬의 실라풀라푸는 위험하다. 그는 어떻게 해야 하는가? 에스파냐 사람들은 곧 출발할 것이다. 그리고 나면 후마본은 다시 고립된다. 그렇다면 실라풀라푸와 협력해야 하는가? 언젠가는 에스파냐 사람들이 더 많은 배와 군인들을 데리고 다시 올 것이다. 그러나 그가 그때까지 버틸 수 있을 것인가. 그렇다면 그들은 그의 충성심에 대해 감사해야 할 것이다.

엔리크는 말했다.

"에스파냐 사람들은 당신과의 약속을 지키지 않을 겁니다. 그들은 맥탄에 대한 분노 때문에 당신을 사로잡아 에스파냐로 데려가려 합니다."

오르멜라 왕자는 주장했다.

"당신도 알다시피 에스파냐 사람들은 몰루카 군도로 갈 것이오. 그러나 그 섬은 그들의 적인 포르투갈의 수중에 있습니다. 누가 우세한지 어떻게 알겠소? 에스파냐 사람들이 우리에게 말했던 것처럼 무적이 아니라는 것을 우리는 우리 눈으로 똑똑히 보았소. 게다가 끔찍한 포르투갈 사람들이 우리를 위협하고 있소. 아마도 그들 역시 우리가 에스파냐 왕에게 충성을 맹세한 것에 대해 복수하려고 할 것이오. 우리를 정복하는 나라가 에스파냐가 되었든 포르투갈이 되었든 우리에게는 마찬가지요. 우리에게는 세부 섬이 중요하오."

후마본은 여전히 결정을 내리지 못했다. 그러나 엔리크는 그의 탐욕을 일깨웠다.

"당신이 이방인의 물건을 가지려면 당신은 실라풀라푸보다 더 강해야 합니다! 포르투갈 사람들에게는 그것이 우리가 에스파냐의 멍에에서 벗어나려 한다는 신호가 될 수 있지요."

그것은 설득력이 있었다. 돈 카를로스는 '그의 친구이며 위대한 에스파냐왕의 군인들이 그들의 슬픔에서 회복되고 기운을 차릴 수' 있도록 그날 저녁에 과일, 야채, 야자 술이 든 돛단배를 카라벨선으로 보냈다. 두아르테는 기분이 좋았다. 후마본이 그의 맹세를 지킨다고 생각했기 때문이다.

그 다음날 후마본의 사절이 갑판에 나타나서 두아르테에게 또 다른 기쁜 소식을 전해주었다. 마침내 금 세공업자가 세부의 돈 카를로스 왕이 에스파냐의 군주 카를로스를 위해 금과 보석으로 주문한 선물을 완성했다는 것이다. 그리고 그는 이 기회에 그 선물을 전달하기 위해 함대의 장교들을 궁전의 만찬에 초대한다고 했다.

마가야네스라면 곧바로 말라카에서 겪었던 그의 경험을 떠올렸을 것이다. 거기서 많은 동료들이 살아남을 수 있었던 것의 그의 의심과 개인적 용기 덕분이었다. 그 중에는 그의 친구 프란시스쿠 세하웅도 있었다. 프란시스쿠의 사촌인 세라노는 회의적이었다. 그는 반대했다.

"그 초대는 마음에 들지 않습니다. 덫이라는 느낌이 강하게 드는데요!"

"왜 덫이라고 생각하는가?"

두아르테 바르보사가 물었다.

"우리 모두는 세부의 분위기가 바뀐 것을 눈치챘습니다."

세라노가 말했다.

"섬 주민들은 불안해졌습니다. 마가야네스 제독은 여기서 갑옷을 입은 우리 군인들이 부상당하지 않는다고 과시했소. 이런 거대한 힘을 믿고 원주민들은 기독교로 개종했던 겁니다. 이제 우리는 맥탄 추장과의 싸움에서 졌소. 그리고 마가야네스는 죽었소. 그들은 속았다고 느끼고 우리에게 충성을 다하지 않을 겁니다!"

두아르테는 웃음을 터뜨렸다.

"당신이 기껏 생각한 것이 바로 그것이오? 세라노."

그들은 다음날 출항하려고 한다. 그러나 그 전에 세부의 주민들이 이 배의 식량을 채워야 한다. 창고에서 물물교환이 다시 시작되었다. 내가 필요로 하는 것을 그냥 가질 수 있는데 왜 거래를 하겠는가? 두아르테는 혼자말을 했다.

"마을은 우리의 대포 사정권 안에 있소. 후마본은 우리에게 싸움을 걸지 못할 것이오."

두아르테는 그의 명령하에서 더 강하게 행동한다는 것을 왕에게 보여주고 싶었다. 허영심 많은 그는 그의 여자친구들 앞에서 새로운 사령관으로 뻐기면서 돌아다니는 것을 포기할 수밖에 없었다.

세라노는 다시 한 번 경고했다.

"우리는 여기 고립되어 있습니다. 지원군은 생각도 할 수 없습니다. 맥탄에서의 우리 패배는 섬 주민들 중에서 저항군의 반대를 더욱 강화시킬 겁니다. 지금 섬으로 가는 것은 현명하지 못한 처사라고 생각합니다. 왕은 그 선물을 개인적으로 갑판으로 가져오거나, 아니면 왕자를 통해 기함으로 보낼 수도 있습니다."

두아르테는 신랄하게 그를 훑어보았다.

"세라노 선장, 당신의 용기는 다 어디로 갔소."

세라노는 생각에 잠겨 그를 쳐다보았다. 그는 생각했다. 세라노 선장이라고? 이제 후안이라고 부르지 않는군. 대답하는 대신 세라노는 현제로 가서 제일 먼저 피니스에 탔다. 두아르테가 그 뒤를 따랐다. 그리고 나서 대부분의 장교들이 따라갔는데 그 중에는 수로 안내인 후안 로페스 카르바유와 곤살로 고메스 데 스피노자도 포함되어 있었다. 모두 스물일곱 명이었다. 산 마르틴 역시 그곳에 함께 있었다. 오늘 그는 점성술을 보지 않았다.

트리니다드 호에서 알부와 엘카노, 피가페타는 보트 두 척을 쳐다보았다. 알부는 많은 사람들과 함께 있기보다는 혼자 있는 것을 좋아하는 사람이다. 그는 차라리 해양학 지도와 자료에 몰두하는 것을 더 좋아했다. 그러나 이탈리아 사람 피가페타는 바스크 출신의 알부가 전처럼 원정에 참여하려 하지 않는 것에 놀랐다. 피가페타 자신은 기꺼이 함께하고 싶었지만 이마의 상처 때문에 못 가고 있었다. 상처가 부어올라서 계속 냉찜질을 해야 했기 때문이다.

그 동안 피니스는 해변에 닿았다. 장교들은 뛰어내려서 해변을 가로질러 산책로로 갔다. 그들을 쳐다보고 있던 알부와 엘카노는 몸을 돌리고 숙소 쪽으로 갔다. 유감이군, 피가페타는 생각했다. 왕의 기분을 아는 것도 재미있을 텐데. 그런데 그때 벌써 해안에서 샐럽 한 척이 출발하는 것이 보였다. 그는 더 잘 보기 위해 눈을 찌푸렸다. 그 배에는 스피노자와 카르바유가 타고 있었다. 왜 그들은 저렇게 급하게 노를 저어 오는가? 피가페타는 외쳤다.

"엘카노, 알부! 이리 와봐! 무슨 일이 일어난 것 같은데?"

엘카노와 알부는 피가페타가 손을 뻗어 가리키는 곳을 보았다. 모두들 샐럽이 다가오는 것을 쳐다보았다. 이미 외치면 들을 수 있는 거리에 있었다.

"경보!"

스피노자가 외쳤다. 카르바유가 사다리를 잡았다. 급하게 두 사람은 갑판으로 올라왔다.

"배의 종을 울려! 경보를!"

"무슨 일인가?"

카르바유는 숨도 쉬지 않고 보고했다.

"세라노가 옳았어. 사방에서 의심스런 사람들이 기회를 노리고 있소! 골목길에는 무장한 사람들로 가득 찼어!"

엘카노는 빠르게 대응했다. 기함에서 종을 울렸다. 그 소리가 만 위로 크게 울려 퍼졌다. 트리니다드 호, 빅토리아 호 그리고 콘셉시온 호의 숙소에서 선원들이 몰려나왔다. 갑판은 활발해졌다. 선원들의 휘파람이 날카롭게 울리고 명령 소리가 들렸다. 섬에서 비명 소리가 들려왔다. 거리에서 섬 주민들이 해변의 부두로 몰려나왔다. 아직 해변에 있는 장교들은 주춤하다가 몸을 돌려서 해변으로 달려왔다. 사방에서 창을 휘두르는 갈색의 투사들이 몰려왔다. 그들은 창고와 집에서 쏟아져 나왔다. 담과 물건 쌓아놓은 곳 뒤에서 뛰어나왔다. 점점 더 많이, 엄청 난 숫자가!

카르바유는 단번에 트리니다드 호의 선수루로 뛰어왔다. 그는 명령을 내리고 다른 배에 그 명령을 신호로 보내게 했다. 닻을 끌어올리고, 돛을 펴고 싸울 수 있도록 대포를 준비하라. 권양기가 절거덕거리고 도르래 소리가 났다. 선원들은 급하게 마룻줄을 타고 활대 위로 올라갔다. 닻이 배의 벽에 부딪쳐 덜커덩 소리를 냈다. 함대는 바람을 안고 지그재그로 나아가면서 해변으로부터 어느 정도 거리를 두었다. 그리고 나서 포문을 열었다. 엄청난 소리를 내면서 대포는 죽음과 파멸을 뿜어 냈다. 그 위로 파편들이 하늘로 솟아올랐다. 불꽃이 너울거렸다. 오두막은 파편과 재로 무너졌다. 골목길의 소란스러움은 더욱 심해졌다. 거대한 연기구름이 점차 개이자 끔찍한 광경이 드러났다. 세라노는 해변에서 문신을 한, 시커멓게 그림을 그린 원주민들의 무리와 바로 눈앞에서 마주쳤다. 그는 사로잡혔으며 부상당했다. 반쯤 정신을 잃은 채 그는 모래 위에서 비틀거렸다. 그의 셔츠는 너덜너덜해져 간신히 몸에 붙어 있었다.

"쏘지 마라! 쏘지 마!"

그는 갑작스럽게 조용해지자 날카롭게 외쳤다. 세라노의 말은 간헐적으로 물위로 들려왔다.

"대포를 쏘지 마라, 제발. 더 이상 쏘지 마라. 그렇지 않으면 이 사람들이 나를 죽일 것이다!"

"다른 사람들은 어떻게 되었소?"

카르바유가 외쳤다.

세라노의 목소리는 거의 사그라들었다.

"죽었다. 두아르테, 산 마르틴, 선원들⋯⋯모두 죽었다! 엔리크가 우리를 배반했다. 그가 왕 옆에서 왕을 선동했다."

"그리고 너는?"

카르바유가 되물었다.

"부상당했는가?"

"그렇다. 그러나 몸값을 주면 나를 구할 수 있다!"

세라노의 목소리는 기대에 가득 차 있었다.

"나를 구해줘, 카르바유, 제발! 나를 이 악마들로부터 풀어줘!"

그는 약해진 나머지 몸을 떨었다. 두 명의 원주민이 그를 부축하고 있었다. 세라노의 머리가 앞으로 떨어졌다.

"그들이 무엇을 원하는가?"

세라노는 희망을 가졌다.

"대포 두 대, 머스켓총 두 대, 구리 막대기, 마직 천과 칼 몇 개. 어서 빨리 보내줘, 카르바유. 내 말 들려. 그렇지 않으면 나는 죽을 거야!"

그의 동향인은 다르게 생각했다. 지금 육지로 보트를 보내서 야만인들에게 다른 물건들과 함께 무기를 보내야 한다면 이 상황을 제압할 수 없을 것이다. 게다가 세라노는 심하게 부상을 입었고 더 이상 구조될 수 없을지도 모른다.

"네 말을 믿을 수가 없다."

그가 외쳤다.

"이방인들이 우리를 섬으로 유인하여 죽이려 한다. 그렇게 하고 싶지만, 후안 나는 너를 도울 수 없다."

"카르바유!"

세라노가 간청했다. 그리고 나서 다시 한 번 낮게 외쳤다.

"카르바유!"

그의 목소리는 골골거리며 사그라들었다.

스피노자는 사령교 위로 급하게 올라갔다. 피가페타 역시 카르바유에게 애원했다. 세라노를 포기해서는 안 된다. 동료이며 전우를 내버려 둘 수 없다고.

그러나 카르바유는 그들에게 외쳤다.

"당신들 아직 정신을 못 차리고 있군? 한 사람 때문에 모두 죽으려는 것이오?"

그는 갑판을 쳐다보았다. 그곳에는 갑판원이 대기하고 있었다.

"돛을 펼쳐라!"

그는 배 위로 외쳤다.

"범각삭을 꽉 잡아라. 돛을 정면으로 달아라. 그리고 나서 방향을 돌릴 준비를 해라!"

그리고 나서 신호수에게 말했다.

"작은 기를 높이 올려, 이 얼간아. 선대는 단종진으로 항해하라!"

해변에서 세라노의 절망적인 애원의 소리를 들을 수 있었다.

"나를 구해줘, 나를! 동료들! 카르바유!"

그러나 활대의 디딤밧줄에 있던 선원들이 이미 돛을 매는 짧은 줄을 풀었다. 돛이 펄럭거리며 펼쳐졌으며 바람을 받아 불룩해졌다. 기함이 출발했다. 선원들은 아딧줄로 달려갔다. 방향을 돌리라는 갑판장의 명령 소리가 들렸다. 키잡이가 키를 돌렸다. 그리고 트리니다드 호는 맞바람을 안으며 방향을 돌렸다. 바람을 탄 돛이 큰소리를 내며 펄럭거렸다. 선원들이 밧줄을 당겨 활대를 돌렸다. 바람이 돛을 가득 채웠다. 고물에 거품 파도를 내며 트리니다드 호는 바다로 나갔다.

세라노는 울부짖었다.

"저주받아라, 카르바유. 너와 네 도당들! 하나님, 저 못된 놈들을 징벌하고 최후 심판의 날에 비겁자 카르바유에게 나의 영혼에 대한 복수를 해주시오!"

그가 외치는 소리는 항해풍으로 인해 들리지 않았다. 원주민들이 그를 때리는 것을 볼 수 있을 뿐이었다. 그리고 배가 세부에서 멀어졌을 때 언덕 위에서 마가야네스가 설치한 커다란 십자가가 쓰러졌다.

피가페타는 그 장면을 그의 일기에 기술하고 이성적으로 이렇게 덧붙였다. '나는 남겨진 후안 세라노가 죽었는지 살았는지 모른다.'

엔리크는 끔찍한 시체들의 장례식을 치러주었다. 그의 주인이 이제 하나님의 왕좌 앞으로 절룩거리며 나간다면, 그는 죽은 장교들을 이끌고 갈 것이다. 마가야네스는 살아서는 그들과 함께 지구가 둥글다는 것을 밝혀냈으며, 지금은 그들을 내세로 인도하고 있다.

약속의 땅 팔라반 섬

군도는 그들 뒤에서 여명 속으로 사라졌다. 대양은 회색으로 완만하게 펼쳐져 있다. 작은 파도들이 퉁명스럽게 선체를 치고 지나갔다. 함대의 살아남은 자들은 필리핀의 군도 속에서 헤매고 있었다. 그들은 목적지도 정하지 못한 채 그리로 들어갔다. 카르바유는 브라질에서는 능숙한 수로 안내인이었지만, 실제적인 배의 조종에 대해서는 아무것도 몰랐다. 그는 이 지역에 와 본적이 없었다. 해도도 없다. 이 지역의 해안과 조류, 그리고 어떤 바람이 자주 부는지도 알 수 없었다. 여기서는 상상력과 이전의 체험을 창의적으로 전환하는 것이 필요하다.

그러나 그런 것을 카르바유에게서는 전혀 감지할 수 없었다. 그들은 마가야네스 제독에 이어 마지막 남은 두 명의 선장도 잃었다. 숙련된 항해자의 지휘를 받았더라면 그 선대는 14일 만에 몰루카 군도에 닿을 수 있었을 테지만 그들의 위험한 여행은 6개월이 걸렸다.

카르바유는 총사령관이지만 아무도 그에게 복종하지 않았다. 그것은 그가 불성실하다는 소문 탓이기도 했지만 굳건한 성격이 결핍되어 있었기 때문이다. 세부에서의 마지막 사건이 일어났을 때, 선원들은 여전히 맥탄에서 당한 패배의 충격에 빠져 있었다. 아무도 그 전체적인 상황을 빠르게 파악할 수 없었다. 많은 사람들이 스스로를 자책하고 비난했다. 그들이 위대한 제독과 세라노를 방치한 것에 대해 그리고 카르바유에게 어떤 저항도 하지 않았던 것에 대해. 그들이 그렇게 행동하지 않았다는 것, 그리고 우유부단함 때문에 세라노를 파멸하도록 내버려둔 것 때문에 제독이 함대에 강요했던 그들의 나머지 결속력은 모두 사라져버렸다.

장교들은 무관심했으며 선원들은 근무에 부담을 느꼈다. 배와 선실은 더러워졌다. 사람들은 황폐화되었다. 키잡이들은 나침반에 거의 주목하지 않았으며, 모래시계를 정기적으로 돌려야 한다는 것도 잊어버렸다. 당직 근무자들이 제시간에 교대하지 않았기 때문에 이것이 불화로 이어졌다. 항해일지는 아무도 신경 쓰지 않았다. 알부는 어쨌든 항해일지를 정확하게 기술할 능력이 없었다.

그들이 지구 위 어디에서 헤매고 있는지 누가 알겠는가? 누가 항로에 대해서 조금이라도 아는가? 사람들은 안개 낀 먼 곳으로, 알지 못하는 곳으로 어디인지도 모르는 채 항해를 계속했다. 지그재그로 가고 있지는 않은가, 아니면 심지어 원을 그리며 제자리에 머물고 있는 것은 아닌가? 마가야네스라면 그들 모두를 집으로 데려다주었을 텐데! 그는 해협을 발견했다. 그는 무한한 대양을 건너가는 길을 알고 있었다. 아마도 두아르테 바르보사에게도 알려주었을 것이다. 그러나 카르바유는? 카르바유는 해양학에 대해 아무것도 모른다. 견습선원일 뿐이다. 사람들은 카르바유를 조금도 신뢰하지 않았다.

새로운 총사령관이 그들 중 한 명을 배반했다. 그것도 그의 동향인인 포르투갈 사람을. 그렇기 때문에 그들은 그를 경멸했다. 그들은 그의 앞에서 침을 뱉었다. 그들은 그들 자신의 비겁함이 부끄러웠기 때문이다. 그러나 그들이 알지 못했던 한 가지는 카르바유에게도 그럴만한 이유가 있었다는 것이다.

첫째는 배를 움직이기에 사람들이 충분하지 못했다. 265명의 선원들이 세비야에서 출발했다. 병, 사고, 산홀리안 만에서의 반란, 그리고 태평양을 건너는 힘든 여행으로 선원들의 수는 156명으로 줄었다. 맥탄에서 제독 외에도 일곱 명이 더 죽었으며 세부에서 25명이 죽었다. 이제 123명의 선원들뿐이다. 배 한 대당 40명밖에 안 된다! 그렇다면 세 척의 배를 어떻게 이끌고 갈 것인가? 40명의 인원은 선원들을 효과적으로 투입하기에는 너무 적은 숫자였다. 특히 카르바유에게는 숙련된 장교가 거의 없었다. 그래서 그는 아들 살바도레를 장교로 임명했다. 견습선원으로서 그의 보호하에 교육을 받았으며 그 사이에 갑판장이 되었던 아들을 포병대의 중대장으로 임명했다. 그것으로 장교단은 더 이상 보충되지 않았다.

두 번째 문제는 식량이다. 그들은 식량이 충분치 못했다. 이제 카르바유는 다른 섬에 상륙하려 하지 않았다. 틀림없이 에스파냐 사람들의 패배와 세부에서의 명예롭지 못한 출발에 관한 소문이 퍼졌을 것이다. 카르바유는 더 이상의 싸움에 개입해서는 안 된다. 피의 대가는 이미 너무 많이 지불되었다.

세 번째로 그는 향료 군도에 있는 그의 동향인, 포르투갈 사람들을 조심해야 한다. 그들이 그를 체포하게 되면 포르투갈의 배반자로 활대에 매달아 처형시킬 수도 있다.

이 문제들을 어떻게 해결할 것인가? 적은 선원으로 충분한 손질 없이 세 척의 배를 그것의 지리학적 위치를 정확하게 알지도 못하는 목적지로 어떻게 이끌어갈 것인가?

어려움 중 하나는 곧 저절로 해결되었다. 콘셉시온 호가 오래 전부터 물이 샜다. 계속 펌프질을 했지만 물은 끊임없이 올라왔다. 그래서 그 배를 포기해야 했다. 어쨌든 그 배는 가장 오래된 배이다. 보홀이라는 작은 섬 앞에서 콘셉시온 호에서 장비로 사용할 수 있는 것과 쓸 수 있는 선적 물건들을 모두 끌어냈다. 무기들은 옮겨 실었으며, 선원들은 나머지 두 척의 배로 나뉘어졌다. 사람들은 키 구멍과 고물의 용골로 탄약통을 굴려넣고——그곳이 배가 가장 손상당하기 쉬운 곳이다—— 도화선에 불을 붙였다.

이제 배 두 척만이 남았다. 트리니다드 호는 카르바유가 맡았고 빅토리아 호는 스피노자가 지휘했다. 산홀리안의 반란자 콘셉시온 호가 닻에 흔들리면서 그들 뒤에 남아 있다. 그들이 천천히 멀어지는 동안 갑자기 그 배의 선적실에서 불꽃이 솟구쳐올랐다. 선복에서 너울거리는 파편이 튀어나왔다. 불꽃이 하늘 높이 솟아올랐으며, 타는 재들이 천천히 바다로 떨어졌다.

미신을 믿는 선원들에게 불탄 배는 나쁜 징후로 보여졌다. 그들은 콘셉시온 호의 갑판 위에서 태풍 속에서도 살아남으려고 얼마나 갖은 애를 썼던가. 배들은 태풍에 침몰한다. 배들은 암초 위로 달리다가 부서지거나 혹은 항구에서 조심스럽게 해체된다. 배들은 생명체이다. 배들은 존경심을 가지고 다루어야 한다. 그것을 불에 태워서는 안 된다.

사람들은 아무 말 없이 그리고 마법에 걸린 듯 그 광경을 돌아보았다. 높은 불꽃이 선체 위로 너울거렸다. 둔탁한 불의 폭발 소리가 들렸다. 콘셉시온 호는 큰소리로 신음했다. 선판들이 삐걱거렸다. 그리고 돛대는 마치 거대한 횃불처럼 빽빽한 연기 속에서 열대야의 하늘로 튀어나왔다. 세라노는 이 배의 마지막 선장이었다. 선원들은 두려웠다. 그들은 세라노를 확실한 죽음의 손에 넘겨주었고 지금은 그의 배가 타고 있다. 그들에게 또 무슨 일이 닥칠 것인가?

저 선판이 우리를 향해 비명을 지르고 있는 소리를 듣고 있는가? 마가야네스는 우리를 버렸다. 세라노는 우리를 저주했다. 이제 콘셉시온 호가 우리를 저주하고 있다. 우리는 이 빌어먹을 바다 위에서 방향을 정하지 못하고 헤매고 있다. 그러나 고향의 과달키비르 강에 떠 있는 것처럼 그렇게 맹목적으로 이 대양에서 헤매고 다닐 수는 없다. 너희들은 아는가? 우리는 패배자들이다. 야만인들이 우리를 학살할 것이다. 아니면 우리는 침몰할 것이다. 아마도 우리는 암초 위로 올라가거나 황폐한 섬에서 좌초할 것이다. 그렇다. 제독은 항로를 알고 있었다. 그는 죽었다. 아마 두아르테도 알고 있었을 것이다. 그러나 그 역시 죽었다. 점성술을 보는 사람들 모두 죽었다. 어떻게 될 것인가. 다음 사람은 누구인가?

도덕은 끝없이 타락했다. 아무도 격려하지 않았다. 식량은 빠듯했다. 선원들은 비축식량 담당자에게 캐물었다. 그는 얼굴을 찡그리면서 말했다.

"아주 적은 8일분의 배급식량만 남았어,"

"그리고 나서는?"

어깨를 으쓱할 수밖에 없다.

트리니다드 호와 빅토리아 호 역시 물이 샜다. 배들은 긴급하게 수리를 요했다. 나무판은 삭았으며 배의 밑바닥은 해초와 조개들이 자랐다. 그것들이 항해에 제동을 걸어 배들은 거의 앞으로 나아가지 않았다. 갑판 아래서 가늘게 물이 솟아올랐다. 끊임없이 미세한 물줄기가 배 안으로 들어왔다. 무슨 일인가 일어날 것이다! 그들은 무엇인가를 감행해야 한다. 두 선장은 회의를 했다. 알부와 엘카노를 회의에 참석시켰다. 넷이서 그 배들을 수선할 수 있는 조용한 장소를 찾기로 결론을 내렸다. 그들은 어느 섬의 평평한 만으로 들어갔다. 넓은 모래 해안과 그 뒤에 있는 숲은 배의 수리작업을 하기에 적합해 보였다. 그러나 닻이 채 바닥에 닿기도 전에 원주민들이 해변으로 몰려와서 그들의 창을 휘둘렀다. 이런 일이 여러 번 계속되었다!

이제는 사방에 암초가 놓여 있었다. 그들은 측연으로 수심을 재면서 조심스럽게 앞으로 나아갔다. 비축식량은 거의 소진되었다. 사람들은 절망하여 갑판에 쪼그리고 앉았다. 피가페타는 그들의 절망을 이렇게 표현했다. '우리는 매우 굶주렸다. 우리의 생명을 마감하기 위하여 여러 번 배를 포기하고 섬에 상륙하고 싶을 정도로.'

그러나 최고로 힘들었던 순간 그들에게는 선대를 지휘하면서 선원들에게 자기 자신과 공포를 극복하는 법을 가르쳐주었던 제독의 교육이 효과를 보았다. 그는 그들에게 동료애를 심어주었다. 선원들 서로서로를 결속시켰다. 그의 모범은 그가 죽은 후에도 여전히 몇몇 사람들에게 살아 있었다. 그는 어려움을 항상 성공의 전제조건으로 보았다. 소총사격대인 훌리오 아르살루스, 어제까지만 해도 별 볼일 없는 군인이었던 그가 자기 자신을 극복하고 마가야네스의 모범을 따랐다. 그는 다음 섬에서 자신이 정찰을 나가겠다고 제안했다. 그리고 그의 동료들에게 말했다.

"만일 내가 죽는다면 너희들은 나로 인해 많은 것을 잃지 않아도 될 것이다. 신이 나의 영혼을 긍휼히 여기시기를. 내가 돌아오면 정보를 주겠다."

욜을 타고 그는 팔라반 섬의 해안으로 노를 저어갔다. 그는 보트를 해안에 정박시켜놓고 가까운 숲으로 사라졌다. 몇 시간이 지나갔다. 그를 포기하려는 순간 갑자기 그가 섬 주민들을 대동하고 돌아왔다. 그 보트에는 돼지고기, 닭 여섯 마리, 야채와 바나나가 실려 있었다. 피가페타는 다음과 같이 기술했다.

우리의 용감한 동료 덕분으로 팔라반은 '약속의 땅'임이 증명되었다. 그 섬은 북위 9도 12분, 토르데시야스 경계선 서쪽으로 171도 20도에 위치해 있다. 그 주민은 친절하고 매우 평화로웠다. 그들은 쌀,

생강, 돼지, 염소, 닭 그리고 반 엘레 길이에 팔뚝만큼 두꺼우며 아주 맛좋은 무화과를 먹고 살았다. 수는 훨씬 적지만 다른 것보다 맛이 좋은, 몇 가지 다른 종류의 무화과도 있었다. 그곳에는 코코넛, 고구마, 사탕수수와 무 비슷한 뿌리도 있었다. 우리는 원주민들에게 우리의 남은 물건들을 선물로 주고 우리의 식량 창고를 채웠다. 며칠 후 우리는 계속 항해를 했다.

원주민 수로 안내인이 그들에게 보르네오 북쪽에 있는 브루나이 섬으로 가는 길을 가르쳐주었다. 6월 말, 드디어 그들은 브루나이 섬에 도착했다.

이슬람의 거대한 궁전

상륙은 힘들었다. 카르바유는 마가야네스의 위병장교인 프란시스쿠 알부를 수로 안내인으로 임명했다. 산 마르틴의 후계자인 알부는 항해 일지에 이렇게 기술했다.

우리는 북동쪽에서 접근했다. 해안은 수심이 얕은 지역과 암초가 많았다. 우리는 정박장 앞에 도착할 때까지 계속 측연으로 수심을 재야 했다.

게다가 바람까지 불기 시작했다. 미풍이 바다 쪽으로 불기 시작하여 점점 강해졌다. 그리고 카라벨선들은 파도가 심한 바다 위에서 심하게 뒤로 밀렸다. 카르바유는 그런 과제를 해결할 만한 능력이 없었다. 그의 명령들이 서로 어긋났다. 전령이 잘못된 지시를 전달했으며, 선원들은 그 명령에 이의를 제기했다. 결국 키잡이가 판단력을 잃었다. 저녁 여명에 트리니다드 호는 보르네오의 북쪽 곶 근처의 발라바라는 작은 섬 앞에 있는 암초에 부딪쳤다. 돛을 접기도 전에 그것은 이미 태풍에 너덜너덜해졌다.

심한 파도가 갑판을 쳤다. 함선이 옆으로 기울어졌으며 파도가 선벽 위로 올라올 것 같았다. 트리니다드 호가 금방 부서지지 않을까 사람들이 두려워할 정도였다. 열 시간 동안 밤새도록, 그들은 비참한 결말을 기다리고 있었다. 선원들은 몰래 그들의 짐을 끈으로 연결시켰다. 작은 보트들은 배에서 바다로 떨어질 것 같았다. 사람들은 선체에 귀를 기울였다. 파도가 낡은 배를 향해 미친 듯이 달려들었다. 엄청나게 큰소리가 나면서 흔들렸다. 카르바유가 소유하게 된 그 배는 그의 생각대로 되지 않았다.

그러나 숙명은 그들에게 은혜를 베풀었다. 아침이 되자 태풍이 점차 가라앉았다. 그리고 밀물과 함께 불어난 물이 트리니다드 호를 암초에서 들어올렸다. 카라벨선이 마침내 바다로 다시 미끄러졌다. 선원들은 항구 앞 10해리에서 닻을 내려야 했다. 여전히 파도가 심한 바닷속 어디에 암초가 있는지 알 수 없었기 때문에 그들은 도저히 더 이상 해안 가까이 다가갈 수가 없었다. 선원들은 애원하듯 난간에 쪼그리고 앉아 해안을 바라보았다. 그때 해안에 도시가 있는 것이 보였다. 그들이 그곳에 들어가도 되는지는 아마 악마만이 알 것이다!

오후에 갈레온선 한 척이 기함으로 다가왔다. 틀림없이 왕이 타는 화려한 바크선이었다. 뱃머리와 이물은 금으로 장식되어 있으며, 선수재 위에서 초록색과 흰색 그리고 파란색의 기가 휘날렸다. 고물 깃대에는 공작깃털 장식이 씌워져 있었다. 초록색은 이슬람교의 색이다. 큰 삼각 돛을 달고 갑판에 무장한 사람들이 있는 거대한 발랑가이 두 척이 곤돌라를 호위하고 있었다.

술탄의 사절이 현제로 기어 올라왔다. 카르바유는 급하게 양탄자를 깔고, 선미루로 오라고 그들을 청했다. 그 사절들은 구장과 빈랑자, 청주를 건네주면서 그 카라벨선의 의도가 무엇인지를 물었다. 피가페타와 몇몇 선원들이 그 술을 마셔보았다. '그것은 물처럼 아주 맑았다. 그러나 우리 배의 선원 여러 명이 그것을 마시고 취할 정도로 독했다. 그들은 그 술을 아락크라고 불렀다.'

카르바유는 극도로 정중하게 행동했다. 무어족의 거래관계는 보르네오 섬까지 장악하고 있다. 이곳에 사는 사람들은 야만인이 아니다. 이곳 사람들은 세계와 그들의 연결고리를 알고 있다. 사절들은 기독교인들이 어떤 의도를 가지고 있는지를 알려고 했다. 카르바유는 배에 손상된 부위를 보여주었다. 그리고 가져온 물품 중 좋은 것을 보여주고 그들에게 몇 가지 물건을 선물로 주었다. 그는 배의 수리를 원하며 가능하다면 물물교환도 하고 싶다. 배를 다 수리하고 나면 계속 항해할 것이라고 전했다. 사절들은 이 외국인들이 원하는 것이 수리 자재와 물물교환임을 왕에게 알리겠다고 약속했다. 사절들은 카라벨을 떠나서 섬으로 돌아갔다.

그들은 6일 동안을 기다려야 했다. 에스파냐 사람들은 그들의 배에 갇혀 있는 상태였다. 참을성이 점점 없어졌음에도 불구하고 그들은 아무것도 할 수가 없었다. 그들은 자신들이 약하고 열등하다는 것을 알고 있었다. 그때 에스파냐의 교만은 아무 소용이 없었다. 겸손해야 했다. 결국 도시에서 소식이 왔다. 기와 깃털장식을 한 배가 그들에게 노를 저어왔다. 식수와 나무를 배에 싣고 주민들과 거래를 해도 좋다는 왕의 허락이 내려졌다는 소식을 전했다. 유럽 사람들은 안도의 한숨을 쉬었다. 좋은 소식이 그들을 불안에서 해방시켜주었다.

원주민 수로 안내인 두 명이 카라벨을 항구로 인도했다. 그들은 항구에서 방파제와 약간의 거리를 두고 진행했다. 그런데 카르바유는 배에서 떠나려 하지 않았다. 세부에서의 기억 때문에 그는 여전히 몸을 사렸다. 그는 자신의 일에 집착했다. 그의 조심스러움은 비겁함이기도 했다. 스피노자는 왕에게 감사의 뜻을 전하기 위해 대표단과 함께 육지로 가는 임무를 부여받았다. 그는 비싼 선물을 가지고 갔다. 왕에게는 초록색 비로드 옷, 라일락 색의 덮개를 씌운 소파, 붉은색 직물, 모자, 유리잔, 금박을 입힌 필기구와 종이. 왕비를 위해서는 노란색 직물, 은을 수놓은 구두와 은색 반짇고리. 그 밖에 장관과 중요한 궁내대신들을 위한 선물들을 가지고 갔다. 피가페타 역시 그 대표단에 속해 있었다. 피가페타는 환상적인 접견을 이렇게 기록하고 있다.

우리는 피니스를 타고 시내로 들어갔다. 2만 5천 가구의 상당히 큰 도시였다. 그 도시는 바닷속에 건축되어 있었지만 왕의 집과 몇몇 귀족의 집은 그렇지 않았다. 건물들은 나무로 지어졌으며 물 속에서의 안전을 위해 강한 기둥이 떠받치고 있었다. 밀물이 되면 여자들이 배를 타고 식품을 파는 곳으로 도시를 가로질러갔다. (중략) 우리는 총독에게로 인도되었으며 거기서 두 시간을 기다려야 했다. 그리고 나서 우리는 코끼리를 타고 귀족의 집으로 갔다. 우리는 거기서 숙박하고 다음날 왕의 궁전에 도착했다. 총독의 집에서 궁전까지 왕의 강력한 명령에 따라 모든 도로에 군인들이 서 있었다. 창, 칼, 몽둥이를 들고.

이 도시의 이런 강력한 모습을 접하고 보니 에스파냐 사람들은 걱정이 되었다. 모든 것이 어떻게 전개될 것인가? 그들은 현재 어떤 상황에 빠진 것인가? 그들은 그들이 전혀 알지도 못하는 민족의 한가운데 있을 뿐 아니라 항해하다가 아라비아 무역 영향권의 중심지에 도착한 것이다. 이 지역에서 기독교는 거의 허용되지 않았다. 여기는 600년 전부터 기독교의 적인 이슬람교가 지배하고 있었다.

동방은 처음에는 황홀할 정도로 화려해 보였다. 두 마리의 거대한 코끼리가 지사 관저의 문을 통과하고 있었다. 코끼리 인도자는 머리 위에 앉아서 코끼리를 말로만 조종했다. 등에는 탑처럼 생긴 구조물이 흔들리고 있었다. 그 거대한 코끼리는 무릎을 꿇었다. 코끼리 위의 조망탑에서 골목길을 관찰할 수 있을 것이라며 에스파냐 사람들에게 그 위에 올라타라고 했다. 사방에서 많은 사람들이 몰려와 외국인들을 보고 놀라워했다. 코끼리 앞과 옆에는 군인들이 걸어가면서 사람들을 뒤로 밀치고 길을 열어주었다. 그 뒤로 열두 명의 말레이 사람들이 선물을 평평한 도자기 접시에 담고 그 위에 화려한 색의 비단 천을 덮고 따라왔다. 에스파냐 사람들은 어느 장관의 집으로 발길을 옮겼다. 거기서 그들은 풍요로운 저녁 식사와 숙소를 제공받았다. 피가페타는 약간 두려워하며 적고 있다.

그들은 우리를 경외심과 존경심을 가지고 대했다. 단지 우리의 모험이 어떻게 진행될지 알 수 있다면 우리는 매우 행복했을 것이다.

다음날 아침, 그곳 사람들은 그들을 잊어버린 것처럼 보였다. 그들은 기다리면서 무어족의 노예시장이 그들의 숙명이 되지 않을까 서로에게 물었다. 정오경이 되어서야 그들은 기별을 받았다. 그들은 다시 코끼리 위에 타고 도시를 가로질러갔다. 맨 앞에 하인들이 경하의 선물을 가지고 이번에는 성이 있는 쪽으로 향했다.

성은 높은 담 뒤에 벽돌로 지어졌다. 긴 포병대들이 항구까지 이어져 있었다. 피가페타는 놀랄 만한 무기를 발견했다. 56개의 동 대포와 여섯 개의 쇠 대포이다. 유럽 사람들은 장관과 기다리고 있던 한 무리의 장교들의 안내를 받아 계단을 올라 홀로 들어갔다. 잘 차려입은 귀족들이 밀려왔다. 원주민 장교, 영향력이 많은 궁내대신들, 시종, 고관, 그 밖의 다른 귀족들을 뚫고 에스파냐 사람들은 그 홀의 가운데로 갔다. 사람들은 그들에게 양탄자 위에 앉으라고 권했다. 그 홀은 금색과 파란색, 붉은색의 모자이크로 장식되어 있었다. 여러 개의 분수에서 물줄기가 솟아올랐으며, 그 소리가 사람들의 소근거리는 소리와 뒤섞여, 쾌적한 서늘함을 제공해주었다. 거대한 크기의 값비싼 양탄자가 거울 같은 대리석 바닥을 덮고 있었다. 바야돌리드에 있는 에스파냐 군주라면 이런 화려함에 조금도 주눅 들지 않을 것이다.

측면으로는 인도의 사냥 장면이 수놓아진 금박이 된 무거운 금사 커튼이 걸려 있었다. 에스파냐 사람들이 자리에 앉아 기다렸다. 그리고 마침내 중얼거리는 소리가 사라질 때까지 사람들의 시선을 받았다. 커튼이 올려졌으며 비단 카펫이 깔려진 약간 작은 방이 보였다. 배경으로 보이는 거대한 문에는 40명의 보초들이 휘어진 큰 칼을 들고, 엉덩이에 천을 걸치고 보초를 서고 있었다. 방문자들은 다시 기다려야 했다. 비단으로 된 헐렁한 바지를 입은 노예들이 금팔찌와 발 사슬을 찬 채 녹차와 후추를 친 코코넛 우유를 내왔다. 그들은 아무 말 없이 고개를 숙인 채 움직였다. 장신구만 나지막하게 짤그락거리는 소리를 냈다. 그리고 나서 다시 정적이 계속되었다. 홀 안의 궁내대신들 역시 아무 말 하지 않았으며, 끊임없이 그 이방인들을 관찰했다. 분수에서 물을 뿜어내는 소리만 들렸다.

갑자기 거대한 문이 열렸다. 에스파냐 사람들은 군인들 옆으로 원주민 장군과 궁녀들에 둘러싸인 왕, 시리파다 라자를 볼 수 있었다. 그는 높은 보좌 위에 앉았고, 그 옆에는 아이가, 추측컨대 그의 아들이 앉아 있었다. 피가페타는 이렇게 묘사했다.

그는 구장을 씹고 있었다. 그 뒤에는 그의 고문관들이 서 있었다.

그리고 옆에는 그의 부인들이 자리 잡고 있었다. 그는 매우 뚱뚱했으며 나이는 마흔쯤 되어 보였다. 그는 여자들의 시중만 받았으며 그들은 그 섬의 가장 귀한 집의 딸들이었다. 라자는 그의 궁전을 절대 떠나지 않았다. 사냥하러 갈 때 이외에는. (중략) 의식담당 의전관이 직접 왕에게 이야기해서는 안 되며 그에게 의뢰를 하라고 우리에게 알려주었다. 그러면 그가 이 작은 방에 있는, 높은 계급의 궁신인 총독의 동생에게 말할 것이라고 했다. 그러면 이 총독이 우리의 관심사를 벽을 통과하는 관을 통해 왕 옆에 있는 제일 높은 장교에게 전해줄 것이다. 그리고 나면 이 장교가 그것을 왕에게 말할 것이다. 그리고 서기 열 명이 말 한마디 한마디와 왕의 결정을 기록한다고 했다. 그는 우리가 왕에게 세 번 깊숙이 절을 해야 하며 그러면서 손을 머리 위에 합장하고 발을 교대로 들어올려야 한다고 말했다.

스피노자와 피가페타는 모든 것을 정확하게 수행했다. 그들은 마가야네스 제독이 우월하다는 것을 증명할 줄 알았던 엔리크가 아니었다. 스피노자는 상당히 복잡한 방법으로 표현했다. 그들은 보르네오의 왕과 평화롭게 지내기를 원하는 에스파냐왕의 사절이다. 그들은 필요한 물건을 바꾸는 것 외에는 어떤 다른 희망도 없었다. 라자는 이렇게 대답하게 했다. 그는 에스파냐왕이 자신의 친구라는 것이 기쁘며, 관대하게 그들의 청을 허락하겠노라고.

이어서 선물이 전달되었다. 시리파다 왕은 그 선물을 관찰하고는 물건 하나하나마다 거의 눈치채지 못하게 고개를 끄덕거렸다. 그리고 나서 천천히 큰 문이 닫혔다. 호위병이 있는 접견실은 어두워졌다. 무거운 커튼이 내려졌기 때문이다. 접견은 끝났다. 에스파냐 사절은 코끼리를 타고 다시 항구로 갔다.

거래는 만족스럽게 진행되었다. 하루종일 에스파냐 사람들이 그들의 물건을 커터와 피니스에 싣고 섬으로 와서 그것을 해변에 진열했다. 동과 진사, 유리, 철과 칼, 닻걸이와 거울이 원주민들이 좋아하는 품목이었다. 그 대신 그들은 모든 종류의 식량과 포도주를 가지고 왔다. 그들 배를 수선하기 위해 가장 필요한 물건들도 역시 다른 물건과 바꾸었다. 그들은 저녁에 교환한 물건들을 갑판으로 가져왔다. 아시아의 무역로가 이곳까지 이른다는 증거로 그들은 몽골의 진나라에서 만든 피부처럼 얇은 도자기를 샀다.

모든 것에 관심이 있던 피가페타는 그것의 생산방법에 관해 물었다.

이런 종류의 고급 도자기는 먼 북서쪽에 위치한 나라인 카오링에서 왔다고 전해진다. 그곳 사람들은 이 도자기를 흰색의 흙으로 만든다. 그렇기 때문에 그것을 카올린이라 부른다. 사람들이 나에게 설명해준 바에 따르면 이런 흙이 정제되기 위해서는 50년 동안 땅속에 있어야 한다고 했다. 훌륭한 예술가가 그 흙으로 그릇을 만들고 가마에서 굽는다. 그것의 생산 비결과 과정은 그들이 칸이라 부르는 그들의 왕만이 아는 비밀이다. 그리고 그것을 누설하면 참혹한 징벌을 받는다.

항구에서의 거래와 카라벨에서의 근무는 장교와 선원들 사이에 아무 문제가 없다는 듯한 인상을 일깨워주었다. 그러나 그 원정대는 지휘자를 잃은 무리로 전락했고, 배는 엔진 없는 기계와 같았다. 아무도 통제할 줄 모르는 나무와 철, 지렛대와 나사, 도르래와 굵은 밧줄로 이루어진 껍질에 불과했다. 카르바유는 걱정스러웠으며 불안했다. 그는 자신이 현명하다고 생각했다. 그러나 단지 교활할 뿐이었다. 그는 사람들을 지배한다고 믿었지만 곧 그의 권위의 마지막 남은 것마저 잃게 된다. 그는 어떤 능력도 갖지 못했으며 이 원정대를 유지하는 것에 조금도 모험을 걸지 않았다.

어느 날 오전 엘카노와 카르바유의 아들인 살바도레, 그리고 선원 몇 명이 수지를 사기 위해 노를 저어 도시로 갔다. 뱃밥을 메우는 데 그것이 긴급하게 필요했기 때문이다. 매일 그들은 뱃바닥에서 펌프로 물을 퍼내야 했다. 그들은 떠난 지 3일이 되어도 돌아오지 않았다. '선대 사령관'은 불안하게 트리니다드 호 위에서 왔다갔다했다. 그는 걱정스러웠다. 그들에게 무슨 일이 일어나지 않았을까? 그러나 그는 갑판에서 한 발자국도 떠나지 않았다. 그때 거대한 정크선 여덟 척이 항구로 들어오더니 함대 뒤에 정박했다. 그 배들은 그 크기와 배수량에 있어 카라벨과 비슷했다. 이제 그들은 에스파냐 사람들이 바다로 나가는 길을 차단시켰다.

카르바유는 그 사건을 설명할 수가 없었다. 그는 영웅이 아니었다. 그는 낯선 배에 그들이 어디서 왔으며 어디로 가는지를 물어야 했다. 그럼에도 그는 세부 사건 이후로 완전히 자신감을 잃었다. 그는 감히 그 배들의 의도를 묻지 못했으며, 사람들이 자신의 약점을 알까봐 두려웠다. 단지 보초만을 강화하고 대포를 장전했다. 그리고 나서 그는 기다렸다.

저녁이 되었다. 아무 일도 일어나지 않았다. 밤 역시 아무 사건도 일어나지 않고 그냥 지나갔다. 아침에는 항구에서 100대가 넘는 통나무 배가 가까이 다가와서 정크선으로 가려고 했다. 카르바유는 통나무 배들이 그의 카라벨선으로 노를 저어온다고 생각하고는 경보를 울리게 했다. 트리니다드 호의 종이 크게 울렸다. 선원들이 배의 활대로 올라갔으며, 다른 선원들은 성급하게 권양기를 돌렸다. 닻을 올리고 돛을 펼쳤다. 트리니다드 호가 바람을 안고 지그재그로 항진했다. 빅토리아는 닻을 올리지 못하고 그것을 잘라야 했다. 총사령관은 바다로 나가려 했지만 움직일 수 있는 공간이 너무 작았다. 그리고 트리니다드 호는 바람을 가득 받은 채 커다란 정크선 옆으로 다가갔다. 카르바유는 아주 가까이 가서 정크선의 옆면에 불을 지르게 했다. 두 번째 정크선에 불이 붙어서 연기를 내며 침몰했다. 빅토리아 호 역시 낯선 배 두 척을 침몰시켰다. 에스파냐 사람들은 거칠게 사방에 총을 쏘면서 정크선으로 뛰어 들어갔다. 말레이 사람들 역시 불을 던졌다. 거친 격투가 벌어졌다. 정크선 네 척은 그곳을 빠져나가 구조되었다. 나머지 두 척은 에스파냐 사람들의 기습에 의해 점령당했으며 살아남은 자들은 체포되었다.

포로들 중에는 세습귀족이 있었다. 키가 크고 마른 사람이었는데 아마도 스물다섯쯤 되어 보였다. 비싼 옷을 입은 걸 보니 그가 귀족임을 알 수 있었다. 그와 함께 장교 두 명, 아마도 자바 여인인 듯한 젊고 아름다운 여자 세 명이 포로로 잡혔다.

통나무 배들은 도주했다. 그 배에 탄 사람들은 비명을 지르면서 다시 해변으로 노를 저어갔다. 이방인들의 악행에 대한 소문이 퍼졌다. 거리에는 군인들로 가득 찼다. 그들은 부두를 점령하고 항구의 방파제를 둘러막았다.

카르바유는 포로들을 사열하고 세습귀족 앞에서 멈추어 섰다.

"너는 누구이며 네 의도는 무엇인가? 너희들은 우리를 습격하려 했느냐?"

그는 호통쳤다.

그 이방인은 경멸의 눈으로 카르바유를 건너다보고는 왼손 손가락을 퉁겼다. 포로들의 대열에서 부지휘관이 나와서 알려주었다.

"그는 루손의 왕자입니다."

그는 포르투갈어로 말했다.

카르바유는 놀랐다.

"포루투갈어를 할 줄 아느냐? 어디서 그것을 배웠느냐?"

"우리는 코친과 몰루카 사이에 있는 모든 항구와 거래를 합니다. 그렇기 때문에 우리는 그 주인의 언어를 배워야 합니다."

카르바유는 빠르게 정신을 차렸다. 그는 선원들에게로 몸을 돌렸다.

"이 두 사람을 내 선실로 데려와라!"

그는 다른 선원을 내보냈다. 선원들은 문에서 보초를 서게 했다. 그는 통역자에게 물었다.

"누가 왕자이며, 그의 의도는 무엇인가?"

그 남자는 이해할 수 없는 언어로 왕자에게 말을 했다. 그러면서 그는 비굴할 정도로 깊숙이 절을 했다. 왕자는 그에게 대답하면서, 바다를 가리키고 그 다음에는 도시를 가리켰다. 마침내 그 통역자는 카르바유에게 말했다.

"왕자는 부르나이 라자의 조카입니다. 우리는 압도적인 승리를 거두고 자바로 돌아가던 중입니다. 통나무 배들이 승리한 우리 배들을 부두로 인도해주려고 한 것입니다. 시리파다 라자의 왕자인 살루라와가 우리를 맞이하고 그에 대한 보답을 하려고 했습니다."

모든 것이 큰 오해에서 비롯되었다! 카르바유는 용서받을 수 없는 실수를 저지른 것이다. 그의 공포로 인해 그는 부르나이 라자의 보호를 잃게 되었다. 섬 주민들은 에스파냐 사람들의 기습에 대해 엘카노와 살바도레 그리고 동행한 다른 선원들에게 보복을 할 것이다. 어쨌든 그들의 목숨은 그들이 왕자와 그의 참모, 그리고 자바 여인들을 인질로 잡고 있다면 그렇게 위험하지는 않을 것이다. 그는 어떻게 해야 하는가? 그는 자신이 가장 불리한 위치에 있음을 깨달았다. 카르바유는 왕자에게 이렇게 설명하게 했다. 아마도 당신은 어쨌든 이런 구류상태에서 빠져나가게 될 것이다라고.

"나는 너희들이 우리를 습격한다고 생각했다. 너희들은 우리가 항구로 나가는 길을 차단했다. 게다가 육지에서부터 우리에게 아주 많은 통나무 배들이 다가왔다. 우리는 위협을 받는다고 느꼈다."

다시 통역자가 번역했다.

"루손 왕자가 말하기를 당신이 그를 풀어줘야 한답니다. 그가 오해로 인한 것임을 왕에게 설명하겠다구요."

카르바유는 조소하듯 웃었다.

"풀어준다고! 그는 그것을 원하겠지. 나는 인질을 가지고 있어야 한다. 풀어줄 수 없다!"

왕자는 젊었음에도 불구하고 인간의 본성을 잘 알고 있었다. 그는 카르바유에게 그를 풀어주면 보석을 주겠다고 제안했다. 사령관은 거절할 수가 없었다. 탐욕스럽고 교활하게 그는 그 거래에 동의했다. 그 대신 그의 아들은 다치지 않게 배로 데려다주어야 한다고 조건을 달았다. 왕자는 '엄격한' 구금 상태에 있었지만 카르바유는 어두움의 보호하에 그와 통역자를 욜에 태워 도망치게 했다.

총사령관은 자바 여인들을 그의 정부라고 선언하고 선실에서 그들과 함께 있었다. 나중에 에스파냐의 검사보고서를 통해 규율이 무너진 것의 근본적인 원인으로 이런 사실을 확인했다. '그는 그 여자들을 아무 두려움 없이 강간했다!' 마가야네스는 성적으로 굶주린 선원들을 제어하기 위해 노력했었다. 그런데 그의 후계자는 마가야네스의 그런 넓은 시야를 소유하지 못했다. 마가야네스의 죽음은 이런 점에서도 빈 구멍을 남겨놓았다.

왕자가 이미 안전한 위치에 도달해서야 선원들은 왕자가 도주한 것을 알아차렸다. 같은 날 밤 엘카노는 두 명의 선원들과 함께 트리니다드 호의 작은 보트를 탈 수 있었다. 그들은 분노하는 원주민들을 피해 몸을 숨길 수 있었지만 살바도레 카르바유와 다른 선원 세 사람은 실종되었다.

총사령관은 절망과 정신을 잃을 정도로 분노에 빠졌다. 그는 복수를 생각했다. 여러 가지 방법을 생각해보다가 다시 단념하곤 했다. 그리고 나서 그는 포로들에게 가서 그들을 고문하고 죽을 때까지 매질했다. 엘카노가 그와 맞섰다. 항상 그랬듯이 냉정한 엘카노는 감정을 억제할 줄 알았다. 카르바유는 분노했다. 엘카노는 그를 냉정하게 주시했다. 그의 손이 천천히 그러나 놓치지 않고 허리춤의 단도를 잡았다. 총사령관은 아무 말도 하지 않고 그를 쳐다보며 눈물을 흘렸다. 세부 이후 세라노의 저주가 그를 괴롭혔다.

"오, 내 아들, 살바도레!"

엘카노는 그에게 등을 돌리고 선수루로 올라갔다. 그리고 빅토리아호의 스피노자에게 신호를 보냈다. 카라벨은 출범했다.

향료 군도를 찾아서

몰루카 군도는 어디에 있는가? 그들은 항로를 알지 못하며 그들이 어디서 그 섬을 찾아야 하는지 전혀 감을 잡지 못했다. 그러나 그들은 서로를 의지했다. 그들의 생명은 결속력에 달려 있기 때문이다. 그들의 늙은 제독이 아직 그들 곁에 살아 있었다면! 그는 그들은 안전하게 인도했을 것이다. 카르바유는 실패했다. 그는 자신의 아들을 구하기 위해 뇌물을 주었다. 이제 그는 완전히 증오의 대상이 되었다. 낮은 뜨거웠다. 태양은 배 위로 가차없이 내리쬐었다. 아침에 태양은 짧은 여명 후 급하게 동쪽에서 솟아올랐다. 그리고 배 위를 수직으로 지나쳐서 저녁이면 서쪽으로, 적도의 밤으로 뜰 때처럼 그렇게 빠르게 졌다.

다시 선원들 사이에 절망과 피로가 엄습했다. 이 고통이 절대 끝나지 않을 것인가? 마가야네스는 몰루카 군도로 가려고 했다. 그러나 그들은 왜 그곳에 가야 하는가? 그들은 그 섬에 친구도 없다. 테르나테라는 단어에 그들은 절대 열광하지 않는다. 집으로 돌아가자! 몰루카 군도는 포르투갈령이다. 그것은 아직까지 포르투갈령으로 남아 있을 것이다. 우리가 포르투갈을 우리의 녹슨 장비로 몰아낼 수 있단 말인가? 우리는 계속 서쪽으로 항해함으로써 동쪽을 발견했다! 우리는 충분한 업적을 이루었다. 마침내 귀향의 기를 게양하자!

카르바유는 그 상황을 방치했다. 그는 지도자가 아니다. 선원들을 이끌고 갈 수 없다. 선실의 자바 여인들 곁에 머무르고, 모든 일은 엘카노에게 맡겼다. 다시 비축식량이 줄어들었다. 그들은 만나는 통나무 배마다 모두 나포했다. 아니면 말레이 보트를 불러 세웠다. 이 배들이 방향을 돌리면 그들은 선량한 사람들을 습격하고 그들의 물건을 약탈했다. 그들은 더 이상 에스파냐의 군인이 아니었다. 그들은 해적, 도둑, 불량배였다. 그런데도 그런 약탈물로도 충분치 않았다. 대부분의 보트들은 그들로부터 도망칠 수 있었다. 왜냐하면 카라벨은 너무 무거웠기 때문에 그 배로는 작은 어부 배를 거의 잡을 수가 없었다. 통나무 배 역시 노를 저어 도망쳤다.

2년 전 자부심 강한 배 다섯 척의 배가——얼마나 오래 전의 일인가! ——에스파냐의 사랑하는 초록색 해안을 떠났다. 그 중 단지 두 척만 남았다. 그리고 갑판에는 아직 120명의 사람들이 남아 있다. 함선은 마치 폐허 더미와 같았다. 널빤지들은 비틀리고 수축하고 부서졌다. 돛은 너덜너덜해졌고 대포는 녹이 슬었다. 트리니다드 호의 용골은 보르네오에 상륙할 때부터 배 중간이 우그러들어 선판을 통해 물이 들어왔다. 용골은 습지 냄새가 나는 진흙 천지였다. 빅토리아 호 역시 물이 샜다.

카라벨선을 수리하지 않는다면 바람이 강하게만 불어도 세 조각, 네 조각으로 부서져버릴 것 같았다. 엘카노가 냉정함을 유지하는 유일한 사람이었다. 그는 은신처를 찾았다. 비교적 오랫동안 수색한 후에 그는 사람이 살지 않는 길다란 섬의 숨겨진 만을 찾아냈다. 바닥은 평평하게 해안으로 이어졌다. 44일 동안 그들은 육체 노동자처럼 삽질을 했다.

그들은 수리할 재료가 거의 없었다. 아주 적은 양의 수지와 역청이 있을 뿐이다. 그들의 옷은 걸레 같았고 신에는 곰팡이가 슬었으며 가죽은 찢어졌다. 선원들은 해골처럼 말랐으며, 조금만 일을 해도 땀을 흘렸다. 몇 사람들은 다시 열병을 앓았다. 피가페타는 기술했다.

우리들 모두는 능력이 닿은 한 열심히 일을 했다. 가장 힘든 일은 숲에서 나무를 운반하는 것이었다. 바닥에는 가시나무와 가시 달린 식물이 자라고 있었는데 우리 모두는 맨발로 가야만 했기 때문이다.

다행히도 그들은 멧돼지를 잡을 수 있었다. 그러나 그들은 늪에서 눈에 띄지 않게 살면서 사람을 잡아가는 악어를 조심해야 했다. 그들은 돌고래를 잡았으며 엄청나게 큰 거북도 잡았다. '우리는 하나는 26파운드, 다른 하나는 44파운드가 나가는 거북이 두 마리를 잡았다.' 숲에는 거친 카사버(대극과로 열대 지방에서 재배한 노간목으로 전분이 많은 뿌리는 감자 대용으로 쓰임─옮긴이)와 일종의 마 뿌리가 많았다. 그들은 그것을 삶아서 맛있게 먹었다. 그래서 그들은 점차 힘을 얻기 시작했다.

선박 수리는 천천히 진행되었다. 그들은 열심히 카라벨선을 수리했다. 집으로 가기를 원했기 때문이다. 집으로 가겠다는 생각이 그들을 지탱해주었다. 하루의 노고로 지쳐서 불 옆에 모일 때면 한 사람이 에스파냐에 관해 이야기한다. 그러면 비로드처럼 부드러운 열대의 밤에 불빛이 환한 도시가 신기루처럼 그들에게 나타난다. 그들은 깨끗한 사각형의 광장으로 걸어가서 높은 대성당의 대리석이 주는 서늘함을 느꼈다. 단조로운 파도의 철썩거림으로, 종려 숲의 사그락거리는 소리 속으로, 원시림의 수많은 소음에 맑은 어린아이들의 웃음소리가 뒤섞였다. 그들은 친근한 소리인 고향의 노래에 정신이 빠졌다. 기타 소리, 탬

버린 치는 소리와 캐스터네츠 부딪치는 소리가 들렸다. 그렇다. 그들은 플라밍고 무희의 발 디딛는 소리를 들을 수 있었다.

엘카노가 이야기를 하고 선원들은 귀를 기울이고 웃으면서 고개를 끄덕였다. 어둠 속에서 사람들은 그들이 보는 것 이상을 상상했다. 그들은 엘카노의 목소리를 들었다. 그의 목소리는 조용하고 거의 사무적이었다. 이성적인 보고였다. 그는 열광하지 않았지만 그의 사려 깊은 행동은 동질감을 느끼게 해주었다. 최근 몇 주 동안 사람들은 다시 회의적이 되었다. 그런데 엘카노의 목소리가 사람들의 기억을 일깨웠다. 그의 목소리는 냉정하게 들렸지만 마치 그들의 옛 제독의 목소리 같았다. 제독은 선원들에게 항상 마술사 같아 보였다. 그러나 그가 죽은 이후 그가 자신의 적 중 한 명을 그의 정신의 위대함으로 설득시켰다는 것은 기적과 같았고 수수께끼로 남아 있다. 살아 있을 때 마가야네스는 아란다, 데 하로, 폰세카 추기경, 팔레이루, 카를로스 왕과 그의 선원들의 마음을 얻었다. 죽은 사람이 지금은 살아 있는 적대자, 즉 반란자 엘카노의 마음을 움직였다. 그 바스크 사람은 제독이 시작한 길을 계속 가기로 결정했다.

엘카노는 그의 가치를 증명했다. 죽은 제독에게 용서를 받았던 그는 마가야네스를 앞으로만 몰아갔던 그 계획의 대담함을 인식했다. 그 바스크 사람은 포괄적인 지식도 없었고 마가야네스가 가진 열정적인 명예심도 없었지만, 그는 그 과제를 실행하면서 더욱 강해졌다. 의심스러운 과거를 가진 엘카노는 산훌리안에서 반란자의 편에 서 있었다. 그러나 지금 모두들 자신만 쳐다보기 때문에, 자신이 그들의 인정받은 지도자가 되었기 때문에, 그리고 그들이 자신의 명령을 기다리기 때문에, 증명의 이 시간에 엘카노는 책임감을 느꼈다. 그리고 그는 제독이 고독하게 갑판 위를 절름거리며 걷거나, 턱수염을 흩날리며 생각에 잠겨 선미루 위에 서 있을 때 어떤 기분이었는지를 알게 되었다. 책임감은 결코 가벼운 짐이 아니었다.

엘카노는 생각했다. '놀랍게도 나는 그를 이해하기 시작했어. 나는 그의 행동을 관찰하고 그를 시기했지. 그처럼 되기를 원했어! 아무것도 그를 동요시킬 수 없었지. 우리는 그를 증오하고 동시에 그를 사랑했지. 그는 불멸처럼 보였어! 그러나 그는 살해당했고 파멸당했고 내던져졌으며 이 세상에서 제거되었지. 우리는 그것을 허용했어. 마치 마비된 것처럼. 어떤 복수도 하지 않았어. 그는 그가 시작한 것을 우리가 완성하기를 원해. 오늘날 나는 그것을 알게 되었어. 그는 포르투갈이 승리하도록 허용하지 않을 거야. 우리는 에스파냐 사람이다! 마가야네스, 내가 당신의 빚을 갚아주겠어. 당신의 사업을 끝까지 수행하겠어!'

엘카노는 곤살로 고메스 데 스피노자와 손을 맞잡았다. 법무관 스피노자의 손이 산훌리안에서 갑판장 엘카노의 손에 사슬을 채웠지만 지금 그들은 서로 연합했다. 그들은 함께 불이 있는 곳으로 다가갔다. 엘카노는 선원들에게 물었다. 카르바유를 사령관으로 그냥 놔두어야 하는지를. 그 회의는 조용히 심각하게 진행되었다. 선원들은 카르바유를 죽여야 한다고 말했다. 엘카노는 스피노자를 총사령관으로 추천했다. 그 자신은 빅토리아 호를 맡겠다고 했다. 선원들은 동의했다. 그들은 누군가가 그들을 이끌어주기를 원한다. 책임감 있는 지휘자를 원했다. 마침내 다시 질서가 생겼다. 이번에는 반란이 아니다. 그들은 선박 규정을 작성했다. 지도자를 잃어버린 선원들은 그 규정에 따라 능력 있는 사람을 사령관으로 선택할 수 있다. 카르바유는 그 직위를 강탈했으며, 능력이 없다는 것을 보여주었다. 그들은 그에게 맹세를 지켜야 할 의무가 없다.

카르바유는 엘카노가 짧고 간결하게 전달한 소식을 상당히 냉정하게 들었다. 그는 아들을 잃은 후 이미 망가진 상태였다.

"나는 어떻게 되는가?"

그는 작은 소리로 물었다. 아마도 그들은 자신을 활대에 매달 것이다.

"우리는 어떤 사람이든 필요합니다. 우리의 옛 제독은 당신을 수로 안내인으로 임명했소. 그러니 당신은 트리니다드 호의 수로 안내인입니다."

엘카노가 말했다. 스피노자를 사령관으로 승진시킴으로써 그는 고참자인 카르바유의 분노를 무마시킬 수 있었다. 그는 새로운 총사령관에게 조언했으며 출발을 요청했다. 배들을 검사하고 항로를 결정했다. 이제 엘카노가 그들을 앞으로 몰아가는 원동력이 되었다. 곧 그가 진정한 사령관임이 모두에게 확실해졌다.

"서쪽으로 돌아 에스파냐로 갈 건가?"

스피노자가 물었다.

"동남동, 몰루카 군도로."

엘카노가 대답했다.

"그런데 그 섬이 어디에 있는 걸까?"

스피노자가 물었다.

"우리는 그 섬을 찾을 겁니다!"

스피노자는 한숨을 쉬었다.

"그것은 간단하지 않다, 후안. 그 위치를 아는 사람이 거의 없다는 것을 생각하면 우리는 실패할 수도 있어."

"그래도 우리는 목적지까지 가는 것에 모든 것을 걸어야 합니다."

"그러나 우리가 아는 바로는 힘들 것 같은데. 몰루카 군도는 영원한 안개에 둘러싸여 있으며 상륙할 장소가 없다는데."

"말도 안 되는 소리입니다, 스피노자!"

엘카노의 목소리에는 분노가 숨어 있었다.

"그것은 포르투갈의 보고입니다. 포르투갈 사람들은 향료 군도의 위치를 베일에 가려야 할 충분한 이유가 있으니까요."

"그렇지만 우리는 에스파냐를 위해 충분히 할 만큼 했어. 몰루카 군도에는 새로운 재앙, 즉 새로운 궁핍이 우리를 기다리고 있어. 거기에는 담수가 거의 없고 습기 찬 증기로 인해 숨쉬기가 힘들 거야."

엘카노는 경멸의 뜻으로 웃기만 했다. 스피노자는 계속 이야기했다.

"선원들이 몰루카 군도에 관해 두려워하는 것도 당연한 일이야. 그들은 우리 스스로가 덫에 걸려 심한 고통을 당한 후 포르투갈 사람들에게 사로잡힐 거라고 예상하고 있으니까."

"향료 군도가 토르데시야스 경계선에서 에스파냐 쪽에 놓여 있다면 그것은 우리의 소유입니다!"

엘카노는 마가야네스처럼 반박했다.

"카를로스 왕이 우리가 포르투갈 감옥에서 썩는 것을 허용하지 않을 겁니다. 마누엘은 교황과 갈등을 일으켜서는 안 됩니다."

"여기 이 빌어먹을 지구의 끝에서 정치가 우리와 무슨 상관이 있나? 엘카노! 자네도 알지 않나. 카를로스 왕과 교황이 우리의 운명에 관해 어떤 소식을 듣게 될 거라고 생각하나?"

스피노자의 저항은 약해졌다. 그는 자신이 이 바스크 사람을 대적할 수 없음을 감지했다. 그는 체념하면서 덧붙였다.

"아마 몰루카 군도는 전혀 존재하지 않을지도 몰라. 단지 소문에 불과한 것인지도 모르지. 그것을 찾는 모든 사람을 파멸로 이끄는, 포르투갈 사람들의 거짓 발견일 수도 있어."

엘카노는 웃었다. 그런 동화는 그에게 어떤 두려움도 주지 못했다.

"몰루카 군도가 존재한다면 우리는 그것을 찾을 것입니다! 물론 이렇게 목적도 없이 헤매면 안 되겠지요."

"자네는 어떻게 그 섬을 찾을 것인가, 엘카노?"

"우리는 여전히 적도의 북쪽에 있습니다. 스피노자, 당신은 마가야네스가 몰루카 군도가 위도 0도에 놓여 있다고 언급한 것을 기억할 겁니다. 우리는 곧 우현으로 보르네오를 지나서 거기서부터 남쪽으로 항해할 겁니다. 그리고 우리는 수로 안내인을 구해야 합니다!"

엘카노는 군도와 셀레베스 바다의 산호섬 속으로 작은 선대를 이끌어갔다. 스피노자는 그를 따라가야 했다. 빅토리아 호의 선장은 오래도록 시간을 끌지 않았다. 그는 곧바로 행동으로 옮겼다. 항로에서 만나는 정크선을 나포하여 짐을 약탈하고, 비축식량을 옮겨 실었다. 엘카노는 정크선의 선원들을 심문하고 향료를 가리키면서 그들에게 물었다.

"몰루카 군도가 어디 있지?"

그는 모든 포로들을 개별적으로 그의 선실에서 심문했다. 그들의 저항도 엘카노에게는 별다른 영향을 미치지 못했다. 그들이 슬퍼하면 그는 그들에게 호통쳤다. 그가 알려고 하는 것은 간단했다. 몰루카 군도가 어디 있는가? 그곳을 알고 있고 그래서 수로 안내인으로 이용할 수 있는 사람이 그들 중에 있지 않을까? 그러나 그는 아무 성과도 얻지 못했다. 심문 후 그들은 해변 어딘가에 버려졌다. 그러나 엘카노는 긴장을 풀지 않았다. 마침내 한 사람이 더듬거리며 말했다.

"몰루카?"

엘카노는 그가 그 목적지로 간다는 것을 알아차렸다.

"그래, 몰루카! 어디 있지?"

그는 손을 펼치고 바다 건너를 가리켰다. 그리고 그는 물어보듯이 어깨를 으쓱했다.

원주민은 이해하고 알았다는 듯이 웃으면서 먼 곳의 안개 속에 있는 섬의 윤곽을 그렸다.

"몰루카!"

"세하웅을 아는가? 프란시스쿠 세하웅?"

"세하웅!"

포로의 눈이 반짝였다. 그는 공중에서 손을 흔들면서 이해할 수 없는 언어로 무엇인가를 지껄였다. 엘카노가 포로로부터 알아낸 사실은 이렇다. 그는 몰루카로 가는 길을 알고 있다. 그곳은 여기에서 멀지 않다. 그는 그곳에서 강력한 권세가인 세하웅의 집에 여러 번 가보았다.

그 포로는 그들에게 암초와 작은 섬을 지나 그곳으로 가는 길을 가르쳐주었다. 밤에 그가 갑판에서 뛰어내려서 도망쳤다. 그는 산호섬 중 하나로 도망갔을 것이다. 그때서야 그들은 거짓말쟁이에게 속았다는 것을 깨달았다.

아침에 강한 돌풍이 바다 위로 몰아쳤다. 번개와 벼락과 함께 검은 구름이 몰려왔다. 비바람을 동반한 심한 태풍이 내려서 시야를 가렸으며 파도가 높아졌다. 에스파냐 사람들은 배의 약한 돛대가 걱정되었으며, 작은 돛을 달고 달렸다. 다음날 아침, 날씨는 조용해졌지만 파도는 점점 높아졌다. 그들은 커터 한 척을 바다로 내렸다. 열여덟 명이 타고 가까운 섬으로 노를 저었다. 거기서 해안을 거쳐 마을로 들어갔다. 원주민들은 도망쳤지만 선원들은 남자 두 명을 잡아서 빅토리아 호로 끌고 왔다. 급히 추격해오는 섬 주민들을 머스켓총으로 견제했다. 그리고 카라벨선은 출항했다.

포로들은 선미루에 묶여 있었다. 엘카노는 그들과 이야기했다. 그는 몰루카 군도가 근처에 있다는 것을 느꼈다. 그는 자신들을 그곳으로 인도해줄 사람을 찾으려 한다고 했다. 마가야네스가 해협을 찾기 위해 남미의 모든 협곡과 만을 검사했던 것처럼 엘카노는 섬마다 들려서 마을을 뒤지고 말레이 사람들을 심문했다.

다시 밤이 되자 포로 중 한 사람이 감시를 했음에도 불구하고 사슬을 풀고 헤엄을 쳐서 도망가는 일이 발생했다. 마가야네스 때처럼 선원들 역시 다시 훔쳐보면서 속삭이기 시작했다. 카르바우를 해임한 후에 무엇이 달라졌는가? 비겁장이 대신 이제는 미치광이에게 명령권을 넘겨주었다. 옛 제독이 바스크 사람에게 옮겨갔으며, 그의 광신적인 열정이 그를 몰아가고 있다. 그러나 마가야네스는 죽은 지 여섯 달이나 되었다. 그들이 저주받은 것인가? 미치광이처럼 계속 원을 돌며 제자리를 항해하면서도, 엄청난 거리를 지나왔다고 상상하도록.

일주일 전부터 그들은 남쪽 항로를 항해했다. 엘카노는 포로 옆에 있었으며, 두 명의 보초가 말레이 사람을 지켰다. 엘카노는 그가 제대로 안내한다면 선물을 주고 풀어주겠다고 약속했다. 그렇지 않으면 그를 돛대에 못박아 놓겠다고 협박했다.

"몰루카!"

빅토리아 호의 선장 엘카노가 급박하게 포로에게 말했다.

"몰루카!"

포로는 고개를 끄덕이고 남쪽을 가리켰다.

그는 할 수 없이 안내를 하게 된 수로 안내인에게 다시 속을지도 모른다. 그러나 그에게는 다른 선택의 여지가 없었다. 가리키는 방향으로 항로를 잡는 수밖에. 바다는 다시 조용해졌다. 공기는 더욱 후덥지근해졌다. 아침이면 이슬이 선판 위에 내려앉았다. 낮에는 더웠으며 습기가 매우 많았다. 안개 속에서 3마일 앞도 보이지 않았다.

1521년 11월 6일, 여러 개의 섬이 파도 속에서 기묘한 형상을 드러냈다. 높은 산맥이 나타났다. 화산의 분화구에서 약한 연기가 하늘로 솟아올랐다. 점차 세세한 것들이 보이기 시작했다. 산의 협곡들, 그늘을 주는 초록색의 언덕, 습지의 초원, 나무들.

그 포로가 앞을 가리켰다.

"몰루카, 몰루카!"

그는 이렇게 외치면서 흰색 이를 드러내며 웃었다.

카라벨에는 가벼운 환호성이 울려 퍼졌다. 피가페타는 그의 일기에 급하게 썼다.

우리 모두는 신에게 감사했으며 기쁨에 겨워 합창을 했다. 우리가 이 섬을 보면서 느꼈던 엄청난 환희를 이해할 수 있을 것이다. 우리가 그 섬 때문에 27개월에서 이틀 모자라는 기간 동안 바다를 헤쳐가면서, 수많은 해안을 돌아 항해했다는 것을 생각한다면.

선대 앞에는 약속의 땅이 놓여 있었다. 부의 원천, 축복받은 땅이.

16 향료 군도 몰루카

"안녕! 성모 마리아가 너희들과 함께하기를."
힘든 30개월을 함께 나눈 그들은 동료가 되었다.
그들은 휴식보다는 노고를, 기쁨보다는 고통을 더 많이 함께 나누었다.
이제 그들의 길이 나뉘었다.
선원들은 두근거리는 가슴으로 미래의 사건이 다가오기를 기다렸다.
그러나 그들의 숙명은 아직 결정되지 않은 채였다.

세하옹의 죽음

그런데 포르투갈은? 9년 전부터 독점으로 엄청난 부를 고향에 가져다주었던 낙원에 경쟁자가 침입하려 한다면, 그들은 어떻게 반응할 것인가? 지금까지 그들은 이 군도를 국가기밀이라는 베일로 감쌀 수 있었다. 리스본의 거래소가 무조건 믿을 수 있다고 생각하는 아주 소수의 고위관리와 해군장교들만 그 섬의 지리학적 위치를 알고 있었다. 어떤 해양학자에게도 그 위치 규정이 허락되지 않았으며, 어떤 지리학자도 그것을 지금까지 지도에 그려넣어서는 안 되었다.

과거에는 아라비아 소유였던 것이 이제는 리스본의 가장 안전하고 풍요로운 보물창고가 되었다. 상선이 몰루카로 출발할 경우 장교들은 인도까지 아니면 기껏해야 말라카까지만 함께 승선했다. 그리고 나서 귀향하기 위해 다른 배를 타야 한다. 마지막 구간은 신뢰할 수 있는 군인들, 그들의 가족이 직접 무역에 참여하기 때문에 배반할 염려가 없는 그런 군인들이 상선을 지휘한다. 일반 선원들은 어쨌든 몰루카의 위치를 확인할 수 있는 능력이 없다. 그들은 거의 읽을 줄도 모르고 쓸 줄도 모른다. 많은 사람들이 심지어 나침반까지도 의심의 눈으로 바라본다. 왜냐하면 그들의 단순한 이성으로는 나침반의 자력이 일종의 마법으로 보이기 때문이다.

향료 군도는 암초의 보호를 받으면서 셀레베스, 순다 산호섬과 뉴기니 사이에 흩어져 있었다. 단지 북동쪽으로는 끝없는 태평양의 파도가 해변으로 이어졌다. 그 섬들은 포르투갈이 퍼뜨린 잘못된 정보로 인해 숨겨져 있었다. 리스본은 이런 소문을 퍼뜨렸다. 그 섬이 얕은 수심과 움직이는 모래 언덕 때문에 전문지식이 없는 사람들은 거의 접근하기가 힘들다. 그리고 그 섬들은 안개와 물의 증기 속에 가려져 있다. 화산 때문에 계속 지진이 일어나며, 불타는 용암이 연기를 내며 거품을 내는 바다로 흘러 들어가기 때문이라고. 그러나 이제 포르투갈 사람들의 이런 주장은 효력을 잃게 되었다.

넓은 지역에 걸쳐 퍼져 있는 몰루카는 원주민들이 붙여준 호칭이다. 피라미드 형태의 높은 산은 천일야화의 향기에 둘러싸여 있다. 사고 야자가 따뜻한 열대 바람에 부드럽게 흔들리고, 잎이 무성한 무스카트나무와 계피 덤불이 정신을 잃을 정도로 진한 향내를 뿜어냈다. 여기가 몰약 비슷한 꽃이 피는 정향나무가 자라는 세계의 유일한 장소이다. 게다가 사람들이 그토록 원하던 초록색과 검은색 후추가 지천으로 널려 있다. 그 섬들은 할마헤라, 테르나테, 티도레, 모티르, 마크잔 그리고 바찬이라 불렸다.

마가야네스는 그의 원정대가 과달키비르 강을 떠나면서부터 1해리 1해리 지날 때마다 포르투갈의 위협을 받고 있다는 것을 잘 알고 있었다. 그는 포르투갈에 발견될 위험이 가장 적은 항로를 선택했다. 그러나 그는 선원들의 어리석음과 에스파냐 귀족인 피달고들의 반항적인 언행, 그리고 태풍, 끝없는 무풍지대와 맞서 싸워야만 했다. 그가 그런 어려움에 굴복하지 않은 것은 모두 그의 강한 성격과 고집, 그리고 그의 이성 덕분이다. 그리고 그가 나쁜 날씨에 대해 저주를 퍼부었지만 그것은 실제로는 그의 행운이었다.

마누엘 왕은 마가야네스의 출발을 막지 못하자 두 개의 함선을 보냈다. 한 척은 아메리카를 향해 라플라타 강 지역으로 항해했으며, 다른 함선은 희망봉 근처로 갔다. 두 함선은 마가야네스 선대가 몰루카 군도로 가는 항로를 차단하라는 명령을 받았다. 그들이 서쪽으로 가는 항로를 선택하건 동쪽으로 가는 항로를 선택하건 간에. 그들의 과제는 명확했다. 카를로스 왕의 함대를 침몰시키고 한 사람도 살려두지 말아야 하며, 마가야네스만 사로잡아서 몰래 리스본으로 데려오는 것이다.

그런데 그 배들은 마가야네스의 선대와 같은 무풍지대에 빠졌으며,

똑같은 태풍에 휩싸였다. 그들이 배반자와 부딪쳤다면, 우연이라 할지라도 마가야네스 제독과 그의 반항적인 선원들은 손쉬운 노획물이 되었을 것이다. 포르투갈 사람들은 남미의 해안을 왔다갔다하며 정찰했지만, 에스파냐 선대를 발견하지 못했다. 희망봉 근처의 정찰 항해도 아무 소용이 없었다. 그러나 포르투갈은 패배를 인정하지 않았다. 세케이라는 전쟁선 여섯 척을 이끌고 향료 군도로 출항했다. 마가야네스는 수년 전 말라카에서 그의 상관인 세케이라와 그의 카라벨선을 말레이의 공격에서 구해준 적이 있다. 이전에 전우였던 사람이 동료의 원정에 치명적인 가격을 함으로써 그의 은혜에 원수로 보답해야 한다.

그러나 사람들이 신의를 저버리게 되는 곳에서 하늘은 공평할 때가 가끔 있다. 하필이면 말라카에서 세케이라는 이집트 술탄의 전쟁선과 싸움에 휘말려 시간을 보내야 했다. 그래서 그는 빠르고 무기를 훌륭하게 갖춘 갈레온선, 64대의 대포가 있고 갑판이 셋인 배를 향료 군도로 보냈다. 사령관은 클라우디오 파리아였다. 그러나 행운은 에스파냐 편이었다. 그 배의 항해자가 갈레온선에서 말레리아에 걸려 죽었고 포르투갈의 사령관은 혼란스런 섬과 산호섬 사이에서 길을 잃었다. 그는 아무 도움도 받지 못하고 7주간 암초와 절벽 사이를 왔다갔다하며 돌아다니다 마침내 말라카로 돌아갈 수밖에 없었다.

그 사이에 마가야네스는 세부에 도착했다. 아무것도 그리고 누구도 더 이상 그를 막을 수 없었다. 곧 그는 그의 친구인 세하웅을 테르나테 섬에서 만나게 될 것이다. 세하웅은 몰루카 군도를 평화롭게 만들었으며 티도레 섬과 바찬의 왕들을 그의 왕에게 굴복시켰다. 이제 테르나테 왕은 향료 군도에서 가장 강력한 지배자이지만, 향료 무역에 있어 가장 막강한 사람은 고문이며 술탄의 최고 장관인 프란시스쿠 세하웅이었다. 포르투갈 사람으로서 그는 그들의 정신과 습관을 잘 알고 있었다. 그래서 그는 유럽에서 온 상인들과 동등한 파트너가 되었다. 세하웅은 화려한 저택에서 살았으며 자바 여자와 결혼했다. 그들은 여러 명의 자녀를 두었다. 그러나 세계 어디에서나 그러하듯 권력은 여기에서도 지속적인 관계를 유지하지 못한다. 그에게 정복된 사람들은 그들이 테르나테의 멍에에서 벗어날 수 있는 시간만을 기다리고 있었다.

마가야네스가 맥탄에서 그의 비극적 종말을 맞이하는 바로 그 시간에 몰루카 군도에서는 선복이 불룩한 포르투갈의 무역선, 갈레온선인 플로르데라마르 호가 유럽으로 돌아가기 위해 출발 준비를 하고 있었다. 세하웅은 이런 강력한 배에 흥미를 가졌으며, 그것을 다시금 둘러보았다. 감사의 마음으로 세하웅은 플로르데라마르 호의 메네제스 선장을 이별 파티에 초대했다. 메네제스는 포르투갈의 무역 지사장인 알베르토 가에타노 모니스에게 잘난 체하며 세하웅에게 초대받은 것을 자랑했다. 그러나 그 일로 인해 두 사람은 비밀리에 상당히 긴 담판을 벌여야 했다. 지사장이 메네제스에게 요구한 것은 그의 마음에 전혀 들지 않았다. 플로르데라마르 호의 선장인 메네제스는 세하웅의 초대에 관해 뽐내며 말한 것을 후회했다.

"나에게 그런 것을 요구해서는 안 됩니다. 세하웅은 나를 친절하게 대해주었소. 나는 그를 죽일 수 없소. 나는 살인자가 아닙니다!"

"하지만, 선장!"

지사장은 진정시키듯 손을 들었다.

"누가 살인이라 했소? 이것은 포르투갈에 대한 반란의 문제요. 몰루카 군도는 식민지이고, 포르투갈왕을 위해 이 섬을 유지하기 위해 당신이 선택된 것이오. 우리의 존경하는 마누엘 왕은 행운왕이라는 직함을 계속 유지할 수 있어야 되지 않겠소. 그가 당신에게 충분히 보상을 하느냐 안 하느냐는 별개의 문제요."

메네제스가 계속 거절했음에도 불구하고 지사장은 그를 설득할 수 있는 유리한 이유를 가지고 있었다.

"포르투갈이 몰루카 군도에 대해 세하웅에게 감사한다는 것은 누구나 다 알고 있소. 그러나 세하웅이 마갈량이스와 맺고 있는 친밀한 우정에 관해서도 알고 있소. 그렇다면 에스파냐가 테르나테 섬에 도착하고 난 후 포르투갈이 이 섬들을 세하웅을 통해 다시 잃을 수도 있다는 사실을 배제할 수 없을 것이오. 세하웅은 위험 요소가 되었소. 포르투갈은 이에 대한 대책을 강구해야 합니다."

"아마도 그 모든 것이 소문에 불과할지도 모릅니다. 마갈량이스가 아직 살아 있는지 아무도 정확하게 알지 못합니다. 몇 년 전부터 전혀 그에 관해 보거나 들은 사람이 없습니다."

메네제스는 빠져나갈 길을 찾았다.

"나는 뱃사람입니다. 나는 바다를 알고 바다의 힘을 압니다. 그의 선대는 틀림없이 오래 전에 침몰했을 겁니다. 암초에 부딪치거나 아니면 대양에 의해 삼켜졌겠지요."

"그렇지 않소, 선장. 우리는 산호섬 사이를 빠져나가는 카라벨선에 관해 들었소. 게다가 그 배들이 동쪽에서 왔다는 소식도 들었소. 그들은 여러 지방에서 그 지역의 라자들과 거래관계를 맺었소. 원주민들은 섬에서 섬으로 정보를 옮겨줍니다. 결국 에스파냐 선대는 이 근처에 와 있을 것이오. 그 선대는 중무장을 했으며 당신도 잘 알고 있다시피 포르투갈은 지구의 이런 오지에서는 매우 약합니다. 전투에서 누가 이길지 아무도 예견할 수 없소."

"당신이 설명한 것이 맞는다면 당신은 어떻게 그 전투를 피할 것이오?"

"세하웅을 제거하면 전쟁을 피할 수 있소. 그가 핵심이기 때문이오. 세하웅과 함께 테르나테의 술탄 역시 공격을 받게 될 겁니다. 우리는 그의 라이벌인 티도레의 라자를 몰루카의 지배자로 만들 겁니다. 그러나 그것은 당신이 신경 쓸 일이 아니오. 그것은 내가 할 일이니까."

지사장은 잠시 웃고 나서 선장에게 말했다.

"새 왕이 마갈량이스를 제거할 것이오. 그는 포르투갈의 은혜를 입은 왕이 될 테니까!"

"그러나 세하웅은 지금 현재의 라자와 아주 가까운 사이입니다. 그의 갑작스런 죽음 뒤에 포르투갈이 관련되어 있다는 것이 밝혀진다면 우리는 어쨌든 이 황금의 원천을 잃게 됩니다."

모니스는 교만하게 선장을 쳐다보았다.

"당신은 조국에 대한 의무에서 벗어날 수 있는 이유를 찾기 위해 안간힘을 쓰고 있군요."

"왜 하필이면 나입니까?"

"당신의 방문이 위험하지 않기 때문이오. 특히 당신은 저녁에 출발합니다. 아무도 당신을 의심하지 않을 겁니다."

"어떻게 하면 됩니까?"

메네제스가 가련하게 물었다. 그의 이마는 땀으로 번들거렸다. 그는 자신이 비열하다고 느꼈지만 자신에게 다른 선택의 여지가 없다는 것도 알고 있었다.

"일은 간단하오."

모니스는 서랍에서 작은 병 하나를 꺼냈다.

"당신이 세하웅의 초대를 받았기 때문에 당신의 방문은 특별한 것이 아니오. 그들은 당신을 기다릴 것이오. 먹고 마시고 이런저런 이야기를 나누지만, 어떤 의심도 하지 않을 것이오. 세하웅이 당신 손가락을 계속 쳐다보지는 않을 테니 사람들이 눈치채지 못하게 이 유리병에서 몇 방울을 세하웅의 잔에 부으면 되는 것이오. 나머지는 시간이 해결해줄 것이오."

"얼마나 걸립니까?"

"네 시간에서 여섯 시간."

메네제스는 소매로 이마의 땀을 씻었다. 그는 마지막으로 거절했다.

"아닙니다. 나는 하지 않겠소. 당신은 그것을 나에게 요구할 권리가 없습니다."

"나 개인이 당신에게 이런 봉사를 요구하는 것이 아니오."

모니스가 냉정하게 대답했다.

"당신의 조국이 원하는 것이오. 정신 차리고 사건을 제대로 처리하시오!"

메네제스는 출발 일자를 세하웅에게 통지했다. 세하웅은 동향 사람인 메네제스를 친절하게 맞아주었으며 풍성하게 대접했다. 주인과 손님은 늦은 오후에 화려한 귀족 저택의 테라스에 앉아서 먼 유럽에 대해 이야기를 나누었다. 메네제스는 추가로 마갈량이스 제독에 관해 물었다. 세하웅은 사실대로 대답했다. 그는 마갈량이스에 관한 소식을 전혀 듣지 못했으며 그가 아직 살아 있는지조차 모른다고.

메네제스 선장은 그의 말을 전혀 믿지 않았다. 그는 지사장으로부터 다른 정보를 받았다. 배반자 마갈량이스에 대한 소문이 이미 세하웅의 귀에 들어갔을 것이라는 모니스의 말은 아마 거짓이 아닐 것이다. 그러나 메네제스는 더 이상 그 주제에 관해 언급하지 않았다. 해가 지고 난 후 빠르게 열대의 밤이 시작되었다. 플로르데라마르 호의 선장은 갈레온선에 물건 선적이 끝났으니 그는 자정에 만조와 함께 출발하려고 한다며 작별을 고했다. 세하웅은 떠나는 사람을 쳐다보았다. 마갈량이스에 대한 언급은 친구에 대한 기억을 일깨워주었다. 그는 마갈량이스가 아주 가까이 있다는 것을 알지 못했다. 두 사람이 거의 동시에 생명을 잃는다는 것은 그들이 숙명적으로 연결되어 있음을 보여준다.

세하웅은 밤에 잠에서 깨었다. 위에서 기분 나쁜 맛이 올라왔다. 그는 토하지 않을 수 없었다. 일어나서 흔들거리며 쓰러졌다. 하인이 그를 침대로 옮겼다. 세하웅의 부인이 의사를 부르게 했다. 의사가 도착했을 때 환자는 이미 혼수상태에 빠졌다. 그의 입에서 거품을 머금은 침이 흘러나왔다. 그는 몸을 비틀고 고통에 신음했다. 죽음의 고통은 3일간 계속되었다. 그 후 프란시스쿠 세하웅은 죽었다.

마가야네스의 죽음도 아무 소용이 없었다. 그가 서쪽 항로를 통해 아시아의 동쪽에 도달하고 난 후에 세하웅의 죽음은 정치적인 필연성이 되었다. 마누엘 왕은 어떤 위험도 원치 않았다. 그는 동아시아에서 그의 세력을 위험하게 하고 싶지 않았다. 세하웅의 죽음으로 '분열시켜라 그리고 지배하라'가 선언되었다. 그와 함께 테르나테 섬의 패권도 몰락하게 된다. 티도레의 술탄은 같은 날 밤 포르투갈의 첩자를 통해 테르나테 섬의 강력한 장관이었던 세하웅의 죽음에 관해 듣는다.

2주 후 포르투갈의 작은 선대, 전쟁선 한 척과 화물선 두 척이 몰루카 군도에 도착했다. 그 배들은 바찬 섬 앞에 닻을 풀었다. 순양함이 섬을 통제하고 모든 만을 조사했다. 혹시 마가야네스가 도착했는지 아니면 어디에 숨어 있는지 알아보기 위해. 군인들은 주민들에 대해 냉혹하고 폭력적으로 대했다. 그들은 훔치고 강간하고 방화했다. 이어서 바찬의 술탄이 모티르와 마칸의 라자들과 동맹을 맺었다. 그들은 포르투갈의 선장에게 경고했다. 그들이 출발하지 않는다면 섬 주민들이 다음번 공격에서 저항할 것이라고. 그러자 선장은 선대의 닻을 올리고 서쪽으로 항해하는 것이 좋겠다고 생각했다. 트리니다드 호와 빅토리아 호의 돛대가 북동쪽에서 수평선 위로 올라올 때 포르투갈 선대의 돛은 수평선에 작고, 밝은 반점으로 멀어져가고 있었다. 하루 뒤인, 1521년 11월 8일에 에스파냐 선대는 티도레 섬의 항구 앞 10길 깊이에서 정박했다.

피가페타는 그들의 상황을 이렇게 기술했다.

티도레 섬은 북위 0도 27분, 토르데시야스 경계선 서쪽으로 171도에 위치해 있다. 테르나테 섬은 북위 1도 40분, 모티르 섬은 적도 바로 밑에, 마크잔 섬은 남위 15분에 위치해 있다.

그 섬들은 그러므로 그들의 '소유'가 된 것이다. 그러나 원주민들은 그것에 관해 아무것도 몰랐다. 그들은 라자와 왕들의 신하일 뿐이다.

에스파냐 사람들이 포르투갈 전쟁선의 눈에 띄지 않고 몰루카를 발견했다는 것은 기적 같은 일이다. 그들이 처한 비참한 상태에서 그들은 포르투갈의 전쟁선에 전혀 저항할 수 없었을 것이다.

몰루카 사람들

사화산의 산비탈에 설치된 성문 위로 마리에코 요새가 흰색 성벽과 기품 있는 작은 탑들과 함께 자리를 잡고 있었다. 바로 왕이 보낸 관리 두 명이 트리니다드 호로 노를 저어왔다. 그 사절들은 친절하고 매우 정중하게 행동했다. 섬 주민들은 수십 년 전부터 낯선 상인들에 익숙해져 있다. 이들은 아라비아 사람, 자바 사람, 중국 사람, 인도 사람, 말레이 사람, 포르투갈 사람을 잘 알고 있다. 그들은 숙련된 눈으로 지금 도착한 사람들이 이들 중 어떤 그룹에도 속하지 않는다는 것을 섬에서 이미 확인했다. 사절들은 트리니다드 호가 어디서 왔으며 어디로 가는지를 물었다. 엘카노는 스피노자 옆에 서 있었다. 그는 자신들은 에스파냐 사람들이며 거래하기를 원한다고 대답했다.

사절들은 고개를 끄덕였다. 이제 그들은 포르투갈 군인들이 무엇을 찾았는지 명확하게 알 수 있었다. 에스파냐는 이곳에서 미지의 세력이 아니었다. 몰루카 사람들은 이베리아 국가들의 경쟁심에 관해 알고 있었다. 외국의 배들과 함께 여러 가지 새로운 소식들이 그들의 섬에 도착했다. 그들은 취해서 떠들어대는 포르투갈 향료선의 선원들에게서도 소식을 들을 수 있었다. 관리들은 술탄과 네 명의 장관들에게 보고할 것이니 에스파냐 사람들에게 그들의 기별을 기다리라고 했다.

그들은 배 위에서 섬을 쳐다보았다.

"주민들은 이슬람교도들입니다."

엘카노가 말했다.

"어떻게 그걸 알았소?"

스피노자가 물었다.

"그들은 네 명의 장관과 이슬람교의 상징인 초록색 기를 가지고 있습니다."

"넷이라는 숫자가 이슬람교와 무슨 관계이오?"

"넷이라는 숫자는 그들이 성스럽게 여기는 숫자입니다. 마호메트에게는 네 명의 제자가 있으며, 천사 네 명이 그의 천상의 보좌 주위에서 날고 있지요. 네 개의 바람이 공기에 날개를 달아주고, 사람들은 네 가지 기본도덕을 지키기 위해 노력합니다."

"기본 도덕이라고?"

스피노자는 놀랐다. 그는 바스크 사람 엘카노가 항해를 넘어서는 지식을 가지고 있다는 것을 전혀 눈치채지 못했다. .

"그렇습니다. 그것은 샤하다, 즉 믿음, 살라트, 즉 매일의 기도, 사카트, 즉 자선, 그리고 사움, 즉 라마단 기간 동안의 금식, 이렇게 네 가지지요."

스피노자는 생각했다. 기독교인으로서 그들은 이슬람교도들에게 절대 환영받을 수 없다. 그러나 향료의 새로운 구매자라면 어떻게 보이겠는가?

"초록색 기를 달았다고 이슬람교도라고 단정지을 수는 없소."

엘카노는 그를 경멸하는 듯 쳐다보았다.

"당신은 더욱 조심해야 합니다, 스피노자! 그 사절은 네 명의 장관에 관해 이야기했소. 게다가 초록색 기를 달고 왔소! 틀림없이 이슬람교도들입니다."

"당신의 말이 옳을지도 모르지, 엘카노. 술탄이 우리를 어떻게 맞이할까? 그가 평화적이라고 당장은 믿기 어려운데."

"그는 포르투갈 사람들을 좋아할지도 모릅니다. 어쩌면 포르투갈 사람들을 증오할지도 모릅니다. 우리는 그것을 알아내야 합니다. 그리고 그로 하여금 에스파냐를 좋아하도록 만들어야지요."

"그렇지만 어떻게, 엘카노? 선물을 줘서? 복종시켜서? 아니면 우리가 강하다는 것을 과시해서?"

"우리는 공격을 받으면 저항할 수 없을 겁니다. 스피노자, 카라벨선은 당장 수리가 필요하며 우리 선원들은 군인이라기보다는 유령 같지요. 그리고 우리 무기는 아무 쓸모가 없습니다. 대포를 발사하면 그 반동으로 인해 이 배가 부서질 겁니다. 우리는 아무런 피해도 받지 않고 이 섬을 떠날 수 있는 것을 다행으로 여겨야 합니다."

"그렇다면 우리는 우리의 자만심을 버려야 해. 우리가 허리를 굽혀 인사하면 동방 사람들은 기꺼이 관대하게 대해줄 거야. 이런 경우 겸손은 해가 되지 않아."

선장들이 가장 성공적인 전략에 관해 머리를 짜내는 동안 그들의 문제는 저절로 해결되었다. 티도레의 왕과 그 장관들의 생각은 단순한 논리를 지니고 있었다. 그들은 포르투갈 사람들이 테르나테 섬의 지배자를 쓰러뜨리고 그의 포르투갈 장관을 독살했다는 것을 알고 있다. 술탄은 프란시스쿠 세하웅이 어떻게 살해당했으며, 테르나테 왕좌가 흔들리고 있다는 것을 비밀스런 소식통을 통해 들었다. 그러나 그는 포르투갈이 그에 대해서도 언제 계략을 꾸밀지 모른다는 사실을 염두에 두어야 한다. 그래서 그는 에스파냐 사람들의 마음을 확인해 보려고 한다. 어떤 사업에 새로 투자하려는 상인은 지금까지의 구매자보다 더 나은 가격을 지불하는 법이다.

왕은 기다리고 있는 에스파냐 사람들에게 그의 결정을 직접 전달하고 싶었다. 그는 중간 상인들에게서 에스파냐 배와 그 선원들이 비참한 상태에 있으며 전혀 위험하지 않다는 소식을 들었다. 그래서 그는 가마를 타고 그의 견고한 성에서 항구로 내려갔다. 왕의 배가 해안에서 출발하자마자 엘카노는 빠르게 대응하여 피니스를 내리라고 명령하고 거기에 탔다. 엘카노와 스피노자는 왕에게 존경심을 표하고 그를 정중하게 맞아들이기 위해서였다. 물론 피가페타 역시 그 보트에 함께 탔다.

그들은 만의 중간에서 만났다. 왕은 그의 곤돌라를 멈추게 하고, 스피노자와 엘카노가 그의 배로 올라왔으면 좋겠다고 청했다. 피가페타는 그 만남을 이렇게 묘사했다.

왕은 거의 마흔다섯 살쯤 되어 보였다. 건장한 체격에 표정은 편안해 보였다. 그는 금사로 수놓은 소매가 달린, 발까지 닿는 정교한 셔츠를 입고 허리 주위에 허리띠로 천을 둘렀다. 그 안에는 값비싼 보석으로 장식한 구부러진 단도가 꽂혀 있었다. 비단 베일로 머리를 가렸으며 머리 위에 화관을 썼다. 그는 비단 양산 밑에 앉아 있었다. 그의 앞에는 그의 아들이 왕홀을 들고 서 있었다. 하인 두 명이 각자 물이 가득 찬 금잔을 들고 있었으며 술탄이 그것으로 손을 씻었다. 다른 하인 두 명이 구장이 가득 담긴, 금박을 입힌 작은 상자를 들고 있다. 술탄의 이름은 알 만조르 라자였다. 그가 위대한 점성술사라는 뜻이라고 했다.

왕이 이야기했다. 그가 얼마 전에 여러 척의 배가 먼 나라에서 몰루카로 오는 꿈을 꾸었으며 그 후 밤새도록 달을 관찰했더니 그의 꿈이 이루어지리라는 것을 알게 되었다고. 그는 강력한 이방인을 맞이하게 되어 반갑다고 했다. 엘카노와 스피노자는 기분이 좋았다. 그들은 술탄이 그들에게 관대하리라는 것을 이내 파악했다.

그들은 트리니다드 호로 노를 저어갔다. 그리고 모든 선원들이 기함의 갑판으로 왔다. 유럽 사람들은 술탄을 선미루로 안내했다. 그곳에는 붉은색 비로드의 소파가 준비되어 있었다. 그들은 더 이상 거만한 에스파냐 사람들이 아니라 굶주린 허약한 인간이었으며 갈색 피부를 지닌 군주에게 고마워하는 하인에 지나지 않았다. 장교들과 군인들은 굴욕적으로 왕의 손에 입을 맞추었다, 피가페타는 이렇게 기술했다. '그에게 우리의 경외심을 더 확실하게 증명하기 위하여 우리는 그의 앞에 바닥에 앉았다.'

알 만조르는 순수한 동양 사람이었다. 스피노자가 추측했듯이 그는 호언장담과 정중한 호칭, 과장된 미사여구를 좋아했다. 화려한 화술을 사용하며 그는 다음과 같이 확인해주었다. 그와 그의 신하들은 오래 전부터 에스파냐 군주의 위대한 찬미자이다. 그래서 그들을 토착민들처럼 그의 섬에서 편안하게 지내야 할 손님으로 환영한다. 그들은 배와 함께 부두에 정박해도 좋다. 피가페타는 술탄의 말을 인용했다.

나의 신하들 중 누군가 밤에 당신들의 물건을 훔친다면, 당신들은 그를 화포로 쏘아도 좋다. 우리는 당신들에게 해변가에 집을 마련해주겠다. 거기서 당신들은 여행의 노고를 풀 수 있을 것이다. 티도레 섬은 이런 자랑스런 날을 기념하여 '카스티야'라고 불릴 것이다! 알라후 아크바, 그가 나의 증인이다!

피가페타는 계속하여 기록했다.

이런 그의 말에 감동하여 우리는 그가 앉아 있는 의자를 그에게 선물했다. 그 외에도 우리는 그에게 외투, 고급 직물 한 필, 주홍색 직물 네 엘레, 금사로 만든 조끼, 황금 비단 한 필과 금실을 짜넣은 인도 산 직물. 캄베이 산 흰색 아마, 모자 두 개, 작은 유리구슬이 달린 여섯 개의 장식끈, 칼 열두 개, 커다란 거울 세 개, 가위 여섯 개, 빗 여섯 개, 금박을 입힌 금잔 여러 개와 그 밖에 많은 것들을 선물로 주었다. 그의 아들과 왕을 수행한 귀족들도 선물을 받았다. 결국 왕이 우리의 이런 행동을 제지했다. 그가 에스파냐왕에게 위대한 지배자의 품위에 맞는 어떤 선물도 할 수 없다는 것에 대해 애석해했다.

이제 됐다. 술탄은 욕심이 많았다. 그러나 그가 평화를 원한다는 것이 에스파냐 사람들을 안심시켰다. 그들의 경험으로 볼 때 그들 여행의 목적지에서 거절당하거나 적대적인 대접을 받는다는 것은 전혀 놀라운 일이 아니었다. 친절은 라자에게 아무 비용도 들지 않는다. '그는 만족하여 우리 배를 떠났다'고 피가페타는 기록한다. '그는 한 번도 그의 머리를 숙이지 않았는데도 우리는 그의 앞에서 그토록 많은 절을 했다.'

그들은 그의 호의를 믿었다. 토르데시야스 계약은 유럽의 국가에게만 해당되는 것이다. 여기에는 여전히 이슬람교도인 독자적인 술탄들이 지배하고 있다. 교황의 중재판결은 그들에게는 모욕일 뿐이다. 그들은 우월했으며 수세대 전부터 방해받지 않고 향료 때문에 얻은 작은 제국을 통치하고 있었다. 그들은 그들의 무역 상대를 스스로 골랐다. 에스파냐 사람들이 왜 기대하지 않았던 알 만조르의 동정을 얻을 수 있었는가를 곰곰이 생각하는 동안, 알 만조르는 이미 자신의 독자적인 정책을 실시했다. 밤에 그는 강한 전투력을 가지고 테르나테 섬에 상륙하여 이전에 세하웅의 집을 무력으로 제압했다.

알 만조르가 방문하고 나서 이틀 후 통나무 배가 빅토리아 호의 측면으로 다가왔다. 세하웅의 미망인과 그의 자녀들이 테르나테의 왕자와 함께 와서 그들을 받아줄 것을 요청했다. 마가야네스 제독이라면 그들을 어떻게 맞아들였을까? 그는 주저하지 않고 그들에게 망명을 허용했을 것이며 그들을 그의 전투력으로 보호했을 것이다. 그에 비해 엘카노는 합목적성에 의해서만 행동했다. 그는 통나무 배에 탄 사람들에게 기다리라고 말했다.

그는 술탄의 의견을 묻기 위해 사절을 마리에코로 보냈다. 몇 시간이 지났다. 선원들은 그 동안 베일로 얼굴을 가린 부인과 아이들 그리고 왕자를 쳐다보았다. 세하웅이 얼마나 자주 자바 여인에게 그의 먼 친구에 대해 설명했던가? 그녀는 마가야네스가 죽었다는 것을 알지 못했다. 그녀는 차가운 눈을 가진 마른 에스파냐 사람을 그녀의 남편이 그토록 열광하여 설명했던 그 남자로 생각했다. 검은 천을 쓰고 있는 세하웅의 아내와 자녀는 높은 갑판의 벽을 쳐다보면서 거지처럼 문 앞에서 기다려야 했다.

에스파냐 사람들은 섬 군주들간의 역학관계에 대해서 전혀 알지 못했다. 술탄은 모든 사람들에게 있어서 술탄이다. 그들이 지배하는 섬이 티도레, 할마헤라, 모티르, 마크잔, 바찬, 혹은 테르나테 섬이든 그들에게는 모두 똑같았다. 테르나테 섬의 왕자는 자신들이 위험에 처해 있다는 것을 알고 있었다. 술탄이 원한다면 에스파냐 사람들은 그들을 술탄에게 넘길 것이다. 그는 말레이어로 몇 가지 명령을 외치고는 직접 키를 잡았다. 통나무 배는 방향을 돌려 다시 바다로 나가서 테르나테 섬으로 돌아갔다.

그 후 전령 보트가 알 만조르의 답변을 가지고 빅토리아 호로 노를 저어왔다. 라자는 에스파냐 사람들이 옳다고 생각하는 대로 행동해도 좋다는 관대한 결정을 내렸다. 엘카노는 샐럽을 통나무 배로 보냈다. 바스크 사람 엘카노는 초대의 말과 함께 선물을 전달했다. 그는 부끄러웠다. 그러나 세하웅의 아내와 자녀들은 선실에서 묵으면서 나오지 않았다. 왕자는 짧은 답변만 주었다. 그는 거만하게 에스파냐 사람의 제안을 거절했으며, 그들이 받은 굴욕감을 숨기지 않았다. 인도 하인만 샐럽으로 건너왔다. 통나무 배는 계속 그들이 가던 길을 갔다.

인도 사람은 이 지역의 바다에 관해 잘 알고 있으며 얼마 전에 테르나테 섬에 도착한 페드로 아폰수 데 로루사라는 이름의 포르투갈 상인의 전갈을 가져왔다. 로루사는 모니스의 위임을 받고 에스파냐 원정대에 관해 더 많은 정보를 알아내서 그 정보를 리스본에 알려야 했다. 그는 자신이 섬 주민과의 연결고리를 제공하겠다고 제안했다. 스피노자와 엘카노는 알 만조르의 모든 통제에도 불구하고 이곳에서는 안전할 수 없다는 것을 잘 알고 있었다. 포르투갈 사람들은 심지어 그들의 적이었다. 그러나 원주민들의 권력과 관련하여 그 역학관계를 아는 유럽 사람이 유용할 수 있을 것이다. 그래서 스피노자는 로루사를 초대하기로 했다. 그리고 인도 사람에게 초대 편지를 들려서 테르나테 섬으로 보냈다.

그 동안 엘카노는 빨리 선적해줄 것을 요구했다. 파손된 그들의 배로는 계속 포르투갈 함대의 공격을 받아 사로잡힐 위험에 처해 있다. 그들이 도착했다는 소문이 얼마나 멀리 퍼졌는지 누가 알겠는가. 그는 향료를 원한다. 싸게 사는 게 중요한 게 아니라 빨리 사는 것이 그에게는 중요했다. 그러면서 그는 술탄의 기분을 상하지 않도록 세심하게 신경을 썼다. 알 만조르는 이웃 왕들의 기분을 맞춰주기 위해 보르네오 포로 두 명을 다시 집으로 돌려보내기를 원했다. 엘카노는 주저하지 않고 그 사람들을 풀어주었다. 술탄은 이슬람교 믿음에 위배된다며 에스파냐 사람들이 돼지고기 먹는 것을 불평했다. 엘카노는 무어인들이 알아차리지 못하도록 아직 살아 있는 돼지 세 마리를 갑판 아래로 데리고 가라고 즉각 명령했다. 그리고 염소와 닭을 사서 모든 사람들이 보는 데서 도살하도록 했다.

로루사는 11월 저녁에 도착했다. 그는 에스파냐 사람들이 향료에 지불한 가격을 듣고 경악했다. 그들이 모든 사업을 망치고 있다. 피가페타는 그를 이곳저곳으로 안내했다. '우리가 그에게 정향을 사기 위해 지불한 가격을 가르쳐주자 그는 너무나 당황했다.' 그 포르투갈 사람은 나중의 보고서에 이렇게 적었다.

카스티야 사람들은 섬 주민들이 요구하는 대로 값을 지불했다. 원주민들의 탐욕을 그런 식으로 일깨우고 나면 앞으로는 어떤 거래도 별 이득을 남기지 못할 것이다.

엘카노는 배의 선적실을 빨리 채우려 했다. 그는 출발을 재촉했으며, 그럴만한 이유도 있었다. 선원과 원주민들 사이의 작은 싸움들이——대부분 여자 때문에 일어났다——상황을 점점 더 나쁘게 만들었다. 피가페타는 이렇게 기록했다.

이곳 여자들은 추했다. 나체로 걸었으며 나뭇잎으로 만든 가리개만을 착용했다. 남자들도 마찬가지였다. 여자들이 매우 추했음에도 불구하고 그들은 질투심이 매우 강했다. 우리가 옷을 적게 입고 육지로 가면 그들은 매번 화를 냈다. 그들의 아내가 그로 인해 유혹에 빠질 수 있다고 믿었기 때문이다.

그럼에도 불구하고 장교와 선원들 중 많은 사람들이 여행을 떠나고 싶어하지 않았으며, 낙원 같은 나라에 머물고 싶어했다.

엘카노의 걱정이 전혀 근거가 없는 것은 아니었다. 선대와 그 선원들은 지금까지 어디에서도 심하게 괴롭힘을 당하지 않았다. 그러나 원주민들이 어떤 생각을 하고 있는지 누가 알겠는가. 그는 세부를 기억했다. 마가야네스처럼 그도 야만인들이 오늘은 친절하지만 내일이면 냉혹한 적이 될 수 있다는 것을 빨리 체득했다. 에스파냐 사람들은 알 만조르의 호의에 너무 의존하고 있다. 그러나 그의 마음이 진짜인지 누가 보증하겠는가? 그래서 바스크 사람 엘카노는 정향만 선적하기로 결정했다. 정향은 자리를 아주 적게 차지했다. 게다가 방금 수확한 신선한 것들이어서 가는 도중에 마르면 그 무게도 상당히 줄어들 것이다.

그의 직감은 그를 속이지 않았다. 실제로 장관들이 포르투갈의 신뢰를 다시 얻기 위해 에스파냐 사람들을 살해하라고 왕에게 충고했다. 그리고 나면 포르투갈의 도움을 받아 바찬의 왕에게 공물을 바치게 할 수 있으며, 몰루카 군도를 혼자 통치할 수 있을 것이라고. 알 만조르는 그 제안을 거절했다. 도덕적인 것을 고려해서가 아니었다. 그 술탄은 에스파냐의 진짜 힘과 그 중요성을 잘 알고 있었다. 두 척의 배가 이리로 오는 것에 성공했다면 다른 배들도 따라올 것이다. 에스파냐는 다시 올 것이다. 그때 카라벨선에 탄 해골같이 마른 사람들이 그를 기억할 것이다. 포르투갈 사람보다 더 잔인할 수는 없다. 그런데다 그들은 더 좋은 가격을 지불한다.

알 만조르 술탄이 스피노자와 엘카노 선장을 궁전의 축제에 초대했을 때 엘카노의 의심은 더욱 커졌다. 그는 두아르테처럼 덫에 걸려들고 싶지 않았다. 그래서 그는 악의 없는 답변을 보냈다. 그들은 유감스럽게도 놀 시간이 없다. 부두로 화물이 배달되는 동안 선적이 중단되어서는 안 된다. 그렇지만 술탄이 그들의 배를 방문할 의향이 있다면, 그들은 함께 식사하면서, 그들이 준비한 몇 가지 좋은 선물을 넘겨주고 싶다고 전했다.

술탄은 그날 트리나다드 호에 나타나서 말했다.

"내 집에 들어오는 것처럼 그렇게 편안한 마음으로 왔소."

그는 선적 작업이 어떻게 진행되는지에 관해 물었다. 엘카노는 바람이 좋아지면 고향으로 돌아가기 위해 출발하는 것을 고려중이라고 말했다.

술탄은 무장한 선원들을 보았다. 그는 에스파냐 사람들이 그를 의심한다는 것을 감지했다. 그러나 그는 타고난 배우였다. 안토니오 피가페타는 그가 극적으로 어떻게 외쳤는지를 기록하고 있다.

당신들이 지금 출발하려 한다면, 나는 당신들이 왕의 이름으로 나에게 선물했던 모든 것을 당신에게 돌려주겠다. 나에게 당신 군주에게 줄 가치 있는 선물을 준비할 시간을 주지 않고 출발한다면, 이웃 섬의 모든 왕들이 말할 것이다. 티도레 섬의 술탄은 고마워할 줄 모르며, 에스파냐 군주와 같은 강력한 지배자로부터 선물과 선의를 받으면서도 에스파냐왕에게 선물을 전혀 하지 않았다고. 그들은 또한 말할 것이다. 당신들이 나를 배반자로 인식했기 때문에 여행을 떠난 것이라고. 그리고 그 결과 사람들은 평생 나를 배반자라고 부르게 될 것이다.

그는 코란을 가져오게 하고는 절을 하고 이마를 코란에 갖다댔다. 그리고 나서 그는 들리게 중얼거렸다.

"은혜롭고 자비로우신 알라의 이름으로. 세계의 주인인 알라에게 영광이 있을지어다."

그는 일어나서 오른손을 그의 가슴에 대고 스피노자를 뚜렷이 쳐다보았다.

"나는 알라와 내 손에 들고 있는 예언자의 책을 걸고 장엄하게 맹세한다. 항상 에스파냐왕의 충성스런 친구로 남아 있기를."

피가페타는 증거했다. '그는 아주 감동적으로 말했다. 사람들의 불신이 사라지도록 하기에 적당한 방식으로.'

엘카노만 그의 말에 아무런 감동을 느끼지 못했다. 그는 걸음마를 할 때부터 바다에 나갔다. 레반트 일대의 모든 항구를 알고 있으며 서인도에도 여러 번 갔었다. 그는 지금 서른다섯 살이었지만 뱃사람으로서는 20년 이상의 경험을 가지고 있다. 열세 살 견습선원일 때부터 그는 이미 정직한 사람들을 알아볼 줄 알았으며, 그것은 그가 살아가는 데 도움이 되었다. 이제 그는 항해의 기초를 알고 있으며, 기구를 사용할 줄 알며, 지도도 볼 줄 안다. 여행을 하면서 그는 인간을 평가하는 법을 배웠다. 그는 영리했다. 냉정한 평가능력을 지닌 좋은 관찰자이다. 가난한 사람의 자녀로서 그는 자기 자신을 지키는 법을 일찍 배워야 했다. 그리고 그는 배를 이끌고 갈 능력을 갖추었다.

동료들과의 이별

빅토리아 호의 돛 제작자는 조수들과 함께 앞돛대와 주돛대의 새로운 돛을 만들었다. 주돛대의 망루 밑, 커다란 사각가로돛 위에는——피가페타가 확인했듯이——갈리시아의 성 야콥의 십자가가 다음과 같은 문장과 함께 그려져 있다. '이것은 우리의 행복한 귀향의 신호이다!' 엘카노는 그들을 아주 불안하게 지켜보았다. 그는 의심이 많았고 조심스러웠다. 그는 에스파냐 사람들이 높은 가격을 제시했기 때문에 섬 주민들이 좋아한다는 것을 알고 있었다. 그들이 출발한 후에 그것의 가치는 내려갈 것이다. 포르투갈 사람들이 더 가깝기 때문이다. 그러므로 그들은 여기서 빨리 사라져야 한다! 마침내 출발할 수 있을 것인가? 그들의 첫 번째 제독이었던 마가야네스가 어딘가에 너무 오래 체류할 때마다 느꼈던 바로 그런 성급함이 그를 사로잡았다.

알 만조르는 실제로 이틀 후 카를로스 왕을 위한 선물을 보냈다. 금

사로 엮은 값비싼 금사 직물, 중국 산 도자기 접시 열 개, 사파이어와 진주가 박힌, 금으로 세공된 관 모양의 머리장식. 값비싼 향수오일과 인도의 향료가 든 유리 앰포라 두 개. 그는 포르투갈의 항로를 피해 가야 하는 그들의 여행을 위해 그 지방을 잘 아는 수로 안내인을 에스파냐 사람들에게 제공하기로 약속했다. 명백히 그는 에스파냐 선대가 무사히 귀향하기를 바랐다. 그들이 다시 돌아와서 상당한 양의 거래를 계속할 수 있도록.

1521년 12월 18일에 그들은 준비를 끝냈다. 카라벨선은 향료와 식품을 가득 실었으며 각 배마다 80톤의 담수를 받았다. 그리고 수로 안내인이 배에 탔다. 알 만조르는 바크선을 타고 일정 구간 함대를 배웅하고 싶어했다. 그는 선장에게 이별 선물로 꿀, 상감을 넣은 인도 단도와 여기서는 카나도우라 불리는 흰색 앵무새를 주었다. 엘카노는 그의 조바심을 진정시키기가 힘들었다. 출발, 출발! 바스크 사람 엘카노는 이전의 마가야네스처럼 그렇게 참을성이 없었다.

마침내 준비가 완료되었다. 그는 닻을 올리라고 명령을 내렸다. 돛이 펄럭거리며 펼쳐졌다. 그리고 빅토리아 호는 만에서 빠르게 미끄러져 나갔다. 그러나 밖에, 외항에서 엘카노는 카라벨선을 멈추기 위해 돛을 삭구에서 내려야 했다. 트리니다드 호가 안 보인다! 트리니다드 호가 어디로 갔는가?

"돛대 위로 올라가라."

엘카노가 명령했다. 선원 한 명이 돛대 망루로 급하게 올라갔다.

빅토리아 호는 바람을 안고 지그재그로 항해했다. 위에서 망 보는 사람이 외쳤다.

"트리니다드 호가 아직 정박장에 있습니다!"

엘카노 역시 횡삭을 결합하는 짧은 밧줄 위로 올라가서 항구의 만을 쳐다보았다. 정말 그 배는 출발을 위한 어떤 조치도 취하지 않았다. 그 배는 여전히 정박한 채였다. 그런데 배가 그렇게 물 속 깊숙이 내려앉은 게 이상했다. 그렇다면 돌아가자! 선장은 세부를 기억하고 포대를 준비하라고 명령했다. 그들이 항구로 들어가자 트리니다드 호의 갑판 위에서 매우 분주하게 왔다갔다하는 것이 보였다.

"무슨 일입니까, 스피노자? 무슨 일이 일어난 겁니까?"

엘카노가 외쳤다. 그들은 스피노자가 배의 계단에서 올라오는 것을 보았다. 그는 절망적으로 손을 올리고 밑을 가리켰다.

"물이 새고 있소!"

그는 외쳤다.

빅토리아 호는 아주 가깝게 트리니다드 호를 지나쳤다. 그리고 엘카노는 단번에 스피노자가 있는 트리니다드 호로 건너뛰었다.

"물이 샌다구요? 그렇게 갑자기?"

"배가 모래 언덕 위로 올라가서 닻을 올릴 수가 없어. 함께 가보자!"

스피노자는 아래를 가리켰다. 두 사람은 급하게 가파른 계단을 내려갔다.

손상된 부분을 보자 엘카노는 큰소리로 저주를 퍼부었다. 아래 선적실에서 물이 올라왔다. 뱃바닥의 우측으로 큰 구멍이 뚫어졌음이 틀림없었다.

"이것은 우연히 일어난 일이 아닙니다!"

두 선장은 서로를 쳐다보았다.

"어떻게 하필이면 여기 모래 언덕 위에 정박할 수 있습니까?"

엘카노는 의심했다.

"이것은 누군가 고의로 한 짓입니다."

"누가 그런 짓을 하겠소."

스피노자는 부정했다.

"아닙니다, 나는 확신해요! 오래 전에 알았어요. 몇몇 사람들이 손님을 환대하는 이 섬에서 떠나기 원치 않는다는 것을요."

"왜 그들이 여기 머무르려 하겠소?"

"이유는 충분하지요. 몇몇 사람들은 우리 배가 태풍과 나쁜 날씨, 그리고 긴 여행을 더 이상 견디어내지 못할 것이라고 생각하거든요. 또 많은 사람들이 우리가 이곳까지 올 때의 힘든 과정을 생생하게 기억하고 있어요. 어떤 사람들은 우리가 포르투갈 사람들에게 사로잡혀서, 알지 못하는 감옥에서 살해될까봐 두려워하지요."

"그러면 우리는 지금 어떻게 해야 하겠소?"

"새는 곳을 막아야지요. 그것밖에 다른 수가 있겠습니까?"

트리니다드 호의 새는 곳을 찾아 그것을 막기 위해서는 짐을 일부 옮겨야 했다. 그들의 노력은 처음에는 아무런 효과가 없었다. 그들은 이어서 나머지 짐을 선미로 옮겼다. 배는 천천히 옆으로 기울었다. 그런데도 손상된 부분에 접근할 수가 없었다. 알 만조르 라자에게는 잠수부가 있었다. 그들은 평상시에는 진주와 해면을 찾는 숙련된 남자와 여자들로 이루어져 있다. 그들이 수면 밑으로 선체 주위를 만져보고 두드려보았다. 잠수부들은 어디에서 물이 배 안으로 들어가는지를 확인하기 위해 그들의 긴 머리를 풀어헤쳤다. 구멍이 어디 있는지를 확인하기 위해서였다. 그러나 아무것도 발견할 수가 없었다. 그 동안 선원들은 온 힘을 다하여 펌프질을 했다. 그들은 10분마다 교대했다. 그럼에도 물은 선적실로 계속 올라왔다.

피가페타는 이렇게 보고했다.

우리는 관을 통해 물이 들어오는 것 같은 소리를 들었다. 그러나 그것이 어디로 들어오는지를 찾을 수 없었다. 하루종일 그리고 그 다음 날도 우리는 펌프질하는 데 소비했다. 그러나 그 모든 일이 아무 도움이 되지 않았다.

어떻게 할 수가 없었다. 그들은 그 사실에 굴복해야 했다. 트리니다드 호는 항해할 능력이 없었다. 그것은 육지로 끌어올려져 수리를 하고 뱃밥으로 메워야 한다. 그것은 상당한 시간을 요할 것이다. 그들에게 그것보다 더 나쁜 일은 없었다. 왜냐하면 이제 곧 북동 몬순이 시작되기 때문이다. 그것을 놓쳐서는 안 된다. 엘카노는 빅토리아 호에서 원주민 수로 안내인과 상의를 했다. 그들은 강조했다. 이달에 출발해야 뒤에서 부는 좋은 바람을 받아 무풍지대의 위험 없이 바다를 통과해 갈 수 있다고. 엘카노는 이 바람이 남인도양을 빠르게 지나 희망봉까지 갈 수 있는 기본적인 조건이라는 것을 알고 있었다. 몬순이 시작되기 전에 항해할 경우에만 그들은 포르투갈 사람들을 피해 갈 수 있다.

엘카노는 마지막으로 스피노자를 설득시켰다. 그는 빅토리아 호와 함께 아프리카를 돌아 항해할 것이다. 그러니 트리니다드 호는 수리를 한 후 태평양을 통과해 파나마 해협으로 가는 길을 택하라고. 파나마는 에스파냐령이기 때문이다! 거기서 그들이 물건을 내리면, 그 물건을 노새에 실어 협곡을 거쳐 대서양 해안까지 운반할 수 있다. 거기서부터 그들은 규칙적으로 이루어지는 화물선과의 교류를 통해 그 짐을 에스파냐로 보낼 수 있을 것이다. 그리고 이런 전술로 적의 추적을 힘들게 할 수도 있다. 넓은 대양에서 한 척의 배를 찾기란 두 척의 배를 찾는 것보다 더 힘들 테니까. 두 배 다 동일한 가능성을 지니고 있었다. 아마도 에스파냐에서 결국 마가야네스 제독의 운명과 그의 원정에 관해 보고할 수 있는 개연성은 트리니다드 호가 약간 더 높을지도 모른다.

스피노자는 장교와 선원을 모두 회의에 소집하고 그 상황을 설명했다. 그들은 두 시간 동안 엘카노의 제안에 대해 생각할 시간을 가졌다. 그들은 결정을 내렸다. 카르바유와 52명의 선원들은 스피노자와 함께 트리니다드 호에 머무르고 그들 배를 수리 한 후 태평양을 거쳐 귀향하기로 했다. 피가페타는 일기에 기록했다.

많은 사람들은 그 여행을 빅토리아 호의 항로보다 더 선호했다. 왜냐하면 빅토리아 호가 계획한 항로는 몰루카에서 카나리아 군도까지 적대적인 포르투갈의 공격을 각오해야 하기 때문이다. 그들은 귀향을 위해 기쁜 마음으로 계획을 세웠다. 나머지 47명의 선원과 에스파냐로 함께 항해하며 통역자가 되려는 13명의 몰루카 사람들은 후안 세바스찬 엘카노와 함께 빅토리아 호를 타고 항해하는 데 동의했다.

프란시스쿠 알부도 빅토리아 호에 탔다. 그리고 지칠 줄 모르는 보고자인 피가페타 역시 빅토리아 호를 타기로 결정했다.

1521년 12월 21일, 일요일 성 도마의 날에 빅토리아 호는 닻을 올렸다. 피가페타는 선장 옆 사령교 위에 서 있었다. 작별을 할 때 작은 구름들이 화산의 둥근 봉우리를 장식하고 있었다. 태양은 높은 하늘에서 몰루카 군도 위로 내리쬐었다. 그러나 빅토리아 호 위에는 항해풍으로 쾌적할 정도로 시원했다. 트리니다드 호의 피니스와 커터가 그들을 외항까지 동행했다. 사람들은 손짓을 했고 서로 큰소리를 외쳤다. 상호간에 안부를 나누었으며 동전을 던졌다.

"잘 가!"

"곧바로 따라와!"

"안녕!"

"성모 마리아가 너희들과 함께하기를."

힘든 30개월을 함께 나눈 그들은 동료가 되었다. 그들은 휴식보다는 노고를, 기쁨보다는 고통을 더 많이 함께 나누었다. 이제 그들의 길이 나뉘었다. 선원들은 두근거리는 가슴으로 미래의 사건이 다가오기를 기다렸다. 그러나 그들의 숙명은 아직 결정되지 않은 채였다.

빅토리아 호는 항해를 시작했다. 모든 돛을 펼쳤다. 선수의 파도는 점점 높게 거품을 냈다. 선미의 바다에서는 고골거리는 소리가 점점 강해졌다. 피니스와 커터는 뒤에 남았다. 그것들은 점점 작아지다가 마침내 반점으로 변했고, 점차 점으로 줄어들었다. 그리고 결국 파도에 의해 사라져버렸다.

17 행복한 귀향

마르고, 창백하고, 지친 그들, 뼈만 앙상하게 남은
그들은 비틀거리며 성당으로 걸어갔다.
못투성이의 손이 떨리며 초가 흔들렸다.
그러나 대성당의 계단을 뛰어올랐다.
마가야네스가 자신들의 곁에 있음을 감지했다.
그가 절룩거리며 걷는 소리가 들렸다.
탁! 탁! 그들은 그 소리를 알아들었으며 힘을 냈다.
제독은 그들을 자랑스럽게 생각할 것이다.

빅토리아 호의 귀향 항해

빅토리아 호에는 정향 525킨탈을 실었다. 배는 묵직하게 물 속에 잠겼지만 순풍을 받아 빠르게 앞으로 전진했다. 갑판에는 엘카노, 알부, 피가페타, 에스파냐 선원 45명과 섬 주민 열세 명이 탔다. 몰루카 군도는 3일 전에 철썩거리는 물 속으로 사라졌다. 섬 주민들은 기적의 나라를 기대했으며 자신이 선택된 자라고 생각했다. 그러나 에스파냐 사람들은 마침내 집으로 돌아간다는 것이 즐거웠다. 그럼에도 불구하고 무한한 거리, 엄청나게 먼 거리가 그들에게 부담이 되었다.

그들은 위대한 제독과 함께 아메리카 대륙을 통과하고, 태평양을 거쳐 지구의 다른 면까지 항해했기 때문에, 지구의 크기와 면적에 관한 개념을 갖게 되었다. 유쾌한 기분이 들려고 할 때마다 그들의 눈앞에 놓여 있는 두려운 질문 때문에 마음이 무거워졌다. 피가페타는 일반적인 분위기를 이렇게 표현했다. '우리가 무사히 여기서 벗어난다면 우리는 사랑하는 산타 마리아 데 라 빅토리아로 순례여행을 하겠다는 맹세를 재차 확인했다.'

나침 상자 안의 방위지시판의 바늘은 오스트로를 가리켰다. 남쪽 항로로 가야 한다. 엘카노에게는 포르투갈의 무역 항로 중 가장 동쪽에 있는 항로를 빨리 벗어나는 것이 중요했다. 12월 29일, 빅토리아 호는 반다해에 있는 암본 섬에 도착했다. 그들은 신선한 물을 채우기 위해 그 섬의 만에 정박했다. 남해의 마법이 다시 한 번 그들을 현혹시켰다. 물론 몰루카 군도는 이곳에 비하면 문명지였다. 이곳 '주민들은 야만적이며 인간이라기보다는 비이성적인 동물에 가까웠다. 왜냐하면 그들은 식인종이었기 때문이다.'

에스파냐 사람들은 해변에 닿자마자 모닥불의 잔해와 만났다. 재를 들쑤시자 뼈와 해골이 발견되었다. 팔뼈와 늑연골. 다리뼈, 역시 인간의 해골이었다. 그들은 놀라서 주위를 돌아보았다. 두려운 듯 저편의 아무도 없는 **빽빽한** 밀림을 살펴보았다. 엘카노는 보초를 세웠다. 그는 보초들의 보호를 받으며 바나나와 코코넛을 따고, 신선한 물을 갑판으로 가져갔다. 12월 31일 밤에 그들은 다시 닻을 올렸다. 그들은 대양에서 1522년을 보냈다.

그들은 선체에 손상된 부위를 발견했다. 그들이 유럽으로 거대한 도약을 시작하기 전에, 그 배는 무조건 수리를 해야 했다.

우리는 바로 순풍을 받았으며, 남동쪽의 높은 섬으로 방향을 잡았다. 그 앞에서 우리는 닻을 내렸다. 말루아라 불리는 이 섬의 주민들 역시 식인종들이었다.

그들이 육지로 갔을 때 그들은 다시 버려진 화덕의 흔적과 사람들의 뼈를 발견했다. 저녁에 그들은 의식의 모닥불을 피워놓았던 곳과 떨어진 곳에 그들의 불을 피웠다.

그들은 해변가에 앉아 있었다. 불이 불꽃과 재로 날리며 떨어졌다. 저녁의 미풍 속으로, 대양의 쏴쏴 소리로, 가볍게 흔들리는 속삭이는 듯한 야자수 소리에 가까운 원시림의 날카로운 소음이 뒤섞였다. 그 사이로 멀리서 둔탁하게 울리는 북소리가 들렸다. 멀리서 섬 주민들이 춤을 추고 주문을 외면서, 갑자기 거대한 배를 타고 그들의 섬으로 온 흰색 신들을 내쫓았다. 단조롭게 후두음의 노래가 울리다 위협적으로 고양되었다. 북을 두들기는 소리가 났다. 노래는 점점 긴박해지고 정점에 올랐다. 그리고 갑자기 멈추었다. 유럽 사람들은 두려워하면서 귀를 기울이다 밤에는 배로 도망갔다.

그들은 14일 동안 말루아에 체류했다. 무장한 사람들의 보호하에 그들은 숲 가장자리의 나무를 쓰러뜨렸다. 그러나 야자나무는 별 쓸모가 없었다. 그 나무는 약하고 잘 부서졌다. 갑판에서 망치 소리가 났으며 배는 뱃밥으로 메웠다. 그들은 선판의 갈라진 틈에 쐐기를 박고 타르를 칠했다. 그들은 부족한 자재와 도구들로 할 수 있는 한 열심히 일했다.

그들은 마침내 출발할 수 있었다. 계속, 계속 남쪽으로! 1월 25일 그들은 반다해를 건넜으며, 순다 섬에 속하는 티모르의 동쪽 끝을 돌았다. 그들은 마지막으로 그들의 여행을 중단했다. 그리고 피가페타는 원주민들로부터 신선한 고기를 사려고 시도했다. 손도끼와 거울 하나를 주고 그는 염소 다섯 마리와 돼지 두 마리를 가져올 수 있었다. 그러나 무엇으로도 그들의 조급함을 진정시킬 수는 없었다. 그들은 집으로 돌아가길 원했다. 그리고 성모 마리아의 도움으로 그들은 집으로 갈 수 있었다. 닻을 올려라! 엘카노는 남서 항로로 갔다. 20포인트——빅토리아 호는 희망봉으로 가는 위험한 항로로 접어들었다.

그들은 운이 좋았다. 순풍이 계속 유리하게 불어주었다. 카라벨은 물결에 따라 흔들렸다. 건조한 북동 몬순은 빠른 항해를 할 수 있도록 도와주었으며 쾌적한 날씨를 제공했다. 시간 감각이 희미해졌다. 파도가 선벽을 때리는 동안 피가페타는 몰루카의 수로 안내인의 이야기에 귀를 기울였다. 그들은 사령교에서 보초를 서는 동안 동화 보따리를 풀어놓았다. 바람에 의해 임신을 하고 새로 태어나는 남자아이는 모두 죽이는 그런 섬에서 살고 있는 아마조네스의 전설, 아주 크고 강해서 코끼리를 공중으로 낚아챌 수 있는 새 로크에 관한 비밀스런 이야기, 기름 램프가 모든 소망을 채워준다는 알라딘 이야기, 부자들에게서 물건을 훔쳐서 가난한 사람들에게 주며, 보물을 마법의 산에 보관하는 도적 두목인 알리바바의 전설. 이탈리아 사람은 그가 들은 것을 모두 기술했다. 동화라고? 진짜 이야기인가? 말도 안 되는 이야기들! 피가페타는 그 이야기를 듣고 비웃지 않았다. 어떤 인간도 감히 생각해내지 못하는 것을 그 스스로 체험하지 않았던가? 아마도 그들의 여행은 곧 그 자체로 전설이 될 것이다.

몬순이 점점 세지더니 태풍으로 변했다. 선원 네 명이 갑판에서 떨어져서 익사했다. 그들은 일주일 동안 일체 돛을 달지 못하고 표류해야 했다. 그리고 나서 그들은 다시 순풍을 받아 모든 돛을 펼칠 수 있었다. 배 바깥쪽 양편으로 주활대와 앞활대에 보조돛도 폈다. 단지 뒷돛대의 큰 삼각돛만 접어서 축에 감아놓았다. 그 돛은 선미에서 떨어지는 바람에 의해 방향을 잘못 인도할 수 있기 때문이다. 빅토리아 호는 무겁게 짐을 싣고 삐거덕 소리를 내며, 좌우로 흔들리면서 인도양을 건넜다. 그들은 희망봉까지 아직 1천800리그를 더 가야 한다. 6천700카탈로니아 마일이다. 고향까지, 에스파냐의 초록색 해변까지는 3천400리그나 된다.

하루가 길어지면서 단조롭게 이어졌다. 비축식량은 다시 빠르게 줄어들었다. 식수는 다시 배급을 해야 했다. 불행이 다시 그의 발톱을 그들에게 뻗쳤다. 그들은 그 앞에서 될 수 있는 한 빨리 도망치고 싶었다. 불행이 그들을 따라잡으려 한다. 그들은 그들이 원하는 곳으로 가고 싶었다. 그러나 불행이 그들을 항상 따라다녔다. 그들이 그것에서 벗어났다고 믿을 때마다 그것은 이미 배 위에 올라와 있었다. 트리니다드 호의 동료들이 선택을 잘한 것이다. 티도레 섬은 천국과 같았다. 트리니다드 호가 수리를 끝낸 후 계속 항해한다면 에스파냐의 파나마에 도달할 것이다. 빅토리아 호 선원들은 항상 이 지옥에서 저 지옥으로 달려간다! 그들은 그런 이야기를 엘카노에게도 했다. 그는 이제 그들의 선장이다. 그러나 그는 그들 중 한 사람이었다. 그래서 그들은 솔직하게 이야기를 나눌 수 있다. 사람들은 이전의 제독이었던 마가야네스처럼 그를 두려워하지 않았다.

엘카노는 화가 났다. 어리석은 소리들! 그럼에도 그는 스피노자가 아마도 더 좋은 카드를 쥐고 있을 거라고 생각했다. 그들은 티도레에서 트리니다드 호를 선택할 수 있었다. 그러나 이제는 너무 늦었다. 이제 그들은 앞으로 나아가야 한다. 바다는 하나의 도로이다. 그들은 계속 여행을 할지 안 할지를 더 이상 선택할 수가 없다.

사람들은 그것을 인식했다. 그러나 그럼에도 그들이 다른 결정을 내렸더라면 얼마나 좋았을까 하고 생각했다.

1522년 3월 22일, 그들은 남위 35도, 동경 74도에 도착했다. 선장은 희망봉까지 가야 서쪽으로 항로를 바꿀 수 있다. 그러나 거기까지는 아직 4천100마일이 더 남았다. 그들이 여행을 떠난 지 벌써 세 달이 지났으며 식량을 거의 구할 수가 없었다. 그들은 옥수수와 쌀, 소금기 있는 물을 먹었다. 그들은 소금을 가지고 있지 않았기 때문에 고기를 소금에 절일 수가 없었다. 그들은 이제 게을러졌다. 구더기가 고기 안에서 꾸물거렸다. 괴혈병으로 죽은 사람이 처음 생겼다. 숙소에는 환자들의 신음 소리가 들렸다. 그들은 선실에서 일어나기에도 힘이 너무 부족했다. 피가페타는 불쌍한 사람들을 위로했다. '그들의 고통은 끔찍했다'고 그의 일기에 적고 있다.

환자들은 기꺼이 포르투갈의 식민지인 모잠비크로 방향을 돌리고 싶어했다. 그들은 갑판 위에서 고통스럽게 죽느니 차라리 빅토리아 호를 포르투갈에 넘겨주고 싶어했다. 그러나 우리 선장이 결정적으로 그것을 막았다. 그는 '이것은 에스파냐의 카라벨선이다'라고 말했다. 그는 우리의 충성스런 배를 적의 항구에 정박시키고, 우리가 포르투갈의 감옥에서 살해당하는 것을 절대 허락지 않을 것이다.

마가야네스를 본보기로 해서 엘카노의 능력은 더욱 성장했다. 엘카노 선장은 선원들을 불러모아 그들이 조국인 에스파냐를 배반할 정도로 명예심이 없는지를 물었다. 피가페타는 이렇게 보고했다.

인류의 대부분이 생명보다 명예를 더 중시하기 때문에, 우리는 우리의 힘을 모두 모아 에스파냐로 돌아가기로 결정했다. 우리에게 다가오는 위험이 아무리 클지라도.

희망봉이 이번처럼 그 이름값을 못한 경우는 별로 없을 것이다. 1522년 4월 중순, 그들은 희망봉을 지났다. 그러나 역풍과 반대 조류 때문에 희망봉을 돌 수가 없었다. 몬순은 그들을 이곳까지 데려다주었다. 그러나 이제 몬순의 영향력은 줄어들었다. 희망봉은 그들이 더 이상 극복할 수 없는 방해물이었다. 그들은 9주 동안 싸웠다. 한번은 반대로 밀려오는 태풍 속에서 돛을 접었고, 그리고 나서는 다시 돛에 맞바람을 가득 받았다. 그러나 항상 그 곳은 극복할 수 없는 것으로 남았다. 피가페타는 이렇게 적고 있다.

그 곳의 최초의 정복자인 바스코 다 가마는 그 당시 인도에 도달할 수 있다는 희망이 있었기 때문에 그 곳에 희망봉이라는 이름을 붙였다. 그러나 그 전에 디아스는 그 곳을 '태풍의 곳'이라 불렀다. 그것이 아마 옳은 호칭일 것이다.

그들은 돛을 접은 채 대서양에서 불어오는 서풍에 의해 배의 이물을 바람받이 쪽으로 돌리기 위해 남위 42도까지 억지로 내려갔다. 태풍 속에서 갑판에서 쓸려 내려가지 않기 위해서는 더욱 힘을 모아야 했다. 태풍으로 그들은 앞돛대를 잃었다. 빅토리아 호는 물이 샜다. 계속 펌프질을 했음에도 용골은 물로 가득 찼다. 사람들은 지쳐서 펌프 자루 옆에 쓰러졌다. 스물두 명이 기아와 괴혈병, 탈진으로 숨졌다. 네 명이 끈에 묶인 채 숨졌다. 사람들은 시체를 물 속에 던졌다. 그들은 생존을 위해 싸우고 있다. 그래서 죽은 동료들을 장례식도 못 치른 채 바다에 던질 수밖에 없었다.

5월 19일, 그들이 낙원인 티도레 섬에서 출발한 지 거의 다섯 달 만에 '우리는 신의 도움으로 이 끔찍한 곳을 지났다. 그러나 우리는 육지에 20마일까지 가까이 접근해야 했다. 그렇지 않으면 우리는 절대 그것을 지나칠 수 없었을 것이다.' 앞돛대의 손실로 인해 빅토리아 호는 더욱 느려졌다. 그것은 조정하기가 더 힘들어졌으며 주돛대와 뒷돛대에 달린 나머지 돛으로만 힘겹게 진행시킬 수 있었다.

희망봉을 돌고 난 후 그들은 배 한 척을 보았다. 그것은 인도로 향하는 포르투갈의 전쟁선인 갈레온선이었다. 포르투갈 사람들은 인사를 하면서 어떤 배이며 어떤 항로로 가느냐고 물었다. 포르투갈 사람들이 그들을 공격하거나 나포할 것인가? 엘카노는 그들이 아라비아 항구에서 무스카트와 호르무즈를 구입한 네덜란드 사람이라고 대답하게 했다. 그는 그 사이에 포르투갈이 네덜란드와 사이가 나빠졌다는 것을 알지 못했다. 얼마 전부터 네덜란드가 말레이의 바다로 정찰선을 보냈기 때문에 네덜란드는 포르투갈 영역권에서는 침략자로 받아들여졌다. 그럼에도 해상 사고를 당한 선박에서 애처롭게 쳐다보는 선원들과의 결속력은 국가적 경쟁심보다 더 강했다. 순양함은 방향을 돌렸다. 그리고 기를 반쯤 내렸다가 올렸다. 양쪽 배에서 신호가 올라갔다. 순조로운 여행을 하기를!

그들의 항해는 계속되었다. 이제 북북서 방향으로 7주간 계속 항해했다. 7월 초에 마지막 식량이 다 소진되었다. 티모르 섬에서 출발하고 난 후 스물여섯 명이 사망했다. 파손되고 물이 새는 선박에 탄 풀 죽은 선원들을 데리고 엘카노는 항로를 카보베르데로 향하는 수밖에 다른 선택의 여지가 없었다. 그 배는 가까스로 바다 위에 떠 있을 수 있었다. 돛을 붙잡을 힘도 없는 사람이 스물다섯 명이나 되며 열 명은 중병에 걸렸다. 그 외에도 그는 긴급하게 비축식량을 구해야 했다. 그러나 그 섬들은 포르투갈령이다. 그러나 희망봉에서 만났던 포르투갈의 갈레온 선처럼 속여서 그들의 공격을 막을 수도 있을 것이다. 그는 그것을 감행해야 한다. 그들은 거기서 네덜란드 사람으로 사칭할 수도 없다.

그들은 산티아고를 지나쳐 외항에 닻을 내렸다. 엘카노는 믿을 만한 이야기를 생각해냈다. 그리고 그것을 그의 선원들에게 주입시켰다. 그는 피니스 한 척을 항구로 보냈다. 그들은 식량을 가져와야 한다. 그들은 에스파냐 사람이며 아메리카로 돌아가는 중이다. 태풍 때문에 남쪽으로 밀려왔으며, 그러다가 앞돛대가 '위에서부터' 부러졌다. 결국 그들은 또 하나의 자신들을 보호할 수 있는 주장을 준비했다. 그들의 총사령관이 손상을 입지 않은 배 두 척과 함께 근처에 있다고 말했다! 그 계략은 성공했다. 그들은 쌀, 포도주, 과일, 야채, 닭 몇 마리, 그리고 원하던 것을 얻을 수 있었다. 그러면서 그들은 마누엘 왕이 1521년 12월에 죽었다는 소식을 들었다. 새로운 지배자가 포르투갈의 왕좌에 올랐다. 그는 바로 주앙 3세였다.

또 하나의 다른 소식에 그들은 매우 당황해했다. 항만소장이 그들의 도착일을 목요일, 7월 11일로 항해일지에 기록한 것이다. 그것은 착각일 것이다. 그들의 자료에 따르면 그것은 7월 10일, 수요일이어야 한다. 그러나 항만소장은 그날이 7월 11일임을 주장했다. 엘카노와 피가페타, 알부는 그것을 믿을 수가 없었다. 매일 양심적으로 기록한 항해일지를 검사했다. 그들은 교회 축제와 명명일에도 항해일지 쓰는 것을 미루지 않았다. 크리스마스와 신년조차도. 그들은 항해일지를 뒤적거리고 검사했다. 그들이 진짜 매일 제대로 항해일지와 일기를 기록했는가? 그 착오가 어디서 생긴 것인가? 어디서 누락된 것을 발견할 수 있는가? 그 수수께끼는 나중에서야 풀렸다. 장교들과 피가페타는 믿을 수 있었다.

우리는 지구를 동쪽에서 서쪽으로 태양의 진행을 따라 완전히 한 바퀴를 돌았다. 그리고 그렇기 때문에 같은 장소에서 머물렀던 사람들보다 낮과 밤의 교차를 한 번 적게 가진다.

이론적으로는 헤라클리트가 벌써 그들보다 2천 년 전에 그것을 계산했지만, 빅토리아 호의 항해일지와 피가페타의 일기가 실제로 이런 계산을 확인할 수 있는 최초의 기록으로 남는다. 천공이 동쪽에서 서쪽으로 회전하는 것처럼 보이는 것은 지구가 우주에서 움직이고 있음을 증명한다. 지구는 24시간 동안 서쪽에서 동쪽으로 자전한다. 그래서 서쪽으로 세계를 일주한 자는 하루를 얻게 된다.

그들은 포르투갈 사람들에게 거의 붙잡힐 뻔했다. 엘카노는 열두 명의 에스파냐 사람들과 한 명의 섬 주민을 피니스에 태워 육지로 보냈다. 그들은 흑인 노예를 사고 펌프를 구해야 했다. 그러나 선원 호세 펠리페 소아라가 아둔함과 탐욕 때문에 그들의 계획을 위험하게 만들었다. 그는 오랫동안 갈망하던 브란트 산 포도주와 바꾸기 위해 남몰래 약간의 정향을 육지로 가져갔다. 그것이 포도주 상인의 의심을 샀다. 그 향료의 가치가 그 술 한 통의 가격보다 훨씬 높았기 때문이다. 그는 급하게 심부름꾼을 항만소장에게 보냈다. 에스파냐 사람에게 정향이 있다고? 그것은 단지 한 가지 사실만을 의미한다. 즉 그 에스파냐 사람들은 마가야네스의 선원이며 절대 아메리카에서 돌아오는 것이 아니다! 육지에 상륙한 사람들은 곧바로 체포되었다. 그 물건을 검사하고, 살펴보고 그들을 심문했다. 그것은 인도의 정향이 아니었다. 그렇다. 그것은 몰루카 산 최고의 품질이었다. 그들은 선원들을 심문하고 때리고 고문했다. 저녁 무렵 한 사람이 마침내 고백했다. 외항에 정박한 카라벨선이 마가야네스 제독의 선대에서 남은 배라고.

전령이 지사관으로 달려가고, 사절이 부두로 급하게 달려갔다. 욜 한 척이 배의 트립에서 내려졌다. 엘카노는 사령교에서 눈에 익은 활기 찬 항구의 모습이 갑자기 변하는 것을 감지했다. 그는 제복을 입은 사람이 탄 욜 한 척이 빅토리아 호로 향해 오는 것을 보았다. 만의 끝에는 무거운 포르투갈 전쟁선 두 척이 정박하고 있었다. 엘카노 선장은 그 상황을 제대로 파악했다. 그는 급하게 명령을 내렸다. 선원들은 자신의 위치로 달려갔다. 몇몇 사람들은 마룻줄을 타고 활대로 기어올랐다. 지는 태양을 받으며 급하게 배 한 척이 다가왔다. 그 배의 선두에는 포르투갈 총독의 문장이 번쩍였다. 제복을 입은 관리가 제압듯이 신호를 보냈다.

"선장이 누구냐?"

그는 큰소리로 외쳤다.

엘카노는 선미루의 난간으로 다가갔다.

"후안 세바스찬 엘카노요".

그는 자신을 소개했다.

"에스파냐의 카를로스 왕의 함대인 빅토리아 호의 선장이오."

"항복하라!"

총독이 외쳤다.

엘카노는 빅토리아 호와 항구 사이의 거리를 재보았다. 그리고 나서 그는 건너편 전쟁선을 쳐다보았다. 그곳 역시 몹시 분주했다. 누가 더 빠를 것인가. 그들인가 아니면 용감한 빅토리아 호인가?

"무슨 일이오?"

그는 밑에 대고 소리쳤다.

"너희들은 서인도에서 온 것이 아니다. 너희들은 몰루카의 향료를 가지고 있다. 너희 배는 배반자 마갈량이스의 원정대에 속하는 배이다. 그러니 항복하라!"

"그러면 우리는 어떻게 되는가?"

엘카노는 높은 선루에서 보트를 내려다보며 외쳤다.

총독은 이제 전함을 재빨리 건너다보았다.

"너희들은 인도 항해자와 함께 리스본으로 보내져서 거기서 방면될 것이다."

"그래서!"

엘카노는 길게 말했다.

"누가 너희들이 진실을 말한다고 보증하는가?"

그는 바람의 냄새를 맡았다. 바람은 빅토리아 호에게 유리하게 불었다. 그에 비해 포르투갈의 전쟁선은 여전히 바람의 사각지대 속에 놓여 있었다. 그는 훔치듯 갑판과 활대를 살펴보았다. 모든 선원들이 제자리에 있는가? 돛이 한 번에 펼쳐질 수 있는가? 그는 의심스럽게 물었다.

"그렇다면 내 카라벨은?"

"물론 포르투갈의 명령을 받아야지!"

총독은 자신만만하게 외쳤다.

"땔감밖에 더 되겠어?"

엘카노는 갈라진 손으로 부드럽게 상처투성이의 난간을 쓰다듬었다. 빅토리아 호가 포르투갈의 명령을 받는다? 그들이라면 그럴 수 있겠지! 차라리 서로 대포를 쏘게 할까! 그러나 그 전에 그들은 그 낡은 배를 포르투갈의 포신 앞에서 구해야 한다. 그 전에 그들은 포르투갈 사람들에게 빅토리아 호와 그 선원들이 아직 능력이 있다는 것을 보여주어야 한다. 그는 다시 한 번 선원들을 살펴보았다. 모든 준비가 끝났는가? 한 선원이 권양기에서 도끼를 가지고 기다렸으며, 다른 사람들은 활대 위에서 망을 보았다. 나머지는 아딧줄을 붙잡고 있었다. 피가페타가 키를 넘겨받을 것이다. 엘카노는 몸을 숙이고 날카롭게 말했다.

"너희들이 우리를 공격하는 이유가 무엇인가?"

총독은 분노하여 외쳤다.

"포르투갈 외에는 누구도 동쪽에서 특산품을 가져와서는 안 되기 때문이다. 나는 리스본의 지시를 따르는 것이다."

엘카노는 난간에서 물러섰다. 그는 갑판으로 몸을 돌리고 명령했다.

"닻을 올려라! 돛을 펴라! 키를 좌현으로! 에스파냐를 위해 만세 삼창을!"

그는 전쟁선에서 선원들이 활대로 올라가는 것을 보았다. 그리고 거기서 절거덕거리는 권양기로 돛을 올리는 소리도 들려왔다. 그러나 바람은 이미 빅토리아의 돛을 가득 채웠다. 낡은 카라벨선은 항해를 시작했으며 어둠이 시작되면서 만에서 나왔다. 곧 이어 정찰선들이 항구를 떠나 추적을 시작했다. 빅토리아 호가 2, 3마일을 앞서갔다. 그 배는 물속 깊이 잠겼지만 바람이 좋았다. 곧 그들은 밤의 어둠에 삼켜질 것이다. 앞돛대는 없다. 그들의 선판은 녹이 슬었다. 물이 들어오고 선원들은 지쳤다. 그러나 그들 뒤를 따라오는 높은 갑판의 굼뜬 순양함은 전쟁을 위한 것이지 추격을 위한 것이 아니다. 그래서 빅토리아 호는 대서양에서 북쪽 항로로 순항했다. 다시 낮이 되었을 때 포르투갈 배는 전혀 보이지 않았다.

선원들은 선미로 보이는 수평선에서 두려운 마음으로 추적자들을 찾아보았다. 엘카노는 배를 가볍게 하고 속도를 내기 위하여 525킨탈의 정향을 바다에 버렸다. 선원들이 달려가 그를 말렸다. 그러나 선장은 전혀 그것을 그만둘 생각이 없었다. 그는 피곤해서 쓰러질 때까지 선원들에게 펌프질을 하게 했다. 그는 사람들의 용기를 북돋아주었다. 에스파냐에서 그들을 영웅으로 맞아줄 것이며, 그 보답으로 그에 대한 명성이 기다리고 있을 것이라고——곧바로, 내일 혹은 모레가 되면!

그들이 북위 30도 정도에 왔다고 추정할 때 그는 북동쪽으로 방향을 돌렸다. 어느 날 밤에 카나리아 군도를 우현으로 지나쳤다. 계속 망대에서 감시를 해야 했다. 망을 보는 사람은 추격자가 있는지도 살펴봐야 할 뿐 아니라 앞에도 주목해야 한다. 그곳에 이베리아 반도, 에스파냐, 고향이 놓여 있기 때문이다! 그리고 거의 기적에 가깝게도 그들 뒤로 어떤 추적자도 나타나지 않았다. 마침내 7주 후에 상빈센테 곶이 선수 앞 안개 속에서 솟아올랐다.

위대한 탐험의 끝

1522년 9월 6일. 배는 산루카 항으로 들어갔다. 배라고? 아니다. 썩은 나무판, 물에서 비스듬하게 튀어 나와 있는 구멍난 선판에 불과했다. 앞돛대는 사람 키 정도의 나무토막만 남아 있다. 다른 돛대에도 너덜너덜해진 지저분한 걸레조각들이 걸려 있었다. 주돛대 위의 '이것이 우리의 행복한 귀향의 신호이다!'라는 글자는 바래서 거의 알아볼 수 없을 정도였다.

부서질 것 같은 노후선 빅토리아 호는 힘겨운 이틀을 보낸 후 과달키비르 강을 거슬러 세비야로 향했다. 반은 굶주렸으며, 열병을 앓고 있는 비쩍 마른 사람 열여덟 명이 갑판 위에 서 있었다. 무엘라스 항이 벌써 강의 만곡부에 나타났다. 다시 한 번 그들은 있는 힘을 다해야 했다. 카스티야와 성 야곱의 기를 자랑스럽게 걸고 천둥이 치는 듯한 예포를 강 위로 쏘았다. 그리고 나서 그들은 천천히 다가갔으며 카사 데 콘트라타시온 데 라스 인디아스 앞의 부두에서 3년간의 모험에 찬 여행을 끝냈다.

대포 소리에 놀라서 사람들이 몰려들었다. 그리고 유령 같은 그 배를 쳐다보았다. 저것이 무엇인가? 마가야네스의 빅토리아 호가 아닌가? 그들은 거의 기억도 나지 않았다. 사람들은 뛰어왔고 계류 밧줄을 잡아 주었다. 갑판으로 뛰어올라가 그 배를 밧줄에 매어 육지에 고정시켰다.

그리고 돛을 접고 선판을 걸쳐놓고, 지친 사람들을 부축했다. 해골만 남은 사람들은 육지에서 비틀거렸다. 그들은 웃을 수도 없었고, 울 수도 없었다. 맨 앞에 엘카노, 그 옆에 피가페타가 터덜거리며 걸어갔고 피가페타는 수로 안내인 알부를 부축했다. 그 뒤로 다른 사람들이 마치 시체 행렬처럼 따라갔다.

우리는 참회복을 입고 손에 양초를 들고 맨발로 대성당으로 들어갔다. 우리가 불행의 순간에 서약했듯이 하나님과 성모 마리아에게 믿어지지 않는 우리의 구원에 감사하기 위해 산타 마리아 데 라 빅토리아 교회를 찾아갔다. 그리고 우리는 죽은 동료들, 고통스런 긴 여행에서 목이 말라 죽거나 굶주려 죽은 동료, 바다에서 익사한 동료, 불신자와 이방인에게 살육당하거나 사로잡힌 동료들을 위해 기도했다.

그 광경을 보는 사람들은 감동하여 도열했으며 과일, 고기, 포도주, 신선한 빵을 내왔다. 아직 따뜻한 온기가 느껴지는 신선한 빵! 열여덟 명의 사람들은 기적을 거의 믿을 수가 없었다. 눈물이 얼굴 위로 흘러내렸다. 그들은 신발을 질질 끌며 걸었다. 절룩거리면서 환자와 허약한 사람들을 부축했다. 마르고, 창백하고, 지친 그들, 뼈만 앙상하게 남은 그들은 비틀거리며 성당으로 걸어갔다. 못투성이의 손이 떨리며 초가 흔들렸다. 촛농이 떨어지며 초가 비스듬하게 탔다. 그러나 대성당의 계단을 그들은 뛰어올랐다. 그들은 마가야네스가 그들 곁에 있음을 감지했다. 그렇다. 그들은 질질 끄는 짧은 발자국 소리를 들었다. 그가 절룩거리며 걷는 소리를 들었다. 탁! 탁! 그들은 그 소리를 알아들었으며 힘을 냈다. 그는 그들을 자랑스럽게 생각할 것이다.

이제 그들은 마치 사열하듯이 행진했다. 이제 마가야네스가 그들을 다시 이끌기 때문이다. 그들을 고통, 곤궁, 지옥을 거쳐 집으로 인도해낸 그들의 제독이 그곳에 서 있었다. 그들을 맞이하기 위해 교회의 둥근 정문 밑에 서 있었다. 그렇다. 그는 그들에게 고개를 끄덕였다. 오늘날 그가 있었다면 한없이 기뻐했을 텐데. 장애인, 짙은 구릿빛으로 탄 사람, 바다의 요마, 이해할 수 없는 사람, 전우, 아버지, 동지, 시작이며 끝인 자——그들의 제독이!

세계는 공처럼 둥글다!

지구를 일주했다. 교회의 이론과 반대되는 이론이 승리했다. 고대의 지식이 확인되었다. 세계는 공처럼 둥글다! 지구는 지금까지 예상했던 것보다 훨씬 크다. 1492년 크리스토발 콜론이 서쪽으로 항해해서 서인도를 발견했다. 신대륙의 이어진 부분을 탐험했던 아메리고 베스푸치가 신대륙이 서로 연결되어 있는 특별한 대륙에 속한다는 것을 처음으로 알아냈다. 그리고 이제 마가야네스는 아메리카 대륙을 통과하여 발보아의 대양, 즉 태평양을 건넜다. 태평양의 저편에서 그는 그의 하인의 말을 사용하는 섬에 도착했다. 한 사람의 위대함과 천재성이 세계는 공처럼 둥글다는 확신을 가져다주었다. 이제 완결할 일만 남아 있다.

냉정하고 창백한 엘카노는 왕에게 보고했다. 하나의 위대한 행위가 이보다 더 간략한 단어로 표현된 적은 없었다.

페하는 우리가 도착했다는 것을 아실 겁니다. 영광스럽게 기억될 총사령관 페르난도 데 마가야네스의 지휘하에 파견되었던 원정대의 265명 중 18명만이, 그리고 다섯 척의 배 중 한 척만 도착했습니다. 우리는 낮과 밤의 길이가 같은 적도를 넘어 남위 54도까지 진행했습니다. 거기서 우리는 100리그 길이의, 아메리카를 통과하는 해협을 발견했습니다. 그리고 해협을 지나 발보아의 남해와 만났습니다. 이 바다로 항해해 들어가면서 우리는 좋은 바람에도 불구하고 석달 20일 동안 전혀 육지를 발견하지 못했습니다. 그 후 우리는 어떤 산호섬에 도착했습니다. 그 안에는 금이 많은 나는 섬들이 있으며, 우리 선장인 페르난도 데 마가야네스가 그곳에서 사망했습니다. 그 후 여덟 달 만에 우리는 하나님의 도움으로 몰루카 군도를 발견했습니다. 폐하께서는 우리가 생강과 무스카트, 후추와 계피, 정향과 진주를 발견했다는 것에 만족하실 겁니다. 그 섬을 떠난 이후 우리는 다섯 달 동안 밀과 쌀, 물만 먹고 살았습니다. 그리고 우리는 어떤 육지에도 접근하지 않았습니다. 폐하에게 어떤 소식도 전하지 못하도록 우리를 잡으라고 배를 파견했던 포르투갈왕이 두려웠기 때문입니다. 그래서 우리 중에 22명이 아사했습니다. 여덟 명은 기운이 소진하여 죽었습니다. 우리의 식량이 다 떨어졌기 때문에 우리는 카보베르데 섬에 정박했습니다. 그곳의 총독이 열세 명의 선원이 탄 피니스를 잡아두고, 우리의 카라벨선 역시 나포하려 했습니다. 그러나 우리는 포르투갈 사람에게 항복하느니 차라리 죽겠다고 결정했습니다. 폐하께서는 우리가 둥근 지구를 일주했다는 것을 평가하시리라 믿습니다. 우리는 계속 서쪽으로 항해하면서 동쪽을 거쳐 돌아왔습니다.

잉크가 채 마르기도 전에 에스파냐는 열광했다. 그 열광은 이탈리아와 프랑스, 영국을 건너 독일로 퍼져갔다. 모든 제국, 모든 도시 그리고 마을, 궁정, 사무실, 오두막으로. 학자들은 환호성을 울렸으며, 상인들은 새로이 투기했다.

항상 그렇듯이 이성적이며 사무적으로 성실한 피가페타는 제독에 대한 감동적인 애도사를 작성했다.

마가야네스는 인류에게 엄청난 지식 하나를 더해주었다. 그의 명성은 그의 죽음을 넘어 지속될 것이다. 그에게 칭송되는 많은 덕들 가운데 특별히 주목할 가치가 있는 것이 있다. 그는 항상 최악의 불행 속에서도 모든 사람 중에 가장 확고한 사람으로 남았다는 것이다. 바다에서 그는 자기 자신에게 다른 선원들보다 더 많은 제약을 가했으며, 다른 사람보다 배고픔을 더 잘 참아냈다. 전세계에 그보다 지도와 항해기술과 관련된 지식을 더 많이 알고 있는 사람은 존재하지 않는다. 그리고 그 이전에 어떤 사람도 세계를 일주하려는 정신과 모험심을 가지지 못했다는 점에서 그것이 사실임을 알 수 있다!

그는 그들이 항해한 전체 거리도 계산했다. '산루카 만에서 출발한 날부터 귀향할 때까지 내 계산에 따르면 우리는 1만 4천 460리그를 항해했다.' 그들은 1천123일 동안 항해했으며 4만 3천380해리를 지나왔다. 인류의 역사에서 가장 위대한 모험이 끝이 났다.

18 그 뒤의 이야기

페르난도 데 마가야네스가 그의 유언에서 확증했던 것 가운데
어느 것도 이루어지지 않았다.
에스파냐와 포르투갈은 총사령관의 어떤 유산도 인정하지 않았다.
포르투갈왕은 과거에 그의 궁정학교 시동이었으며 디우, 고아, 말라카 전투에서
포르투갈을 위해 목숨을 바쳐 싸웠던 그를 죽어서까지 추적했다.
포르투갈에서 마갈량이스라는 성은 사라졌다.
그러나 페르난도 데 마가야네스의 행위와 그런 행동을 하게 만든
그의 정신은 파괴할 수 없는 것이며 영원하다.

트리니다드 호의 숙명

아니다. 모험은 아직 끝나지 않았다. 페르난도 데 마가야네스 원정의 마지막 장은 트리니다드 호가 써야 한다. 제독의 기함과 그의 선원에게는 슬픈 숙명이 기다리고 있었다.

1522년 4월, 빅토리아 호가 희망봉 근처에서 태풍과 싸우고 있을 때 트리니다드 호는 티도레 섬을 떠났다. 스피노자는 해안에 해외영업소를 세웠다. 부상을 입은 가르시아 푸에르테스 이 야네스 갑판장이 소장으로 임명되었다. 야네스는 글을 조금 쓸 줄 알았기 때문에 그가 제일 적합했다. 그는 선원 다섯 명과 함께 물건이 가득 찬 창고에 남았다. 원래 카르바유가 그 영업소를 이끌어야 했지만 그는 1월에 죽었다. 죽기까지 그는 자책감으로 고통스러워했다. 세라노의 환영이 아버지와 아들을 모두 데려갔다.

트리니다드 호는 48명의 선원을 태우고 출발했다. 기함에는 비축식량과 신선한 물을 충분히 실었으며, 모든 것이 최고로 잘 정비되어 있었다. 동쪽 항로를 세심하게 측정했다. 그리고 선적실에는 1천29킨탈의 정향을 실었다. 스피노자는 안전을 위해 다시 한 번 조타수와 함께 숫자를 검사해보았다. 그들이 지구의 구상을 고려하고, 별의 위치 및 계절을 태양의 고도와 비교한다면 뉴 에스파냐의 다리엔까지는 7천500 카탈로니아 마일이 된다.

그러나 무역풍은 불리하게 불었다. 하루종일 빅토리아 호를 그토록 빨리 서쪽으로 이동시켜주었던 바로 그 바람을 안고 트리니다드 호는 지그재그로 운항해야 했다. 이런 바람 때문에 트리니다드 호는 거의 앞으로 나아가지 못했다. 그리고 나서 그들은 무풍지대에 빠졌다. 그러나 선원들은 기분이 좋았다. 어떻게 되겠지? 대양은 1년 전처럼 그렇게 무한하게 느껴지지 않았다. 그 당시 사람들을 이 대양을 알지 못했다. 아무도 이 대양이 얼마나 큰지를 상상하지 못했다. 그러나 지금은 그 크기를 종이와 연필로 계산할 수 있다. 그러나 그들이 3천800마일이나 잘못 계산했다는 것을 어찌 알겠는가! 파나마까지는 7천500카탈로니아 마일이 아니라 1만 1천300카탈로니아 마일에 달했다. 그들은 알 수 없는 황량한 바다에서 헤맸다. 그들은 교대로 심한 남서풍과 완전한 무풍지대에 빠졌다. 대양의 편류는 그들이 예상했던 것보다 더욱 컸다. 조류는 그들을 점점 북쪽으로 몰아갔다.

다섯 달 후 바다는 점점 더 차가워졌다. 서리는 얼음이 되었다. 밧줄은 얼었고, 돛이 활대에서 얼어붙었다. 손은 얼어 터졌으며 선원들은 손끝, 발끝, 귀에 동상이 걸렸다. 북위 40도에서 그들은 12일 동안 끔찍한 태풍에 시달렸다. 태풍이 주돛대, 앞갑판과 선미의 구조물을 빼앗아 갔다. 거대하게 밀려오는 파도에 선박의 주방이 날아가버렸다. 그것들이 있던 곳에는 커다란 구멍 하나가 입을 벌리고 있었다. 몇몇 사람은 떨어지는 나무판에 맞았고, 몇몇 사람은 배고픔과 추위 때문에 죽었다. 태풍 속에서 그들은 거의 모든 기구를 다 잃었다. 트리니다드 호는 같은 시간 이미 카보베르데에 도착한 빅토리아처럼 심하게 녹이 슬고 썩은 상태였다. 도리없이 스피노자는 나머지 선원들의 동의하에 몰루카로 돌아가기로 결정했다.

다시 한 번 끝날 것 같지 않은 고통의 시간이 그들에게 밀어닥쳤다. 약간의 쌀과 물, 이것이 그들이 가지고 있는 식량의 전부였다. 그들은 쌀을 양동이에 부었다 그리고 그것을 불렸다. 그러나 몇 개의 통에 남아 있는 물은 이미 상했다. 따뜻한 음식은 더 이상 존재하지 않았다. 다시 괴혈병이 발생했다. 환자들은 발작을 하며 몸을 뒤틀었다. 잇몸이 썩었다. 그리고 그들은 살아 있는 몸을 벌레가 파먹어 들어간다고 생각했다. 그들이 그것을 알아보기 위해 시체를 해부했지만 특별한 것을 발견하지 못했다. 이어서 열일곱 명이 사망했다.

영원히 지속될 것처럼 보이는 긴 시간을 보낸 후 트리니다드 호는 마침내 다시 몰루카에 도착했다. 그들은 카라벨선의 무게를 줄이기 위해 대포를 바다에 던졌다. 살아남은 사람 스물한 명은 물이 새서 물 속에 깊이 잠겨 있는 트리니다드 호 위에서 기운 없이 무감각하게 쪼그리고 앉아 있었다. 원주민들이 패들링을 하여 다가왔다. 난파선의 선원들은 구조되었다고 생각했지만 섬 주민들은 나쁜 소식을 가져왔다. 트리니다드 호가 출발하고 2주 후 안토니오 데 브리토가 지휘하는 포르투갈 선대가 티도레 섬 앞에 나타났다는 것이다. 450명의 선원을 태운 전쟁선 일곱 척이 마가야네스의 원정대를 찾고 있으며, 모든 만을 살피고 모든 섬을 탐색하고 있다고 한다. 다음날 섬 주민들은 그들이 떠나기를 바랐다. 해외영업소는 문을 닫았고 알 만조르 술탄은 살해당했다. 지금은 포르투갈의 비호하에 다른 왕자가 지배자가 되었다.

마가야네스의 에스파냐 선대에서 마지막까지 남은 그들은 모든 것이 이제 고통의 시작임을 인식해야 했다. 스피노자는 적에게 항복할 수밖에 없었다. 트리니다드 호는 천천히 가라앉았다. 선원들은 펌프질을 할수도, 닻을 올릴 수도 없을 만큼 지쳤다. 그러나 지금까지 에스파냐 소유였던 그 배가 포르투갈 사람의 손에 들어가서는 안 된다. 밤에 그 배는 닻을 끌면서 해안으로 밀려갔다. 파도가 나머지를 처리해주었다. 트리니다드 호는 암초에 부딪쳐 산산조각이 났다. 그 밤에 다섯 명이 익사했다.

이틀 후 안토니오 데 브리토는 살아남은 선원들을 사로잡아 트리니다드 호의 나머지를 어디에 숨겼느냐고 심문했다. 그들은 배의 잔해로 그들 자신의 감옥을 세워야 했다. 스피노자의 일기, 지도, 항해기구와 배의 깃발을 찾을 수 있었다. 이제 모든 것이 증오하는 적의 수중에 들어갔다. 포르투갈의 총사령관은 그것에 관해 주앙 3세에게 편지를 썼다.

배반자 마갈량이스의 에스파냐 원정대 중 선원 열여섯 명이 카라벨선 트리니다드 호가 난파된 후 사로잡혔습니다. 나는 그들이 건강에 해로운 육지의 기후 때문에 죽어가도록 그들을 몰루카 군도에 남겨두었습니다. 나는 그들을 처형할 수가 없었습니다. 폐하께서 그런 행동을 허락하실지 알 수 없었기 때문입니다. 그러나 폐하, 저는 인도 총독에게 편지를 썼습니다. 그들을 유럽으로 보내는 대신 처형한다면 그것이 폐하에게 가장 큰 봉사를 하는 것이라고 말입니다. 적에 대한 관용이 무슨 소용이 있습니까? 우리가 방면해준 모든 포로들은 돌아가서 우리를 배반했습니다.

그 포로들을 다루는 방식을 보면 포르투갈이 얼마나 강한 적개심을 가지고 있었는지를 알 수 있다. 우선 에스파냐 사람들은 네 달 동안 반단 섬에 갇혔다. 그들은 사슬에 묶인 채 그곳에서 힘든 작업에 투입되어 혹사당했다. 그 후 그들은 다섯 달 동안 말라카에 갇혀 있었고, 그리고는 다시 말라바르 해안의 코친으로 보내졌다. 그것은 치명적인 여정이었다. 여덟 명만이 살아서 인도에 도착했다. 거기서 그들은 다시 감옥에 갇혔다. 그 안에는 쥐, 주먹만한 거미와 전갈이 들끓었다. 그들은 벌레가 우글거리는 독방을 떠날 수 없었으며 쓰레기를 먹고 살았다. 매일 그들은 교수대로 보내겠다는 위협을 받았다. 일년 내내 고문이 지속되었다.

1525년 1월, 스피노자는 포르투갈의 간수가 고통받는 이들에게 동정심을 느끼는 것을 감지했다. 그래서 비밀리에 에스파냐로 편지를 보낼 수 있었다. 그 편지는 기적처럼 에스파냐에 도착했다. 스피노자는 편지에서 그들이 빅토리아 호와 헤어지고 난 후에 겪었던 불행에 관해 묘사했다. 그러나 그의 한탄은 고통에도 불구하고 인간적이며 소극적이다.

우리가 테르나테 섬에서 잡혔을 때는 스물한 명이었는데 그 중 여섯 명만이 여기에 살아남았습니다. 우리는 감옥살이보다 굶주림 때문에 더 고통스럽습니다. 우리는 야만적인 무어인들에게 당하는 것보다 더 심한 학대를 받고 있습니다. 폐하의 성스런 손에 키스하며, 우리의 이런 상황을 끝내주시기를, 그리고 우리를 풀어주기를 간청합니다.

마침내 바야돌리드는 포르투갈과 조정에 나섰다. 포로들은 유럽으로 보내졌지만 리스본에서 두 명이 기진하여 사망했다. 그 중에는 원정에 참여했던 독일인 두 명 중 한 사람으로 오래 전에 백발이 된 마이스터 한스가 포함되어 있었다. 트리니다드 호에서 살아남은 네 명은——곤살로 고메스 데 스피노자, 기네스 데 마프라, 마샤리오 사비르 안구이타 그리고 기예르모 모랄레스——에스파냐를 떠난 지 거의 8년 후인 1527년 8월 2일에 다시 에스파냐 땅을 밟았다.

위대한 항해가 남긴 의미

그러나 실패자만 있는 것은 아니다. 크리스토발 데 하로, 포동포동한 뺨을 지니고 있으며 활기차며 항상 기분이 좋은 그는 세비야에서 다시 숫자를 계산하고 있었다. 최근에 에스파냐 금화 도블론은 국제적인 지불수단으로서 점점 명성을 얻어갔다. 세계의 많은 시장에서 거래를 하는 네덜란드 사람 데 하로가 점점 도블론으로 계산하는 것은 전혀 놀라운 일이 아니다. 마가야네스의 원정대는 총 비용이 875만 1천 마라베디가 들었다. 그것은 29만 1천700도블론이다. 사람들은 그 돈을 벌써 손해 목록에 기재했지만 상인의 기적은——투기적인 관점에서도——여전히 일어난다. 빅토리아 호의 선복에서 나온 525킨달 정향의 판매대금은 29만 2천200도블론이다. 그래서 500도블론의 순이익을 얻었다. 그 중 10퍼센트는 안트웨르펜 출신의 데 하로의 것이다!

누가 믿겠는가. 이 한 척의 배에, 썩고 벌레 먹은 이 가련한 난파선에 실린 짐이 배와 모든 장비를 포함하여 원정의 전체 비용을 충당하고도 심지어 더 남는다는 것을? 선대 전체가 몰루카 군도에서 짐을 잔뜩 싣고 돌아온다면, 얼마나 많은 이익, 얼마나 많은 가치가 그들에게 떨어질 것인가? 열광이 그 나라를 사로잡았다. 거래소는 대단한 성공을 했으며 부유한 상인들은 향료 군도에 보낼 다음 원정대와 그것의 재정지원에 관해 토론했다. 거기에 참여하려는 탐욕스러운 선장들이 이익을 계산했다. 그리고 거기에 인생을 거는, 모험을 좋아하고 귀가 얇은 선원들도 많았다. 그러면서 마가야네스의 항해와 엘카노, 스피노자의 항해에서 죽은 230명에 대해서는 어느 누구도 전혀 신경 쓰지 않았다. 인적 자원은 충분했다. 그들은 위험 부담을 안고 있는 자산이 아니다.

학문은 무역보다 더 많은 이익을 얻었다. 그것의 성공은 숫자로는 증명할 수 없다. 지구가 공처럼 둥글다는 사실을 근거로 앞으로 모든 지리학적인 지식과 천문학적 지식이 구축될 것이다. 지구학자, 자연연구가, 천문학자, 철학자와 역사학자와 수로 안내인은 이제 지구의 크기를 알게 되었다. 지금까지 사람들은 지구를 심하게 과소평가했다. 지구는 지금까지 탐험가들의 진출과 함께 점점 그 크기가 커졌다. 그리고 마가야네스가 지구의 둘레를 확인했다! 다른 탐험가들도 가게 될 것이다. 지구 지도에는 아직도 그려지지 않고 비어 있는 흰색 반점들이 많다. 그러나 지구가 원반이라는 교회의 주장은 결정적으로 끝이 났다. 지구의 뒷부분에 있는 사람들이 '머리를 밑으로 해서' 걸어야 한다는 그들의 논거는 이제 그 빛을 잃었다.

이제부터 새로운 섬과 새로운 육지는 세계를 더욱 **빽빽하게는** 만들겠지만 지구를 더 크게 만들지는 않을 것이다. 곧 천문학자들이 우주로 눈을 돌리게 될 것이다. 벌써 먼 독일에서 니콜라우스 코페르니쿠스가 태양이 지구를 돈다는 지구 중심의 행성체계가 행성의 궤도를 규정한다는 이론에 의심을 제기하고 있다. 그는 이미 18세기 전에 태양이 행성체계의 중심을 형성한다고 주장했었던 사모스의 아리스타르코스가 옳다고 믿었다.

카를 5세 황제와 재상 가티나라

"폐하께서는 그 사건을 제대로 파악할 수 있게, 우리와 세계를 감동시키고 있는 그 사건에 관해 설명하라는 임무를 저에게 맡기셨습니다."

재상 가티나라는 맨 머리로 의연하게 카를 5세 황제에게 절을 했다.

며칠 전에 황제는 배로 네덜란드에 도착하였으며 브뤼셀로 계속 여행하려고 했다. 그는 책상 옆, 조각이 새겨진 소파에 앉아 있었다. 신호를 하여 그는 수행원에게 방에서 나가라고 했다. 이제 그는 뒤로 기대어 재상에게로 몸을 돌렸다. 그는 그에게 모자를 쓰라고 권함으로써 그에게 경의를 표했다.

가티나라는 챙이 없는 편편한 비로드 모자를 백발 머리 위에 썼다. 그리고 다시 한 번 몸을 깊숙이 숙이고 시작했다.

"폐하께서 알고 계시듯이 얼마 전 페르난도 데 마가야네스의 원정대 중 배 한 척이 세비야로 돌아왔습니다."

황제의 얼굴이 어두워졌다.

"그렇지."

그는 대답했다.

"다섯 척 중 한 척이라. 반쯤 굶주린 사람들 열여섯 명을 태우고 왔다지."

"열여덟 명입니다, 폐하."

재상이 고쳐주었다.

"그 외에도 소수의 사람들이 포르투갈의 포로가 되어 있습니다. 리스본에 있는 우리 사절이 이미 주앙 왕에게 구두로 항의를 했고 방면을 요구했습니다."

"그런데! 나의 고귀한 사촌은 어떻게 반응했는가?"

황제의 목에 가볍게 붉은 기가 도는 것으로 보아 그가 흥분했음을 알 수 있었다.

"리스본에서는 빅토리아 호가 포르투갈 지역에서 향료를 실어왔으며, 그렇기 때문에 사로잡힌 선원들은 다른 사람의 물건을 횡령한 죄가 있다고 주장합니다. 우리 사절은 그 주장에 항의했습니다. 몰루카 군도는——이미 확인되었듯이——1494년의 경계선에 따르면 지구의 정반대 면에서 180도 경도의 서쪽에 위치하기 때문이지요."

카를 5세 황제는 합스부르크 가의 특징적인 아랫입술을 내밀고 멍하니 앞을 쳐다보았다. 잠시 후 그는 큰소리로 말했다.

"네 척의 배를 잃고 200명이 넘는 사람이 죽고 세계의 끝에서 몇 개의 섬을 얻는다. 그 대신 우리는 800만 마라베디 이상의 자금을 투입했는데. 특별히 이익이 많이 남는 사업은 아니군."

가티나라는 그에 반대했다.

"빅토리아는 500킨탈 이상의 정향을 몰루카에서 싣고 왔습니다. 그것은 울름의 상인인 요하네스 에잉거에게 876만 6천 마라베디에 팔렸습니다. 그럼으로써 원정 비용이 충당되었을 뿐 아니라 1만 5천마라베디가 이익으로 남았습니다. 그 중에서 1만 1천60마라베디가 왕실에, 그 나머지는 투자의 백분율에 따라 투자자들에게 분배되었지요. 2천 110마라베디는 푸거 가의 은행이, 안트웨르펜의 상인인 데 하로는 1천

512마라베디를, 그리고 기테레스가 318마라베디를 받았습니다. 울름의 상인은 그 물건으로 아주 훌륭한 장사를 할 수 있습니다. 추측컨대 그는 아우구스부르크, 뉘른베르크, 밤베르크에서 구입가의 400퍼센트에 팔 수 있을 것입니다."

"그럼에도 불구하고 가티나라, 870만을 투자해서 1만 1천마라베디의 이윤이라니! 게다가 배와 선원의 80퍼센트를 잃었어. 훌륭한 사업은 아닐세."

"이건 최초의 투자일 뿐입니다, 폐하. 이제 그 길이 알려졌기 때문에 우리 선대는 이것을 1천 배나 메워줄 수 있을 겁니다.

"그것도 필요할 거야, 가티나라. 그러나 아무것도 과장하지 말게! 나는 엘카노의 보고를 읽었네. 서쪽 항로는 위험이 많아. 아메리카 대륙을 통과하는 그 파소는 꼬불꼬불하고, 태풍의 위협을 받으며, 남해를 건너는 여행은 끝이 없지. 배들은 무장을 잘해야 하고. 포르투갈의 지지를 받는 이슬람 상인들이 우리의 점유를 문제시하기 때문이지. 모든 것이 순조롭게 진행된다 해도 왕복으로 2년은 걸릴 것이오."

"마가야네스는 그것에 대한 확실한 지식 없이 출발했습니다. 파소로 가는 직통 루트를 이용해서, 유리한 계절에 출발한다면 1년 반이면 배들은 다시 세비야에 돌아올 수 있습니다."

"우리가 어떻게 그 배와 선원들을 조달할 수 있겠는가? 이미 아메리카 대륙에 필요한 인원과 유럽에서 벌어지는 우리 분쟁에 긴급하게 조달해야 할 사람도 구할 수 없는데. 아메리카 대륙은 우리에게 약속한 것을 가져다주지 않았어. 그리고 들리는 바에 따르면 프랑스의 프랑수아 왕이 우리와 싸울 준비를 하고 있다는데. 그는 황제 선출에서 나에게 진 것을 잊을 수가 없나보군. 모든 것에는 돈이 들어, 가티나라. 우리가 어디서 돈을 구할 수 있겠소? 세금을 높일 수도 없지. 국민들은 벌써 세 부담 때문에 신음하고 있고. 우리가 다시 푸겐에게서 대부를 받을 수 있을까? 벌써 티롤의 반이 그들의 것이 되었고, 그들은 곧 아메리카의 주인이 될 거야."

"그렇게 될 겁니다, 폐하. 이제 몰루카 군도가 에스파냐령이 되었기 때문에 우리는 지금까지 꿈꾸어왔던 수입을 거두어들일 수 있습니다."

잠시 아무 말이 없었다. 재상은 카를 5세 황제가 그의 생각에 따라줄 때까지 기다렸다. 프랑스의 프랑수아 왕은 신교도의 제국 영주들과 영국과 함께 합스부르크 왕가에 반대해 동맹을 맺었다. 첩자들이 알려온 것처럼 그는 심지어 기독교의 적인 슐레이만 술탄과도 사절을 교환했다. 오스만제국은 벨그라드까지 밀고 올라왔다. 벨그라드가 지탱하지 못한다면 빈이 그들의 다음 목표가 될 것이다. 카를 5세는 무엇인가 그에 대해 반응해야 했다. 그는 초읽기와 같은 긴박한 상황에 빠지고 싶지 않았다. 그는 일어났다.

"몰루카 군도에 관해서는 아직 결정을 내릴 수가 없소. 아마도 포르투갈왕이 그것을 우리에게서 구입하게 될 것이오."

밀납처럼 창백하고 경직된 가티나라의 안색에 어떤 내적인 동요의 흔적도 나타나지 않았다. 그러나 그는 황제의 생각을 짐작했다.

"폐하, 통치라는 것은 기정 사실을 토대로 필연성의 강요에 의해 정해지는 사업입니다. 그것에 관해 말하는 것이 저의 의무이며 그것을 폐하께서 허락해주시길 바랍니다."

"말하시오!"

"폐하의 제국에 포함되는 대륙은 엄청나게 큽니다. 실제로 폐하의 제국은 태양이 지지 않습니다. 그러나 폐하의 세력은 폐하의 행동에 영향을 미치고 싶어하는 반대 세력과 맞서고 있습니다. 반대세력에는 우선 부르고뉴와 에스파냐의 오래된 적인 프랑스가 있습니다. 프랑스는 폐하께서 황제로 선출되고 난 후 자신이 합스부르크 가의 영지에 의해 사방에서 포위되어 있다고 생각합니다. 프랑수아 왕은 폐하에 맞서 싸워

야 한다고 믿습니다. 그는 아마도 이탈리아에 갈 겁니다. 라인 강에서
도 포위된 것에서 벗어나려고 시도할 겁니다."

"적대적인 프랑스는 옛날부터 존재해왔소. 합스부르크 가가 강력한
동안은 프랑스는 계속 그렇게 우리에게 적대적일 것이오."

"그렇습니다, 폐하. 프랑스는 합스부르크 가의 모든 계획을 방해할
겁니다. 그럼에도 프랑스 왕과 폐하가 자의로 혈통과 역사적 사명에 따
라 형제의 동맹을 맺는 것이 제가 하나님께 청할 수 있는 가장 큰 은혜
라고 생각합니다."

황제는 그의 내면을 쳐다보는 듯 눈을 감았다.

"가티나라, 왕들은 숙명에 의해 그들의 조상이 이미 정해놓은 고랑으
로 들어가기를 강요받고 있소. 나는 부르고뉴와 에스파냐의 선조들이
이미 규정한 길이 있다고 생각하오. 그것은 바로 프랑스를 치기 위하여
포르투갈과 영국과 우정을 유지하는 것이오. 프랑스 사람과는 신뢰할
수 있는 그런 관계를 맺을 수가 없소. 그들이 전쟁을 준비하는 소리가
들리지 않소?"

"폐하의 정책은 계속되는 터키의 공격을 계산해야 합니다. 슐레이만
술탄은 명예심이 강하고 전쟁을 좋아하는 왕입니다. 엄청나게 먼 동쪽
에서 그는 거대한 군대를 서방에 보낼 수 있는 능력이 있습니다. 게다
가 베니스 사람들이 보내오는 소식에 따르면 터키의 전쟁 선단 역시 다
시 활성화되었다고 합니다.

제노바의 중개인은 터키 포병대가 눈에 띄게 증가했다고 보고하고
있으며, 그들의 강력한 대포는 400파운드나 나가는 탄알로 헨트에 있
는 우리의 '둘레 그리테'조차 능가한다고 합니다. 그리고 강대국 터키
의 압력은 지중해에서만 감지될 수 있는 것이 아닙니다. 슐레이만이 벨
그라드를 침략한 이후 동쪽의 합스부르크 가의 영지에 지속적인 위협
이 되고 있습니다. 그들이 서방에 있는 폐하의 적들과 영리하게 정치적

연합전선을 구축한다면 이 위험은 실제로 실현될 수 있습니다. 이런 적들이 존재하며 활동을 펼치고 있습니다. 폐하, 용서하십시오. 제가 우리의 적으로 맨 처음 로마 교황의 이름을 든다 해도 말입니다. 클레멘스 7세는 메디치 가 사람입니다.

그는 국가적으로 볼 때 이탈리아 사람입니다. 그는 레오 10세, 혹은 율리우스 2세와 마찬가지로 이탈리아의 통일에 대한 국민적 과제를 느끼고 있으며 에스파냐, 독일, 그리고 프랑스에 대해서도 전투 태세를 갖추고 있습니다."

황제는 재상을 우울하게 쳐다보았다. 재상이 계속 이야기했다.

"그러나 폐하가 나폴리와 밀라노를 보다 안전하게 소유하게 되는 그 순간에 드러날 겁니다. 교황이 통일을 위협받는 이탈리아의 군주에 불과하다는 것이 말입니다. 그는 그때 가서 프랑스와 연합하기로 결정할 겁니다. 심지어 러시아 황족의 도움을 청하게 될지도 모릅니다."

"나는 당신의 말에 반대하오. 가티나라! 우리 제국에 관해 나보다 더 높은 생각을 가질 수 있는 사람은 아무도 없을 것이오. 황제가 된다는 것은 질서의 실현을 통해 하나님의 의지를 지상에서 충족시키며, 교회를 설립하고 영원한 평화를 보증하는 것을 의미하오. 로마의 성좌에 앉은 교황은 황제의 정신적 형제요. 그는 믿음이라는 성스런 기름을 제국이라는 통에 부어넣는 사람이오."

"오로지 국가적인 이기주의와 정책만이 통용되는 곳에서 폐하께서 그런 고귀한 생각을 내세우시니 그것이 두렵습니다."

"나는 나의 적을 명확하게 인식하고 있소, 가티나라. 그러나 교황을 내 적으로 간주하고 싶지는 않소. 나의 적대자는 기독교의 적대자이오. 자기 자신의 이익을 위해 불안을 조장하려 하는 프랑수아 같은 전제군주이오. 그리고 내부로부터 기독교의 통일성을 저해하는 가톨릭 신앙의 적들이오. 예를 들면 비텐베르크의 승려와 믿지 않는 사람들이오.

이런 적들에게 대항하기 위해 기독교제국을 구축하는 것, 우리의 성스런 믿음을 높이는 것, 그것을 위해 우리는 이성적으로 노력하고 모든 개인적 명예심을 버려야 하오."

가티나라는 동의한다는 듯 고개를 끄덕였다. 카를 황제는 일어나서 창가로 갔다.

한동안 그는 아무 말 없이 거기 서서 푸른 여름날을 쳐다보았다. 저편에 성 구둘레 대성당의 탑체가 우뚝 솟아 있었다. 몇 년 전 그 성당에서 그가 에스파냐 왕임이 선포되었다. 근처에는 하늘을 찌를 듯이 높은 시청의 탑들이 자랑스럽게 뻗어 있었다. 왜, 그는 생각했다, 이런 부유한 나라에 교회들이 완성되지 않은 채로 남아 있는가? 시청들은 화려하고 거만하게 하늘로 솟아 있는데?

가티나라는 긴장하여 황제를 관찰했다. 그는 잠시 후 재상에게 몸을 돌렸다.

"당신에게 감사하오, 가티나라. 결혼생활에서 남자는 명령하고 여자는 복종해야 하듯이 군주는 국가를 이끌어가며, 그의 민족은 하나님에게 복종하듯 군주를 따라야 하오. 그리고 신과 같은 군주는 책임이 있기 때문에 마음대로 해서는 안 되오. 그러니 지금은 그만 가보시오. 생각 좀 해야겠소."

아무 말 없이 가티나라는 깊숙이 몸을 숙였다.

나가려는데 카를 황제가 그를 불러 세웠다.

"가티나라!"

"예, 폐하!"

"몰루카 군도에 관해서는 좀더 생각해봅시다. 결정된 것은 아무것도 없으니까!"

"알겠습니다. 폐하."

몰루카 군도의 소유권

어떤 사람에게는 돈이 가장 중요하다면, 어떤 사람에게는 능력의 확장이 될 수도 있고, 또 다른 사람들에게는 정치가 될 수도 있다. 에스파냐의 카를 5세 황제는 그의 제국에서 태양이 지지 않는다고 이제는 당당하게 말할 수 있다. 그는 포르투갈 사람들을 어떻게 다루어야 할지 아직 결정하지 못했다. 안토니오 데 브리토는 몰루카 군도를 포르투갈에 통합했다. 바야돌리드는 그의 소유권을 주장했다. 리스본에서도 바야돌리드에서도 몰루카 군도가 실제로 토르데시야스 경계선의 어느쪽에 위치하는지 정확하게 알지 못했다. 엘카노는 그것이 에스파냐 지역에 있다고 주장했다. 그러나 그의 주장은 지리학적인 위도를 측정할 수 있지만, 경도는 지나온 거리를 더함으로써만 추정해낼 수 있는 수로 안내인의 수치를 근거로 한 것이다.

이런 이중계산에서 오류가 얼마나 클 것인가? 240년 후, 배에 실을 수 있으며, 경도규정을 결정적으로 도와주는 측정기를 발견하고 나서야 경도를 더욱 정확하게 측정할 수 있었다. 그리고 그 섬이 에스파냐 영역이 아니라 토르데시야스 경계선을 통해 분리된, 리스본에 속하는 지구의 반쪽에 위치하고 있음을 확인하게 될 것이다. 그러나 그때는 이미 토르데시야스 계약은 오래 전에 잊혀졌으며 아무 가치도 없어졌다.

1525년 에스파냐는 마젤란 항로를 통해 몰루카 군도로 두 번째 선대를 보내려는 시도를 감행했다. 그러나 그것은 완전한 실패로 끝났다. 조용한 대양인 태평양은 첫 번째 횡단할 때처럼 그렇게 평화롭지 않았다. 몇 척의 배들이 태풍과 돌풍 속에서 사라졌다. 나머지 선원들은 괴혈병, 열병과 영양부족으로 죽었다. 에스파냐 왕실은 그 여행으로 얻을 수 있는 직접적인 이윤이 얼마나 적은지를 통감해야 했다. 그 엄청난 거리를 가기에는 16세기 초반의 배들은 너무 작았다. 그것으로 거래할 물건 및 식수와 충분한 비축식량을 싣기는 불가능했다.

카를 5세 황제는 그 사이에 그의 제국에서 일어나는 여러 사건과 관련하여 할 일이 아주 많았다. 페르난도 코르테스는 멕시코까지 가서 갈레온선에 금을 실어 에스파냐로 보냈다. 더 많은 금을 얻을 수 있다는 희망을 가지고 사람들은——이미 크리스토발 콜론이 그 대륙의 해안을 보았던——중미의 다른 나라들, 코스타리카, 니카라과, 온두라스 그리고 과테말라를 소유하기 시작했다. 그리고 콘트라타시온은 계속 남쪽으로 진출하기로 결정했다. 남쪽으로 더 가면 콜롬비아, 에콰도르 그리고 페루에서 전설의 황금나라를 발견할 수 있다고 생각했기 때문이다.

쿠바의 사탕산업 수확량이 줄어들기 시작했다. 그런데도 노동력이 부족했다. 인디언들은 육체적 노동에 쓸모가 없었다. 그들은 사로잡히면 그냥 바닥에 누워서 죽을 때까지 모든 음식을 거부했다. 그래서 카스티야는 아프리카에서 점점 많은 흑인을 잡아오기 시작했으며 그들을 노예로 쿠바에 보냈다. 모든 이런 활동들에 거대한 자금이 들었다. 국고는 비어갔다. 왕은 아우구스부르크에 있는 푸거 가의 막강한 상관에서 대부를 받아 아메리카 대륙에 대한 정책의 재정을 지원받아야 했다. 당연히 미래의 이익에 대해 터무니없이 많은 지분을 주기로 약속했다.

에스파냐는 소진했다. 에스파냐는 세계의 반을 소유했지만 그 발견을 유지할 만큼 강력하지 못했다. 필요한 사람들을 더 이상 보충할 수가 없었다. 많은 사람들이 떠나서 돌아오지 않았으며 아주 소수만 농사를 짓기 위해 고향에 남았다. 에스파냐의 카를로스 왕은 영주들에 의해 카를 5세로서 신성로마제국의 황제로 선출되었다. 프랑스의 프랑수아 왕은 황제의 직함을 둘러싼 선거에서 그에게 졌다. 그래서 에스파냐는 두 번이나 프랑스와 전쟁을 치러야만 했다. 그리고 대기중에 긴장감이 감돌았다. 네덜란드 지역에서는 저항이 일기 시작했다. 그들은 독립을 원했기 때문이다.

에스파냐의 군주는 적지 않은 문제를 가지고 있었다. 그는 포르투갈과의 싸움을 일으키지 않을 정도로 충분히 영리했다. 그래서 그는 오래 기다리지 않고 1529년 사라고사 계약을 통해 주앙 왕에게 몰루카 군도를 넘겨주었다. 포르투갈 역시 에스파냐와 전쟁을 할 능력이 없었다. 그래서 포르투갈 왕은 70만 에스쿠도의 해약금을 지불했다. 그것은 1천50만 마라베디에 달하는 액수였다.

영원히 살아 숨쉬는 항해 정신

그런데 다른 사람들은 어떻게 되었는가? 세상에 어떤 것도 편견처럼 그렇게 목숨이 질긴 것은 없다. 산안토니오 호를 타고 탈영했던 배반자 이스테바웅 고메스는 그 당시에 마가야네스가 그의 배를 포르투갈에게 넘겨주려고 했으며, 그러면서 알바로 데 메스키타의 도움을 받았다는 오래된 의심을 표명했을 때 아무도 그것을 이상하게 생각지 않았다. 정당한 선장이었지만 자신의 의지와는 반대로 고메스에게 사로잡혔던 충성스런 메스키타는 이제 부르고스의 감옥을 떠날 수 있었다. 그러나 그는 부당하게 수감당한 것에 대해 어떤 보상도 받을 수 없었으며 그의 명예도 회복되지 않았다. 황제 고문관들의 구불구불한 사고방식으로 볼 때는 고메스가 그런 부당한 짓을 하지 않았던 것이다. 어떤 이유에 선지는 모르지만 그는 '마가야네스 원정대에서의 봉사에 대해'라는 문장을 대가로 받았다.

265명의 사람들이 그들과 함께 출발했지만 35명만이 고향으로 돌아왔다. 네 명이 티도레 섬과 인도에 수감되어 있다가 살아남았다. 열세 명이 카보베르데 군도의 산티아고에서 빅토리아 호가 도망갈 때 포르투갈에 체포되었으며 나중에 방면되었다. 열여덟 명이 그들의 배를 타고 에스파냐로 돌아왔다. 사람들은 그들에게 승리의 인사를 했으며 그들을 축하해주었다. 그러나 그들의 노고에 대해서는 거의 보상해주지 않았다.

엘카노는 기사로 책봉되었다. 그는 붉은색 바탕에 황금 성과 향료의 상징, 테르나테 섬과 티도레 섬 왕의 그림이 들어 있는 화려한 문장을 하사받았다. 문장의 밑에 그의 품위의 상징으로 지구를 둘러싸고 있는 끈 띠에 이런 글이 씌어 있었다. '네가 나를 처음으로 일주했다!' 카를 5세 황제는 그에게 매년 7만 2천 마라베디의 연금을 약속했다. 처음에는 그 연금이 그에게 지불되었지만 나중에는 국고의 부족으로 중단되었다. 엘카노는 1525년 마가야네스의 항로를 통해 몰루카로 가려는, 이미 앞에 언급한 선대에 참여했다. 다시 한 번 그는 발견자인 마젤란의 이름을 지니고 있는 그 해협을 지나갔다. 태평양에 들어서고 난 후 그 선대는 태풍과 만났다. 선장 후안 세바스찬 엘카노는 그의 배와 함께 1526년 8월 4일 태평양에서 침몰했다. 그의 유언에서 그는 유산을 이전의 연인이었던 여자 두 명과 사생아 두 명에게 남겨놓았다.

그 시기에 세비야에서는 가끔 키가 작은 노인을 볼 수 있었다. 그 사람의 혼란스런 몸짓은 아이들의 조롱거리였다. 후이 팔레이루는 빈약한 연금으로 살아갔다. 그는 처음에 고향에 대한 향수 때문에 포르투갈로 돌아갔다. 마누엘 왕은 그를 감금했다. 열 달 동안 그는 성과 빗장 뒤의 감옥 속에 수감되었다. 그 후 정신적으로 완전히 이상해진 그를 에스파냐로 이송했다.

항구에서는 스피노자도 볼 수 있었다. 그는 인도로 가는 짐을 선적하는 선박의 왕실 검사관이 되었다. 좋은 한직이었다. 피가페타는 그의 고향인 이탈리아로 돌아갔다. 아마도 이 사무적인 보고자는 빅토리아의 귀향 후 정치의 부당한 현실에 압박을 느꼈을 것이다. '나는 가능한 한 빠르게 거기서 도망쳤다.' 그는 국제적인 유명인사로 요하네스 교단의 기사로 임명되었으며 로도스 기사단장의 개인 비서로 근무했다. 그는 『최초의 세계일주 여행』이라는 제목으로 당시 베스트셀러가 되었던 그의 일기를 쓰는 데 진력했다. 그는 서문에 간단하게 이렇게 기록했다. '나는 위대한 선장 마가야네스의 명성이 더 이상 소멸되지 않기를 바란다.'

그리고 그 충성스런 빅토리아 호는 어떻게 되었는가? 95톤의 카라벨선, 지구를 한 바퀴 돌며, 대양의 자연현상들과의 싸움을 승리로 이겨냈던 그 작은 배는 어떻게 되었을까? 카사 데 콘트라타시온 라스 인디아스는 단지 규정만을 알고 있으며 그것의 가치에 대해서는 아무것도 모른다. 그 배는 다시 한 번 수리를 했으며 아메리카로 가는 항로에 투입되었다. 트리니다드 호처럼 빅토리아 호 역시 인간에게 결핍되어 있는 그런 성격을 증명해준다. 두 번째 아메리카 여행에서 돌아오는 길에 그 배는 사람과 쥐를 태운 채 대서양에서 실종되었다. 곤살로 페르난데스 오비에도, 동시대인이며 에스파냐 왕실의 공식적인 연대기 기록자인 그는 궁정 연대기에 그의 비판적인 의견을 남겨두었다.

바다의 파도가 자부심 강한 배의 품위 실추를 복수하려는 것 같았다. 이 배는 처음으로 세계를 일주한 배로 기념물과 성유물로서 후세를 위해 보관했어야 했다.

제독이 살아 있다면 그는 주앙 3세에게 그의 선임자인 행운왕 마누엘과 같은 증오를 느꼈을 것이다. 마가야네스의 죽음에 관한 소식이 리스본에 전해진 후 주앙 3세는 궁정문학가인 카슈탕에다로 하여금 추악한 애도사를 작성하게 했다.

이것이 페르나웅 드 마갈량이스의 최후였다. 그가 우리 왕에게 속한 것을 **빼앗으려** 하면서 우리 왕에게 저질렀던 배반 행위 때문에 그는 우리 왕으로부터 형을 선고받았다.

페르난도 데 마가야네스가 그의 유언에서 확증했던 것 중 어느 것도 이루어지지 않았다. 맥탄에서의 전투가 일어난 지 다섯 달 후에 세비야에서 그의 어린 아들 로드리고가 홍역으로 죽었다. 반년 후 아들에 이어 도나 베아트리스가 사망했다. 에스파냐와 포르투갈은 총사령관의 어떤 유산도 인정하지 않았다. 결혼한 누이인 테레사도 여동생 이사벨라도 유산에서 한 푼도 받지 못했다. 그리고 마가야네스가 유언에 남겼듯이 그의 고향 동료인 사르보사의 살바도르는 작은 가족 영지인 트라스우스몽트스의 소타 포도농장의 소유권을 넘겨받지 못했다. 그것은 포르투갈왕의 소유가 되었다.

포르투갈왕은 과거에 그의 궁정학교 시동이었으며 디우, 고아, 말라카의 전투에서 포르투갈을 위해 목숨을 바쳐 싸웠던 그를 죽어서까지 추적했다. 마가야네스의 재산은 압류되었으며 그의 여동생 이사벨라는 수도원으로 추방되었다. 주앙 왕은 마가야네스의 문장을 소타 포도농장의 입구에서부터 모르는 곳에 이르기까지 전부 부수어버렸다. 이전에 농장주였던 것을 알리는 표시는 아무것도 남지 않았다. 포르투갈에서 마갈량이스라는 성은 사라졌다.

그러나 페르난도 데 마가야네스의 행위와 그런 행동을 하게 만든 그의 정신은 파괴할 수 없는 것이며 영원하다. 오늘날까지 시대의 흐름 속에서도 페르난도 데 마가야네스의 명성은 여전히 살아남아 영향을 미치고 있다.

마갈량이스 가의 문장

미지의 바다를 건너는 탐험 정신

• 에필로그

인간은 어느 시대에 살건 어느 정도 그들이 태어난 시대의 문명에 제한을 받게 된다. 그로 인해 다른 문화나 과거의 사고 규범, 혹은 행동규범을 가끔 이해하기 어려울 때가 있다. 우리 역시 세계를 대부분 오늘날의 지식을 토대로 체험한다. 그래서 예를 들어 14세기 초, 사람들이 지구가 구상일 수 있다는 가능성보다 원반이라는 생각에 훨씬 더 큰확신을 가지고 있었다는 것이 잘 이해가 가지 않는다. 당연히 우리는 '위에' 살고 있다. 사람들은 자신의 머리 위에 있는 하늘을 본다. 이와는 반대로 아래에 사는 것은 거의 가능하지 않다. 왜냐하면 그곳에 사는 사람들은 머리를 밑으로 향한 채 달리거나, 심지어 지구 원반의 아랫면에서 심연으로 떨어질 수밖에 없기 때문이다. 그러니 그것은 말도안 되는 소리였다.

그러나 우리는 항상 진실을 알 수는 없으며, 전해 내려오는 지식들이전부 진실은 아니다! 인류는 르네상스라는 문을 통해 고딕 양식에서 나와 변화된 시대의 하늘 아래로 들어가게 된다. 지구는 천체의 중심점에서 밀려나고, 무한한 우주 속의 한 점에 불과하다. 콜럼버스는 대양의 다른 면으로 항해를 했으며, 구세계의 틀을 부수어버렸다. 거기에 페르 디난드 마젤란이 결정적인 행보를 취했다.

마젤란의 원정은 그의 시대의 도덕적·정신적 그리고 지리상의 척도 에 따르면 이전의 모든 탐험, 즉 바스코 다 가마, 크리스토퍼 콜럼버스, 아메리고 베스푸치의 원정을 뛰어넘는 것이었다. 이 원정들은 모두 근 세 초기, 즉 유럽 역사에서 고대와 중세와는 다른, 아메리카의 발견 이 후 현재까지의 시대를 특징지우는 시대에 이루어졌다. 그러나 그 시점 은 임의로 선택된 것처럼 보인다.

근대는 요하네스 구텐베르크가 1450년경 아주 똑같으면서도 교환 가 능한 금속활자의 생산기술과 새로운 종류의 인쇄기술로 상상할 수 없 을 정도의 엄청난 매체혁명을 불러일으켰던 때인, 콜럼버스보다 50년 전에 이미 시작되었다고 할 수 있다. 아니면 1415년경 항해자 엔리케 가 근대의 최초의 대변자인가? 그의 종교적 확신 속에는 아직 중세의 십자군 정신이 남아 있지만, 그의 경제정책과 관련된 선견지명과 개척 자 정신으로 아프리카 대륙을 따라 항로를 탐험한 것은 이미 세계관의 새로운 차원을 제시하고 있다.

15세기는 엄청난 권력의 시대였다. 인류는 중세의 신비한 신의 공간 에서 깨어나 인간의 존재라는 단계로 들어선다. 서양은 끔찍한 페스트 에서 벗어나 유쾌한 현세의 르네상스로 전환한다. 그리고 예술과 학문 은 화려한 전성기를 맞게 된다. 몰락한 고대가 다시 한 번 그들의 힘과 아름다움, 그리고 그들의 고귀한 이상을 활짝 꽃 피우기 위해 깨어나려 는 것처럼 보였다. 이 시대의 인간들, 만족할 줄 모르는 이 세대는 좋든 나쁘든 과격했다. 끊임없이 추구하는 그들의 정신 역시 대담한 공격으 로 경건이라는 구속의 벽을 넘어섰다.

조선기술의 근본적인 변화는 미지의 대륙에 펼쳐져 있는 뜨거운 해 안을 수평선에서 볼 수 있게 했다. 그것은 포르투갈왕을——유럽의 서쪽 가장자리에 있는 작은 나라의 군주를——곧 세계에서 가장 강력한 군주로 만들어주었다. 그의 작은 카라벨은 동방의 보물을 유럽으로 운반해왔으며, 그것과 함께 지구의 형상에 관한 새로운 생각도 가져다주었다. 공 모양의 지구는 천체의 중심점에서 무한한 우주의 알 수 없는 먼 곳으로 밀려났다.

그럼으로써 발효와 변혁의 시대가 시작되었다. 중세의 믿음과 삶의 통일성을 비추던, 장엄하게 빛나던 별들이 다가오는 시대의 여명에 그 빛을 잃었다. 인쇄기술의 발견으로 세계의 지식이 퍼져 나갔다. 싸고 조달하기 쉬운, 인쇄된 책은 가장 구석진 서재에까지 파고들었다. 지식은 저렴해졌다. 유럽이 책을 읽기 시작했다! 도시와 마을로 인쇄된 진실이, 그리고 그와 함께 추측과 거짓도 밀려들었다. 그리고 사방에서 열정의 불길이 번져갔다. 기존 질서가 심하게 흔들렸으며, 정치적·종교적인 붕괴가 일어나면서 민중들은 교회의 혁신을 강하게 부르짖었다. 교회의 폐해를 비판하는 사람들은 점점 큰소리로 교회의 개혁을 요구했다. 그들은 면죄부 판매를 비난하고, 교황과 공회의의 완벽성에 이의를 제기했다. 과거의 옛 권력들——교황, 황제, 기사도——은 끊임없이 밀려드는 세력의 공격에 굴복했다. 학자들의 휴머니즘에, 자부심 강한 시민의 부에, 영주들의 이기주의에 그리고 민족들의 국가의식에.

그리고 기독교가 교리 싸움으로 분열되어 있는 동안 이슬람 적대자들이 강해졌다. 1389년 암젤펠트에서 무라드 1세 치하의 터키가 승리한 이후 세비야는 공물을 바쳐야 했다. 1395년에는 왈라키아(루마니아의 한 지방)가, 곧 이어 불가리아와 테살리아가 정복되었다. 메메드 2세 술탄은 나머지 비잔틴제국을 강점했으며, 1453년 5월 29일에 콘스탄티노플을 정복했다. 그리고 그 도시를 오스만제국의 수도로 만들었다. 터키는 곧 지중해 동쪽을 지배하고, 점점 지중해 지역에서 개발된 상업 루트를 침략해왔다. 지금까지 수요가 많았던 동방의 물건들을 레바논과 이집트의 항구에서 아라비아의 상인들로부터 넘겨받았던 베니스와 제노바는 물건을 조달하기가 점점 힘들었다. 배들은 공격을 받았고 약탈당했다. 선원들은 노예로 끌려갔다.

십자군 원정 이후 풍요로운 동방에 대한 매혹적인 이미지가 유럽 사람들을 사로잡았다. 동방은 기적과 꿈의 거대한 저장고이지만 동시에 많은 위험과 위협의 장소이기도 했다. 유행병과 불행이, 그리고 이슬람이라는 불신자들이 그곳으로부터 왔다! 그리고 사람들은 동방의 먼 끝에 인도나 혹은 더 멀리 떨어진 곳에 지상의 낙원이 있을 것이라고 추측했다.

육로 운반은 상업 중심지를 연결하는 잘 닦인 도로를 통해 보다 쉬워졌다. 그리고 크고 견고한 수레와 마차의 개선, 상인과 상인 행렬의 보호 및 다리의 건설과 새로운 도로의 개설——가장 유명한 예는 13세기에 장크트고타르트 언덕을 지나는 알프스 도로이다——등도 많은 도움이 되었다. 그러나 그 도로는 동방까지는 닿지 않았으며 그 루트는 너무 힘들고 위험했다. 노상강도와 도둑들 때문에 불안했다. 그리고 지배자의 성향이 그들에게 친근한지 아니면 적대적인지 잘 모르는 채 다른 군주의 세력권을 통과해야 했다. 게다가 육지로의 여행은 너무 오래 걸렸다.

해상 운반이 전망이 더 좋았으며 위험요소가 적었다. 배를 집어삼킬 것처럼 위협하는 강력한 태풍, 배의 이음새를 메운 역청이 녹으며, 물이 썩고 괴혈병이 생기는 뜨거운 지역에서의 끝없는 무풍지대를 만나는 것은 충분한 보수를 받고 행복한 귀향을 하는 것처럼 뱃사람들의 운명에 속하는 것이다. 해적과 적대적인 선대의 위협은 우월한 포병대로 막을 수 있다. 15세기에 유럽은 세계의 발견과 정복을 위해 필요한 기술을 보유했다. 항해에 견딜 수 있는 배, 측면에 있던 키가 조작이 쉽고 안전한 선미의 키로 바뀐 것, 큰 삼각돛의 전파를 통해 훨씬 개선된 삭구 장비, 아스트롤라베와 천문학적 측정기의 완성, 나침반의 전파와 보다 정확한 지도의 도입 등등.

이미 항해자 엔리케는 새로운 선박 유형, 즉 카라벨을 만들어냈다. 카라벨은 만들기 쉽고, 강한 갑판과 충분한 배수량을 보유하고 있으며, 장기간의 바다 여행을 위해 충분한 물통과 식품창고를 설치할 수 있다. 또한 이전의 어떤 선박 유형보다 오래 항해할 수 있으며 돛을 필요에 따라 조화시킬 수 있다. 약풍에서 강풍까지, 바람이 뒤에서 비스듬하게 불거나 거의 바람을 마주 안고 달릴 때는 큰 삼각돛을, 그리고 옆바람을 이용하기 위해서는 사각가로돛을 사용할 수 있다. 카라벨은 특히 탐험가들이 다시 귀향하기에 적합한 구조를 지니고 있다. 지중해에 많이 퍼져 있는, 활대에 삭구를 장비한 무거운 바크선이나 혹은 크기가 더 큰 캐랙선은 바람이 정확하게 뒤에서 불 때 항해하기 쉽도록 만들어졌다. 배의 크기가 유용성의 척도가 되는 지중해에서 그 배들은 아주 훌륭하다. 배가 크면 그만큼 많이 선적할 수 있어 더 많은 이익을 얻을 수 있기 때문이다. 그러나 탐험선으로 사용하기에는 문제가 있었다. 탐험선은 선적뿐만 아니라 미지의 바다에서 먼 거리를 항해해야 한다. 그리고 맞바람을 안고 항해할 때는 지그재그로 갈 수도 있어야 한다. 그 배에서 가장 중요한 화물은 얼마 안 되는 종이에 기술해서 운반할 수 있는 정보들이다. 비상시에는 그 대신 한 사람의 이성으로 족하다!

탐험선은 그렇게 클 필요가 없다. 방향을 돌리기 쉬우며, 조작이 쉬워야 한다. 순풍을 받고 항해하면 그 배는 대부분 바람을 거슬러 귀향해야 한다. 지중해의 배들은 탐험선으로 적당치 않다. 카라벨선은 홀수가 아주 적기 때문에 특별히 해안과 가까운 바다를 탐색하는 데 적당하며 수리나 뱃밥을 메우기 위해 쉽게 해안에 닿을 수 있다. 활대에 삭구를 장비한 무거운 바크는 거의 바람을 마주 안고 달릴 때는 기껏해야 67도로 갈 수 있는 데 비해 카라벨선은 그런 바람에 55도 각도로 항해할 수가 있다. 그래서 바크가 지그재그로 갈 때 다섯 번 진로를 바꿔야 하는 데 비해 카라벨은 세 번만 바꾸면 된다. 거리와 시간에 있어서 대략 3분의 1을 줄일 수 있다. 따라서 항해자가 먼 거리를 가야 할 때 몇 주간 더 일찍 귀향할 수 있다.

오스만제국의 침략으로 이슬람교도와의 평화로운 접촉이 모두 중단된 것은 아니다. 아라비아 사람들이 그리스인과 인도인, 그리고 유대인에게서 물려받았으며——기독교와는 반대로——항상 존중되었고, 존속되었던 고대의 지식이 에스파냐와 시실리아를 거쳐 유럽으로 갔다. 그중 하나가 지도 제작술이다. 이미 페니키아 사람들과 카르타고 사람들, 고대 항해의 장인들은 항해를 하면서 방향, 조류 그리고 바람에 관해 정확한 기록을 남겼다. 그러나 이런 자료들은 그들의 독점거래를 안전하게 하기 위해 비밀로 유지되었다. 중세까지 해양학 지식은 잘 보존된 국가기밀이었으며 그것은 새로운 대륙과 해안의 발견과 개발 그리고 점유를 보증하는 데 도움이 되었다. 그러나 지중해에는 이런 것이 로마 시대 이후 거의 일어나지 않았다. 모두가 인정하지 않는다 하더라도 여기서는 점유관계가 조정되었다. 비밀은 폭로되었고, 지중해에서의 항해는 더 이상 전문가의 특권으로 간주되지 못했기 때문이다.

최초의 정확한 해도인 포르톨라노, 지중해, 대서양 연안 지방 및 북해와 동해의 항해자들이 사용할 수 있었던 그 지도도 이렇게 되는 데 일조했다. 지도 제작자는 학자가 아니라 재능을 갖춘 그림 그리는 사람이어야 하며, 그들이 그리는 것은 많은 수입을 보장하는 유일본이었다. 작업의 정확성은 선장과 조타수들의 보고와 자료에 달려 있으며, 그것의 표현은 예술가의 마음먹기에 달려 있다. 항해자 엔리케는 위대한 탐험 여행을 준비하기 위해 당시 가장 유명했던 지도 제작자를 사그레스에 있는 그의 해양학교에 보냈다. 해양학교에서 서아프리카 해안을 따라 항해할 수 있는 토대가 마련되었으며, 그 토대는 80년 후 바스코 다

가마를 통해 인도로 가는 해로가 열리면서 성공적으로 완결된다.

크리스토퍼 콜럼버스의 여행 후 세계는 갑자기 세 개의 대륙에서 네 개의 대륙으로 늘어났다. 그러나 그것은 아메리카 대륙에 자신의 이름을 주었던 아메리고 베스푸치 덕분이다. 그가 비로소 아메리카를 새로운 대륙으로 인정했기 때문이다. 이제 네 개의 대륙으로 구성된 이 지구에서 단지 하나의 대륙만 팽창한다. 유럽만!

나침반은 선원들에게 대략적으로 북쪽 방향을 지시해주었으며, 여행을 끝낸 후 미지의 바다를 거쳐 다시 집으로 돌아갈 수 있다는 상대적인 확신을 주었다. 탄약은 그들에게 다른 문화를 굴복시킬 수 있는 힘을 부여했으며, 인쇄기술은 새로운 지식이 빠르고 저렴하게 퍼지는 것을 가능케 했다. 이 세 가지 개혁이 함께 영향을 미치면서 지금까지 지식의 수호신이었던 교회가 그들의 영향력을 잃게 되었다. 새로운 시대 정신은 보수세력에게 눈엣가시였다. 교회는 그들의 기반까지 흔들린다고 생각했으며, 붕괴를 막으려고 저항했다. 성스런 교황청의 최고 관청인 종교재판소는 이교도, 이단자, 불신자, 유대인과 마녀들을 잔혹하게 다루었다. 누구든 다른 사람으로부터 고발당할 수 있었다. 고발당한 사람은 변호사도 없었으며, 그들의 고백은 고문을 통해 강요되었으며, 대부분이 화형당했다.

그러나 그 엄청난 변화를 막을 수는 없었다. 탐험가와 정복자들은 대양을 거쳐 항해했으며, 풍요로운 낯선 문화에 관한, 그리고 유럽 사람들이 전혀 예측하지 못했던 지리적 공간에 대한 정보를 가져왔다. 세계를 발견하면서 인간은 자기 스스로를 발견하기 시작했다. 더 이상 교황과 왕, 지배자만 역사를 만드는 게 아니라 하인, 반역자, 용감한 시종들도 역사를 만들었다.

마젤란은 미지의 바다를 건너는 그의 항로를 찾아야 했다. 강력한 태풍, 얼음같이 차가운 지역, 열대의 열기 속에서 만난 끝없는 무풍지대를 견디어냈다. 그는 반항하는 선원에 대해 자기의 의지를 관철시켜야 했으며,──그가 결정적으로 실현시켰을 때──그는 인간적이며 정당하게 행동했다. 파타고니아 남부에 있는 330해리나 되는 길고 꼬불꼬불한 마젤란 해협의 통과는 항해자의 거장다운 업적이다. 그 통로는 길을 잃게 하는 수많은 만과 강에 끼어져 있다. 폭이 2마일도 안 되는 지점이 많았으며 강한 조류의 흐름이 얕은 지역을 쓸어갔다. 그는 용기와 노련한 지도력을 가지고 그 해협을 통과할 수 있었으며 결국 태평양을 건너 필리핀까지 갈 수 있었다.

페르디난드 마젤란에게서 그의 자질과 모순을 형성하는 여러 성격들은 아마도 부모 없는 유년 시절을 보낸 것과 마누엘 왕의 궁정에서 체험한 억압 때문일 것이다. 그의 자아 성찰에 대한 선호, 바다 위에서 느끼는 자유에 대한 동경, 상상력이 풍부한 세계로의 도피, 계속되는 충성에 대한 맹세, 그리고 이어서 기인하는 인내력, 우회적인 특징적 성향──모든 이런 성격들이 이 소설에서는 의도적으로 반복되고, 메아리처럼 중복되면서 그의 지나치게 꼼꼼한 태도로 구체화된다.

그러나 여기서 이야기되고 있는 모든 것이 실제로 일어난 것은 아니다. 여러 자료에 나타난 마젤란의 전기와 그의 원정에 관한 많은 진술들이 서로 반대되는 입장을 취하고 있다. 그래서 프란시스쿠 알메이다는 몇몇 연대기 기록자에 의해서는 잔인하고 강직한 것으로, 다른 연대기 기록자에 의해서는 세심하고 상냥한 것으로 묘사되고 있다. 틀림없이 그는 냉혹한 정복자였다. 그러나 그는 그의 후임자인 알부케르케보다 더 외교적으로 행동했다. 이 소설에서 기술된 것과는 반대로 알메이다는 모잠비트, 퀼론, 몸바사를 정복했다. 그 장소들은 이미 바스코 다 가마에 의해 알려진 상태였다.

카나노르에서는 두 번의 전투가 벌어졌다. 첫 번째 전투(1507)에서는 포르투갈이 이겼으며, 두 번째 전투(1508)에서는 포르투갈이 이집트

제독 호세인에게 패했다. 그 전투에서 포르투갈의 카라벨선 세 척만이 겨우 도망쳐 나왔다. 끝없는 전쟁 묘사로 독자들을 지루하지 않게 하기 위해 두 개의 전투를 하나로 묶었다. 디우(1509년 2월)의 전투에서 알메이다는 아라비아의 연합 선대를 결정적으로 물리치고, 아프리카를 돌아가는 해상 항로를 확보할 수 있었다.

'인도 말라카의 폭군'인 아폰수 알부케르케 공작은 호르무즈와 고아, 말라카를 정복했다. 몇 개의 자료에 따르면 그는 말라카를 정복하기 전, 1511년에 마젤란을 포르투갈로 돌려보냈다고 한다. 다른 자료에서는 마젤란이 전쟁 후 노획물을 실은 배와 함께 돌아갔다고 기록되어 있다. 그러나 확실한 것은 마젤란이 디우의 전투에 참여하였으며 1509년 세케이라의 지휘 아래 말라카의 정찰에 참여했다는 사실이다.

1517년까지의 마젤란의 전기에서 명확하게 증명되는 사실들은 그다지 많지 않다. 그는 시동학교의 생도였으며 그의 아버지가 죽은 후 열두 살의 나이로 이 학교에 들어갔다. 리스본의 벨렝의 탑에 관해서 마젤란은 완성된 탑을 보지는 못했고 단지 건축현장만 보았다. 그 탑은 1521년에서야 완성되었다. 아라비아의 도구인 발레스틸라는 포르투갈 사람들이 이미 오래 전부터 사용해왔다. 그러나 레기오몬타누스는 그 기구와 적위표를 근본적으로 개선했다. 마르틴 베하임이 레기오몬타누스의 학생이었는지 그리고 그가 개선된 발레스틸라를 포르투갈로 가져갔는지는 전문분야에서 논란의 여지가 있다. 마젤란이 마르틴 베하임을 개인적으로 알았다는 사실 역시 명백히 증명되지 않는다.

마젤란의 이름에 관한 표기방식에 관해서는, 그의 포르투갈 시대에는 포르투갈 이름, 즉 페르나웅 데 마갈량이스를 선택했다. 그가 에스파냐에 봉사하게 되면서부터는 에스파냐 이름인 페르난도 데 마가야네스를 사용했다. 이에 반해 피가페타는 그가 자주 사용했던 이탈리아식 이름 '페란테 마가글리아네스'는 사용하지 않았다.

마젤란의 원정대가 원주민을 위한 선물로 싸구려 장신구만을 가져갔다고 주장하는 사람들이 많다. 그것은 의심의 여지가 있다. 왜냐하면 카사 데 콘트라타시온 데 라스 인디아스의 주장과 추측에 따르면 그 원정을 위해 800만 마라베디 이상의 비용이 지불되었다고 한다. 16세기에 그것은 상당히 큰 액수였다. 그렇기 때문에 카를로스 왕은 배가 출발하기 전에 가졌던 마지막 접견에서 마젤란 제독에게 이 액수에 대해 비난하지 않을 수 없었다.

화포 주조 가문인 뢰플러는 인스부르크에서 대략 1480년 이후로 그 존재가 증명된다. 페터 뢰플러는 막시밀리안 1세 황제와 카를 5세 황제를 위해 가장 조종하기 쉬운 최고의 대포를 만들었다. '세르펜티넬'이라 불리는 이 대포는 그때까지 이루지 못했던 탁월한 사격의 정확성을 보유한 르네상스 시대의 진짜 하이테크 기구이다. 그 대포는 물론 마젤란이 죽은 후에도 뢰플러 가문의 가장 유명한 대포 제작자인, 페터 뢰플러의 아들 그레고르에 의해 계속 생산되었다.

마젤란의 원정에 관해서는 원칙적으로 증명된 사실을 토대로 기술했다. 감정적인 동기 역시 그것이 신빙성을 지닐 때만 이 소설에서 영향력을 미칠 수 있다. 대화는 어떤 자료에서도 차용할 수가 없지만 이런 가상의 형태로 일어날 수 있었을 것이다. 산훌리안의 판결은 매우 불확실하다는 것이 지배적이다. 증인인 피가페타는 멘도사가 사로잡히고 도주하려다 칼에 맞아죽었다고 보고한다. 카르타헤나는 사지가 찢기고, 케세다는 그의 하인과 함께 방치되었다고 한다. 그러나 피가페타가 잘못 기록한 것일 수도 있다는 사실을 배제할 수 없다. 이스테바웅 고메스와 산안토니오 호를 타고 탈영했던 사람들은 세비야에서 심문을 받았고 멘도사가 저주를 퍼붓는 동안 죽었으며, 그 후 사지가 찢겨졌다고 대답했다. 그리고 케세다는 참수되었으며, 후안 데 카르타헤나와 신부는 출발할 때 그 섬에 남겨졌다고 했다. 카사 데 콘트라타시온의 심문은 매우 엄격하고 철저했다. 그렇기 때문에 대부분의 연대기 기록자들은 두 번째 해설을 따른다.

필리핀이란 이름은 그 섬이 베스트팔렌 조약에서 에스파냐에 예속되면서 1648년 에스파냐왕 필립 2세를 기념하여 붙여진 것이다. 아마도 이보다 이른 시기에 산호섬과 그 주민들에 대해 설명하면서 여러 번 필리핀이라는 호칭을 사용했을 것이다.

마젤란과 그의 아내인 베아트리스 바르보사와의 관계에 대해서는 자료가 거의 없다. 무엇보다 이 책은 다큐멘터리의 관점을 따라야 하기 때문에, 재미를 부여하기 위해 사랑의 장면을 만들어낸다는 것이 작가에게 필요 없는 것처럼 보인다. 탐험가와 그의 적들, 즉 원정대의 선장들 사이의 역동성을 만들어내는 것이 훨씬 중요하다. 여기서 시기, 증오, 분노, 질투, 그리고 기쁨과 행복 같은 인간의 행동방식들이 충분히 표출된다. 근본적으로 볼 때 마젤란의 적은 피와 살로 만들어진 인간이 아니었다. 그의 진짜 적은(지리학적인 무지 외에도) 기독교에 대한 중세적 세계관과 유럽 사람들의 불가침성에 대한 믿음이다! 이 두 가지가 바로 그에게 죽음을 가져다주었다.

이 책에서 구체화되어야 했던 특별한 일면은 이 민족의 세속적이지만 매우 활기찬 가톨릭 신앙이다. 로마 교황청 소속의 믿음에 대한 열정적인 변호자들이 민족과 대비되고 있다. 자유로운 사고를 가진 사람들을 위협으로 막기 위해 로마는 종교재판소라는 기구를 만들었으며, 거기서 공교회의 이해와——포르투갈의 마누엘과 카를로스 1세의 선임자였던 아라곤의 페르난도——전제 군주들의 이해가 서로 맞물리는 것으로 이해할 수 있다.

포르투갈과 에스파냐에서 서로 상이하게 사용되는 표기방식, 해양학적 개념과 지리학적 개념에 대해서는 통일성을 위해 항상 동일한 호칭을 쓰기로 결정했다. 예를 들면 암폴라 대신 암폴레타(모래시계), 발레스티야 대신 발레스틸라, 비타쿨라 대신 비타코라(나침반 집), 이스투라이투 대신 에스트레쇼(해협), 테넨테 대신 테니엔테(중위), 테소레리아 대신 테소라리아(기밀문서 보관실) 등등.

물론 항해에 관해 다루는 책은 선원들의 언어 역시 반영해야 한다. 해양학적 전문지식은 그 분위기를 표현하는 데 도움이 되지만——항해학을 잘 모르는 독자들을 피곤하게 하지 않기 위해——필요한 최소의 것만 삽입했으며, 색인에서 설명해놓았다. 물론 나는 그 용어들을 항상 올바로 사용했다고 생각지는 않는다. 예를 들면 배가 전진하는 움직임에 대해 'fahren'(가다)이라는 표현을 자주 사용했는데 그러나 배는 가는 게 아니라 'läufen'(달리다), 'segeln'(항해하다)'라는 단어를 사용해야 한다. 선원이라는 뜻의 'Matrose'라는 단어 역시(네델란드어 'Maat'에서 유래된 것이다) 16세기 말경에서야 사용되었다. 그때까지 선원은 'Schiffsknecht', 혹은 'Schiffsgeselle'라고 불렸다. 항해에서 사용되는 뷰포트 풍력계급은 바람의 강도를 묘사하기 위해 1806년에서야 도입되었다. 그럼에도 텍스트에 바람의 강도를 뷰포트에 따라 구체적으로 설명해놓은 구절이 있다.

마젤란 시대에 포르투갈과 에스파냐에서 사용되었던 척도, 무게, 화폐, 당시 사용되었던 귀족과 계급의 호칭, 배의 유형과 크기, 지명들과 동시대의 지리적 세계상을 기술하면서 가능한 한 신빙성을 주려고 노력했다. 세부사항을 충실하게 묘사하려는 노력에도 불구하고 생길 수 있는 오류들은 모두 작가의 책임이다.

이미 언급했듯이 이 책은 이미 알려진 자료들을 토대로 기술되었는데, 그 자료들이 부족할 때가 많았다. 포르투갈과 에스파냐의 연대기 기록자는 마젤란의 긍정적인 면을 기록하는 데 별 관심이 없었다. 포르투갈 사람들은 그를 탈영병으로 간주하며 에스파냐 사람들은 왕의 총애를 받는 그를 시기하여 배반자로 몰아갔다. 그렇기 때문에 작가 본인도 그 사건들이 기술된 내용처럼 실제로도 일어났는지 의심스럽다. 그 사건들은 해석할 수 있으며, 또 해석이 필요하기도 하다. 왜냐하면 역사의 기술은 전해 내려오는 사건에서 중요한 어떤 것에 대한 해석이기도 하기 때문이다. 작가에게는 흥미로운 줄거리보다는 그것이 도덕적이며 하나의 메시지를 전달하는 것이 더 중요해 보인다.

끝으로 자료 수색과 이탈리아어, 에스파냐어, 라틴어의 번역 및 텍스트 해석을 도와주었던 모든 친구와 동료, 친지에게 감사한다. 특히 깨끗한 텍스트 원본을 만들어준 페터 쿤츠와 텍스트의 문법적이며, 논리적인, 그리고 편집상의 오류를 검토해준 루에디 토이버와 루돌프 마에더에게 감사의 뜻을 전한다. 특히 냉정한 비판과 다양한 도움을 준 나의 아내 캐티에게, 그리고 나의 원고를 전문적으로 담당해준 뤼베 출판사의 마르코 슈나이더에게 감사한다.

지은이 베른하르트 카이

연대표

마젤란의
나이

아프리카 방향으로 출발.

1522. 4. 6	'트리니다드'가 곤살로 고메스 데 스피노자의 지휘하에 파나마로 가려고 시도하다. 표류의 시작.
1522. 5. 18	'빅토리아'가 희망봉을 돌다.
1522. 7. 9	엘카노가 카보베르데 군도에 도착.
1522. 9. 6	'빅토리아'가 페르난도 데 마가야네스의 선대 중 유일하게 에스파냐의 산루카에 귀향
1522. 9. 8	'빅토리아'가 세계일주를 완성하고 그들이 출발한 지 족히 3년 후에 세비야에 정박. 열여덟 명이 고향을 다시 보다!
1522. 10. 21	'트리니다드'가 몰루카로 돌아와 해안에 좌초하다. 선원들은 안토니오 데 브리토의 명령에 따라 포르투갈 사람들에게 체포되다.
1525	카보베르데 섬에서 체포된 '빅토리아'의 선원 열세 명이 에스파냐로 돌아가도 좋다는 허락을 받다.
1527. 8. 2	'트리니다드'에서 살아남은 마지막 네 명이 다시 에스파냐에 도착하다.

관련지도

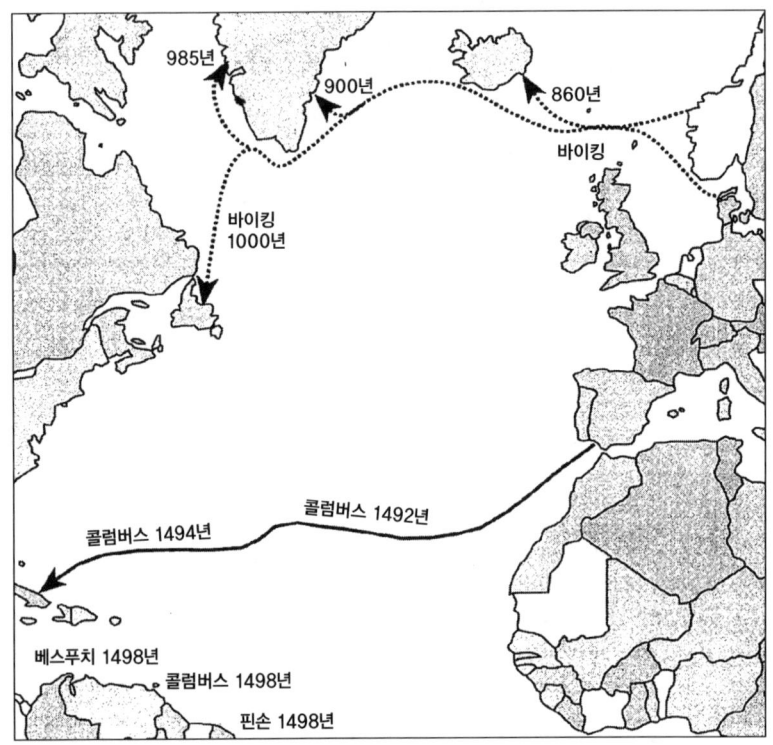

985년
900년
860년
바이킹
바이킹
1000년
콜럼버스 1492년
콜럼버스 1494년
베스푸치 1498년
콜럼버스 1498년
핀손 1498년

9세기부터 15세기에 이르기까지 주요 항로.

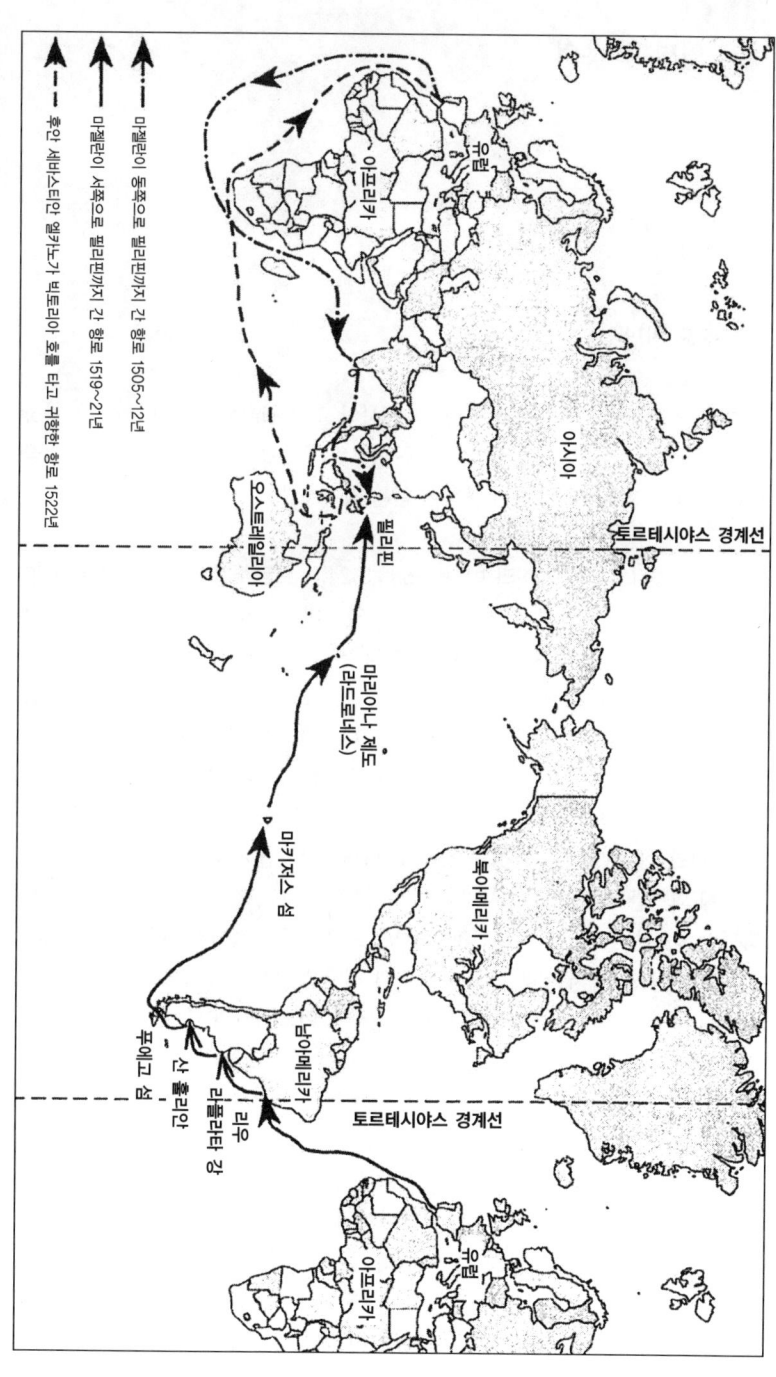

마젤란의 세계일주 항로.

주요 인명 및 용어

1. 주요 인명

지명과 인명의 표기방식과 명칭 및 당시의 측량 단위와 화폐 단위들은 가장 자주 사용하는 것으로 통일했다. 그 중에는 원래의 표기방식과 다른 것도 가끔 있는데 이런 경우는 국제적인 규칙이 없는 경우이다.

가마, 바스코 다, 비디게이라 백작(1468-1524) : 포르투갈의 항해자로 1497년 마누엘 왕의 위임을 받고 희망봉을 돌았으며, 1498년 모잠비트, 몸바사 그리고 말린디를 거쳐 남아시아 대륙의 말라바르 해안에 있는 중요한 향료 환적장인 캘리컷에 도착했다. 그는 그곳 사모린(왕)에게 싸구려 선물을 줌으로써 그를 화나게 했다. 그럼에도 그는 캘리컷에서 거래 계약을 체결하여 향료를 실어올 수 있었다. 1499년 포르투갈로 돌아왔으며 1502년 두 번째로 스무 척의 배와 강력한 병력을 가지고 인도로 항해했으며, 코친과 카나노르에 재외상관을 설립했다. 1524년 그는 인도 총독이라는 직함을 받게 되지만 바로 그해에 사망했다.

디아스, 바르톨로메우(대략 1450-1500) : 포르투갈의 항해자이며 탐험가. 1487년 주앙 2세의 위임을 받고 아프리카 해안을 끝까지 조사하기 위해 카라벨선 세 척과 함께 남쪽으로 항해를 떠났다. 아프리카의 남쪽 끝에서 13일간이나 태풍에 밀리다가 그 후 해안선이 다시 북동쪽으로 이어지고 있음을 확인했다. 그가 많은 소를 보았던 안전한 만에서(현재의 모셀바이) 정박했으며, 그 장소를 '바케이로스 만'이라 불렀다. 그는 계속 항해했으며 인도로 가는 길을 탐색하려고 했다. 그러나 선원들 사이에 반란의 조짐이 보이자 사흘 후 다시 돌아왔다. 그는 아프리카의 남쪽 끝을 '태풍의 곶'이 불렀다.

레기오몬타누스(독일어로 요하네스 뮐러, 1436-1476) : 독일의 천문학자이며 수학자로 열한 살의 나이에 라이프치히에서 연구를 시작했으며, 빈, 이탈리아, 헝가리 등에서 잠시 머물다가 1471년 뉘른베르크에 정착했다. 중요한 천문학적 관찰을 했고, 달력을 개선했으며, 아라비아의 자료를 근거로 근대적인 삼각법의 기초를 만들었다. 바다에서 위치 규정을 하기 위한 보조수단으로서 발레스틸라 및 사인표와 탄젠트표를 개선했다. 마르틴 베하임의 선생일 수도 있다.

마갈량이스, 페르나웅 드(포르투갈어). 마가야네스, 페르난도 데(에스파냐어), 마젤란, 페르디난드(독일어) : 1480년경에 사브로사(북 포르투갈)에서 태어났으며 1521년 4월 27일 필리핀 섬 막탄에서 사망했다. 1519년에서 1521년까지 다섯 척의 배로 향료 군도로 가는 서쪽 항해를 감행했으며 1519년 12월 13일에 리우데자네이루에 도착했다. 1520년 10월 21일에는 그의 이름을 따 명명된 마젤란 해협을, 1521년 3월 16일에는 라자루스 섬(필리핀)에 도착했다. 그의 후임자인 후안 세바스찬 엘카노가 에스파냐로 귀항했다.

마누엘 1세, 행운왕(1462-1521) : 1495년부터 포르투갈의 왕이 되었으며, 브라질로 가는 항로와 아프리카 주위를 도는 항로, 인도로 향하는 해상로의 탐색을 위해 선임자인 주앙 2세의 팽창정책을 계속 이어나갔다. 그리고 왕실의 국내 권력을 공고히 했다. 1496년 종교적 배타심으로 유대인을 포르투갈에서 추방했다(1492년 에스파냐왕인 페르난도와 이사벨은 그들의 지배 구역에서 이미 유대인을 추방하라고 명령한 바 있다).

메스키타, 알바로 데 : 카르타헤나의 해임 이후 산안토니오의 선장이 된다.

멘데스, 페드로 : 산안토니오의 항해장.

멘도사, 루이스 데 : 빅토리아의 선장.

몬테로사, 가르시아 : 배의 목수.

바로보사 : 세비야의 귀족 가문. 베아트리스 바르보사 : 마젤란의 부인. 디에고 바르보사 : 마젤란의 장인. 두아르테 바로보사 : 마젤란의 처남.

바투타, 아부 압달라 이븐(1304-1377) : 아라비아의 탐험 여행가. 러시아, 메소포타미아, 인도, 중국, 수마트라 등을 방문했다. 에스파냐에도 간 적이 있으며 아프리카에서는 지금의 말리에 있는 상업중심지 통북투까지 갔다. 바투타는 자신의 여행에 관해 포괄적인 기록을 남겼으며, 마르코 폴로와 함께 중세의 위대한 여행 탐험가에 속한다.

발보아, 바스코 누녜스 데(1474-1519) : 에스파냐의 정복자이며 탐험가로 1513년 22일에 걸쳐 파나마 해협을 건넜으며 1513년 9월 29일에 그가 '마르 델 수르', 즉 남해라고 불렀던 태평양에 도착했다.

발트제뮐러(라틴어로 힐라코밀루스, 1470-1518) : 신부이며 지도 제작자.

1507년 지구의 지도 및 세계지도를 출간했으며 두 지도에서 신대륙에 처음으로 '아메리카'라는 이름을 적용했다.

베스푸치, 아메리고(1454-1512) : 이탈리아의 항해자이며 피렌체 출신의 탐험가. 1497년 포르투갈에, 나중에는 에스파냐에 고용되어 중미와 남미 해안으로 여러 번 원정을 갔으며 남위 52도까지 도달했다. 베스푸치는 처음으로 발견된 신대륙이 서로 연결되는 특별한 대륙에 속하는 것임을 알았다. 독일 학자 발트제뮐러는 신대륙의 이름을 베스푸치의 이름을 따서 아메리카라 명명했다.

베하임, 마르틴(1459-1507) : 뉘른베르크 출신의 상인. 지도 제작자이며 지리학자로 1481년 포르투갈로 왔으며, 주앙 2세에 의해 '훈타 도스 마테마티코스'의 회원으로 임명되었다. 1484/85년 기니의 만과 적도를 거쳐 콩고 하구까지 갔던 디에고 카웅의 탐험 여행에 동행했다. 1491년 그 유명한 '지구의'를 만들었다(오늘날 보존된 것 중 가장 오래된 지구의). 여기에 아프리카는 매우 정확하게 그려져 있지만 아메리카는 아직 그려져 있지 않다.

뵈이엔스, 아드리안(1459-1523) : 우트레히트의 주교. 에스파냐왕 카를로스 1세의 스승이었으며 나중에 그의 고문이 됨(1522년 1월 9일 교황 하드리아누스 6세가 됨).

산 마르틴, 안드레스 데 : 천문학자이며 트리니다드 호의 수로 안내인.

세라노, 후안 데 : 산티아고 호의 선장, 에스파냐에서 살고 있는 마젤란의 친구인 프란시스쿠 세하웅의 사촌.

세케이라, 디에고 로페스 데 : 포르투갈의 항해자. 1509년 네 척의 배로(세하웅과 마갈량이스를 동반하고) 풍요로운 향료 환적장인 말라카를 정찰했다. 이때 얻은 지식을 근거로 해서 1511년 알부케르케가 그곳을 정복할 수 있었다.

세하웅, 프란시스쿠(1480-1521) : 마젤란의 친구이며 리스본 시동학교의 동창. 1509년 세케이라의 지휘하에(마젤란과 함께) 말라카의 정찰에 참여했으며 1512년부터 몰루카 군도의 테르나테, 티도레, 바찬의 총독이 된다. 1521년 살해당한다.

소바주, 후안 : 에스파냐 궁정의 재상.

쇠너, 요한 : 16세기 독일의 지도 제작자. 1520년에 밤베르크에서 두 번째로 오래되었으며, 현재까지 완전하게 보존된 것으로 알려진 지구의를 만들었다. 오늘날 뉘른베르크의 국립박물관에 보존되어 있다(가장 오래된 지구의는 마르틴 베하임이 만든 것이다). 쇠너는 그의 지구의에 남아메리카를 비교적 상세하게 그려넣었다. 쿠바는 너무 크게 그려져 있고, 북아메리카는 암시적으로만 확인되었다(이 책의 '이루지 못한 꿈에의 유혹'에서 팔레이루가 1517년에 사용한 지구의는 선행자의 실종된 지구의일 것이다).

스피노자, 곤살로 고메스 데 : 마젤란 원정대의 법무관이다.

실라풀라푸 : 막탄(필리핀)의 추장인 그는 1521년 4월 27일 마젤란에게 승리를 거둔다. 이때 마젤란은 죽음을 맞이한다.

아란다, 후안 : 세비야에 있는 카사 데 콘트라타시온, 즉 인도청의 사무장.

알메이다, 프란시스쿠(1450-1510) : 포르투갈의 항해자. 1505년부터 인도 총독이 되었으며, 1507년 이집트와 아라비아 연합 선대와 싸운 디우의 전투에서 승리했다.

알부, 프란시스쿠 : 마젤란 선대의 수로 안내인으로 여행의 항해일지를 썼다.

알부케르케, 아폰수(1453-1515) : 포르투갈의 제독. 1509년부터 인도의 총독이 됨. 1510년 고아, 1511년 말라카를 정복했다.

에라토스테네스 폰 키레네(기원전 274-194) : 그리스의 학자이며 알렉산드리아의 도서관장으로 위도와 경도의 경위도선의 도움으로 지도를 그렸으며 지구의 둘레를 계산했다. 그리고 소수를 찾아내는 방법을 고안해냈다. 그의 작품은 단편으로만 보존되어 있다.

엔리크 : 마젤란의 말레이 노예(1509년부터).

엘카노, 후안 세바스찬(1487-1526) : '산안토니오'의 갑판장. 마젤란이 사망한 후 선장으로서 '빅토리아'를 에스파냐로 귀향할 수 있도록 이끌었다. 엘카노는 그 공로로 카를 5세 황제로부터 귀족 작위를 받았다. 나중에 몰루카로 가는 다른 원정대에 참여했으며 1526년 8월 4일에 그의 배와 함께 태풍이 부는 태평양에서 침몰했다.

이사벨 1세 : 페르난도 2세 참조.

주앙 : 포르투갈왕의 이름.

카르타헤나, 후안 데 : 부사령관이며 산안토니오 호의 첫 번째 선장. 1520년 산타 크루스 항(푸에고 섬)에 유기되었으며, 그 후 실종되었다.

카를로스 1세(1500-1558) : 1516년부터 에스파냐의 왕이며, 1519-1556년에는 로마의 왕이며, 1530년 이후로 막시밀리안 황제의 손자로 카를 5세 황제가 된다. 마젤란 원정대의 재정을 부담한다. 프랑스의 프랑수아 1세와 네 차례에 걸친 전쟁을 치르게 되는데 모두 그의 승리로 끝난다. 1521년 그는 종교개혁에 반대했지만 몇몇 프로테스탄트 제후들의 반대로 오랜 시간 그의 의지를 관철시킬 수 없었다. 슈말칼덴 전쟁(1546-47)에서야 비로소 이들을 격퇴시켰다. 1556년 아우구스부르크 종교 협정 후 그는 퇴위했다.

카브랄, 페드로 알바레스(1467년 혹은 1468년에서 대략 1519년까지) : 포르투갈의 항해자이며 탐험가. 1500년 마누엘 왕의 위임을 받고 1498년 바스코 다 가마가 발견한 인도의 말라바르 해안이 포르투갈의 소유임을 선언하고, 아라비아의 향료 독점권을 깨기 위해 열세 척의 선박과 함께 출항함. 그 선대는 태풍에 휩싸여 서쪽으로 밀려갔다. 30일 후 그들은 새로운 해안을 발견했는데, 카브랄은 그 해안을 '테라 데 라 베라 쿠루스'라 불렀다. 이곳에서 대량으로 자라는, 수요가 많은 단단한 브라질나무 때문에 그 나라는 나중에 '브라질'로 이름이 바뀐다. 카브랄은 순풍을 받고 희망봉에 도달했으며, 그럼으로써 우연히 희망봉을 돌기에 유리한 바람 시스템을 발견했다.

카웅, 디에고(대략 1486년에 사망) : 포르투갈의 항해자로 1483년 처음으로 적도를 횡단했다. 콩고 하구에 도달했으며 엘미나 요새를 지었다. 나중에 카웅은 조류를 거슬러 올라가서 강력한 흑인종의 왕과 친교를 맺었다. 1485/86년 두 번째 항해에서 그는 당시 이미 명성이 높았던 마르틴 베하임과 함께했으며, 베하임은 이 여행에서 성좌의 고도각을 측정하는 기구인 발레스틸라를 개량한 것을 시험해보았다. 카웅은 남서아프리카의 크로스 곶까지 도달했다.

케세다, 가스파르 데 : 콘셉시온의 첫 번째 선장. 1520년 산훌리안 만에서 반란죄로 처형되었다.

콜럼버스, 크리스토프(이탈리아어로 크리스토포로 콜롬보, 에스파냐어로 크리스토발 콜론, 1451-1506) : 에스파냐에 고용된 제노바의 항해자. 이미 젊었을 때부터 당시의 유명한 해로들을 알고 있었다. 1479년부터 포르투갈에서 지도 제작자로 살아갔다. 아리스토텔레스, 스트라보, 세네카에 의해 주장되었던 지구의 구상이론을 확인해주는, 세계의 형상에 대한 동시대의 저서였던 피에르 아이의 「이마고 문디」를 공부했다. 콜럼버스는 그때부터 서쪽 항로를 통해 인도로 가겠다는 제안서를 작성했다. 1492년 그는 에스파냐 국왕 부부 페르난도 2세와 이사벨의 위임을 받고 세 척의 배로 출항할 수 있었으며 서인도의 섬들을 발견했다. 총 네 차례의 항해로 그는 남미 해안까지 이르렀지만 죽을 때까지 자신이 인도에 도착했다고 믿었다.

콜론, 크리스토발 : 크리스토퍼 콜럼버스의 에스파냐식 이름.

크로이, 빌헬름 데(1458-1521) : 아르쇼트 공작. 1505년 왕실 부르고뉴 영지의 지사가 되고 1509년에는 왕실의 대시종이 됨.

팔레이루, 후이 : 지리학자이며 천문학자, 지도 제작자이며 점성술사로 이론적인 '탁상공론가'로서 한 번도 배에 타본 적이 없다. 그러나 매우 박식하고 중요한 인물이기도 하며, 마젤란의 동시대인으로 높은 권위를 누렸다.

페르난도 2세 : 아라곤의 왕(1452-1516)으로 카스티야 레온의 이사벨 왕비(1451-1504)와 1469년에 결혼하고 1479년 그들의 제국을 에스파냐 왕국으로 통합한다. 그들은 귀족의 권력을 축소하고, 시민전쟁과 비슷한 상황 후에 그들의 제국을 공고히 하였으며, 중앙 집권체제를 구축했다. 마지막 무어족 술탄을 그라나다에서 추방한(1492) 레콩키스타 이후 그들은 특히 왕비의 지지를 받았던 콜럼버스의 탐험 여행으로 해외 식민지 창조에 헌신할 수 있었다.

폰세카, 후안 로드리게스 데(1451-1524) : 부르고스의 주교이며 카사 데 콘트라타시온의 부의장.

폴로, 마르코(1254-1324) : 베니스의 여행자. 1271-1275년에 아버지, 삼촌을 따라 중앙아시아와 북중국 여행에 동행하여 원 왕조의 설립자인 몽골의 황제 쿠빌라이 칸의 궁정에 들어갔다. 쿠빌라이 칸은 그에게 1292년까지 여러 가지 국가정책적 과제를 맡겼다. 마르코 폴로는 1292년에서 1295년까지 수마트라, 남아시아 대륙, 콘스탄티노플를 거쳐 25년 후 베니스로 돌아왔다. 1298년 그는 전쟁의 와중에 제노바에 체포되었다. 그곳에서 그는 자신의 여행 보고서를 함께 있던 죄수인 루스티첼로에게 받아쓰게 했다. 르네상스가 시작되기 100년 전에 나온 『동방견문록』은 오늘날까지 세계에 개방적인 인간의 증거가 된다. 그 보고에 기록된 개개의 일화들은 그 당시(그리고 개별적으로는 지금까지도) 의심의 대상이 되었다. 왜냐하면 몇몇 묘사들이 중세 유럽의 사고능력을 여러 면에서 능가하고 있기 때문이다. 그럼에도 그의 보고는―거리 측정의 오류는 제외하고―옳은 것으로 증명되었다.

프톨레마이오스, 클라우디우스(100년경 출생, 160년 이후에 사망) : 알렉산드리아의 천문학자, 수학자이며 지리학자. 지구중심 체계를 주장하는 그의 주저서(라틴어 번역으로 『알마게스트』라 불림)로 그는 수리 천문학에서 최초로 체계적인 완성을 이루었다. 프톨레마이오스는 그의 지도에서 어느 지점의 위도와 경도 규정을 위해 경위선 망을 처음으로 사용했다.

피가페타, 안토니오(1491-1534?) : 비첸차 출신의 이탈리아 귀족. 역사기술가이며 여행의 연대기 기록자. 로도스 교단의 기사이며 (나중에) 『최초의 세계일주 여행』을 저술한다.

하드리아누스 6세(1459-1523, 1522년부터 교황임) : 교황이 되기 전에는 아드리안 뵈이엔스라는 이름의 우트레히트 주교였으며 나중에 카를 5세 황제가 되는 카를로스 1세의 스승이었다. 그는 루터 개혁에 맞서서 획기적인 교회 개혁을 시도하였다.

하로, 크리스토발 데 : 안트웨르펜 출신의 선주이며 상인. 푸거 가와 벨저 가의 상인 가문과 좋은 관계를 맺고 있던 그가 리스본과 베니스로 왔으며, 마젤란 원정대의 재정에 참여했다.

항해자 엔리케(1394-1460) : 포르투갈 주앙 1세의 아들, 포르투갈의 왕자, 비세우 공작이며, 쿠비야의 군주로 1415년 모로코의 지중해 해안에 있는 세우타를 정복하면서 부각되었다. 서유럽에서 수요가 많은 동양 산 물품의 생산지를 조사했으며, 포르투갈 탐험 여행의 가장 중요한 후원자가 되었다. 상빈센테 곶의 사그레스에 해양학교를 설립하여 능력 있는 선장들을 교육시켰다. 1418년 포르투갈 배가 다시 마데이라를 재발견했으며 1427년에는 아조레스 군도를 발견했다. 1434년 이아네스는 보자도르(세계의 끝) 곶을 돌았으며, 1444년에는 포르투갈 사람들이 카보베르데, 세네갈, 그리고 1456년에는 잠비아에 도착했다.

후마본 : 세부의 왕, 마젤란에 의해 돈 카를로스라는 이름으로 세례를 받는다.

2. 마젤란의 선대

(출처 : D. Martin de Mavarette, Collecci n de los viages y descubrimentos, 마드리드, 1837.)

트리니다드, 기함(110톤), 나웅
산안토니오(120톤), 갈레온
빅토리아(95톤), 카라벨(카라벨라 레콘다)
콘셉시온(90톤), 카라벨(카라벨라 레콘다)
산티아고(75톤), 카라벨(카라벨라 라티나)

3. 주요 용어

가톨릭왕 : 알렉산더 6세 교황이 1492년 유대인 추방령으로 에스파냐 국왕 부

부인 페르난도와 이사벨에게 부여한 '명예직함'.

갈레온 : 포르투갈에서 만들어졌으며, 에스파냐 사람들이 그것을 모방하여 건조한 커다란 범선으로 16세기 말까지 운항되었다. 배수량이 1천 톤에 달하며 세 개에서 다섯 개의 돛대와 여러 개의 갑판(데크)이 있다. 무장은 잘되어 있지만 느리다.

괄범삭(括帆索, gasket) : 돛을 접고 난 후에 활대에 잡아매는 밧줄.

교형틀(가루차, 가로테) : 교살을 통해 사형을 집행하기 위한 시설로 특히 포르투갈과 에스파냐에서 사용되었다.

글라젠 : 크로노미터를 발견하기 이전 배의 갑판에서의 시간은 다 내려가는 데 30분 걸리는 모래시계로 측정되었다. 당직 근무 시간은 네 시간이며 모래시계는 30분마다 돌려야 했다. 그렇기 하기 위해 선종을 쳤다. 근무를 시작한 후 30분 후에 한 번, 60분 후에 두 번 이렇게 매 30분마다 종을 쳤다. 예를 들면 당직 근무를 8시에 시작했다면 10시는 4글라젠이었다.

기움돛 : 사각돛. 아래 모퉁이는 돛대의 둥근 나무(활죽)에 고정되어 있는 반면, 위 모퉁이는 비스듬하게 위로 올라가는 기움돛대 버팀목에 의해 지지된다.

길 : 해양학적 길이 척도, 1길 = 6피트 = 1,829미터.

꼭대기 돛 : 돛대의 연장. 커다란 돛이 있는 배에서는 나무 길이 때문에 여러 개의 돛대를 이어야 한다.

나웅 : 항해에 적합한, 중세의 네프선에서 발달한 포르투갈 · 에스파냐의 범선, 80에서 100톤의 배수량을 지니며 카라벨선보다 약간 크다.

나침반 : 방위와 지표에서 그에 상응하는 수평의 방향을 규정하기 위한 항해도구. 그것은 배의 갑판에 카르단식으로 매달려 있다. 배의 흔들림(비스듬한 위치)으로 인해 나침반의 돌아가는 능력이 방해받지 않도록 하기 위해서이다.

다리엔 : 파나마의 이전 이름.

도, 원의 360분의 1 : 지구와 관련해서는 60분(1해리당 1천852미터로 계산해서 60해리, 혹은 111킬로미터)이다. 콜럼버스와 마젤란 시대에 1도는 56.7 카탈로니아 마일(1카탈로니아 마일당 1천480미터) 혹은 대략 15에스파냐 리그(1에스파냐 리그당 5천556미터)에 불과했다.

도둑의 섬(라드로넨) : 마리아넨.

도무스 인디카 : 카사 데 콘트라타시온 참조.

도블론 : 에스파냐의 금화(두카텐). 2에스쿠도와 12레알 은화 혹은 30마라베디의 가치. 여러 동전들간의 가치는 딱 들어맞지 않는다. 거래를 하면서 서로

다른 동전으로 바꾸려면 그것의 금 질량 및 은 질량을 잰다.

두카텐 : 도블론 참조.

둘레 그리에테 : 15세기의 3.3미터 둘레에 5.80미터의 긴 포신을 가진, 쇠로 만든 거대한 대포. 오늘날에도 헨트에서 구경할 수 있다.

디딤밧줄 : 활대의 아랫면에 달린 강한 밧줄(요즘엔 철사밧줄). 선원들이 돛에서 작업하는 동안 그 위에 서 있을 수 있다.

디우 : 인도 반도인 카티아와르의 남쪽 해안 앞에 있는 대략 50평방미터 정도 되는 섬. 이전에 포르투갈의 식민지였다. 1507년 프란시스쿠 알메이다가 디우 앞에서 이집트와 아라비아의 연합 선대를 물리쳤다.

라스트 : 중세의 무게 단위. 16세기까지 이용되었다. 대략 2천 킬로그램.

러그세일(lugsail) : 돛대가 하나인 작은 보트에 달린, 삼각돛에서 발전된 사각돛. 그것의 위 가장자리는 횡목, 즉 활대에 고정되어 있다.

레반트 : 동쪽 지중해의 나라들, 특히 그들의 해안.

레알(에스파냐어로 레알레스, 포르투갈어로 레이스) : 은화. 1레알 = 6세이틸.

롤링(옆질) : 배의 길이 축에서 좌현에서 우현으로 일어나는 보트의 움직임.

루테 : 오래된 길이 측정 단위. 5.029미터.

리(lee) : 항해 바람이 불어가는 방향, 혹은 바람을 받지 않는 곳.

리그 : 길이 척도, 에스파냐 리그는 3해리 혹은 5천556미터에 해당된다. 포르투갈 리그는 6천197미터 혹은 3.346해리이다. 단순화하기 위해 이 책에서 리그는 항상 에스파냐 리그를 의미한다(3.75카탈로니아 마일).

리브라 : 작은 양의 에스파냐 무게 단위.

마라베디 : 에스파냐 동전. 30마라베디는 1도블론에 해당된다.

마르 델 수르 : 남해, 태평양.

마르 피시피코 : 평화의 바다, 태평양.

마일 : 서로 다른 길이를 지니는 해양학적 측정 단위이며 지상의 길이 측정 단
위. 로마 마일은 1천480미터와 일치한다. 베니스와 제노바가 비약적으로
발전한 후 1천343미터의 이탈리아(지중해) 미글리아가 사용되었다. 그리
고 탐험 시대에는 1천480미터의 카탈로니아 마일이 사용되었다. 피가페타
는 몇 번 이탈리아 마일(leghe)을 언급한 바 있다. 독일 마일(7천500미터)
은 1천875미터인 이탈리아 마일 4마일이다. 그것은 이미 해리에 상당히 가
깝다. 마젤란의 시대에 오늘날의 해리(1천852미터)는 정확하게 개념지어
지지 않았다. 그렇기 때문에 이 책에서 마일은 항상 카탈로니아 마일을 의
미한다(해리 참조).

마파 : 지리학적 지도.

막탄 : 마젤란이 죽은 필리핀 섬.

말라바르 해안 : 고아와 코모린 곶 사이, 인도의 남서쪽 몬순 지역에 놓여 있는
평평한 해안선. 그곳에 중요한 향료 환적장인 캘리컷과 코친이 있다. 탐험
시대의 항해자들에게는 점차 육지화되는 수심이 얕은 지역과 모래언덕 때
문에 상륙이 힘들었다.

말라카 : 동일한 이름의 말레이의 주도. 대략 1400년경부터 동방에서, 특히 몰
루카에서 나오는 향료의 주거래 장소. 말라카는 1511년 포르투갈의 알부
케르케에 의해 정복되었다. 1641년에는 네덜란드에 그리고 1795년에는
영국에 귀속된다. 1946년 이후 말레이시아에 속하게 된다.

메티칼 : 420레이의 가치를 지닌 오래된 포르투갈 금화.

모이오 : 오래된 체적 측량 단위. 810리터.

모잠비크 : 오늘날 아프리카의 동쪽 해안, 탄자니아와 남아프리카 사이에 있는
독립국가로 수도는 마푸토이다. 이 책에서 모잠비크는 똑같은 이름의 도시
를 지칭하는 것이다. 이 도시는 원래 10세기 그 해안 앞에 있는 섬에 주둔
한 아라비아 사람에 의해 설립되었으며, 중요한 무역지로 발전했다. 1498
년 바스코 다 가마가 인도 탐색 여행을 하면서 이곳에 거점을 만들었다.
1508년 포르투갈에 의해 정복당했으며, 포르투갈은 여기서부터 내륙으로
탐험해 들어갔다. 1973년에서야 모잠비크 국가는 10년간의 독립 운동 후
독립을 쟁취한다.

몬순(아라비아어로 Mausim, '항해에 적합한') : 반년마다 방향이 바뀌는, 특히 동남아시아에서 동아프리카까지 이르는 광대한 지역의 바람. 몬순 바람은 북쪽 겨울에서는 차고 건조한 바람이 북동쪽에서 불어오고, 북쪽 여름에서는 습기 차고 비를 많이 동반한 바람이 남쪽, 남서쪽에서 불어온다.

몰루카 : 할마헤라 섬, 테르나테 섬, 티도레 섬, 모티르 섬, 마크잔 섬, 바찬 섬.

바렐 : 대략 200킬로그램.

바우스프릿 돛대 : 배의 이물에서 앞으로 돌출한 둥근 목재.

바하르 : 무게의 단위, 대략 200킬로그램.

발랑가이 : 말레이의 돛을 달 수 있으며, 덮개가 없는 노로 젓는 보트.

발레스틸라 : 천문측각기에 대한 포르투갈 호칭. 15세기 이후로 사용된 단순한 기구로서 행성의 높이를 측정하는 데 사용된다. 6분의의 선구자.

방위지시판(wind rose) : 나침반의 원의 구분. 독일 영해에서는 원이 32눈금으로 나뉜다. 한 눈금에 11과 4분의 1도이다(1포인트). 그리고 그것은 지리적인 방향에 따라 이름이 붙는다. N, NzE, NNE, NEzN, NE, NEzE, ENE, EzN, E 등등. 지중해에서는 다양한 방위의 호칭을 바람의 이름으로 대신하기도 한다. 그래서 이것을 바람 장미로 부르기도 한다. 오늘날에도 방위의 동의어로 사용되는 바람이 있다. 트라몬타나(N), 그페코(NE), 레반테(E). 쉬로코(SE), 오스트로(S), 리베코(SW), 포넨테(W), 마에스트로(NW). 다른 것들은 바람 이름을 조합해서 만들면 된다. 즉 NNE는 그레코-트라몬타나, ENE는 그레코 레반테, WNW는 포넨테-마에스트로 등등.

배의 위치추정 : 항로, 배의 속도, 조류와 바람의 영향으로 인한 편류를 근거로 지리학적인 배의 위치를 측정하는 것.

뱃밥 : 나무 선판과 갑판의 연결 부위를 타르를 칠한 삼 찌꺼기로 메우는 것. 큰 구멍은 역청을 부어서 틈을 메운다.

버금돛 : 좋은 날씨에 바람을 더 잘 받기 위해 앞돛 밑에 설치하는 연장돛.

보조돛 : 사각가로돛에 추가로 설치되는 돛. 갑판 벽 위로 튀어나와 있다. 뒤에서 비스듬하게 불거나 옆에서 부는 바람을 좀더 잘 이용하기 위해 이용한다.

브라세로 : 화형장.

브라질나무 : 붉은색 염료로 사용되는 말라카와 수마트라 산 붉은색 나무. 브라질에서 대량으로 볼 수 있기 때문에 '테라 데 라 베라 크루스'라 불렸던 나라가 브라질이라는 이름을 얻게 된다.

비타코라 : 나침반 함(나침반 참조).

사각가로돛 : 배의 주돛으로서의 사각돛. 위쪽 모서리는 활대에 고정되어 있다.

과거의 거대한 상선은 주돛으로서 특징적인 가로돛을 달고 있다.

사모린 : 왕.

사석포(나팔총) : 깔때기 모양의 관이 있는 최초의 화포 중 하나. 쇠로 된 총알
　　은 살포 효과가 크다.

산브라스 : 오늘날의 모젤바이, 바르톨로메우 디아스가 '목자의 만'이라 불렀다.

삼부크선 : 갑판이 없는 아라비아의 배. 대부분 80에서 150톤의 배수량을 지닌
　　화물선이다.

상조르제다미나 : 황금해안에 있는 포르투갈의 거주지. 현재의 엘미나(가나).

샐럽(shallop) : 흘수가 얕은, 크기가 비교적 큰 함재정. 대부분 기움돛을 달고
　　6~8개의 노가 있다.

선미루 : 배의 뒷부분(선미)에 있는 구조물. 그곳에 조타실과 지도실이 있으며,
　　선미루 갑판 밑에는 장교들의 숙소가 있다.

성 엘모의 불 : 소나기 기운이 있을 때 돛대 및 나무의 돌출부나 활대의 돌출부
　　에서 감지할 수 있는 빛의 현상. 미신을 잘 믿는 뱃사람들은 이런 고압이
　　흐르는 부분에서 당연히 일어나는 폭발을 좋은 징후로 보았으며 수호신 성
　　엘모의 이름을 따서 성 엘모의 불이라 불렀다.

세라핀 : 300레이스의 가치를 지닌 포르투갈의 동전.

세로돛 : 배가 나아가는 방향으로 서 있는 돛으로, 수직으로 펼치고 접을 수 있다.

세이틸 : 6분의 1레알의 가치가 있는 작은 포르투갈 동화.

소브레살리엔테 : 신분이 낮은 사람.

수로 안내인 : 천문학, 점성술, 지도학과 해양학에 수준 높은 지식을 갖춘 항해자. 수로 안내인은 선장과 함께 갑판에서 가장 중요한 사람이다. 영향력은 있지만 선원이 아닌 사람이 선장에 임명될 때가 많은데, 이럴 때면 선장의 역할을 하기도 한다.

시다데 바이샤 : 포르투갈어로 도시의 상업지구란 뜻임. 언덕에 위치해 있는 수도원 밑에 자리 잡은 도심지.

아로바 : 무게의 단위. 4분의 1킨탈 = 10킬로그램.

아스트롤라베 : 기원전 150년부터 사용된 태양의 높이와 지리학적 위도를 측정하는 데 사용하는 도구.

아우토다페 : 종교재판소가 내린 판결의 장엄한 통고와 이어지는 판결의 집행(무죄 판결, 혹은 화형), 라틴어의 'Actus Fidei'(믿음의 행위)에서 비롯된 것임.

안식향 : 향수로 사용되는 동방의 단풍나무 향료.

안식향(Benzoe) : 동인도와 인도차이나에서 나는 특정한 수목의 향내가 나는 수지(방향제, 향수 재료, 치료제로 사용됨).

알무데 : 오래된 포르투갈의 액량 단위, 16과 4분의 1리터.

알판다 : 에스파냐 왕궁의 세무관청.

암폴레타 : 모래시계, 글라젠의 의미로도 사용된다(글라젠 참조).

앞돛(foresail) : 배의 이물 위 앞돛대 받침줄에 달린 돛. 가로돛의 범선에서는 앞돛대의 가장 아래에 있는 돛이다.

앞돛대 받침줄(forestay) : 돛대의 꼭대기에서 배의 선수까지 팽팽하게 당겨져 있는 철사밧줄이나 혹은 강한 밧줄.

야곱의 사다리 : 나무로 만든 디딤판을 밧줄로 연결한 접을 수 있는 사다리.

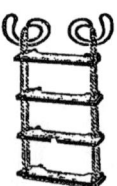

에스쿠도 : 포르투갈과 에스파냐의 동전. 에스파냐 금화인 에스쿠도 도로는 1508년 이후로 반 도블론 및 15마라베디의 가치를 가진다.

에스쿠딜로 : 반 에스쿠도(도블론 참조, 두 개의 에스쿠도)

욜 : 크기가 큰 커터, 샐럽, 피니스 외에 전쟁선과 상선에 싣는, 노를 저어 해변으로 가는 데 이용할 수 있는 작은 배.

울티마 툴레 : 아이슬란드.

원재 : 돛대만 제외하고 막대기 종류의 '둥근 나무'를 지칭하는 일반적인 호칭 (예를 들어 돛의 아래 가장자리를 고정시키는 활대).

이교 : 원래는 헬레니즘에서 정치적 혹은 종교적 고백을 의미함. 기독교에서는 이 단어가 자의적인 선택이나 교회의 확정된 이론을 벗어나는 것으로 사용되었다. 따라서 이단이라는 개념과 동일시되었다.

이단 : 중세 이후 공식적인 교회이론을 거부하는 것으로 종교재판소로부터 박해를 받았다.

일주야항정(Etmal) : 천문학적으로 하루의 기간 및 24시간에 지나가는 거리를 해리로 표현한 것.

적위 : 적도 위 태양의 북쪽 혹은 남쪽 편차. 계절과 관련하여 회귀선에 의해 제한을 받는다.

종교재판(장크툼 오피치움) : 13세기 이후로 종교재판관의 배석하에(대부분 도미니크회에 소속되어 있는 수도사들) 교회당국에 의해 실시된 법정 심문. 이단을 제거하고 독단적인 교리를 순수하게 유지하기 위해서이다. 1352년 이후로 교황 이노센트 4세를 통해 고문이 허용되었다. 벌은 단순한 교회의 형벌에서 화형 집행을 통한 사형판결에까지 이른다(소위 말하는 아우토 다페).

지구 둘레 : 지구는 순수한 공의 형태가 아니라 편평해진 둥근 타원형('geoid')이다. 최근 측지학상의 인공위성 측정 결과 '가운데의' 지구 반지름은 6천 378킬로미터이다. 그러면 적도에서 잰 지구 둘레는 4만 74킬로미터가 된다. 에라토스테네스는 기원전 250년경에 지구 둘레를 3만 9천428킬로미터로 계산했다.

지구라트 : 메소포타미아와 엘람 건축물의 계단식 사원을 가리키는 호칭. 야외 계단을 거쳐 여러 개의 테라스에 도달할 수 있다. 가장 위의 테라스에서 사제는 별이 있는 하늘을 관찰하고, 사건이 일어나면 그것을 인간과 민족의 숙명에 대한 징후로 해석하려고 시도한다.

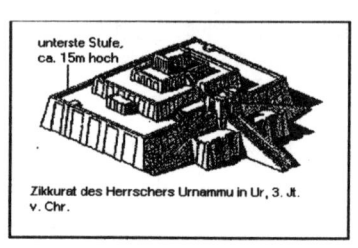

unterste Stufe, ca. 15m hoch

Zikkurat des Herrschers Urnammu in Ur, 3. Jt. v. Chr.

축범하다 : 바람에 닿는 면을 적게 하기 위하여 강한 바람에 돛 면적을 줄인다.

친 : 중국.

카나노르 : 오늘날의 연방국가인 케랄라에 있는 말라바르 해안가에 있는 인도의 항구도시.

카라벨 : 14세기에서 16세기까지 사용되었던 범선의 유형, 두 개 내지 세 개의 돛대와 50톤에서 150톤의 배수량을 지닌다. 처음에는 큰 삼각돛만 달았지만 나중에는 앞돛대와 주돛대에는 사각가로돛을, 뒷돛대에는 큰 삼각돛을 달았다. 카라벨(karavelle)이라는 호칭은 카르벨 건조방식, 즉 선판 이어깔기 조선법에서 유래된 것이다. 그 제작법은 선체의 선판들을 바깥 면이 매끈하도록 서로 붙이는 것이다.

카사 데 콘트라타시온 데 라스 인디아스, 카사 델 오세아노, 도무스 인디카 : 세비야에 있는 해외사업을 담당하는 관청의 호칭. 상품 거래소와 선박 중개소가 있는 왕궁의 상업회의소.

카사 델 오세아노 : 카사 데 콘트라타시온 참조.

카사 산타 : 종교재판소의 건물.

카타이 : 중국의 북쪽 지방을 지칭하는 초기의 호칭. 몽골의 원주민인 키타이 및 키탄에서 유래됨.

카피타나 : 기함, 함장선.

캘리컷 : 말라바르 해안에 있는 인도 도시. 방글라데시에서 남서쪽으로 270킬로미터 떨어져 있다. 포르투갈 사람들이 도착하기 전에(1498년 바스코 다 가마에 의해) 중요한 무역항이었다.

커터 : 열 개 내지 열네 개의 노와 두 개의 돛이 달린 비교적 큰 규모의 함재정.

케이블 : 10분의 1 해리(182.5미터)

케치 : 대소 마스트에 세로돛을 단 범선으로 앞돛대가 더 높고, 낮은 뒷돛대는 키 앞에 있다. 보통 케치는 하나 내지 두 개의 앞돛을 더 달 수 있다.

코르테 레알 : 왕궁.

코친 : 연방국가인 케랄라에 있는 말라바르 해안의 인도 항구도시. 1502년에
    페드로 알바레스 카브랄이 포르투갈을 위해 정복했지만, 1663년에는 네덜
    란드, 1795년에는 영국의 소유가 된다.

콘베르소 : 세례받은 유대인.

콘타도르 : 회계 담당자. 재정관.

콘훈타 페르소나 : 행정 공무원.

퀼론 : 아프리카 동해안에 있는 탄자니아의 항구도시. 잔지바르에서 남쪽으로
    대략 260킬로미터 떨어져 있으며 16세기에 인도 항로에서 포르투갈 사람
    들의 중요한 거점이었다. 뜨거운 늪지대로 유명하다.

크루자도 : 포르투갈의 동전. 400레이스의 가치를 지님(레알 참조).

큰 삼각돛 : 위 모퉁이는 구부러진 긴 둥근 목재, 즉 사장에 고정되어 있다. 그
    것은 선수에서 선미까지 대략 45도의 각도에 이르고 배의 앞에서 3분의 1
    지점에 서 있는 돛대에 달려 있다. 삼각돛 삭구 장비는 홍해와 페르시아 만
    의 초기문화에서 발달되었으며, 가장 오래된 돛의 하나이다. 삼각돛은 엄
    청나게 클 때가 많아서 돛을 접기가 힘들다. 이 돛이 기움돛의 전신이다.

클라바우터만 : 배의 정령. 나무로 된 선벽을 두드려 배를 개장할 것을 경고하
    거나 침몰을 예고함.

클라프트 : 독일의 길이 단위. 지역적으로 틀리게 적용된다. 6에서 10피트(대략
    1.7~3미터).

킨탈 : 오래된 포르투갈의 무게 단위. 4아로바 혹은 40킬로그램

테라 누오바 : 신세계. 이 개념은 대부분 새로 발견된 아메리카 대륙에 대한 완
    곡한 표현으로 사용되었다. 그러나 아직 발견되지 않은 나라와 섬에 사용
    되기도 한다(테라 페르마 참조).

테라 델 푸에고 : 불의 나라

테라 페르마 : 이미 알려져 있는 대륙에 대한 호칭. 반대로 테라 누오바는 아직
    발견되지 않은 미지의 나라에 대한 호칭.

테소라리아 : 마누엘 왕의 기밀문서실.

테소레로 : 재무 담당자.

토르데시야스 조약 : 1494년 포르투갈과 에스파냐 사이에 토르데시야스 조약
이 체결되었는데, 여기에서 알렉산더 6세 교황은 경계선을 그어 두 나라의
점유 공간과 탐험 공간을 구분해주었다. 에스파냐와 포르투갈은 카보베르
데 군도(오늘날 서경 46도) 서쪽으로 400리그(1천200해리) 떨어진 곳에 남
북으로 이어지는 경계선을 긋는 데 합의했으며, 에스파냐는 그 경계선의
서쪽에 있는 나라를, 포르투갈은 동쪽에 있는 나라를 점유하기로 약속했
다. 그래서 동쪽으로 튀어나와 있는 남미의 브라질은 포르투갈의 지배하에
들어가게 된다. 교황의 제국은 지구 전체를 포괄하기 때문에 이 경계선은
두 극점을 통해 유럽의 반대편인 아시아 쪽으로도 지나간다. 오늘날의 관
점에서 그 경계선은 동경 134도에 위치한다. 그것의 위치는 18세기 크로노
미터가 발견되기까지 정확하게 규정되지 못했다.

토카 : 물고문. 범죄자가 장이 터질 때까지 20리터 내지 그 이상의 물을 마시도
록 강요받는다.

톤 : 오늘날 1천 킬로그램. 마젤란 시대에 1톤은 110킨탈 혹은 1천100킬로그램
이다.

톨딜라 : 선미루. 배의 선미루 갑판.

툴레 : 셰틀랜드 제도. 스코틀랜드 본토에서 약 21킬로미터 북쪽에 있는 제도
(울티마 툴레 : 아이슬란드).

트라스우스몽트스 : 알트 도우루에 있는 페르나웅 드 마갈량이스의 포르투갈
고향.

트라이도르 : 배반자.

트란스푸가 : 탈영병.

파드라웅 : 대리석 십자가 혹은 돌 십자가. 포르투갈 왕실의 영토 점령을 표시
한 것으로 포르투갈 탐험자들이 계속 볼 수 있도록 해안에 설치했다. 오늘
날도 아프리카 해안의 몇 군데 중요한 지점에서 볼 수 있는 파드라웅은 뒤
의 항해자들에게 정확한 길 안내자로서의 역할도 한다. 그리고 역사연구의
증거이며 보조수단이기도 하다. 다른 나라의 항해자들은 이런 파드라웅을
오랜 시간 포르투갈 통치권의 상징으로 인정했다.

파소 : 해협

포르타레자 : 요새, 보루.

포르톨라노 : 탐험 시대의 해상지도.

포메란체 : 쓰디쓴 맛이 나는 오렌지로 그 껍질을 설탕에 절여 먹는다. 그 잎과 열매는 치료제나 향수로 사용된다.

포문 : 현측에 있는 닫을 수 있는 해치. 포신의 받침대에 설치된 대포의 포구는 이것을 통해 밖으로 나가게 되며, 포를 쏘는 동안 현측 바깥에 위치한다.

프라잘라 : 오래된 포르투갈의 무게, 대략 15킬로그램.

피니스(pinnace) : 모선에 딸린 크기가 비교적 큰 보트로 노 젓는 사람의 자리가 6~8개 있으며, 가끔은 세로돛을 달기도 한다.

피로게 : 갑판을 위에 얹은 통나무 배.

해리 : 지구 적도의 1호분, 오늘날은 1천852미터(360도 곱하기 60분 =2만 1천 600sm, 혹은 4만 3킬로미터). 바다에서의 거리는 이미 중세 이후부터 해리로 측정되었다. 물론 역사적 해리들은 지구 둘레를 어떻게 예측하느냐에 따라 다른 거리가 된다. 예를 들어 콜럼버스는 프톨레마이오스의 계산을 근거로 27.5퍼센트 적은 2만 9천 킬로미터를 적도 둘레라고 믿었다. 따라서 그의 해리는 1천343미터밖에 안 된다. 에라토스테네스의 해리는 1천 825미터이며 진짜 해리에 가장 가깝다. 탐험가들은 대부분 마일당 1천480미터인 카탈로니아 마일로 계산했다.

헤라클레스의 기둥 : 지브롤터 해협.

지식의 최전선

김호기 · 임경순 · 최혜실 외 52인 공동집필
세상을 변화시키는 더 새롭고 창조적인 발상들

시사저널 2002 올해의 책/조선일보 2002 올해의 책/
제43회 한국백상출판문화상/한국출판인회의 9월의 책/
문화관광부 2002 우수학술도서/
· 신국판 | 양장본 | 712쪽 | 값 30,000원

월경越境하는 지식의 모험자들

강봉균 · 박여성 · 이진우 외 53명 공동집필
혁명적 발상으로 세상을 바꾸는 프런티어들

"지식의 모험자들은 창조적 발상과 능동적인 실천력으
로 미래의 시간을 앞당긴다. 그들이 보여주는 미래의
그림을 엿보면서 세계를 향해 지적 모험을 감행한다."
· 신국판 | 양장본 | 888쪽 | 값 35,000원

뜻으로 본 한국역사

함석헌 지음
살아 있는 역사정신 함석헌을 만난다

"역사를 아는 것은 지나간 날의 천만 가지 일을 뜻도
없이 그저 머릿속에 기억하는 것이 아니다. 값어치가
있는 일을 뜻 있게 붙잡아내는 것이다."
· 신국판 | 반양장 | 504쪽 | 값 15,000원

선비의 나라 한국유학 2천년

강재언 지음 · 하우봉 옮김
교양인을 위해 새로운 시각에서 쓴 한국유교사

"나는 '주자일존'을 무비판적으로 긍정하는 한국유교사
연구에 저항감을 품어왔다. 나의 생명이 소진되기 전에
한국유학의 뿌리를 캐내는 과제와 싸워보고 싶었다."
· 신국판 | 반양장 | 520쪽 | 값 16,000원

간디 자서전

함석헌 옮김
영원한 고전, 간디의 진리실험 이야기

"당신도 나의 진리실험에 참여하기 바랍니다. 나에게
가능한 것이면 어린아이들에게도 가능하다는 확신이
날마다 당신의 마음속에 자라날 것입니다."
· 46판 | 양장본 | 648쪽 | 값 13,000원

마하트마 간디

요게시 차다 · 정영목 옮김
간디의 전 생애를 담아낸 최고의 평전

"이 고통받는 세계에 좁고 곧은 길 외에는 희망이 없
다. 이 진리를 증명하는 데 실패할지라도 그것은 그들
의 실패일 뿐, 이 영원한 법칙의 오류는 아니다."
· 46판 | 양장본 | 880쪽 | 값 22,000원

대서양 문명사

김명섭 지음
거친 바다를 건너 세계를 지배한 열강의 실체

"광대한 대서양을 배경으로 벌어진 제국들 간의 치열
한 경주. 팽창 · 침탈 · 헤게모니의 역사로 물든 문명
의 빛과 어둠을 파헤친다."
· 신국판 | 양장본 | 760쪽 | 값 35,000원

온천의 문화사

설혜심 지음
건전한 스포츠로부터 퇴폐적인 향락에 이르기까지

"레저는 산업화의 산물이 아니라 인간의 본능이다.
단순한 재충전의 기회가 아니라 자유의 적극적인 경
험형태다." 2002 대한민국학술원 선정 우수학술도서
· 신국판 | 양장본 | 344쪽 | 값 20,000원

서양의 관상학 그 긴 그림자

설혜심 지음
고대부터 20세기까지 서구 관상학의 역사를 추적한다

"미신으로 폄하되는 관상이 오랫동안 서양역사에서
고급과학으로 대접받으며 살아남을 수 있었던 이유는
무엇인가?"
· 신국판 | 양장본 | 372쪽 | 값 22,000원

세계와 미국

이삼성 지음
20세기를 반성하고 21세기를 전망한다

"미국과 세계에 관한 연구가 단순히 정치나 외교사
적 서술로 끝날 수 없다. 그것은 우리의 존재양식, 우
리의 사유양식, 우리 자신의 연구일 수밖에 없다."
· 신국판 | 양장본 | 836쪽 | 값 30,000원

중국인의 상술

강효백 지음
상상을 초월하는 중국상인들의 장사비법

"개방적인 자세로 상술을 펼쳐나가는 광둥사람, 신용 하나로 우직하게 밀고나가는 산둥사람. 이들이 바로 오늘의 중국을 움직이는 중국상인들이다."
· 신국판 | 반양장 | 360쪽 | 값 12,000원

그리스 비극에 대한 편지

김상봉 지음
슬픔의 미학을 통해 인간의 고귀함을 사유한다

"내가 타인의 고통으로 눈물 흘리고 우주적 비극성 앞에서 전율할 때 나의 사사로운 고통과 번민은 가벼워지고 나의 정신은 무한히 넓어집니다."
· 신국판 | 반양장 | 400쪽 | 값 15,000원

나르시스의 꿈

김상봉 지음
자기애에 빠진 서양정신을 넘어 우리 철학의 길로 걸어라

"자기도취에 뿌리박고 있는 서양정신은 영원한 처녀 신 아테네처럼 품위와 단정함을 지킬 수는 있겠지만 아무것도 잉태할 수 없는 불임의 지혜다."
· 신국판 | 양장본 | 396쪽 | 값 20,000원

호모 에티쿠스

김상봉 지음
윤리적 인간의 탄생을 위하여

"참으로 선하게 살기 위해 우리는 희망 없이 인간을 사랑하는 법을, 보상에 대한 기대 없이 우리의 의무를 다하는 법을 배우지 않으면 안 됩니다."
· 신국판 | 반양장 | 356쪽 | 값 10,000원

자기의식과 존재사유

김상봉 지음
칸트철학과 근대적 주체성의 존재론

"모든 나는 비어 있는 가난함 속에서 하나의 우리가 된다. 참된 존재사유는 모든 나를 없음의 어둠 속으로 불러모음으로써 하나의 우리로 만드는 실천이다."
· 신국판 | 양장본 | 392쪽 | 값 18,000원

그림자

이부영 지음
분석심리학의 탐구 제1부…우리 마음 속의 어두운 반려자

"인간의 내면, 그 어두운 측면을 성찰하는 시간을 갖는다는 것은 하나의 축복이다. 나는 융의 그림자 개념을 통해 우리의 마음과 사회현실을 비추어 본다."
· 신국판 | 반양장 | 336쪽 | 값 10,000원

아니마와 아니무스

이부영 지음
분석심리학의 탐구 제2부…남성 속의 여성, 여성 속의 남성

"당신은 첫눈에 반한 이성이 있는가? 가까워지고 싶은 조바심, 그리움과 안타까움. 이때 두 남녀는 상대방을 통해 자신의 아니마와 아니무스를 경험한다."
· 신국판 | 반양장 | 368쪽 | 값 12,000원

자기와 자기실현

이부영 지음
분석심리학의 탐구 제3부…하나의 경지, 하나가 되는 길

"우리는 인간의 본성을 좀더 이해할 필요가 있다. 다가오는 모든 재앙의 근원은 바로 우리 자신이기 때문이다."
· 신국판 | 반양장 | 356쪽 | 값 15,000원

로마인 이야기 10

시오노 나나미 · 김석희 옮김
인프라가 한 나라의 운명을 결정한다

"위대한 점은 건설한 길과 수도가 아니라 공을 사보다 우선시하는 공공심이다. 개인은 할 수 없기 때문에 국가가 대신하는 것, 그것이 시오노가 말한 '인프라'다."
· 신국판 | 반양장 | 344쪽 | 값 11,000원

로마인 이야기 11

시오노 나나미 · 김석희 옮김
마침내 시오노 나나미판 로마제국 쇠망사가 시작된다

"강력한 권력을 부여받은 지도자의 존재이유는 언젠가 찾아올 비에 대비하여 사람들이 쓸 수 있는 우산을 미리 준비하는 데 있다."
· 신국판 | 반양장 | 440쪽 | 값 12,000원

나의 인생은 영화관에서 시작되었다

시오노 나나미 · 양억관 옮김
시오노가 들려주는 고품격 영화에세이

"정의 · 관능 · 사랑 · 전쟁 · 죽음 · 품격 · 아름다움, 그리고 영원히 해결되지 않는 문제에 대하여 나는 말한다. 내가 사랑하는 모든 영화로."

· 46판 | 양장본 | 350쪽 | 값 12,000원

바다의 도시 이야기 상 · 하

시오노 나나미 · 정도영 옮김
베네치아 공화국, 그 1천년의 메시지는 무엇인가

"천혜의 자원이라고는 아무것도 없었던 바다의 도시가, 어떻게 국체를 한 번도 바꾼 일 없이 그토록 오랫동안 나라를 이끌어갔는가?"

· 신국판 | 반양장 | 550쪽 내외 | 각권 값 15,000원

슬픈 열대

레비 스트로스 · 박옥줄 옮김
세계적 지성 레비 스트로스가 쓴 20세기 최고의 기행문학

"저 생명력 넘치는 원시의 땅으로 배가 출항한다. 적도 무풍대를 통과하면 신세계와 구세계 간의 희망과 몰락, 정열과 무기력이 교차한다."

· 신국판 | 양장본 | 768쪽 | 값 30,000원

비평의 해부

노스럽 프라이 · 임철규 옮김
호메로스부터 제임스 조이스까지 서구의 고전을 해부한다

"비평은 과학적 객관성을 바탕으로 하는 독립된 학문이 되어야 한다. 재능 없는 문학도가 감탄과 질투를 배설하는 기생적인 문학 장르에서 벗어나야 한다."

· 신국판 | 양장본 | 706쪽 | 값 25,000원

낭만적 거짓과 소설적 진실

르네 지라르 · 김치수 송의경 옮김
문학 지망생의 필독서이자 문학 이론의 고전

"이 책은 오늘날 우리의 욕망체계를 소설 주인공의 욕망체계에서 발견하여 우리가 살고 있는 사회적 특성을 제시한 탁월한 고전이다."

· 신국판 | 양장본 | 430쪽 | 값 20,000원

한비자 I · II

한비 · 이운구 옮김
동양의 마키아벨리 한비자의 국가경영의 법

"인간의 애정이나 의리 자체를 경솔하게 부정하려는 것이 결코 아니다. 현실적으로 사랑보다는 힘(권력)의 논리가, 의(義)보다는 이(利)가 앞선다는 것이다."

· 신국판 | 양장본 | 968쪽(전2권) | 각권 값 25,000원

증여론

마르셀 모스 · 이상률 옮김 류정아 해제
선물주기와 답례로 풀어낸 인간사회의 실체

"주기와 받기, 답례로 이루어진 선물의 삼각구조가 총체적인 사회적 사실이 되어 생활의 모든 분야에 관여하며 사회구조를 작동시킨다."

· 신국판 | 양장본 | 308쪽 | 값 20,000원

신기관

프랜시스 베이컨 · 진석용 옮김
자연의 해석과 인간의 자연 지배에 관한 잠언

"참된 철학은 정신의 힘에만 기댈 것도 아니요, 기계적인 실험을 통해 얻은 재료를 비축만 할 것도 아니다. 오직 지성의 힘으로 변화시켜 소화해야 한다."

· 신국판 | 양장본 | 320쪽 | 값 22,000원

관용론

볼테르 · 송기형 임미경 옮김
18세기 전제정치에 맞서는 볼테르의 관용정신

"모든 사람들이 똑같은 방식으로 생각하기를 바라는 것은 터무니없는 욕심이다. 인간 세계의 사소한 차이들이 증오와 박해의 구실이 되지 않기를."

· 신국판 | 양장본 | 308쪽 | 값 22,000원

로마사 논고

니콜로 마키아벨리 · 강정인 안선재 옮김
마키아벨리 정치사상의 핵심 논저!

"잘 조직된 공화국은 시민에 대한 상벌제도가 분명하며, 공을 세웠다고 하여 잘못을 묵인하지 않는다. 군주는 은혜를 베푸는 일을 지체해서는 안 된다."

· 신국판 | 양장본 | 596쪽 | 값 30,000원

인류학의 거장들

제리 무어 · 김우영 옮김
인물로 읽는 인류학의 역사와 이론

"타일러와 모건의 시대로부터 레비-스트로스와 거츠,
포스트모더니즘에 이르는 인류학의 이론적 발달과정
을, 21명의 '거장 인류학자' 들을 통해 설명한다."
· 46판 | 양장본 | 456쪽 | 값 15,000원

금기의 수수께끼

최창모 지음
인류학으로 풀어내는 성서 속의 금기와 인간의 지혜

"금지된 지식에 대해 알고자 하는 인간의 욕망과 그
것에 대해 안다는 것 사이의 관계는 무엇인가. 알고
자 하는 욕망이 죄인가, 아는 것이 문제인가."
· 46판 | 양장본 | 352쪽 | 값 15,000원

르네상스 미술기행

앤드루 그레이엄 딕슨 · 김석희 옮김
BBC 방송이 기획하고 출판한 최고 권위의 미술체험

"우리가 보는 것은 미술관 속의 과거가 아니라, 우리
가 살고 있는 지금 여기입니다. 그만큼 르네상스 시
대의 예술작품은 우리의 현재와 연결되어 있습니다."
· 신국판 올컬러 | 양장본 | 488쪽 | 값 25,000원

동과 서의 차 이야기

이광주 지음
차 한잔의 여유가 놀이와 사교의 풍경을 이룬다

"나는 아직 차의 참맛을 모른다. 더욱이 다중선(茶中
仙)의 경지란? 그러나 차와 찻잔이 놓인 자리에서 나
는 매일 한(閑)을 즐기는 호모 루덴스가 된다."
· 46판 올컬러 | 양장본 | 396쪽 | 값 20,000원

보르도 와인 기다림의 지혜

고형욱 지음
맛 전문가 고형욱의 매혹적인 보르도 와인여행

"진홍빛 파도가 입 안에 가득 밀려온다. 와인 한 잔
의 맛과 낭만을 말해 무엇하랴. 잘 숙성되어 원숙해
진 와인은 변함없는 친구처럼 사람들을 감동시킨다."
· 46판 올컬러 | 양장본 | 300쪽 | 값 18,000원

베네치아에서 비발디를 추억하며

정태남 지음
건축가가 체험한 눈부신 이탈리아 음악여행

"벨칸토의 본고장 나폴리에서, '토스카' 의 배경 로
마, 롯시니를 성장시킨 볼로냐, 베르디의 도시 밀라노
를 거쳐 찬란한 빛과 선율의 도시 베네치아까지."
· 신국판 올컬러 | 양장본 | 336쪽 | 값 15,000원

지중해의 영감

장 그르니에 · 함유선 옮김
시적 명상 · 철학적 반성 · 찬란한 지중해의 찬가

"알제의 구릉 위에서 맞이한 열기 가득한 밤들, 욕망
처럼 입술을 바짝 마르게 하는 시로코 바람, 이탈리
아의 눈부신 풍경들과 사람들의 열정."
· 46판 | 양장본 | 236쪽 | 값 12,000원

침묵의 언어

에드워드 홀 · 최효선 옮김
시간과 공간이 말을 한다

"홀은 사람들이 언어를 사용하지 않고 서로 '이야기
를 나누는' 다양한 방식을 분석하고 있다. 부지간에
행하는 인간의 모든 몸짓과 행동들."
· 신국판 | 반양장 | 288쪽 | 값 10,000원

문화를 넘어서

에드워드 홀 · 최효선 옮김
문화의 숨겨진 차원을 초월하라

"사람들은 지금까지 자신의 생활방식만을 당연시해왔
다. 이제 인류는 잃어버린 자아와 통찰력을 되찾기
위하여 문화를 넘어서는 힘든 여행을 떠나야 한다."
· 신국판 | 반양장 | 372쪽 | 값 12,000원

생명의 춤

에드워드 홀 · 최효선 옮김
시간의 문화적 성격에 관한 인류학적 보고서

"시간은 하나의 문화가 발달하는 방식뿐만 아니라 그
문화에 속한 사람들이 세계를 체험하는 방식과도 밀
접한 관련을 맺고 있다."
· 신국판 | 반양장 | 354쪽 | 값 12,000원

숨겨진 차원

에드워드 홀 · 최효선 옮김
공간의 인류학을 위하여

"홀은 인간이 공간을 사용하는 방식이 어떻게 사적이고 업무적인 관계, 문화간의 상호작용, 건축, 등에 영향을 미칠 수 있는가를 날카롭게 관찰한다."
· 신국판 | 반양장 | 328쪽 | 값 12,000원

문화의 수수께끼

마빈 해리스 · 박종렬 옮김
문화의 기저에 흐르는 진실은 무엇인가

"힌두교는 왜 암소를 싫어하며, 남녀불평등은 무엇에서 비롯되었으며, 그 결과는 어떤 생활양식을 만드는가? 인류의 생활양식의 근거를 분석한 탁월한 명저."
· 신국판 | 반양장 | 232쪽 | 값 10,000원

음식문화의 수수께끼

마빈 해리스 · 서진영 옮김
기이한 음식문화에 관한 문화생태학적 보고서

"마빈 해리스의 해석을 따라 기이한 음식문화의 풍습을 하나씩 검토하다보면, 우리는 인간의 놀라운 적응력과 엄청난 다양성을 깨닫게 될 것이다."
· 신국판 | 반양장 | 328쪽 | 값 10,000원

식인과 제왕

마빈 해리스 · 정도영 옮김
문명인의 편견과 오만을 벗겨낸다

"문명인은 원시인을 야만인이라 부른다. 야만인들은 에덴동산에서 아이들을 살해했고, 인간을 먹기 위해 전쟁을 했다. 야만 속에 감추어진 그들의 합리성이란?"
· 신국판 | 반양장 | 312쪽 | 값 10,000원

미켈란젤로의 복수

필리프 반덴베르크 · 안인희 옮김
시스티나 천장화의 숨겨진 비밀은 무엇인가

"시스티나 성당 천장화를 보수하는 과정에서 나타난 '아불라피아'(A-B-U-L-A-F-I-A)라는 글자. 왜 천재 미켈란젤로는 이상한 단어를 그림 속에 숨겼을까?"
· 신국판 | 반양장 | 364쪽 | 값 8,000원

레오나르도 다 빈치의 진실

필리프 반덴베르크 · 안인희 옮김
성모의 목걸이에 숨겨진 암호를 찾아라

"황산 테러를 당한 뒤에야 세상에 드러낸 보석 목걸이. 다 빈치가 알고 있었던 비밀은? 요한복음보다 먼저 씌어진 제5복음서의 비밀이 교회에 미칠 영향은?"
· 신국판 | 반양장 | 408쪽 | 값 9,000원

파라오의 음모

필리프 반덴베르크 · 박계수 옮김
신의 무덤을 찾아나선 추적자들의 암투

"인간으로 태어나 신으로 죽은 사나이 임호테프. 사막의 모래 속으로 영원히 사라진 그의 무덤에는 엄청난 황금과 세계를 지배하는 위대한 지혜가 있으니."
· 신국판 | 반양장 | 478쪽 | 값 9,000원

구텐베르크의 가면

필리프 반덴베르크 · 최상안 옮김
인쇄술을 둘러싼 암투가 지중해를 붉게 물들인다

"교황청이 면죄부를 남발한다. 르네상스가 인간을 자각시킨다. 세계역사를 뒤바꾼 구텐베르크의 금속활자의 탄생. 그러나 과연 그가 금속활자를 만들었을까."
· 신국판 | 반양장 | 528쪽 | 값 9,800원

한 우정의 역사

게르숌 숄렘 · 최성만 옮김
두 위대한 사상가가 주고받은 25년 동안의 대기록

"이 편지글은 발터 벤야민과 그의 절친한 친구 숄렘이 주고받은 것이다. 우리는 두 위대한 정신의 지적 기록을 통해 역사와 세계의 의미를 묻고 생각하게 된다."
· 46판 | 양장본 | 432쪽 | 값 15,000원

중국의 은자들

이나미 리츠코 · 김석희 옮김
무위자연 사상을 온몸으로 실천한 은자들의 역동적인 세계

"뜻에 맞지 않는 현실을 부정하고 스스로 은둔이라는 생존방식을 선택해 질곡 많은 삶을 살았던 사람들. 그들의 원초적인 마음속에는 강렬한 기백이 흐른다."
· 46판 | 양장본 | 224쪽 | 값 12,000원

고갱, 타히티의 관능 1·2

데이비드 스위트먼 · 한기찬 옮김
고갱의 인생으로 들어가는 비밀의 열쇠

"내가 창조하고 싶은 건 아주 단순한 예술입니다. 이것을 위해 나는 때묻지 않은 자연 속에서 미개인과 어우러지고 그들과 같은 생활을 하렵니다."
· 국판 변형 | 양장본 | 540쪽 내외 | 각권 값 16,000원

세상의 모든 것을 사랑한 화가 1·2

데이비드 스위트먼 · 이종욱 옮김
아름다운 영혼 빈센트 반 고흐의 삶과 예술

"신을 사랑하는 최상의 방법은 세상의 모든 것을 사랑하는 것이다. 나의 그림, 그것을 위해 나는 목숨을 걸었고 나의 이성은 반쯤 괴멸했다. 그래도 좋다."
· 국판 변형 | 양장본 | 350쪽 내외 | 각권 값 14,000원

거장 미켈란젤로 1·2

로제마리 슈더 · 전영애 외 옮김
인간적인 너무나 인간적인 미켈란젤로를 만난다

"혹독한 삶의 조건들 속에서도 자신의 길을 걸어간 대 예술가의 삶이, 그 마음의 움직임이, 고통 속에서 태어나는 불멸의 예술이 파노라마처럼 펼쳐진다."
· 46판 | 양장본 | 600쪽 내외 | 각권 값 18,000원

레오나르도 다 빈치

세르주 브람리 · 염명순 옮김
세계인을 감동시킨 가장 탁월한 다 빈치 전기

"작가 브람리는 다 빈치의 삶을 당대의 문화, 정치, 사회 상황에 놓고 그 시대의 눈과 오늘 우리의 눈으로 분석하고 조명한다."
· 신국판 | 양장본 | 766쪽 | 값 25,000원

신라의 마음 경주 남산

글 박홍국 · 사진 안장헌
장엄하고 아름다운 신라 예술의 전당

"우리 겨레의 얼과 숨결과 맥박이 살아 숨쉬는 산, 신라인들과 만날 수 있는 산, 마음을 비우고 내려오는 산, 정신을 살찌우는 산, 그곳이 경주 남산이다."
· 신국판 변형 | 반양장 | 352쪽 | 값 20,000원

석불 돌에 새긴 정토의 꿈

글 최성은 · 사진 안장헌
석불에 담긴 민중의 고뇌와 희망을 읽는다

"아침 햇살이 빛날 때 돌부처의 얼굴 가득히 해맑은 미소가 번져 나온다. 그 미소는 물결처럼 잔잔히 밀려와 내 마음속 근심 걱정 모두 거두어버린다."
· 신국판 변형 | 반양장 | 332쪽 | 값 20,000원

석조미술의 꽃 석가탑과 다보탑

글 박경식 · 사진 안장헌
나무보다 더 부드러운 돌의 비밀

"석가탑과 다보탑이 긴 세월 동안 버텨온 원동력은 화강석 부재들을 부드럽게 다듬어 짜맞추는 방법만으로도 완벽한 짜임새를 이룬 원숙한 솜씨에 있다."
· 신국판 변형 | 반양장 | 172쪽 | 값 15,000원

적멸의 궁전 사리장엄

신대현 지음
신앙을 담아 빚어낸 아름다운 공예예술품

"사리장엄의 유리 사리병과 잔에서는 최고의 유리제작 기술과 세계 인류의 조형감각이 돋보인다. 고졸하면서도 우아한 그 자태는 얼마나 아름다운지!"
· 신국판 변형 | 반양장 | 190쪽 | 값 15,000원

화가는 왜 여자를 그리는가

정은미 지음
성모 마리아에서 팝스타 마돈나까지

"20세기 최대의 발견은 여성의 발견이었다. 이제 내 가슴으로 발견한 '여성'을 등불삼아 화가들이 창조한 예술작품으로 뒤얽힌 미술사의 길을 떠난다."
· 46배판 변형 | 양장본 | 388쪽 | 값 22,000원

블루, 색의 역사

미셸 파스투로 · 고봉만 김연실 옮김
성모 마리아에서 리바이스 청바지까지

"파란색의 역사는 그 자체가 사회의 역사. 이름도 갖지 못했던 못난 청색이 현대인의 가장 사랑받는 색으로 어떻게 거듭났는지 시대순으로 추적한다."
· 46배판 변형 | 양장본 | 264쪽 | 값 22,000원